ケースに学ぶ日本の企業

ビジネス・ヒストリーへの招待

加藤健太・大石直樹 著

有斐閣ブックス

本書のコピー，スキャン，デジタル化等の無断複製は著作権法上での例外を除き禁じられています。本書を代行業者等の第三者に依頼してスキャンやデジタル化することは，たとえ個人や家庭内での利用でも著作権法違反です。

はしがき

バブル崩壊から20年以上もの長期にわたって不況に苦しむ日本も，世界を見渡せば豊かな国であることに変わりはない。街に出ると，デパートや路面店にさまざまなデザインの，さまざまな色の，さまざまな価格帯の洋服が飾られており，高級店からファスト・フード，ファミリーレストランまで外食の選択肢はとても幅広く，和洋中にとどまらない世界各地の食を楽しめる。デパ地下を歩き回って中食(なかしょく)を購入し，買い損ねたものをコンビニで調達して家に帰れば，薄型テレビやDVDレコーダーなどの家電が出迎えてくれる。

このような豊かな社会はどのように形づくられ，変容してきたのか。言い換えれば，日本社会のあり方にインパクトを与えた要因は何であったのか。本書の根底には，そうした問題意識が流れている。この点を考えるに際して，消費ないし消費社会をキーワードに設定することにした。それは，以下の認識に基づく。

本書に3つ設けられている部の冒頭でも，時代背景として説明する通り，日本は第一次世界大戦と第二次世界大戦の間，いわゆる戦間期に大衆消費社会の黎明(れいめい)を迎えたといわれる。その展開は，戦争によって一時的に阻まれたが，戦後の高度成長によって次第に加速するようになる。そして近年，日本のGDPに占める個人消費の割合は60％に達し，経済にとって大切な要素となっている。ここで強調したいのは，そうした社会のあり方は，企業が活動する際の環境であると同時に，企業の活動自体が社会のあり方を変える原動力にもなりうるという点である。つまり，両者は，一方（環境）が与件として独立しているわけではなく，相互に作用し合う要素と捉えたほうがよい。

たとえば，消費の多様化ということを考えてみる。今日，多様な消費者に対応するべく，メーカーは豊富なバリエーションを持つ商品を市場に投入し，流通企業や外食企業は複数の異なる業態に手を広げている。それはひとまず，経営環境に応じた企業行動と理解できる。ただ，一面で企業自身がそうした環境をつくり出してきたということも忘れてはならない。すなわち，ニーズ（欠乏を感じている状態）は，企業のマーケティング活動によりウォンツ（欲求＝人間

i

のニーズが具体化されたもの）として顕在化し，具体的な商品やサービスを通じて満たされる。企業は，顧客のニーズやウォンツを見つけ出し理解するために，消費者の好き嫌いを調査し，データを分析し，顧客を観察し，満たされていない部分を「製品」化する（フィリップ・コトラー＝ゲイリー・アームストロング［1999］『コトラーのマーケティング入門』ピアソン・エデュケーション，7-9頁）。そして，時に自社の保有する技術やアイディア（シーズ）をベースに，商品・サービスを開発したりもする。こうして生み出されるさまざまな商品・サービスを目にし，欲望し，手にすることで，消費者のニーズは多様化してきたのである。

　おおむね以上のような考えに基づいて，この本では，消費ないし消費社会との関連から日本企業を考えてみることにした。だから，ケースは消費財を提供する企業，つまりB to C (business to consumer) 企業に偏っているし，時代（本書では「部」）によって，取り上げる業種もかなり異なっている。

　第1部は，消費社会の開花していない戦前を扱っているから，B to C企業は少ない。基幹産業は明治期の紡績，鉄道，鉱業（石炭）から戦間期に重化学工業へとシフトしていったが，食品や日用品，電機など一部の企業を除いて，消費財メーカーで大企業（ビッグ・ビジネス）になった例は多くなかった。また，サービス業も百貨店を除けば個人で細々と営む家業を中心としていた。したがって，顧客ターゲットに「大衆」を据えた阪急や，西洋の日用品を積極的に手がけた資生堂は，先駆的なケースを対象にしたことになる。他方，産業界の主役は財閥であり，それ以外では紡績企業や鉄道企業，電力企業が目立った。そのため，第1部ではそれ以降と趣を変え，あえてB to C企業でない大阪紡績，三菱合資，および三井物産を取り上げている。そして，大阪紡績に企業（株式会社）とは何か，三菱合資には組織やマネジメントとは何かといった基本的なテーマを与え，三井物産についても，戦後の日本企業を特徴づける企業グループ化の先駆けとしての位置づけを与えた。

　第2部は，消費社会の本格的な展開の見られた高度成長期を主な対象期間に設定し，ケースとしては，この時代を代表する耐久消費財メーカーと小売業者を中心に取り揃えた。すなわち，家電メーカーの松下電器産業とソニー，自動車メーカーのトヨタ自動車と本田技研工業，小売業者のダイエーである。ど

れも戦後の日本を象徴する企業といっても過言でない。さらにいえば，強いカリスマ性を持つ創業者の魅力が後世まで語り継がれている点も共通している。松下幸之助，井深 大と盛田昭夫，本田宗一郎と藤沢武夫，中内㓛。彼らの多くは創業者であり，株主としての影響力が相対的に強い経営者であった。

　ところで，戦後日本の経済成長を説明する際，日本型企業システム（ないし日本的経営）を1つの要因にあげることが多い。ここでは，その構成要素をさしあたり，内部昇進型の専門経営者によって構成される取締役会，株主の発言力を抑制する株主法人化と株式持合い，長期雇用・年功制・企業別労働組合を特徴とする雇用システムとそれに基づく協調的な労使関係，間接金融の優位とメインバンク・システムを軸とする企業統治構造と考えておく。その典型例は，6大企業集団（三井，三菱，住友，富士，第一勧銀，三和）のメンバー企業であろうが，第2部のケースには，トヨタを除き，これらの企業集団に属する企業がない（1974年時点）。

　このことは何を意味するのか。それは，消費社会の展開を直接的に牽引したのは，日本型企業システムを典型的に示す企業ではなかったということである。新しい技術を開発して商品へと昇華させたり，独創的なアイディアでそれまでにないサービスを生み出したりして，モノの充足とサービスの充実に貢献したのは，日本型企業システムという枠から外れた企業群だったのかもしれないのである。ただし，この点は検証の余地を多分に残している。

　第3部は，安定成長期以降を取り上げ，バブルの発生と崩壊，そして長期不況へと時代が移りゆく中で，変容する消費社会とそれに向き合いあれこれ工夫を凝らす企業の姿，さらに，そうした活動が消費社会のあり方に作用していく過程を描き出そうとしている。1980年代に世界から賞賛を浴びた日本型企業システムは，バブル崩壊を境に改革すべき旧い仕組みへと評価を下げた。とくに近年の金融再編により，みずほ銀行，三井住友銀行，三菱東京UFJ銀行が誕生，前出の6大企業集団の中核に位置した都市銀行は3つのメガバンクへと収斂するなど大きな変貌を遂げた。産業界の主役も交代のときを迎えつつある。もちろん，トヨタやキヤノン，コマツ，京セラなど日本を代表するモノづくり企業は健在であり，輝き続けている。

　しかし，世間の注目を集めたのは，オリエンタルランドや任天堂，ソフトバンク，そしてファーストリテイリングではなかっただろうか。これらの企業は，

お腹いっぱいの消費者がどうしたら食指を動かすかをひたすら考え，固く結ばれた財布のひもを緩めることに成功した。すべてにあてはまるわけではないが，集英社を含めると，どの企業も消費者1人1人に"楽しい体験"を提供しているように思われる。『ONE PIECE』を読んで好きなキャラクターを論じ合うのは楽しい。東京ディズニーリゾートで遊んだ経験は楽しい記憶となって残り続ける。ゲームの世界にドップリと浸ることも，友達や家族とWiiで対戦することも時間を忘れるほど楽しい。ケータイ（やスマホ）で友達と楽しくコミュニケーションをとり，写メを撮って楽しい想い出を切り取る。

長引く不況に疲れた消費者は，"楽しい体験"にこそ価値を見出し，対価を支払う。消費社会のあり方は，モノの充足とサービスの充実を超えた，そうした価値を提供する企業の経営行動によって変容する。そして，この環境のもとで，一部の企業は新たな成長機会を見つけるだろう。

「企業の活動が社会のあり方を変える原動力にもなりうる」という一文の意味は，以上の説明で理解してもらえただろうか。

著者紹介

加藤 健太（かとう・けんた）

高崎経済大学経済学部教授

1971年生まれ。1994年，青山学院大学経営学部卒業。2005年，東京大学大学院経済学研究科博士課程単位取得退学。博士（経済学）。
千葉商科大学商経学部非常勤講師，東京大学大学院経済学研究科COE特任研究員，高崎経済大学経済学部講師を経て，現職。
主な著作に，「戦時体制下の富山県営電気事業」（『エネルギー史研究』第37号，2022年），「東京商業会議所の商事紛争仲裁」（『社会経済史学』第86巻第2号，2020年），「武藤山治の株主総会運営」（『高崎経済大学論集』第60巻第4号，2018年），「三菱商事の鮭鱒缶詰取引とロンドン支店」（『三菱史料館論集』第15号，2014年），「日本航空輸送の設立過程」（『渋沢研究』第21号，2009年）などがある。

大石 直樹（おおいし・なおき）

埼玉大学大学院人文社会科学研究科准教授

1974年生まれ。1998年，岡山大学経済学部卒業。2003年，東京大学大学院経済学研究科博士課程単位取得退学。博士（経済学）。
三菱経済研究所付属三菱史料館研究員を経て，現職。
主な著作に，『戦前期日本の総合商社』（岡崎哲二との共編，東京大学出版会，2023年），「戦前期三菱商事と日清製粉の取引関係」（『三菱史料館論集』第24号，2023年），「三菱財閥本社の統轄機能」（『三菱史料館論集』第20号，2019年），「初期三菱の事業化と資金循環」（『経営史学』第40巻第3号，2005年）などがある。

本書の使い方のガイド
Information

■**本書の構成**　本書は，時代区分に基づく3部構成，計18のケースからなる，ケース・スタディ形式のテキストです。以下，本書の構成を簡単に説明しておきます。

　Introduction「歴史とケース・スタディ」では，本書がケース・スタディというスタイルで戦前から現在までの日本企業の歩みについて叙述した理由とねらいについて，解説しています。

　第*1*部「羽織から背広へ」では，日本が近代化していく中で，消費社会の黎明期にあたる戦前の日本企業について，サブタイトルにもある通り，「勃興する市場と模索する企業」という視点で描きます。

　第*2*部「今日よりも豊かな明日」では，日本に消費社会が浸透した高度成長期の時代に躍進した日本企業について，「成長する市場と挑戦する企業」という視点で描きます。

　第*3*部「『真似ぶ』時代を過ぎて」では，物質的な豊かさを目指した高度成長が終焉した後，日本の消費社会が変容する時代の日本企業について，「成熟する市場と創造する企業」という視点で描きます。

■**各部の「時代背景」**　各部の冒頭では，「第*1*部の時代背景」といったように，その時代のマクロ経済状況について簡単な説明を付しています。各ケースを理解する上で前提となる時代状況や，その時代を知る上で不可欠となる基本的な事実について概説していますので，まずは各部冒頭の「時代背景」に目を通した上で，具体的なケースを読むと，理解が深まります。

■**ケース本文の構成**　各ケースの本文は，**このケースで考えること**，3～4節の本論，**このケースの解説**という，3つのパートで構成されています。

　ケース末には，**思考と議論のトレーニング**と**参考文献**があります。思考と議論のトレーニングは，各ケースで学んだ内容を，より深く，より広く考えて，議論するための問題が示されています。レポートや自習用の課題，あるいはディスカッション用のテーマなどとして，活用してください。

■**「もう1つの（ケース名）」**　いくつかのケースには，本文の後に**もう1つの……**とした短いパートが付いています。大切な論点だけれども本文の説明だけでは物足りないと感じられる箇所，こういった問題も考えるべきではないかという視点から，補足的な解説を加えたものです。

■**巻末付録，索引**　巻末には，**巻末付録**として，「読書案内」「レポートの書き方」「企業博物館利用のススメ」が掲載されています。いずれもすぐに使える実践的な内容になっていますので，ぜひともこれらを参考にして，さらなる学習に役立ててください。

　索引には，本書で取り上げた重要語，企業名・商品名，人名等が抽出されています。

目次 Contents

Introduction 歴史とケース・スタディ …… 1

はじめに …… 1
1. なぜ企業の歴史を知るべきなのか …… 2
   - (1) 今,"そうある"理由を探る　2
   - (2) 波瀾万丈のドラマを観る　3
   - (3) 時代背景を知る　5
2. なぜケース・スタディというスタイルを採用するのか …… 6
   - (1) 見えにくい"今"を知る　6
   - (2) 読んで,考えて,議論して,柔軟な思考を身につける　8

まとめ …… 10

参考文献（10）

第1部　羽織から背広へ
勃興する市場と模索する企業

第1部の時代背景　近代日本の経済と社会
——1867〜1945年—— …… 12

Case 1　大阪紡績 …… 15
●会社を創るということ

このケースで考えること …… 15
1. 会社を創る …… 16
   - (1) 規模を決める　16
     - 紡績に目をつけた渋沢栄一（16）　1万錘という選択（18）
   - (2) おカネを集める　18

vii

　　　　　分割払込制度とは（18）　　呼び水としての"華族ブランド"
　　　　　（19）
■2　工場を建てる ……………………………………………………… 21
　　(1)　情報を集める　21
　　　　　白羽の矢を立てられた山辺丈夫（21）　　山辺，工場に潜り
　　　　　込む（22）
　　(2)　立地を決める　23
■3　利益を上げる ……………………………………………………… 24
　　(1)　情報（知識）を伝播する　24
　　　　　4人の技術者候補（24）　　"2人"の教師（25）
　　(2)　経営を実践する　27
　　　　　工場は昼も夜も動く（27）　　能率「二倍化」論（28）
■　このケースの解説 …………………………………………………… 29
　　思考と議論のトレーニング（31）　　参考文献（31）

Case 2　三菱合資　32
●「財閥」って何？

■　このケースで考えること …………………………………………… 32
■1　創業者・岩崎弥太郎と新興企業・三菱 …………………………… 33
　　(1)　海運ビジネスの成功と苦戦　33
　　(2)　多角化による飛躍　34
■2　マネジメントの模索 ……………………………………………… 35
　　(1)　組織を活用する　35
　　　　　「管事」から「事業部」へ（35）　　独立採算方式の導入
　　　　　（37）　　本社のチェック機能（37）　　組織管理の分権化
　　　　　（38）
　　(2)　株式会社制度を活用する　38
　　　　　——「分系会社」の創設と持株会社への転換
　　　　　財閥と会社組織（38）　　事業部の独立と株式会社化（39）
　　　　　株式会社制度のメリット（40）　　真のねらい（41）
■3　マネジメントの進化 ……………………………………………… 42
　　(1)　時代の変化に対応するために　42
　　　　　三菱重工業の設立（42）　　株式公開という決断（43）
　　(2)　進化する組織，進化するマネジメント　44

　　　　社会的存在としての企業（44）　　株式の代表としての持株
　　　　会社（45）
　このケースの解説 ··· 46
　　思考と議論のトレーニング（48）　　参考文献（48）

Case 3　阪　　急　　　　　　　　　　　　　　　　　　　49
●大きくなっていく事業

　このケースで考えること ··· 49
　1　「貧弱なる沿線」の鉄道計画 ·· 50
　　　（1）　山の中に電車を走らせる会社　　50
　　　（2）　乗客を「創造」する　　52
　　　　　　土地を買って住宅を建てる（52）　　「理想的新家屋」を謳
　　　　　　って売る（53）
　2　鉄道経営を軌道に乗せる ·· 54
　　　（1）　休日に鉄道を利用してもらう方法　　54
　　　　　　ユニークな動物園（54）　　箕面から宝塚へ（54）　　「宝
　　　　　　塚新温泉」の試行錯誤（55）
　　　（2）　少女たちは歌って踊る　　56
　　　　　　プールを劇場に（56）　　「宝塚少女歌劇」の素晴らしき成
　　　　　　果（57）
　3　私鉄経営の原型の形成 ·· 58
　　　（1）　「遠心力」と「求心力」　　58
　　　（2）　ターミナルデパートの誕生　　60
　このケースの解説 ··· 61
　　　（1）　ビジネスの根幹　　61
　　　（2）　鉄道経営のモデル　　62
　思考と議論のトレーニング（63）　　参考文献（63）
　もう1つの阪急 ··· 64

Case 4　資　生　堂　　　　　　　　　　　　　　　　　　　66
●憧れの演出

目次　ix

| このケースで考えること | 66 |

1　化粧品を造る ……………………………………………… 67
　(1)　初期の製品　67
　(2)　福原信三のアメリカ修行・ヨーロッパ"漫遊"　68
　(3)　製品ラインナップの拡充　69

2　オシャレな広告を打つ …………………………………… 70
　(1)　クリエイターを育てる　70
　(2)　マス・メディアを使う　72
　　　　新聞広告（72）　　婦人雑誌広告（75）

3　憧れのブランドになるために …………………………… 79
　(1)　機関誌『資生堂月報』とその変遷　79
　(2)　新たな宣伝手法への挑戦──ミス・シセイドウの誕生　80

| このケースの解説 | 82 |

思考と議論のトレーニング（82）　　参考文献（83）

Case 5　三井物産　84
●"商社マン"の仕事って？

| このケースで考えること | 84 |

1　商社マンの活躍 …………………………………………… 85
　(1)　なぜ三井物産に入社したのか　85
　(2)　商社マンたちの奮闘　87

2　いろいろな国のいろいろな商品をたくさん取り扱う …… 88
　(1)　商社が成長するための2つの方法　88
　(2)　パイナップルから鉱石まで　89
　(3)　世界を舞台にする　90
　(4)　総合商社のもう1つの顔　92

3　総合商社はいかに機能したか …………………………… 93
　(1)　レーヨンに目をつける　94
　(2)　東洋レーヨンを設立する　94
　　　　どのような形態で進出するか（94）　　足りない部分をどう補うか（95）
　(3)　東洋レーヨンの商品を売り込む　96
　　　　販売体制を整える（96）　　市場を開拓する（97）

このケースの解説 ……………………………………………………………… 98
　思考と議論のトレーニング（99）　　参考文献（100）
もう1つの三井物産 ………………………………………………………… 101

第2部 今日よりも豊かな明日
成長する市場と挑戦する企業

第2部の時代背景　高度成長
　　　　　　　　　——1955〜73年 ………………………………………… 104

Case 6　松下電器産業 …………………………………………………… 107
●誰でもNationalを知っていた

このケースで考えること …………………………………………………… 107
1　系列化と競争 …………………………………………………………… 109
2　流通系列化はどのように進んだのか ………………………………… 110
　(1) 卸売段階の系列化　110
　　　販社という仕組み（110）　　販社の直面した問題（111）
　(2) 小売段階の系列化　112
　　　連盟店制度からナショナル店会へ（112）　　ショップ店制
　　　度への進化（112）　　正価販売の論理（114）　　ショップ
　　　店制度は完璧ではなかった（115）
3　系列小売店はどのような機能を果たしたのか ……………………… 116
　(1) 系列小売店を育てるいろいろな方法　116
　(2) 正価で販売してアフターサービスを充実させる　117
　(3) 商品の知識・情報を提供する　119
　(4) 外回りをして需要を掘り起こす　120
このケースの解説 …………………………………………………………… 121
　思考と議論のトレーニング（122）　　参考文献（123）

Case 7　ダイエー　　　　　　　　　　　　　　　124
●値段は誰が決めるのか

このケースで考えること ･････････････････････････････････････ 124
■1　ダイエーの創業 ･･･ 125
　(1)　「闇」商売と現金問屋　　125
　(2)　1号店のオープン　　126
　(3)　"救世主"としてのお菓子　　128
■2　スーパーマーケットへの進化 ･･･････････････････････････ 129
　(1)　セルフサービスの導入　　129
　(2)　「単品」からの発想──チェーン化と総合化　　130
■3　価格破壊 ･･･ 132
　(1)　牛肉を安く売る　　132
　(2)　価格決定権をめぐる闘い　　134
　(3)　ストア・ブランドへの挑戦　　136
　(4)　物価上昇への抵抗　　137
このケースの解説 ･･･ 138

思考と議論のトレーニング（140）　　参考文献（140）

Case 8　トヨタ自動車　　　　　　　　　　　　　　141
●流れを究める

このケースで考えること ･････････････････････････････････････ 141
■1　2つのトヨタ──自工と自販 ････････････････････････････ 143
■2　「パブリカ」という実験 ･････････････････････････････････ 145
　(1)　「国民車構想」　　145
　(2)　パブリカが失敗した理由──戦略とニーズのギャップ　　147
　(3)　失敗から学ぶ　　148
■3　「カローラ」誕生！ ･････････････････････････････････････ 149
　(1)　「車とはなにか」からの発想　　149
　　　　女性を意識する（149）　　生産体制を整える（151）
　(2)　ライバルへの"挑戦状"　　151
　　　　「サニー」対策（151）　　販売体制も整える（153）

■4　流れを究める ─────────────────── 155
　　(1)　「ジャスト・イン・タイム」　155
　　　　　理想の姿（155）　　後ろから前へ（155）
　　(2)　品質の向上を目指して　157
　　　　　「勘と経験」から「統計」へ（157）　　二兎を追う──生
　　　　　産性も品質も（158）

このケースの解説 ───────────────────── 159

　思考と議論のトレーニング（160）　　参考文献（160）

もう1つのトヨタ自動車 ─────────────── 162

Case 9　本田技研工業　　　　　　　　　　　164
　　　　●危機を好機に

このケースで考えること ───────────────── 164

■1　自動車事業への進出を果たす ──────────── 166
　　(1)　1960年ごろの日本自動車産業の課題　166
　　(2)　通産省は何を構想したか　167
　　　　　貿易自由化と通産省の認識（167）　　特定産業振興臨時措
　　　　　置法の立案と廃案（167）
　　(3)　ホンダ，自動車市場に挑む　168
　　　　　政府の手助けなんかいらない（168）　　N360の誕生（169）

■2　排ガス問題と低公害車の開発 ─────────── 170
　　(1)　自動車をめぐる公害問題の高まり　172
　　　　　成長の影（172）　　「マスキー法」の成立（172）
　　(2)　どのような低公害車を作るか　173
　　　　　「オヤジさん」vs. 若手技術者たち（173）　　CVCC技術と
　　　　　シビック（174）

■3　アメリカに乗り込む ───────────────── 176
　　(1)　技術を武器に　176
　　(2)　フォードとの提携　176
　　(3)　シビック，アメリカへ　178

このケースの解説 ───────────────────── 178

　思考と議論のトレーニング（179）　　参考文献（180）

Case 10 ソニー
●マーケットの創造 ... 181

このケースで考えること ... 181

1 市場を「創る」ということ ... 183
- (1) 市場を教育する　183
- (2) 市場を開拓する　185
  - 情報発信（185）　ブランド・イメージの確立に向けて（185）

2 WALKMANの誕生 ... 186
- (1) ウォークマンのインパクト　186
- (2) 歴史のはじまり　188
  - 開発の経緯（188）　小型・軽量ヘッドホン（189）
- (3) いかにして知ってもらうか──市場の「教育」　190
  - 再生専用機という新しいコンセプト（190）　体験することの重要性（190）　「教育」の成果（191）

3 技術のSONY ... 192
- (1) 2代目ウォークマン「WM-2」　192
  - デザインを優先する（192）　構造をシンプルにする（193）
- (2) 究極のウォークマンを目指して　194
  - 「Zプロジェクト」始動（194）　カセット・ケース・サイズの実現（195）　さらなる進化への挑戦（195）

このケースの解説 ... 196

思考と議論のトレーニング（198）　参考文献（198）

もう1つのソニー ... 200

Case 11 全日本空輸
●大空への挑戦 ... 202

このケースで考えること ... 202

1 甦る日本の「翼」 ... 203
- (1) 航空業界の"起業ブーム"　203
- (2) 規制下でのフライト準備　204

2 全日本空輸の誕生，危機，そして飛躍 205
(1) "エンジン始動" 205
2機のヘリコプターからのスタート（205） 「現在窮乏・将来有望」（206） 極東航空と合併する（207）
(2) "離 陸" 207
JALからの支援（207） 新機材を導入する（208）
(3) "上 昇" 209
シェア，逆転！（209） 「ビーム・ライン」の構築とその"売り"（211） 成果を上げる（212）

3 JALのジレンマ 214
(1) フラッグ・キャリアとしてのジレンマ 214
内外ともに激しい競争の中で（214） 国際線は儲からないけれど……（215）
(2) ANAの大株主としてのジレンマ 215
協調の推進（215） 規制から競争へ（216）

このケースの解説 217
思考と議論のトレーニング（218） 参考文献（218）

第3部 「真似ぶ」時代を過ぎて
成熟する市場と創造する企業

第3部の時代背景 安定成長からバブルの発生と崩壊，そして長期不況へ——1974～2010年 220

Case 12 セゾン 223
●やわらかい開発

このケースで考えること 223

1 堤清二と西武百貨店 224
(1) 西武鉄道から自立するために 224
2つの西武（224） 「日本一の百貨店」を目指す（225） 有能な人材を集める（225）
(2) 百貨店の再建とスーパーマーケットへの進出 226

　　　　　ロサンゼルス店という失敗（226）　　渋谷に乗り込む（227）
　　　　　「西友ストアー」のチェーン展開（227）
　2 PARCOの時代 ────────────────────────── 228
　　　(1) 時代の先端を走る　228
　　　　　ユニークな文化催事と地域重視の新規出店（228）
　　　　　PARCOの誕生（230）　　イメージとセンスを売る（230）
　　　(2) 空間をプロデュース　231
　　　　　街が姿を変える（231）　　トレンド発信基地（232）
　3 多角化するセゾン・拡散するセゾン ────────────── 233
　　　　──多様化する社会に向けて
　　　(1) 地域に合わせた店づくり　233
　　　(2) 「無印良品」というメッセージ　234
　　　(3) そして，コンビニに行き着く　235
　このケースの解説 ──────────────────────────── 236
　　　思考と議論のトレーニング（238）　　参考文献（238）
　もう1つのセゾン ────────────────────────── 240

Case 13　吉　野　家　　　　　　　　　　　242
　　　●ある企業の「倒産」と再生の物語

　このケースで考えること ─────────────────────── 242
　1 吉野家の成長とその加速 ──────────────────── 243
　　　(1) 成　長　局　面　243
　　　　　吉野家の創業（243）　　株式会社吉野家の設立と年商1億
　　　　　円への道（243）　　店舗を増やしていく（244）
　　　(2) 吉野家のフランチャイズ・システム　246
　　　(3) 加　速　局　面　246
　　　　　店舗の急増（246）　　牛丼が美味しくなくなった（247）
　2 吉野家の倒産 ──────────────────────── 248
　　　(1) 銀行は吉野家を見限った　248
　　　(2) 法律を使って再建を期する　249
　　　　　会社更生法という名の法律（249）　　吉野家，適用を申請
　　　　　する（250）
　3 再生への道 ──────────────────────── 251
　　　(1) 会社更生法の手続き開始　251

西武流通グループの支援（251）　会社更生への取組み（252）　新しいメニューを開発する（252）　新規出店の再開とヒトの動機づけ（253）

　　(2)　新生吉野家　254
　　　　新経営体制の発足（254）　新生吉野家に向けたビジョン（255）

このケースの解説 ……………………………………………………… 255

思考と議論のトレーニング（257）　参考文献（257）

もう1つの吉野家 ………………………………………………………… 258

Case 14　集　英　社　260
● 『週刊少年ジャンプ』はなぜ"神話"となりえたのか

このケースで考えること ……………………………………………… 260
1　『週刊少年ジャンプ』の誕生 …………………………………… 261
　　(1)　先発者としての『マガジン』と『サンデー』　261
　　(2)　『ジャンプ』の創刊と週刊化　263
2　"ジャンプ・システム"——"理念"，スタイル，制度 …… 264
　　(1)　"理念"　264
　　(2)　スタイル（編集方針）　265
　　　　マンガで埋めつくす（265）　新人を発掘して育てる（265）　読者の意見を反映させる（267）
　　(3)　「専属」契約制度　267
3　『週刊少年ジャンプ』の"神話"化 …………………………… 269
　　(1)　発行部数600万部への道のり　269
　　(2)　新陳代謝と"鮮度"の維持　269
　　(3)　"少年層"へのこだわりとキャラクター　271
　　　　——『DRAGON BALL』と『SLAM DUNK』
4　"神話"の終焉と復活への軌跡 ………………………………… 273
　　(1)　"神話"の終焉　273
　　(2)　『ジャンプ』の逆襲　275

このケースの解説 ……………………………………………………… 276

思考と議論のトレーニング（278）　参考文献（278）

目　次　xvii

Case 15 オリエンタルランド ... 279
●ディズニーだけが知っている

このケースで考えること 279

1 ディズニーランド誘致合戦 280
- (1) オリエンタルランドの設立　280
- (2) ネックとなった富士山　281

2 東京ディズニーランドのつくり方 282
- (1) 未知の領域への挑戦　282
  - 「リゾート都市づくり」(282)　"芸術作品"の創造(283)
- (2) 1983年春の開業を厳守する！　284
  - コントロールできるのは何か(284)　「時間」との戦い(285)　「魔法の王国」に参加してもらう(286)

3 夢と魔法の秘密 288
- (1) 精確な予測を立て緻密に計画を練る　288
  - パーク・オペレーティング・カレンダー(288)　1000万人のゲストを迎えるために(290)　コントロールという魔法(291)　マニュアルとマネジメント能力(292)
- (2) テーマパークからテーマリゾートへ　293
  - 「ディズニーランドは永遠に完成しない」(293)　1つの"街"となる(293)

このケースの解説 294
  - 思考と議論のトレーニング(296)　参考文献(296)

Case 16 任 天 堂 ... 298
●新しい遊びの創造

このケースで考えること 298

1 テレビゲームへの着眼 299
- (1) 花札・かるた・トランプから「ゲーム＆ウオッチ」へ　299
- (2) ファミコン登場！　301

2 ゲームの支配 302
- (1) ハードとソフト　302
- (2) ビジネス・モデルの確立　304

　　　　　　　ルールを設定する（304）　　ルールを遵守させる（305）
　　(3) ビジネス・モデルの変容　306
　　　　　　　事前管理から市場による淘汰へ（306）　　ソフトの二極化
　　　　　　　とタイトルのシリーズ化（306）

3　ゲームの進化 308
　　(1) ソニーの逆襲　308
　　　　　　　共同プロジェクトの発足と解消（308）　　ソニーの単独開
　　　　　　　発と差別化（309）
　　(2) ソニーの完勝――ソフト・メーカーはプレステを選んだ　311
　　(3) 任天堂の原点回帰――新しい遊びの創造　312
　　　　　　　突きつけられた問題（312）　　「ゲーム人口の拡大」とい
　　　　　　　う答え（312）　　「枯れた技術の水平思考」という答え
　　　　　　　（313）

このケースの解説 314
　　思考と議論のトレーニング（315）　　参考文献（316）

Case 17　ソフトバンク　　　　　　　　　　　　　　　317
　　●"時間を買う"

このケースで考えること 317
1　いち早くパソコンに目をつける 318
　　(1) 創業とパソコン・ソフトの卸売業　318
　　(2) M&Aという手段で海外に打って出る　319
2　IT企業への進化 322
　　――「Yahoo! BB」のビジネス・モデル
　　(1) ADSLに目をつける　322
　　(2) 「Yahoo! BB」が成功した理由　322
3　強大なライバルに立ち向かう 325
　　(1) 日本テレコムの事例――NTTの牙城に挑む　325
　　　　　　　買収のねらい（325）　　新しいサービスの提供（326）
　　(2) ボーダフォン日本法人の事例　327
　　　　　　　――通信業界に旋風を巻き起こす
　　　　　　　なぜ移動体通信（携帯電話）事業に進出するのか（327）
　　　　　　　移動体通信事業に参入する方法（328）　　ボーダフォン日
　　　　　　　本法人の買収とそのねらい（330）　　時間を買って「通信

と放送の融合」を目指す（331）

このケースの解説 ──────────────────────── 331
　　思考と議論のトレーニング（332）　　参考文献（333）

もう1つのソフトバンク ──────────────────── 334

Case 18　ファーストリテイリング　　336
　●安くて高品質で"オシャレ"なユニクロはどう作られるのか

このケースで考えること ──────────────────── 336

1 ユニクロの誕生と成長 ──────────────────── 337
　　(1) 小郡商事からファーストリテイリングへの変身　337
　　　　カジュアル・ウェアへの着眼（337）　　ユニクロの誕生
　　　　（338）　　店舗を増やして，社名も変更する（338）
　　(2) オリジナル商品への挑戦　340
　　　　商品コンセプトを立てる（340）　　自主企画商品の開発に
　　　　乗り出す（341）　　商品の生産にも乗り出してみる（342）

2 フリース・ブームの到来 ──────────────────── 343
　　(1) ファッションのメッカ・原宿に乗り込む　343
　　　　原宿店のオープン（343）　　スポットライトを浴びたフリ
　　　　ース（343）
　　(2) そのとき，商品はどのように作られていたか　345

3 "ユニクロ・モデル"の進化 ──────────────────── 346
　　(1) ブームは終わった　346
　　(2) さらなる高品質への挑戦　347
　　(3) "オシャレ"への挑戦　347
　　　　世界に広がる商品開発に向けた取組み（347）　　異業種コ
　　　　ラボ（349）

このケースの解説 ──────────────────── 350
　　思考と議論のトレーニング（351）　　参考文献（352）

巻末付録**1**　読書案内 ──────────────────── 353
　　1　企　業　小　説　353
　　2　専　門　書　355

3　論証・ノウハウ　357
　　　4　新　　書　358

巻末付録2　レポートの書き方―――――――――――――― 359
　　　はじめに　359
　　　1　課題を設定する――何を明らかにするのか　359
　　　2　実証する――いかなる事実を発見したのか　361
　　　3　結論を導き出す――何が明らかにされたのか　366
　　　おわりに　367

巻末付録3　企業博物館利用のススメ――――――――――― 368
　　　はじめに　368
　　　1　下調べをする　368
　　　2　興味の対象を見つける　370
　　　3　企業博物館に行く――日本郵船歴史博物館の事例　370
　　　おわりに　375

あ と が き――――――――――――――――――――――― 377

索　　引―――――――――――――――――――――――― 380
　　　事項索引　380
　　　企業名・商品名等索引　389
　　　人名索引　396

Introduction 歴史とケース・スタディ

はじめに

　本書の特徴は，企業の歴史をケース・スタディというスタイルで叙述した点にある。そこで，あらかじめ，①「なぜ企業の歴史を知るべきなのか」と②「なぜケース・スタディというスタイルを採用するのか」という点を説明しておきたい。

　経営学関係の学部ないし学科に所属するほとんどの学生，あるいは，企業に勤めるビジネスパーソンの多くは，企業で"今起きていること"に興味を持ち，講義を履修したり，インターネットを検索したり，新聞や雑誌をめくったり，あるいは本を読んだりするのだろう。しかし，歴史は面白いのである。非常に素朴な意味で"この企業はそういう道を歩んで大きくなったんだ"とか，"この商品はそういう経緯で生まれたんだ"とか，新たな史実の発見は面白い。その過程で企業家が味わった苦労や１人１人のビジネスパーソンがかけた情熱は，感動すらもたらす。かつて『プロジェクトX』(NHK) が注目された理由もその辺りにあるに違いない。もちろん，ただ面白いから知るべきだというだけでは，一方的に押し付けた印象を与えるし，各方面からお叱りを受けそうだから，もう少し学問的に①「なぜ企業の歴史を知るべきなのか」という点を考えてみよう。

　企業の歴史を考える場合，経営にとって大切な要素について，一般的に観察できる特徴に注目しながらその変容を追跡するといった方法がよく使われる。

たとえば，どのような人たちが企業の経営を担ってきたのかという問題。いわゆるトップ・マネジメントの話だが，日本の場合，大学を卒業してその企業に入社し，主任，係長，課長，部長とキャリアを積み，かつ当該企業の株式をほとんど持たない，内部昇進型の専門経営者と呼ばれる人たちが取締役会の大半を占める点を，1つの特徴としている。だから，こうした特徴がいつ，何を契機に生まれ，どのように変化してきたのかという問題関心から，企業の歴史にアプローチすることも可能である。

　しかし，本書はそうしたスタイルを採らない。なぜなら，企業の個性を重視したいからである。日本企業の特徴を理解することの重要性は否定しない。ただ，個々の企業がライバルとの差別化を図るために，そして経営環境の変化に対応するために創意工夫を凝らし，その結果として生み出される独創的な製品やサービス，あるいはビジネスの仕方や組織にこそ，歴史の面白さが感じられるのではないか。その中には100年愛されるロングセラーもあるかもしれないし，パッと出てパッと消えた商品もあるだろう。共通項よりも，差異に目を向ける。ここに，②「なぜケース・スタディというスタイルを採用するのか」という問いに対する1つの答えがある。

なぜ企業の歴史を知るべきなのか

(1) 今，"そうある"理由を探る

　本書で取り上げる企業は，大阪紡績と三菱合資を除けば，どれも読者が一度は耳にしたことのある，それどころか製品を購入したり，サービスを利用したりした経験を持つ馴染みのある企業だと思う。なぜかといえば，これらの企業は大規模で，日本全国どころか世界中を活躍の舞台とし，広告宣伝をはじめ積極的なマーケティング活動を展開しているからにほかならない。

　たとえば，トヨタ自動車（トヨタ）。2011年3月期現在，約19兆円の売上高と約30兆円の総資産と32万名弱の従業員数という巨大な規模を誇り，トラックを主力とする日野自動車や軽自動車で有名なダイハツ工業を関係会社として抱える一大グループを築き，1年間の全生産数量717万台のうち134万台を北米，134万台をアジア，37万台をヨーロッパで造り，同じく全販売数量731

万台のうち203万台を北米，126万台をアジア，80万台をヨーロッパで売るグローバル企業である（トヨタ自動車株式会社「有価証券報告書」2011年3月期）。

なぜ，トヨタは今"世界のTOYOTA"としてあるのか。高性能・高品質な製品を生産しているからなど，すぐにいくつもの理由を思いつく。しかも低コストでといった追加的な情報を持っている人も少なくない。ここで，なぜ高性能・高品質な製品を生産できるのかと問いを一歩進めてみる。この設問に対して，効率的な生産システムを構築しているからと答えられる人は，どこかでトヨタの強さを聞き知ったのだろう。間違っていない。「トヨタ生産方式」という言葉もあるくらい有名な特徴である。しかし，なぜ効率的な生産システムを構築できたのかという問いに対しては，時計の針を戻さなければ，正確な答えに辿り着くことはできない。それは，過去において導入され，現在に至る時間の中で進化を遂げ，今日の姿を形づくってきたからである。

このように，企業が今，"そうある"理由を知るためには過去に遡り，史実の中から探り当てるほかない。企業の歴史を知るべき所以の1つである。

(2) 波瀾万丈のドラマを観る

現在，確固たる地位を築いた大企業も，そこに至る道程は平坦であったわけではなく，いろいろな試練を乗り越えてきたに違いない。本書で取り上げた吉野家はその典型例である。事実上の倒産にまで至らなくても，ファーストリテイリング（ユニクロ）をはじめ短期的な業績の不振はほとんどの企業が経験することだし，いわゆる経営危機に見舞われた企業も少なくない。

たとえば，トヨタ自動車。「トヨタ銀行」と呼ばれるほどの資金力を持ち，財務の健全性に定評のある同社も，「会社存続の危機」を迎えたことがあった。ドッジ・ラインに伴う経営環境の悪化の中，トヨタは販売資金の調達に追い立てられ，材料や部品の購入代金，さらには従業員の給料の支払いにも苦慮するようになる。1949年11月，営業収支で3500万円の損失を計上，12月にその額は2億円に膨らむことが予想された。年末資金として2億円の融資を受けられなければ倒産する，まさに「会社存続の危機」であり，もはや独力で収拾できるような事態ではない。1950年1月，日本銀行名古屋支店を中心に，帝国銀行や東海銀行など金融機関が集まって，販売会社の分離・独立と過剰人員の整理を主な内容とする会社再建案が検討，決定された。その後も給料の支払

いが遅れたり，借金の返済が滞ったり，事態は好転しない。ここに至って，トヨタは希望退職者の募集（人員整理）を実施，激しい労働争議を経て，1950年中に8140名の従業員のうち2146名が去っていった。そして，豊田喜一郎も責任をとって社長の地位を退く。喜一郎はそれに先立つ同年4月22日，次の発言を通して組合員の協力を求めていた。

> 「結局私は安易であった。何とかいい打開策はないかと考えたが，私自身健康もすぐれず，思うにまかせなかった。この荒波を何とか乗り切りたいが，それには，ここを解散するか，または一部にトヨタ丸からおりていただくか，道は2つに1つしかない。まことに申し訳ない。ここに至り涙なきをえない」（トヨタ自動車［1987］210-231頁）。

喜一郎の目には，本当に涙が溜まっていたのではないだろうか。涙を流していたかもしれない。会社を解散するか，従業員の首を切るか，下請企業を含めた影響を考えれば前者の選択はない。自身の進退と引換えに，後者を選ぶしかなかったのだろう。

　以上のように，長々とトヨタの経営危機の話をしたのは，企業に単線的な発展はないということを強調したかったからである。もちろん，ドラマは危機の局面だけにあるわけではない。画期的な新製品が生まれたとき，経営者が交代したとき，海外で工場がはじめて動いたとき，ライバル同士が手を結んだときなど，さまざまな局面でドラマは起きる。ただし，企業の歴史を学ぶにあたっては，劇的な一瞬を切り取るのではなく，一定の期間を設定し，時系列的な変化を追いかけることが大切である。したがって，それぞれのドラマは，企業の発展ないし衰退といった局面の中で解釈すべき現象となる。

　もう1つ，さっきの話から，"経験することの意味"を考える上でのヒントを手に入れることもできる。というのも，トヨタは「会社存亡の危機」を乗り切って以降，「無借金経営」を続けたからである。間接金融優位の時代になぜトヨタは，「無借金経営」という"財務戦略"を採ったのか。その答えは，戦後復興期の経営危機の中，銀行主導の再建策に沿って，従業員の首を切ることを余儀なくされたという史実にこそ見出せるのではないか。物事の因果関係は，歴史を遡ることで見えてくるのである。それは，企業がある経験から何かを学

習し，成長の糧にしたことを示唆する。言い換えれば，経験から学習できた企業だけが発展のチャンスをつかめるのだろう。それゆえ，"経験することの意味"を知るためにも，一定のスパンをとって，時系列的な変化を追いかけることが必要になってくる。そして，企業の歴史を学ぶ際，成功だけではなく，失敗もまた貴重な経験であることを覚えておきたい。人と同じく，企業もまた失敗からより多くのことを学ぶからである。

(3) 時代背景を知る

　企業の歴史を学ぶ場合，当該企業がどのような時代に事業を展開していたのかをぜひ押さえておきたい。本書でも各部の冒頭にごく簡単な解説を加えているが，時代背景は企業を取り巻く経営環境であり，意思決定や事業活動にとって1つの与件ともなるからである。

　たとえば，自動車産業。発明段階から間もない20世紀初頭，フォードとGMというアメリカのビッグ・ビジネスが市場を占拠していた1920～30年代前半，日本が戦争に突入し軍需品の生産を強いられた30年代後半から40年代前半，敗戦後の疲弊した日本経済の中で経営を立て直そうと悪戦苦闘を繰り広げた復興期，テイクオフに成功し豊かさを手に入れてモータリゼーションの起こった高度成長期，対米輸出が経済摩擦を引き起こすほど国際競争力を持った80年代，バブルが崩壊して20年にも及ぶ長期不況のもとグローバルな産業再編の進んだ90年代以降，そして21世紀。自動車メーカーの経営を考えるとき，日本経済あるいは世界経済がどの局面にあるかによって，その意味は大きく変わってくる。

　たとえば，参入という経営行動。豊田喜一郎が豊田自動織機製作所の片隅で自動車（のエンジン）の研究開発を始めたのは1933年9月といわれる。当時は，フォードとGMの2社が日本市場のほとんどを占め，技術格差はとても追いつけるようなレベルではないと考えられていた時代である。乗合自動車（バス）は徐々に利用されつつあったものの，自動車が国民の足として普及することなど想像さえ困難な時代でもあった。そうした時代に，織物の生産に用いられる織機を造っていた豊田自動織機製作所で常務の地位にあった喜一郎は，自動車事業への参入の準備を進めたのである（トヨタ自動車［1987］）。他方，*Case* 9 で詳しく述べる通り，本田技研工業（ホンダ）の参入は1960年代であ

った。すでに繊維をはじめとする労働集約型産業は競争優位を獲得し，造船など一部の機械工業もマーケットを海外に求めるようになっていた。ビッグ・スリーとは企業規模や技術力など多くの点で劣ると考えられていたとはいえ，トヨタはクラウンやコロナを，日産自動車はブルーバードやセドリックを開発，大量生産に乗り出しており，モータリゼーションの幕も上がっていた。

　このように，同じく新たに自動車事業への参入を果たそうと決意し，それを実現させたトヨタとホンダ。しかし，その時代背景はまったく異なる。当然，その意味も異なってくる。ゆえに，企業の歴史を学ぶにあたり，経営環境として時代背景をしっかり理解することは欠かせない。注意すべきは，環境はあくまで1つの与件にすぎず，企業は自ら環境に働きかけることも不可能ではないという点である。企業の経営行動やパフォーマンスが，環境に規定されるとすれば，企業は自らの個性を発揮する余地を失ってしまう。だが，不況の中で，成長を続け高い利益を上げる企業もあるし，好況の中で，経営危機に見舞われ倒産に至る企業も存在する。*1 逆にいえば，マクロ経済に還元されない部分があるからこそ，経営環境を知るべきだともいえる。不況にもかかわらず，なぜある企業は高いパフォーマンスを示すことができたのか，好況であるにもかかわらず，なぜある企業は業績不振に悩まされていたのか。時代背景がわかれば，そうした問いかけが可能になり，企業の個性に目を向けるきっかけをつかめるだろう。

2　なぜケース・スタディというスタイルを採用するのか

(1) 見えにくい"今"を知る

　第1節では，企業の歴史を学ぶ意義について説明した。そこでは，好況や不況といったマクロ環境に必ずしも還元されない，企業の個性に注目することの重要性を指摘した。高度成長期に，すべての日本企業が成功したわけではないのと同様，リーマン・ショック以降，日本経済が停滞している中でも，順調に業績を伸ばしている企業も少なくない。時代背景や経営環境を前提として企業

---

*1　この点に経済史と経営史の違いを見出す見解として，米倉［1994］をあげておく。

経営を考える，それらマクロとミクロの両面を議論に取り込むことで，はじめて奥行きのある立体的な分析が可能となる。それでは，時代背景や経営環境を知るにはどうすればよいのだろうか。

講義で19世紀の企業経営について話していると，「その時代を生きていなかった先生が，なぜ見てきたかのように話せるのですか」という質問を受けることがある。そのときは逆に以下のような質問を投げ返すことにしている。

「あなたは今を生きていますが，現在，何が起こっているかわかりますか」。

最近の学生が新聞を読まなくなったことを責めているのではない。現在がどのような時代なのか認識できますか，ということを問うているのである。そうすると学生も妙に納得し，こちらも授業を再開できるのだが，じつは質問している教員だって，そんなことはわかっていない。今を生きているからといって，現在を正しく認識しているとは限らないのである。

たしかに，時代の雰囲気を感じることはできる（「どうも最近景気悪いね」とか，「日本企業は韓国や中国の企業に押されているね」とか）。ただ，そうしたことですら，「なぜそういえるのか」と問われたとき，即答することは案外難しい。そのとき，私たちは，他国と比較しながら日本を理解する。しかし，外国との比較によって明らかになるのは相対的な姿であって，依然として，今という時代はよくわからない。

そこで有効なのが，ケース・スタディという方法である。具体的な例を使って説明しよう。以下で紹介するのは，日本が近世（江戸）から近代（明治）へと大きく変貌を遂げる過程，日本に資本主義が確立していく過程を，たった1つの工場の分析を通して解明しようとした，中西洋という社会科学者の野心的な試みについてである。教科書は通常，この過程を，議会や憲法がいかにして成立したのか，会社制度や金融システムがどのように定着したのかなどから説明している。しかし，そうした「大きな」議論では，日本の近代化を本当の意味で理解することはできないと中西は考えた。彼は次のように述べている。

「"近代日本の分析"のなかには，私たちのおじいさんやひいおじいさんの息づかいが感じられることが少ない。彼らがこの世にあって，西欧世界の

圧力に抗して，日本を1つの自立した近代社会につくりあげようとしてはじまった歴史の延長線上に——むろんその光と共に，その影の上に——私たちはいま生きており，またこれからも生きてゆこうとしている。その私たちの生き方の1つの方向を示唆するものが，もし社会科学であるとするなら，私たちはまだ本当の社会科学をもっていないのではないか」（中西 [1982]）。

引用文にある「近代日本の分析」とは，「富国強兵」や「殖産興業政策」といった明治政府の政策に関する研究を指し，それらは一国レベルの経済構造を対象としていた。しかし，そうした議論は，現在を生きる私たちに直接的には訴えかけてこないため，「社会」を「科学」する分析視角として不十分だという。そして，中西は「長崎造船所」という1つの工場に注目し，そこで生じた変化を徹底的に追いかけた。具体的には，工場内における管理者と労働者との関係とに焦点を合わせ，その変化の検証を通じて，社会が「近代化」するということの意味を解き明かしていった。当時を生きた人々に接近し，作業現場で起こった事実を1つ1つ，人々の「息づかい」が聞こえるぐらいまで丹念に拾い上げて，社会の変容の本質に迫ろうとした。つまり彼は，長崎造船所が日本社会を写す鏡になると見なしたのである。たった1つの工場というミクロの世界の分析から，日本の近代化という捉えどころのないマクロの世界を描き出そうとしたといえる。これこそケース・スタディの持つ醍醐味である。

　本書でも，事例の背後にある同時代の社会の特徴やその変容を念頭に置きながら執筆することを心がけた。また，現在私たちの暮らす社会が，どのように生成・進化してきたのかという点も意識し続けたつもりである。その試みの成否は，実際に読んで判断してもらうしかない。ただ，具体的なケースを論じることによって，とかく見えにくい時代や社会の変化をつかめるのではないか。ケース・スタディという手法の選択には，そうしたねらいが込められている。

(2) 読んで，考えて，議論して，柔軟な思考を身につける

　経営学や企業論，そして筆者らの専門である日本経営史に興味を持っている人に学問の面白さを伝えたい，という思いから本書は企画された。そのため，全編をケースで構成するという方法を選択した。ケース・スタディが，この本

の目的を達成する上で適切な手段と考えたからである。加えて，そこには，もう1つ学び方にかかわるねらいもある。

　本書は，いくつもの事例の検討を通じて，日本企業に対する理解を深めてもらうことをねらいとしている。もちろん，単に事実関係を知り，情報量を増やすことが目的ではない。ケースを読み込みながら，企業あるいは経営について，自分の頭で考えられるようになること，これこそ目指すべきゴールなのである。海外に行ったことのある人は誰しも，他国を知ることで，逆に日本に対する思考と認識を深めるという経験を味わう。それと同様に，過去を知ることで，現在についての認識を改めることがある。1つ1つのケースは，そのためのヒントを提供する可能性を秘めている。

　グローバル化する世界を生き抜く上で，多様な価値観を理解することは有用である。しかし同時に，自らのアイデンティティをしっかり持つことも，それ以上に大切である。自分の強みはどこにあり，それはどのように説明できるのか。そうした事柄を議論する能力を養わないことには，グローバル化した競争社会の中で，価値観の異なる相手とコミュニケーションをとりながら，自らの立場を優位化することはできない。

　日本企業について議論する場合，1980年代に賞賛され，バブル崩壊後の長期不況の中で否定的な評価の目立つ，いわゆる「日本的経営」といったレベルの理解にとどまることは，もはや許されない。日本企業の真の強さとは何なのか，問題はどこにあるのか，どうすれば競争力を再構築できるのか。このような問題を発見し，その解決の突破口を切り開く能力を身につける上で，具体的な事例を題材に自分の頭で考え，意見をまとめ，他者と徹底的に議論してみるという方法は，とても有効であると考える。

　本書は，どのケースから読み始めても，ケースの内容だけを材料に思考し，そこで発見された事実を踏まえた議論ができるように執筆した。そのため，各自が興味を持ったケースから読んでもらって構わない。そして，単に事実を知ることに満足するのではなく，時代状況やその時代特有の問題といったことにも思いを巡らせ，当事者の立場になって企業経営を考え，互いに意見を闘わせる。ケースをこなしていくことで柔軟な思考を身につける。読者には，そういう主体的な学び方を強く期待したい。

まとめ

　以上，①「なぜ企業の歴史を知るべきなのか」と②「なぜケース・スタディというスタイルを採用するのか」という点に説明を加えてきた。その要点は次の通り。

　①「なぜ企業の歴史を知るべきなのか」——それは，企業が今，"そうある"理由を探る上で史実が有用だからであり，歴史の中に波瀾万丈のドラマがあって，企業が積み重ねたさまざまな経験に関する知見を増やせるからであり，時代背景を知らずして意思決定や経営行動の意味を正確に理解することは困難だからである。

　②「なぜケース・スタディというスタイルを採用するのか」——それは，1つ1つの企業の実態から同時代の日本の経済社会あるいはその変容を見通せるからであり，現在の日本企業のあり方について活発に討議し，理解を深められると考えるからである。

● 参考文献 ●

　トヨタ自動車株式会社編［1987］『創造限りなく——トヨタ自動車50年史』トヨタ自動車。
　中西洋［1982］『日本近代化の基礎過程——長崎造船所とその労資関係：1855〜1900年』上巻，東京大学出版会。
　米倉誠一郎［1994］「経営史学への招待——歴史学は面白い」『一橋論叢』第111巻第4号。

　＊　参考文献からの引用に際し，漢数字をアラビア数字に改めた箇所がある。

［加藤健太・大石直樹］

第1部
羽織から背広へ
――勃興する市場と模索する企業

Case 1 大阪紡績
Case 2 三菱合資
Case 3 阪　　急
Case 4 資生堂
Case 5 三井物産

第 1 部の時代背景
近代日本の経済と社会
── 1867〜1945 年

●近代化のはじまり

　1853 年のペリー来航を契機として日本の近代化は始まるが，これを「開国」と呼ぶことに端的に示されているように，明治以降の日本経済は海外との強いつながりを持つことで発展していった。戦前の日本企業は，鐘淵紡績や東洋紡績など花形産業であった繊維業はもちろん，石炭や銅など資源関連のビジネスによって経営基盤を確立した三井・三菱・住友などの財閥も，あるいは陶磁器・製茶など江戸期以来の歴史を有する伝統的なビジネスも，輸出を積極的に行うことで成長した。日本を代表する総合商社である三井物産の創業が 1876 年という早い時期だったことからもわかるように，日本経済と海外市場とのつながりは，開国以来，じつに長い歴史を持っているのである。

　一方，明治政府は，金融，鉄道，海運，電信，郵便といった国内市場を形成する上で不可欠なインフラストラクチャーの整備を急ぎ，民間企業の活動を支える基盤を確立する政策をとった。同時に，株式市場や商法といった市場経済のルールを早い段階で西洋から導入したことも，日本における市場機構や株式会社制度のスムーズな定着を可能にしたのである。

　「富国強兵」というスローガンからもうかがえるように，戦前の日本は，日清戦争（1894 年），日露戦争（1904 年），第一次世界大戦（1914 年）と 10 年ごとに戦争を経験するが，これらの戦争は企業経営にも多大な影響を与えていく。中でもヨーロッパを主戦場とした第一次世界大戦は，それまでアジアの市場を席巻していたヨーロッパ製品の一時的な撤退をもたらし，加えて，戦争に伴う需要の高まりによって日本からのヨーロッパ向け輸出の急増をもたらした。つまり第一次世界大戦は，日本企業にアジアとヨーロッパという巨大な海外市場を提供し，これによって日本経済は空前の"ブーム"に沸きかえったのである。とりわけ貿易関連ビジネスは，戦争に伴う世界的な商品相場の高騰の恩恵を受けて大きな飛躍を遂げ，多くの"成金"が誕生する。

　ところが，1920 年に入ると一転して日本経済は反動に見舞われる。1923 年には関東大震災が，27 年には金融恐慌が，そして 30 年には昭和恐慌と，立て続けに暗いニュースが続いた。この間，各地では取付け騒ぎが起こって多数の金融機関が倒産し，ブームに沸いた不良企業には淘汰されるものが続出した。またピーク時に取引規

模で三井物産を凌いだといわれる商社の鈴木商店が経営破綻するなど，大企業の倒産も相次いだ。このような深刻な経営環境の悪化に対して，各企業は個別ではなく産業単位で対応するべく「カルテル」が結成され，業界レベルの協調的行動によって不況への対応を模索する。

そうした中でも財閥は，経営合理化や組織改革を進めることで一段と競争力の強化を図っていく。また，技術力を駆使した新興企業グループが複数登場するなど，不安定な時代においても躍進する企業が中心となって，日本経済の重化学工業化が進んだ。しかし1930年代後半，戦時経済に突入すると，企業経営も統制の網の目の中に取り込まれていき，そのことで自由な経営が次第に困難となっていくことになる。

◉大衆消費社会の入り口

19世紀後半に開始された日本の工業化が一通りの完成を見せた20世紀初めには，東京・大阪を中心として都市人口が急増する。主要都市を中心に鉄道網と電力網が形成され，その勢いは次第に郊外にも延長され，都市近郊の宅地開発や私鉄路線網の建設も進み，大正期には大都市圏の形成が見られるようになった。このような経済社会の構造的な変化は，それまでとは異なる新しいビジネス・チャンスの発生を意味した。つまり，都市部を中心として，サラリーマン家庭に代表される中間層を相手としたビジネスを展開する企業が，次々に登場したのである。そして，こうした時代の潮流は長い伝統を有する既存のビジネスにも新しい変化を促していく。1673年創業の三井呉服店が，アメリカの百貨店を目標として1904年に「デパートメント宣言」を行い，三越に改組したことはその1つである。これをきっかけとして，大丸や髙島屋など老舗呉服店が次々に業態を転換したことは，都市化の流れを象徴する出来事であった。また1907年には寿屋洋酒店（サントリーの前身）が，輸入ワインを日本向けにアレンジした「赤玉ポートワイン」を販売，09年には調味料の「味の素」が発売されるなど，日本人のライフスタイルは次第に「モダン」なものへと変わりつつあった。

都市の景観も大きく様変わりしていった。1922年には，イギリスの「田園都市」をモデルに宅地開発された「田園調布」の分譲が開始される。そこには理想の住宅「モデルハウス」も登場し，電気ストーブに電動井戸ポンプ，電気掃除機や電気洗濯機まで整えられていた。1923年2月には，東京の表玄関である丸の内地区に「丸の内ビルディング」，通称「丸ビル」が華々しくオープンする。巨大なオフィス・ビルでありながら，同時に商業施設が入居するショッピング・モールでもあるという新しいコンセプトのもと，アメリカの建築会社の協力で建設され，高速エレベーターを備える9階建ての近代的な施設であった。丸ビルは，開館から約半年後の同年9月1

日に発生した関東大震災にも大きなダメージを受けない強固な構造を有していた。
　この大地震は，後に金融恐慌を引き起こす原因になるなど，その後数年間にわたって，日本経済に甚大な影響を与え続ける。しかし見逃すべきでないのは，丸ビルの商業施設の1つとして出店していた森永製菓が運営する「森永キャンディストア」では，震災直後に「ミルクココア」が空前の売行きを示したという事実であり，大震災という日本を覆う暗いニュースの中においても，大衆消費社会に向けた歩みは着実に進行していたのである。

● 参考文献 ●
　有沢広巳監修［1994］『日本産業史』1，日本経済新聞社。
　宇田川勝・中村青志編［1999］『マテリアル日本経営史──江戸期から現在まで』有斐閣。
　中村隆英［1971］『戦前期日本経済成長の分析』岩波書店。

［大石直樹］

Case 1 大阪紡績

● 会社を創るということ

このケースで考えること

　このケースでは，大阪紡績を取り上げて，会社を創り，利益を上げるということを考えてみたい。1882年5月3日に「創立」された大阪紡績は，その成功が「近代日本経済史上のエポックメーキングな出来事」として後世で語られる"超"の付くほど有名な企業であり，今日でも，東洋紡という社名で業界トップの地位を占める「100年企業」である。

　とはいっても，「紡績」という言葉すらピンとこない読者も少なくないだろうから，その辺りの解説から話を始めよう。そもそも紡績は，綿花や羊毛，麻といった比較的短い繊維を撚り合わせながら伸ばして糸を作ることを指す。撚りを掛けることで，糸に均一性，弾力性，収縮性，光沢性といった性質を与えるわけである。糸は，原料によって綿糸，絹糸，毛糸などに分けられるが，大阪紡績の製品は綿糸とそれを織った綿布である。ちなみに，後者は織布工程と呼ばれる。

　日本にはじめて木綿（の種）が伝わったのは平安時代の799年，その後，一時的な断絶を挟んで1490年代から1510年代に木綿栽培が開始され，江戸時代（17世紀）には綿織物が庶民の間に普段着として広く普及したといわれる（東洋紡［1986a］1-4頁）。その材料である綿糸を大規模にかつ機械を使って生産しようという動きが，明治期に活発化する。それは，「富国強兵」をスローガンに掲げた維新政府による官営模範工場の経営，紡績機械（紡機）の払下げ，

紡機代金の立替えといった広い意味で「官営紡績」とでもいうべき動きとして現れた。しかし，その実態は成功と呼べるものではなく，紡績業の発展を牽引したのは，民間レベルの自律的な動きであった（日本繊維産業史刊行委員会［1958］19-24頁）。大阪紡績は，後者の代表例であり，模倣に値する1つのビジネス・モデルになったのである。

　ここで注意すべきは，大阪紡績が創設された1882年当時の株式会社（企業）に対する認識が，現在のそれとはまったく異なるという点である。年表をひもとくと，この年の3月に伊藤博文たちが憲法調査のために渡欧したことを確認できる。つまり，企業の活動を規制する商法はもちろん，憲法すら制定されていないのである。というわけで，「会社」は存在したが，それは今日的な意味での株式会社ではない。

　たとえば，株式会社の特質の1つである「有限責任制」はまったく自明のことではなかった。「会社」の責任制は，設立の認可を担った地方官によって解釈が異なり，1884年の第4回『農商務卿報告』には「抑々現今の会社なるものは，其の責任の無限と云ひ有限と唱ふるも，畢竟各自々称の名目に過ぎずして，法律上公認せられたるものに非ず」と記されていた。また，同年の『興業意見』には「過般司法省に照会するに会社責任の儀を以てせしに，会社責任の定めは社外に対し効なきものとの回答を得たり。然るときは有限責任会社の株主と雖も，一旦事変あれば其の資産を尽して会社の義務を完ふせざるべからず」とあり，会社が借金の返済に困ったときには株主が私財をなげうって返済しなければならないと考えられていた（高村［1996］52-59, 70-73頁）。

　果たして，このような時代に，会社はいったいどのように創られ，経営されたのだろうか。

1　会社を創る

(1)　規模を決める

紡績に目をつけた渋沢栄一

　大阪紡績の設立にあたって重要な役割を果たしたのは，渋沢栄一である。渋沢は1873年に33歳で大蔵省を退官した後，75年に第一国立銀行の頭取に，

78 年に東京商法会議所の会頭にそれぞれ就任したほか,日本初の洋紙メーカーである抄紙会社(後の王子製紙)の設立(73 年)を指導するなど,実業界で辣腕を奮っていた。とはいっても,彼が「近代日本の資本主義の父」と呼ばれるほどの実績を残すのはまだ先の話である。渋沢は 1877 年ごろから紡績事業に強い関心を示すようになるのだが,それは次のような事情による。

渋沢栄一(渋沢史料館蔵)

当時,西南戦争の戦費調達などによって物価が高騰し,綿糸・綿織物の価格上昇はとくに激しかった。渋沢は第一国立銀行頭取としてその事態に接して懸念を抱き,状況を正確に把握するため調査を進めて,国産よりもインド産のほうが高品質で低価格だから,今後日本にどんどん輸出されるに違いないと確信する。そして,彼はそうした綿製品の輸入増は大問題であり,どうにかしなくてはならないという思いを強く抱いたのである。

渋沢は早速,貿易会社・大倉組商会の創立者・大倉喜八郎と連携しながら,旧薩摩藩の鹿児島紡績所を買い受けようと動く。しかし,実地調査の結果,その荒廃ぶりが目に余り,経営再建の不可能なことが明らかになったため断念し,自らの手で新たに会社を設立する方針へと転換を図ることになる(東洋紡[1953]18-19 頁)。ここで重要なのは,渋沢が当時の主流であった 2000 錘に比してかなり大規模な工場の設立を念頭に置いていた点である。彼は次のように考えていた。

> 「紡績機械工場としては,二千錘ばかりの小規模のもので立ち行く筈が無い。その上機械を貸した機業家を監督指導する技師連は,其道の事に暗く,到底斯業を完全に発達させて行く任に堪えなかった。外国の工場の視察書物の調査位で紡績の事がわかるものではない。(略)外国の物を其まゝ当てはめようとしても,迚もうまく行くものではない」(東洋紡[1986a]14 頁)。

ここで批判対象になった 2000 錘規模の工場は,政府の紡績業育成策の一環として 1880 年代初頭に,主にこのケースで考えることで触れた 3 つの経路で創立された。しかし,動力源を水力に求めたために創業資金が膨張したこと,開

Ⅰ 会社を創る　17

業が松方デフレ期にあたったために販売面で苦戦を強いられたことなどにより，経営不振に見舞われるケースが目立った（高村［1971］48-57頁）。渋沢は，その要因を規模の過小性に伴う経営効率の低さに見出したわけである。

1万錘という選択

では，どれくらいの規模であれば，紡績工場の効率的な経営が可能になるのか。渋沢の出した答えは，1万錘以上という規模であった。もちろん，彼は銀行家であって，紡績に詳しいわけではない。そこで，東京の綿糸商である柿沼谷蔵や薩摩治兵衛たちに相談したところ，1万錘以上でないと利益が出ないとの意見を聞くことができた。さらに，渡欧経験者は，イギリスだと1工場当たり5万錘ないし10万錘の規模を誇り，1万錘以下の工場はないと話す。というわけで，正確な時期は定かでないが，遅くとも1880年4月時点で，渋沢は，試験工場ならばともかく，営利を目的とする企業ならば是非とも「大工場」を建設すべきと考えるようになっていた（東洋紡［1986a］15頁）。

前年の1879年から渋沢は紡績事業計画の策定に着手し，80年10月資本金を25万円（82年12月に28万円へ増額）に定めると同時に創立世話掛を選定し，83年3月12日には創立総会を開催して定款と役員を決定した。ちなみに，本ケースの冒頭で述べた1882年5月3日は，「創立記念日」とされる日である（東洋紡［1986b］582頁）。

役員としては，頭取（社長）に藤田伝三郎，取締役に松本重太郎と熊谷辰太郎，相談役に藤本文策，矢島作郎をそれぞれ配置し，渋沢自身は相談役に名を連ねた。藤田は西南戦争に際し軍用品と人夫の調達に携わって巨万の富を得，1881年には藤田組を設立して社主頭取に就任していた。松本は第百三十国立銀行の創設に参与し取締役支配人のポストに就き，1880年から頭取を務めていた。両者とも後に関西財界の重鎮に位置づけられた実業家である。

(2) おカネを集める

分割払込制度とは

従来の規模の5倍もの工場を建てようというのだから，当然資金もそれだけ膨らむことが予想された。まずは資本金25万円をどのように集めるかが問題として突き付けられる。渋沢は後に「其頃は中々資本を集めるのが骨が折れました」と振り返ったが，1884年時点の大阪で資本金10万円以上の企業は，銀行3行を除くと，大阪製

銅と大阪商船のわずか2社にすぎなかった。ここからも大阪紡績の規模の大きさが群を抜いていたことが理解できるだろう（竜門社［1956］9頁，高村［1971］69-72頁）。

　ここで，当時の資金調達方法を簡単に説明しておこう。資本金は株式を発行して集めた返さなくてよいおカネのことだが，戦前の仕組みは現在とかなり異なっていた。企業が株金を徴収するとき，株主は引き受けた株式に応じておカネを払い込まなくてはならない点に変わりはないが，戦前の場合，企業が複数回に分けておカネを徴収することができた。たとえば，額面50円の株式の場合，2回に分けて1度に25円ずつ，あるいは4回に分けて12円50銭ずつ徴収する。当然，株主には金銭的な負担を分散できるメリットがあり，企業にも資金需要に応じて払込金を徴収できるメリットがある。この仕組みを分割払込制度と呼ぶ。結果として，資本金は，公称資本金と払込資本金の2種類が存在することになり，100万円の公称資本金でも，実際の払込資本金（手にしたおカネ）は50万円というケースが出てくる。

呼び水としての"華族ブランド"

　以上を踏まえて，大阪紡績の資金調達を見ていく。渋沢はまず，前出の柿沼と薩摩のほか，杉村甚兵衛や堀越角次郎といった綿糸商等に「どうしても木綿の事業を日本に起して見たい，是は会社にしなければならぬが，会社にする時はあなた方に幾分の株主になって貰いたい」と声をかけ賛同を得た。だが，それだけではもちろん足りない。そこで，彼は次に華族のおカネに目をつける（竜門社［1956］9頁）。華族とは公家や武家に由来する「特権的身分」のことで，由緒ある名家，それも公爵とか侯爵とかの爵位を授けられるような人たちであるが，ここではお金持ちという程度に理解しておく。華族のおカネがいかなる経緯で大阪紡績に回ってきたのか。結論から述べれば，別の計画が頓挫したからなのだが，その辺りの経緯を確認しておこう。

　1876年に徳島藩最後の藩主である蜂須賀茂韶侯爵など華族28名が，東京―横浜間の官設鉄道の払下げを目的に鉄道組合を結成し，7カ年をかけて代金を納めて83年から経営するという契約を政府と結んだ。その後，同組合は64万2000円の代金を上納したが，1876年に秩禄処分が実施されたために当初の資金計画は見直しを余儀なくされた。華族に与えられた給与（家禄）が廃止となったからである。加えて，岩倉具視が，秩禄処分の代償として華族に交付さ

表 1-1　大阪紡績の属性別株主構成（1883 年 6 月末）

区分	華族		大阪		東京		その他		合計	
	株主数	株式数	株主数	株式数	株主数	株式数	株主数	株式数	株主数	株式数
100 株～	3	492			1	336			4	828
50～99 株	6	409	7	373	4	272			17	1,054
20～49 株	4	142	7	197	4	116	2	40	17	495
1～19 株	4	22	42	295	8	78	3	28	57	423
合計	17	1,065	56	865	17	802	5	68	95	2,800
構成比 (%)	17.9	38.0	58.9	30.9	17.9	28.6	5.3	2.4	100.0	100.0

（出所）　高村［1971］66-67 頁より作成。

れた金禄公債を集中し，第十五国立銀行を設立する計画を進めたこともあって，鉄道組合の資金繰りは苦しくなってしまう。こうした事態に直面して，同組合は解散を選択し，すでに収めた 64 万 2000 円から第十五国立銀行よりの借入金 21 万 4000 円を差し引いた 42 万 8000 円の返済を受けることになった（東洋紡［1986a］16 頁）。この資金が，大阪紡績（と東京海上保険）に出資されたのである。

　1883 年 6 月時点の属性別株主構成を示した表 1-1 からはまず，17 名の華族が 38.0 ％（1065 株）の株式を保有しており，中心的な出資者であったことを読み取れる。出資者には，前出の蜂須賀（1 万 6200 円）のほか，加賀藩藩主の血を引く前田利嗣侯爵（1 万 8000 円）や長州藩最後の藩主である毛利元徳公爵（1 万 5000 円）などの華族が名を連ねている。次に，人数では大阪の株主が最も多かった。この点は，渋沢の推奨と華族の出資が「呼び水」となって，松本，藤田等の関係者とその「同族的範囲」を超えて，「守旧的な大阪の商人層を網羅的に結集することに成功し」た（圏点：原文のまま）と解釈されている（高村［1971］73 頁）。

　ただ，大阪における株主募集は容易でなかった。1882 年 2 月時点で 1 株 5 円の払込みを終え，3 月には機械代金を払い込んでもらう必要があったにもかかわらず，一部の株式が未引受だったのは大阪地方に原因があったといわれる。最後に，渋沢をはじめ，三井物産の益田孝，大倉組の大倉喜八郎，東京電灯社長の矢島作郎といった東京の株主は，大阪の株主に比して 1 人当たりの出

資額が大きかったことも付言しておこう（高村［1971］68-73頁）。このうち三井物産とは，後述の紡機や原料である綿花の購入で取引関係を持つようになる。

　以上のように，華族をはじめ東京や大阪の有力商人や実業家たちの出資によって，大阪紡績は成立した。それは，身内からおカネを集めるレベルを脱し，より大きな資金を動員することを可能にした。だが，同社がこの時代の限界を示す事例であることも否定できない。なぜなら，このおカネは，市場を介して広範な層から動員されたものとはいえず，ごく限られた"サークル"から拠出されたにすぎないからである。今日とは異なり，おカネは偏在しており，だからこそ逆に渋沢を中心とする人的ネットワークが重要な意味を持ったともいえるだろう。[1]

2　工場を建てる

(1) 情報を集める

白羽の矢を立てられた山辺丈夫

先に述べたように，大阪紡績は従来にない規模の工場を建設・運営することを計画していた。とはいえ，役員に就任した渋沢も藤田も松本も，紡績企業の実務をほとんど何も知らない"素人"である。したがって，技術面と経営面を担う人物を招き入れないと成功はおぼつかない。そこで，渋沢は山辺丈夫（やまのべたけお）というイギリス在住の日本人留学生に白羽の矢を立てる。

　山辺は1877年8月から，旧津和野藩主の養嗣子・亀井茲明（これあき）の教育係として，ロンドンに渡り，保険業を中心に経済学の勉強に励んでいた。渋沢は，第一国立銀行に勤務する津田束から友人である山辺の推薦を受け，実父（清水格亮）の意見にも耳を傾け，その人物に惚れ込んで彼の採用を決意，津田と清水に勧誘を依頼する一方で，1879年4月に渋沢自ら三井物産ロンドン支店に勤務していた笹瀬元明を通じて承諾を求めたとされる（東洋紡［1986a］18-19頁）。

　1879年6月19日に渋沢からはじめて「懇切なる手紙」を受け取った山辺は

•1　ただし，資本金を120万円まで増やした1889年12月末になると，華族は株主数で3.6％，株数では11.3％までウェイトを下げ，代わって大阪が61.5％と61.7％，その他も26.0％と17.0％まで数値を高めた（高村［1971］66-67頁）。

その後、キングス・カレッジに転じて機械工学を専門に勉強することになる。しかし、彼はすぐに「紡績業の研究は、単に理論ばかりでは役に立たない、実際工場に入て、其の製造の実地に就て、研究しなくては分らない」と考えるに至り、イギリス紡績業のメッカであったマンチェスター市に拠点を移した。8月2日のことである（竜門社［1956］19-20頁）。

山辺丈夫（渋沢史料館蔵）

山辺、工場に潜り込む

この間、山辺は8月5日にブラックバーン市の紡績工場（ローズヒル工場）の経営者でイギリスの下院議員でもあったブリッグスを訪問して、8日に彼の工場を見学し、食事までごちそうになり、馬車であちこち見物もした。その後、手紙でのやりとりを経て、8月25日に再び面会した際に、工場入りを頼んでみると、ブリッグスは「余は余の友人からも、別の紹介状を受け取った、金銭は問題ではない、君は君が望む通り、何時からでも、余の工場に来たまへ」との快諾を得ることができた。山辺は30日にマンチェスター市の宿を引き払い、ブラックバーン市に移り住んで9月1日から熱心に工場通いを始めるようになった。そして彼は、この工場で、綿花の買入れや綿糸の販売、工場の操業、機械の保守など紡績工場経営の「あらゆる方面」を貪欲に学び、多くの知識と技能を吸収したのである（竜門社［1956］19-21, 97-98頁）。

もう1つ、工場研修（見習い）の過程で積極的に情報収集を行った点が重要である。当時の山辺の生活は、午前8時30分に工場へ赴き、午後12時30分まで勤務、昼食はシモンズ街5番の宿舎でとり、午後5時30分まで計8時間働いた。実地研究は1880年5月までの9カ月にすぎなかったとはいえ、「熱心と云ふ者は、恐ろしい者で、此の短日月の間に、紡績事業を創設するに要する、大体の知識を得られた」という。山辺はこの工場だけでなく、紡機のトップメーカーであったプラット社をはじめ、いろいろな工場に足を運んで積極的に知識を吸収しようと努めた。この点について、彼は1880年初頭の「日記」に、三井物産の笹瀬と一緒に製糸機械製造所（1月13日）や製糸場（1月14日）を訪ねたり、染布場（1月16日）と水車工場（1月29日）に行ったりしたことを記している（竜門社［1956］21-25頁）。

山辺は帰国後，工場の建設にあたって機械の選定と購入を主導し，1883年3月からは工務支配人として工場運営の全体を監督することになる。

(2) 立地を決める

工場をどこに立てるかという点は，何を動力にして工場を動かすかという点と分かちがたく結びついている。最初は動力を水力に求めることに決めたから，自然と立地は河川の近くという話になった。ちなみに，当時の紡績工場はすべて水力を利用しており，それゆえどれも川沿いに建てられていた。もちろん，工場立地に関して，考えるべきは動力ばかりではない。たとえば，原材料の供給拠点や製品の市場は輸送コストに直接影響する。このコストが，近ければ安く，遠ければ高くなることはいうまでもない。

渋沢は，ヨーロッパの工場で利用されていた蒸気力の採用を検討したが，燃料の石炭価格が高いために断念し，初期の建設コストはかさむもののランニング・コストの安い水力に関心を向けるようになった。水車を回すために用いる川の水はタダだからである。では，水力を使うとして，どこに工場を建てるか。渋沢は1880年5月，「わが国の先駆的紡績技師」とされる愛知紡績所の石河正龍に意見を聞いたところ水力を薦められたため，矢作川や木曽川などを調査している。しかし前者からは80～100馬力の動力しか得られず，大阪紡績の必要量140～150馬力に遠く及ばない。また，正確な時期は不明だが，渋沢は森という技師とともに愛知県の尾州犬山と宇治平で調査を行い，前者には年に1度の水害，後者には3～5万円程度の投資だと十分な成果を上げられないという問題があることが判明した。

さらに足を伸ばし，静岡以東，あるいは北陸地方や中国地方を調査すれば，適当な用地があったかもしれないが，そうすると，今度は原料の供給先である主要綿作の近畿，東海から離れてしまう。また，交通の便の悪い場所だと，原料と製品の輸送に時間がかかり，コストもかさむ。このような事情によって，渋沢らは動力源を水力に求めることを断念し，蒸気力の利用を決断するのである。

他方，立地については，1882年3月28日，藤田や松本などの奔走により大阪の西成郡三軒家村上之町に決定する。その経緯は不明だが，選定理由としては，大阪が江戸時代から原料の綿花と綿製品の中心的な市場であり，かつ労働

人口も多く工員の獲得が容易と考えられた点を指摘できる。大阪の中では梅田や中之島も候補にあげられたが、結局、人家が少なく工場用地として適切で、しかも原綿・製品・石炭の輸送の点でも利便性の高い、木津川沿いの三軒家に決まったといわれる。

大阪紡績三軒家工場（渋沢史料館蔵）

山辺はイギリスでの研究に基づき、三軒家工場に設置する機械として、イギリスのプラット社の紡機とハーグリーブス社の原動機を選定、三井物産を通じて発注した。ミュール式精紡機16台（もしくは15台）、1万500錘をはじめとする各種機械は1881年12月から82年4月にかけて到着した。他方、工場の建設は1882年6月に着手されて83年7月に竣工し、同時に一部のみ操業を開始、同年12月に7000錘、84年4月には1万500錘すべてのミュール式紡機が稼働するに至ったのである（東洋紡［1953］24-28頁、竜門社［1956］35-36頁）。

3 利益を上げる

(1) 情報（知識）を伝播する

4人の技術者候補

イギリスで実地経験を積んだ山辺が「堂々たる技術家」に成長しても、彼1人で工場を切り盛りすることは不可能である。彼の部下となる技術者を養成しなければ、工場の運転も機械の据付けもスピーディに行えない。そこで、渋沢は1881年5月に大川英太郎、岡村勝正、佐々木豊吉、および門田顕敏の4名を面会の上で「技師候補者」（社員）として採用した。大川の母は渋沢夫人の姉妹であり、佐々木は第一国立銀行の佐々木勇之助の弟、門田は織物試験所で製織の研究に従事し、渋沢が引っ張ってきた人物であった。また、岡村は山辺の従兄弟にあたり、いずれも渋沢を軸とする人的関係から招聘されたわけである（竜門社［1956］32-33頁）。

彼らは何をどのように学んだのだろうか。1881年7月11日に渋沢から「技

師候補者」に示された「紡績生徒修業心得書」記載の「伝習」の内容を一部紹介すれば，次のようになる。まず目的は，紡機の組立方法と紡糸にかかわるすべての工程に習熟することと定められた。次に，伝習の場所は愛知県と広島県にある官立工場とし，愛知工場で紡糸の研究を，広島工場では機械の研究に従事するとした。科目に関しては，あらかじめ順序を決めることは難しいとしながらも，第1科の打綿部と梳綿部，第2科の紡繰部と装綿部に分け，それぞれ諸機械の組立方法と使用法のほか両部にかかわるすべての事項を設定した。このうち打綿は「開綿」によってほぐされた綿を「綿弓」で打ってさらにほぐし，不純物を除去して柔らかくする工程，梳綿は繊維をさらにほぐして不純物を取り除くとともに，平行に揃えて篠綿を作る工程のことである。これ以外にも，水車の組立てと使用法，「水理ノ大意」を理解することも求められた（竜門社［1956］33-34頁）。

　ここで注目すべきは第1に，4名は上記のすべてに習熟することを課された点である。それは，「各部ノ研究ハ各其専一ヲ要スルニ付，各科二人宛ノ受持ヲ定ムヘシ，而シテ其習熟ノ後相交替シテ各員全部ニ通暁スルニ勉ムヘシ」（圏点：引用者）という文章に示される。第2に，「技師候補者」たちの習熟度をモニタリングする仕組みを導入した点に目を向けたい。すなわち「伝習ノ景況ハ毎月両次位ニ簡略ナル報告書ヲ以テ世話掛迄通報スヘシ，最モ該工場全体ノ景況及工業損益ノ模様ヲモ（探知スルコトヲ得ハ），並テ報道スル様ニ心掛クヘシ」と定めた（竜門社［1956］33-34頁）。この文の後段は，同時に紡績工場の成績に関する情報の入手を試みたものと考えることができよう。

"2人"の教師　　山辺がイギリスで入手し翻訳した「紡績技術書」（「紡績書」）も貴重な教材となったようである。「紡績書」は「当時日本で紡績業技術の虎の巻と云つた大切な宝典」といわれた。コピー機もデジタル・カメラもない時代だから，4人の「技師候補者」は手で書き写して1冊ずつ所持し「一生懸命勉強」した。また，岡村によれば「何しろそれ迄日本では誰一人として学理的にこの技術を会得したものとてなく」という状況だったため，この「紡績書」は下記のように用いられたという。

　「これを各紡績所の紡績組立見習見学に行く時に持つて行き実地に試験してみました。無論この虎の巻は誰にもみせない秘密なものとしてゐたので

3　利益を上げる

す。それで最初の大平紡績所の時はまだ黙つて見学する程度でしたが桑原紡績に一ヶ月おります内、大体紡機の技術を細かに会得し、見習に行つて逆にこちらの学理の知識を教えてやると云つた有様で、向ふの所長や職工達も驚き、貴殿達は見習に来たのか教へに来たのかと云つた程です」。

このように、「技師候補者」は官立紡績所での実地研修と「紡績書」の学問的知識の双方を学んで「一流の紡績技師」になっていったのである（竜門社 [1956] 48-49 頁）。

　もう 1 つ、イギリスから技師を招いて、指導を受けたことにも言及しておく必要があろう。大阪紡績は、プラット社で「仕上職」として働き、ヨーロッパ各国でも経験を積んで「機械の組立てに就ては前後に見ざる老練家」となっていたニールド技師（42,3 歳）を招聘して、紡機の据付けや運転指導にあたらせた。それも一筋縄ではいかない。ニールドは 1880 年 1 月に神戸に到着、1 人で三井物産大阪支店を訪れた。しかし、通訳が不在であったために「靴の儘で畳の上に上つて座つたものゝ、言語は通ぜず、唯眼を白黒するのみで一時は大に当惑」し、山辺と連絡がとれてようやく「神戸に上陸以来始めて談話が出来たとて大変な喜び方であつた」という状況である。

　コミュニケーションの問題は現場でも発生した。ニールドは「職工に対しても次第に荒く当り、時々紛争を起す様にもなつた。或時などは同人が無理我儘をしたものだから、大工が立腹し、手斧を振上げ打殺して遣ると追廻はしたことがあつた。又職工が暮方の時分を見計らひ寄集つて技師の上に馬乗りとなり、平手で打擲した様なこともあつた」という。何があったのかは不明だが緊張感は伝わってくる。そうした事態に対し、山辺は「私が使用する職工に手荒なことをするから、職工が立腹したのである、少しは慎むが宜しからうと逆に技師に言ひ訓したこともあつた」というから、ニールドの態度にも問題があったのだろう。

　もちろん、ニールドから学んだことも少なくなかった。上述のようなもめごとはあったようだが、岡村の回顧によれば、「ニールドこそ我国紡績業の歴史の上に偉大な功績を残した人」であり、それは、彼が「非常に精確な技術」を有しており、「教へ方も仲々親切」だったかららしい。たとえば、4 名の「技師候補者」も最初は山辺に通訳してもらいながら、その後はちょっとした述語

やにわか仕込みの英会話を勉強しながら,「ニールドの手真似で大抵の事は分りその点で殆ど心配」をせずに紡機の据付けに従事した。従来の紡績所とは異なって,大阪紡績が最初から順調なスタートを切れたのは,ニールドが紡機の組立てに熟練していたからこそといわれる所以である。なお,山辺は,工場の「総監督」としての仕事が忙しく,実際の紡機の据付けと「技術運転」にはほとんど携わらなかったとされる。したがって,この局面の主役は,4人の「技師候補者」たちとニールドだったといえよう（竜門社［1956］48-49,62-63頁,阿部［2010］91頁）。

(2) 経営を実践する

工場は昼も夜も動く　　以上のプロセスを経て,三軒家工場は 1883 年 7 月 5 日に稼働を始めた。ここでは,大阪紡績のパフォーマンスに直接影響を与えた職工（工女）の働き方に焦点を合わせながら,経営の実践を見ていく。

この点に関連して,とくに重要なのは,大阪紡績が操業開始直後の 1883 年 8 月 20 日から収益の拡大を狙って,2 交代制昼夜兼業を導入したことである。山辺も欧米では「夜業を行ふて居る工場が沢山ある」として積極的な姿勢を示していた。実際には当時,英米の紡績業で夜業は例外的だったのだが,同社は少なくとも 1883 年 12 月に操業時間を 1 日 24 時間と報告しており,89〜90 年ごろの職工の就業時間は毎日午前 6 時から午後 6 時だったから,朝夕 6 時に交代したと考えられる。つまり,夜間担当の職工は夕方 6 時から朝まで 12 時間も働いていたことになり,夜業割増賃金があったとはいえ,たいへんな職場であったに違いない。

昼夜兼業を始めた「最も大きな動機は何と云つても株主達への思惑」だった。言い換えれば,夜業は"株主重視の経営"を端的に示す取組みであったと考えてよい。より具体的には,三軒家工場の運転開始は 1883 年 7 月で,大阪紡績が株式の募集を始めてから 3 年近い月日が流れており,株主も同社のパフォーマンスにかなり不満を持ち,「何とか早く利益の上る」ことを切望していたという事情である。

他方で,経営者のほうも「日本最初の株式会社の大紡績工場であり,世間注視の的になつてゐるので,今迄の政府奨励の紡績会社が全部利益の上で失敗に

終つてゐることからも是非共第一回より利益を出さねばらない」事態に追い込まれていた。そうした中で，山辺と，桑原紡績所で夜業の実態を見ていた岡村たち技師がいろいろ打ち合わせた結果として夜業を導入したのである。また，山辺が，すべての機械を輸入に依存したために設備投資がイギリスの2倍にも達する状況では，労働時間を大幅に増やさないと事業として成り立たないという認識を強く持っていたことも影響したといわれる（竜門社［1956］49-50，80頁，東洋紡［1986a］30-31頁，阿部［2010］95頁）。

能率「二倍化」論

これまでに何度も登場している「技師候補者」の岡村は，昼夜兼業の動機として，使用資本利益率の上昇をあげるとともに，そのメリットとして，操業能率の「二倍化」と陳腐化前の機械設備の償却を指摘していた。社史では，この「二倍化」論を次のように解説している。昼間と同じ量の綿糸を生産する場合，夜間は割増賃金を支払うために製品1単位当たりの人件費は高くなる。他方，設備を追加する必要はないから，「固定資本コスト」は安くなる。つまり，昼夜兼業の損得勘定は，この人件費の上昇分と「固定資本コスト」の減少分のどちらが大きいかに規定されることになる。ここで想定すべきは，豊富な労働力と低位な資本蓄積という当時の日本の実情である。言い換えれば，ヒトよりモノ（機械設備）のほうが貴重な時代であった。それゆえ，昼夜兼業の「真の意義」は，人件費を多めに払ったとしても，機械（資本）の回転率を上げて収益性を高めることにあったと考えられる（東洋紡［1986a］32-33頁）。

結果として，大阪紡績は1883年下期（84年1月期）決算で1万円超の純益を計上し，創業時としては「未曾有の好調」といえる成績を上げて，それまで紡績業は損するものと決め付けていた「世間を驚かせ又株主への面目」を保つことができた（竜門社［1956］50頁）。さらにいえば，同社の収益性は1880年代後半になると著しく向上し，払込資本金利益率は50～60％に達することすらあった。同時に，配当率も20％台後半から30％台で推移し，利益金の少なくない部分を株主に還元していた（図1-1）。株主重視の経営姿勢は，利益金処分のあり方に明確に表れたといえるだろう。

図 1-1 ● 大阪紡績の収益性と配当

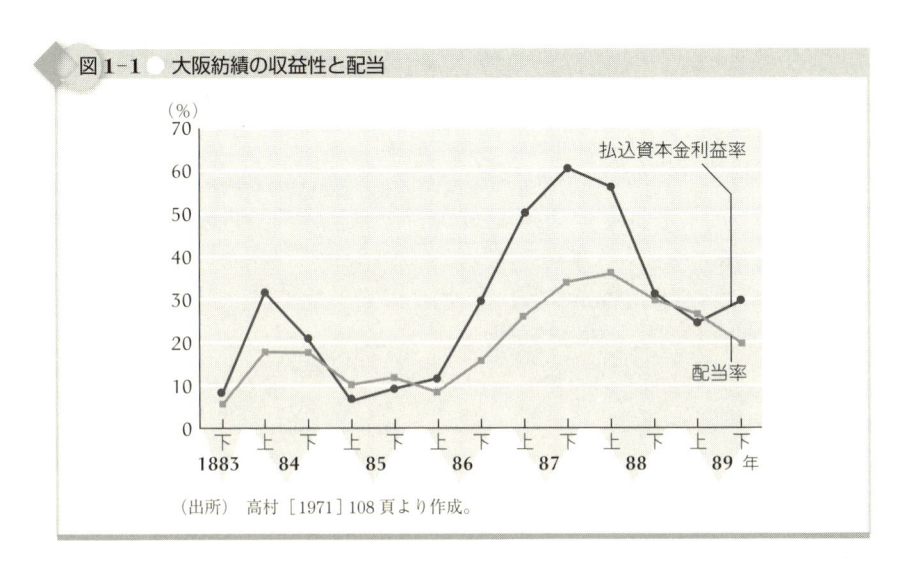

（出所）高村［1971］108 頁より作成。

このケースの解説

　大阪紡績の設立プロセスを追跡すると，ほとんど何もない状態から会社を創り利益を上げるために必要なものが浮かび上がってくる。それは，渋沢を中心とする属人的なネットワークであり，ネットワークの先に位置する人たちの持つ"資源"である。

　渋沢がそれまでにない大規模な紡績工場の建設を決断したのは，東京の綿糸商や「洋行した人」からの情報に基づいていた。この決断は所要資金の増大をもたらしたが，大阪紡績の設立された 1880 年代初頭は，企業に投資して株主になること，それどころか企業そのものに対する認識すらとてもあやふやな時代であった。そのため，おカネを集める際に，個人の持つ信用力が大きな役割を果たすことになった。渋沢が華族を引き込むにあたっては偶然の作用した部分も小さくなかったが，彼らの持つ一種の"ブランド"が，大阪地方で相対的に小口の出資者を数多く集めることを可能にしたと考えてよい。

　次に，三軒家工場の建設と運営を主導した山辺は，渋沢が頭取を務める第一国立銀行の津田を介してつながった人物であった。山辺は，遠く離れたイギリ

スで紡績業経営に関する学術的知識と実践的技能を広範に身につけ，帰国後は工場に据え付ける機械の選定やその運転，メンテナンスなど生産関連業務のあらゆる局面を担うことになった。ここでは，そうした知識・技能を「技師候補者」に伝えたことを強調したい。工場は1人で動かせないからである。彼らは，他の紡績所で指導を受け，山辺の翻訳した"マニュアル"を熟読し，外国人技術者の真似をしながら綿糸生産工程のすべてを学んだ。さらにいえば，彼らはいずれも渋沢と山辺の姻戚ないし知合いであり，ここでも属人的なネットワークが有効に機能したことが示されていた。

　最後に，企業というものに対する認識が薄かったからこそ，そして，紡績業の経営が一般的に上手くいっていなかったからこそ，利益を上げることはきわめて重要な意味を持った。大阪紡績の採った手段は，昼夜兼業という働かせ方であり，工場設備を夜間も動かすことで収益性を高めることに成功した。割増賃金が支払われたとはいえ，夕方6時から朝6時まで12時間も働く夜業は，工女たちにとってつらい働き方であったに違いない。だからそれは，大阪紡績の経営者の目が，働くヒトたちではなく，おカネを出した株主のほうを向いていたことを意味する。そしてこの点は，株主への高配当という形で端的に表れたのである。

　しかし，株主の金銭的利害を重視した経営は，企業の持続的成長にとって必ずしも適合的なスタイルではなかった。利益の多くが配当として外部に流出してしまうと，いざというときに使える内部留保を十分に積むことができないからである。それゆえ，日清戦争後の2度の恐慌に際し，多くの紡績企業は資金繰りの悪化に苦しむこととなった。こうした事態を受けて，大阪紡績をはじめとする業界大手は1890年代末ごろから，内部留保を重視するとともに，固定資産の直接償却を積極化するようになった（高村［1996］200-203頁）。

　戦後と比較して，インサイダー（専門経営者＋従業員）よりも株主の利害に配慮して経営の舵取りが行われていたとの解釈は妥当であるものの，内部留保と減価償却の充実という軌道修正を施しつつ，株式会社制度は定着していったのである。

●思考と議論のトレーニング●

1　アメリカでは 1990 年代以降，マイクロソフトや Google をはじめとする IT 企業がイノベーションを起こし，経済発展を牽引した。それは，シリコンバレー・モデルと呼ばれ，新しいビジネスのあり方として世界の注目を集めた。では，日本経済の復活をリードし，成長を可能にするような企業を生み出すために何が必要だろうか。

2　経営者は，労働力を提供する従業員，カネを出す株主，カネを貸す債権者（銀行等）など，多様な利害関係者を考慮しながら経営の舵取りをしている。もちろん，すべての利害関係者を等しく処遇することは難しい。日本企業については，誰の影響力（発言力）が強いと考えられていたか。また，近年，それはどのように変化しているか。

●参考文献●

阿部武司［2010］「生産技術と労働——近代的綿紡織企業の場合」阿部武司・中村尚史編著『産業革命と企業経営——1882〜1914』（講座・日本経営史 2）ミネルヴァ書房。
高村直助［1971］『日本紡績業史序説』上巻，塙書房。
高村直助［1996］『会社の誕生』吉川弘文館。
東洋紡績株式会社「東洋紡績七十年史」編修委員会編［1953］『東洋紡績七十年史』東洋紡績。
東洋紡績株式会社社史編集室編［1986a］『百年史 東洋紡』上巻，東洋紡績。
東洋紡績株式会社社史編集室編［1986b］『百年史 東洋紡』下巻，東洋紡績。
日本繊維産業史刊行委員会編［1958］『日本繊維産業史』各論篇，繊維年鑑刊行会。
竜門社（渋沢青淵記念財団竜門社）編［1956］『渋沢栄一伝記資料』第 10 巻，渋沢栄一伝記資料刊行会。

＊　参考文献からの引用に際し，原典にないルビを加えた箇所がある。

［加藤健太］

Case 2 三菱合資

● 「財閥」って何？

このケースで考えること

「財閥」という言葉から，どのようなイメージを抱くだろうか。"富豪の一族"や"寡占企業の集団"と答える人が多いかもしれない。あるいは「財閥解体」という歴史用語を思い出す人もいるだろう。日本を占領したGHQ（連合国軍最高司令官総司令部）が，日本経済を民主化するために行った改革の1つが，戦前の経済社会で大きな影響力を持っていた財閥を解体することであった。新生日本の出発にあたって，経済の民主化を阻害する古いシステムであるという理由で，財閥は解体されたのである。そのため財閥は，1945年までしか存在しない歴史上の組織・制度ということになる。

学術的な財閥の定義はいくつか存在するが，ここでは代表的なものの1つを紹介しよう。それは，「財閥とは，家族または同族によって出資された親会社（持株会社）が中核となり，それが支配している諸企業（子会社）に多種の産業を経営させている企業集団であって，大規模な子会社はそれぞれの産業部門において寡占的地位を占める」（安岡［1970］14頁）という定義である。難しい用語も含まれているが，要するに，同族が資金を提供している会社が中心となって，複数の業種にわたる大規模な会社群を傘下に抱えている集団を財閥と呼ぼうというのである。その際，株式が支配を行うための手段とされたから，傘下企業の株式を所有する会社である持株会社が財閥の中心となっているのである。

たしかに，このように複数の企業を支配する仕組みとして財閥を理解するこ

とも可能なのだが，ここでは少し視点を変えてみよう。そもそも持株会社は，他の株式会社の株式を所有すること自体が目的ではなく，それらの会社に対して大株主の立場から影響力を行使することによって，グループ全体の経営を見渡しながらビジネスを展開していくための1つの仕組みである。このような形態でのグループ経営は現在でも一般的に行われており，「ホールディング・カンパニー」という名前を耳にした人もいることだろう。多くの場合，持株会社はグループにおける本社として存在し，グループ経営の中核的な役割を担うことになる。

戦前の財閥もこのような方法によって複数のビジネスを展開していたのであり，ここでは，グループ経営の1つのあり方として財閥を考えていく。もう少し具体的にいえば，財閥と呼ばれる企業グループのマネジメントの特徴や，複数の企業を1つのグループとして組織的に編成していく方法に注目するということである。財閥を企業グループと見なすことについては，学問上，多少の問題を含むことになるが，そういった細かいことにはこだわらず，異なる事業分野の複数の企業が1つのグループを構成して経営される際，いかなる方法によって行われるのかに注目してみたい。

本ケースでは数ある財閥のうち，明治の初めに海運業からビジネスを興し，その後，鉱業，金融，造船，貿易，化学，航空機と，多方面にわたる事業展開を見せることで日本を代表する企業グループを築き上げた，三菱を取り上げる。

1 創業者・岩崎弥太郎と新興企業・三菱

(1) 海運ビジネスの成功と苦戦

三菱は，幕末から明治へと時代が大きく移り変わる過渡期に海運会社として設立された。三井・住友など江戸時代からの長い歴史を有する老舗企業と違って，三菱は明治の初めに誕生した新興企業であった。しかも創設者である岩崎弥太郎は，資産家でもなければ，技術者でもなく，また海外で新しい知識を身につけたわけでもなく，現在の高知県で生まれた下級武士であった。当時，武士が新たにビジネス界に参入するケースは珍しくなかったが，その多くは成功に結びつかず，そのため「武士の商法」と揶揄された。しかし弥太郎が率いる

海運会社は急成長を遂げ、国内の主要航路のみならず、上海や香港といった海外航路まで開設する日本最大の海運企業へと発展する。そしてその過程で、海運以外の事業にも進出し、鉱山、炭坑、為替、造船など多角的な事業を推し進めていったのである。

ここで、なぜ新興企業の三菱が短期間で急成長を遂げたのかという疑問が生じる。一般的には政府との結びつきによって成功したと説明される。たしかに三菱が飛躍する契機は、1877年の西南戦争の際、政府の軍事輸送に協力したことであったし、政府から海運業に対する補助金も受けている。そのため、三菱は政府関連のビジネスを行ったことが成長の要因だと見なす「政商」説は一面の真実を突いている。

しかし当時の海運業は、安定的に利益が出せるビジネスではなかったし、だからこそ国の補助金が必要だったのである。当時の海運ビジネスの不安定性は、1883年に政府出資の海運企業・共同運輸会社が新設されて以降、三菱に大きな経営問題を突きつけることとなる。「松方デフレ」の名で知られるマクロ的な経済環境の悪化の影響もあり、三菱の海運業は赤字に転落し、早くもビジネスとしての継続が困難となっていったのである。価格以外での差別化が困難という輸送ビジネスが持つ特徴もあって、三菱と共同運輸は、不況下で顧客を奪い合うために激しい運賃引下げ競争を繰り広げていった。三菱は状況を打開するため、新たな船を建造し、不採算航路は閉鎖し、所有汽船を主要航路に集中的に投入、また運行スケジュールを定期化することでサービスの改善に努めるなど、あらゆる経営合理化策を試みた。

ところがその結果、互いの中核となる汽船が主要航路を巡ってさらに激しい競争を余儀なくされるという悪循環に直面する。これによって三菱は、ついに海運業から撤退する決断を下し、1885年、三菱の海運事業と共同運輸会社との合併により日本郵船会社が設立される。こうして弥太郎が創設した海運事業は、三菱の手から離れることとなったのである。

(2) 多角化による飛躍

この海運ビジネスからの撤退という、三菱にとって大きな決定を下したのは、弥太郎ではない。というのも、弥太郎は合併の半年ほど前に病気で亡くなっており、三菱の社長は彼の弟である弥之助が引き継いでいたからである。弥之助

は，海運業撤退後の，三菱の再編ともいうべき任務を推進することになる。

　基本的な方針は，弥太郎時代にすでに進出していた炭坑，鉱山，造船，銀行などの経営基盤を確立することであった。他方で，経営幹部の荘田平五郎が提案した，日本にロンドンで見られるような近代的オフィス街を創設するというプランを実行するため，丸の内一帯を買収するなど，三菱の事業に新たな道を切り開いた。その後，1893年の商法施行を受け，それまでの任意会社から合資会社へ組織変更したのを契機として，弥太郎の長男・久弥が3代目の社長に就任する。

岩崎小弥太（三菱史料館蔵）

　久弥時代の三菱は，長崎造船所への積極的な設備投資と神戸造船所の新設といった造船ビジネスの大幅な拡張，佐渡鉱山や生野鉱山など優良鉱山の獲得，大阪製錬所の買収とそこへの積極的な投資による鉱山事業の拡充，そして筑豊への進出に伴う炭坑事業のさらなる拡大など，各方面にわたって質量ともに大幅な拡張を進めた。その結果，三菱の事業規模は久弥の時代に飛躍的に伸長する。

　そして1916年，弥之助の長男である小弥太が，三菱合資会社社長に就任する。4代目社長となった小弥太は，1945年まで社長を続け，彼が三菱財閥最後の社長になった。

2　マネジメントの模索

(1) 組織を活用する

「管事」から「事業部」へ

　第1節で見たように，三菱のビジネスはさまざまな事業分野において拡大していくことになるのだが，これは事業分野の広がり（経営の多角化）と事業所数の増大という両面の拡大を伴っていた。事業群の拡大は，三菱がグループとしてそれらをいかにまとめあげていくかという問題を生み出すこととなった。そこで以下では，拡大していく事業に対して三菱本社によるマネジメントはど

図2-1 ● 三菱合資の組織の変遷

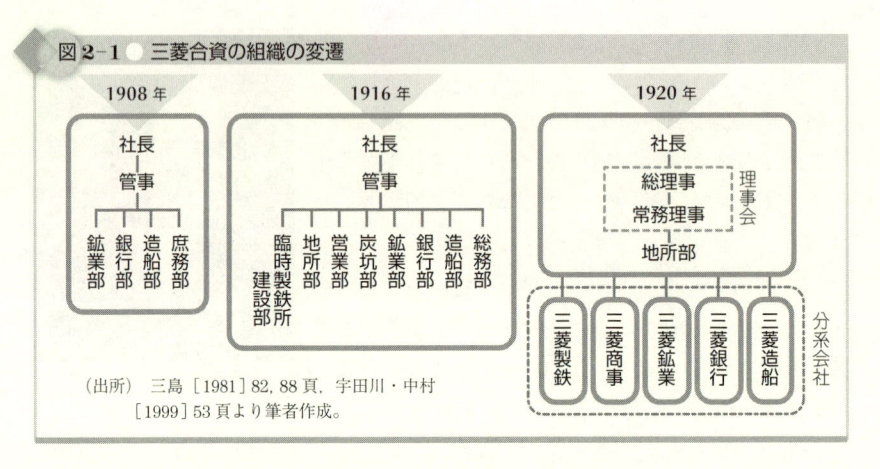

```
       1908年                    1916年                         1920年
       ┌────┐                   ┌────┐                        ┌──────────┐
       │社長│                   │社長│                        │   社長   │
       │ │ │                   │ │ │                        │┌────────┐│
       │管事│                   │管事│                        ││ 総理事 ││ 理事会
       └─┬──┘                   └─┬──┘                        ││常務理事││
  ┌───┬──┼──┬───┐   ┌──┬──┬──┬──┼──┬──┬──┐              │└────────┘│
  鉱  銀  造  庶     臨  地  営  炭  鉱  銀  造  総              │  地所部  │
  業  行  船  務     時  所  業  坑  業  行  船  務              └─┬────────┘
  部  部  部  部     製  部  部  部  部  部  部  部                ┌─┼──┬──┬──┬──┐
                    鉄                                          三  三  三  三  三   分
                    建                                          菱  菱  菱  菱  菱   系
                    設                                          製  商  鉱  銀  造   会
                    部                                          鉄  事  業  行  船   社
```

（出所）三島［1981］82, 88頁, 宇田川・中村
［1999］53頁より筆者作成。

のようにして行われていったのかについて見ていくこととしよう。

　三菱では，複数の事業のマネジメントを行うため，傘下事業を統括する任務を遂行する「管事」という強い権限を持ったポストを設けていた。初期の三菱では九州でのビジネスの比重が高かったため，管事は本社のある東京とは別に，造船所や複数の炭坑や販売のための営業店を抱える九州にも置かれていた。しかし次第に事業所が全国的な広がりを見せるようになると，この仕組みは変更されていく。

　具体的には，管事というポストを介在させるのではなく，直接本社が管理する方法へ修正した。本社に事業分野ごとの「部」を新設し，この機構が傘下の事業所を管理する。ビジネスが拡大して事業所が全国に広がったことを受け，東京と九州というエリア別で管理する方法から，事業部門別にマネジメントを行う方法に変更したのである。この変更に伴い，マネジメントを担う責任者に求められる役割も変わることとなる。それまでは必ずしも特定の事業分野を専門としない，いわゆるゼネラリストが登用されていたが，事業部別でのマネジメントを行うのにふさわしい，スペシャリスト的な人材が，新設された部のトップに起用されることとなったのである（三島［1981］80-81頁）。

　こうして，1895年10月に銀行事業を統括する銀行部が新設されたのを皮切りに，翌年には売炭部と鉱山部が設けられ，三菱のトップ・マネジメントのあり方は，本社の機構改革という形で整備され，傘下事業の組織的なマネジメントの原型が形成されることとなった。

独立採算方式の導入　このとき，銀行部では独立採算方式が採用された。
この試みは，数年後に実施された組織改革の際に，他の事業部に対しても適用される。それが，1908年に日露戦争後のマクロ的な経営環境の悪化へ対応するために行われた職制改革である。この改革のポイントは，マネジメントのあり方そのものの変更を伴った点にあった。

具体的には，三菱合資の資本金を，鉱業部1500万円，造船部1000万円，銀行部100万円と部ごとに割り当てた「資本額」が設定され，各部はその範囲内の資金を運用することで事業経営を行うこととなった。たとえば経費の区分について，特別賞与，恩給，年金といった部分は本社が負担するが，それ以外の「営業費は勿論交際費，寄附金，部長以下の給料及普通手当賞与等は総て之を其部の負担」にすることと設定された（三菱商事［1986］123頁）。また，各部に設定された資本額を超えるような投資が必要な場合には，社長の許可を得ることによって本社から借入金という形で資金調達を行うことが規定された。これら資金に関する規定に加え，人事権や部レベルの諸規則の制定についても，部の判断で行うこととなるなど，多くの権限が部に付与されることとなったのである。このことは裏返せば，本社の果たすべき役割を，全社を見渡しながら行うような，より大きな意思決定を必要とする経営課題に取り組むことに特化させたということでもある。この改革が，マネジメントのあり方そのものの変更を意味すると指摘したのはそのためである。

本社のチェック機能　こうして各部は，独自の資本額を前提として経営を行っていくことが要請されるようになった。それぞれは三菱合資の1部門でありながら，あたかも「各部単位の独立採算制」であるかのような経営を行っていくものとされた（三島［1981］130頁）。同時に，各部に対する本社のチェック機能についてもきちんと配慮されていた点は，本社のマネジメントという側面において注目すべきである。たとえば，1911年の時点では，鉱山，造船，銀行，営業といった各部に対し，設定された資本額に対して毎年10％の金額を本社に納付することが義務づけられている（三島［1981］131頁）。このことは，各部に設定された資本金に対して，最低でも10％以上の利益を上げることが要求されていたことを意味する。各部は，本社に対する納付金を支払った残額分については，部単位での内部留保や運用が可能であったのである。

本社による各部に対するマネジメント方法という観点から以上の点を整理すると，各部の利益について一定程度を本社へ上納した後の自由な運用を認めたことにより，傘下事業の自立を促す一方で，原則的には本社がしっかりと全体を管理していたと見なすことができるのである。

組織管理の分権化　以上を踏まえると，1908年に行われた組織合理化のための職制改革によって，三菱合資のマネジメントは，相対的に分権的な組織管理へとシフトしたとの見方もできる（森川［1978］157頁，三島［1981］79-83頁）。この組織改革が三菱の事業展開において重要な意味を持つのは，各事業部が一定程度以上の利益を上げることに対する誘因（インセンティブ）と責任を持つように設計された仕組みだったからである。「独立採算制」の導入によって各部門が成長を志向しつつも，経営に規律を与えるという点が，本社による傘下事業のマネジメントを見るときのポイントである。新たに権限を与えられた各事業部は，自立的な経営を行いつつも，本社の設定した納付金のルールに対応していくために，効率的な経営を追求していくことになった。三菱は事業規模を拡大させていく過程で，こうした組織を通じたマネジメントの改革を行いながら，グループ経営を進めていったのである。

(2) 株式会社制度を活用する——「分系会社」の創設と持株会社への転換

財閥と会社組織　創業以来，三菱は資産運用の一環，あるいは関連会社への出資などを通じて株式会社との接点を持っていたものの，自らの事業経営において株式会社制度をほとんど利用せずに発展してきた。創業者の弥太郎時代に制定された企業の基本ルールを定めた「立社体裁」の中で，三菱は「会社の名を命し会社の体を成すといえども其実全く一家の事業」と定めていることからも明らかなように，三菱の事業は実質的に岩崎家の所有であるとの認識であった。1893年に商法会社編が公布され，企業が法人格を持つためには，合資会社・合名会社・株式会社のいずれかの会社形態を選択することになった際にも，三菱は株式会社ではなく合資会社を採用した。このとき，三井は合名，住友は合資を選択したように，いずれも会社組織としての株式会社制度を利用せずに発展したのである。このことは，これら3大財閥が，経営上必要となる資金調達に際して，現在の大企業が一般的に行っ

ているような株式や社債の発行というルートを介していなかったことを意味する。

　それでは，これらの財閥がどのようにして資金調達を行っていたのかといえば，財閥を所有していた同族の出資を基本としつつ，傘下企業の経営を通じて獲得した利益をグループ内で循環させていた。あるいは自らのグループに存在する銀行業からの借入金によって，事業資金をまかなっていたのである。財閥経営の特徴の1つに，所有と経営の閉鎖性が指摘されることがあるが，これは財閥を構成する複数の企業の資金循環が基本的にグループ内で完結しており，今日の多くの大企業のように外部からの出資やマーケットを通じた資金調達を行っていなかったことを指しているのである。

事業部の独立と株式会社化

　しかし，このような財閥経営の特徴は，時代とともに次第に変化していくことになる。三菱において画期となったのは，1917年10月に，造船事業と製鉄事業とを株式会社化したことである。すでに見てきたように，創業以来，三菱の各事業は三菱合資の1部門として経営されてきたが，これらを株式会社として別法人化した上で，三菱合資から独立させることにしたのである。表2-1は，その経過を示した一覧であるが，造船部を三菱造船株式会社として独立させたのを皮切りに，次々に株式会社化していき，地所部が三菱地所として独立する1937年まで，20年近くをかけて段階的に進められた。そして三菱ではこれらの企業を「分系会社」と呼び，三菱合資から分離独立した直系企業であるとの位置づけがなされた。

　それまでの閉鎖的な所有構造に変更を迫ることになった，事業部門の株式会社化に伴う本社からの独立を実行した理由はいくつか考えられる。社長・岩崎小弥太のねらいとしては，組織改革によってグループ経営の合理的な運営を目指したものと考えられる。(1)で見た各事業部の自立化という流れは，別組織として切り離すことでより徹底される。造船，製鉄，鉱業，銀行，営業，不動産といった複数の事業はすでにビジネスとして軌道に乗り，またその経営規模もかなりの大きさに成長していたことから，これらを三菱合資内の1部門として経営していくのではなく，別組織とした上で発展させていく道を選択したということである。

　これを各事業サイドから見ると，組織として独立することは，資産・負債関

表2-1 ● 三菱事業の株式会社化

年　月	会社名	資本金	独立前の組織
1917年10月	三菱造船株式会社	5000万円	三菱合資・造船部
	三菱製鉄株式会社	3000万円	三菱合資・臨時製鉄所建設部
18年3月	三菱倉庫株式会社	1000万円	東京倉庫株式会社
4月	三菱商事株式会社	1500万円	三菱合資・営業部
4月	三菱鉱業株式会社	5000万円	三菱合資・鉱山部／炭坑部
19年3月	三菱海上保険株式会社	500万円	三菱合資・総務部保険課
8月	株式会社三菱銀行	5000万円	三菱合資・銀行部
20年5月	三菱内燃機製造株式会社	500万円	三菱造船・神戸内燃機製作所
21年1月	三菱電機株式会社	1500万円	三菱造船・神戸電機製作所
37年5月	三菱地所株式会社	1500万円	三菱合資・地所部

（出所）　三島［1981］85頁。

係や損益計算が明確化され，より責任感ある経営を行うことを余儀なくされる。本社としても，株式会社化した傘下事業の経営状況が明確になることで効率的な監視が可能となる。また組織もスリム化することで，本社はグループ経営のマネジメント業務に特化しうる。その意味で，双方にとってメリットのある選択であった。

　　株式会社制度のメリット

　　　　　　　　　　　　　分系会社の創設という三菱合資の選択は，傘下事業のマネジメント運営の合理化という観点から実施されたと述べたが，ここではこの点を確認するため，別法人として独立させる際に株式会社を選択した理由についても触れておきたい。株式会社化の動機として真っ先に思い浮かぶのは，各事業の経営上のリスクに対して有限責任制が選好されたという点，あるいは資金調達の必要性に応えるといった，株式会社制度に内在するメリットを享受するためであったことが考えられる。前述のように，それまで三菱の各事業に対する資金投入量は，基本的には，出資者である岩崎家の資金量と各事業経営からもたらされる利益や積立金の累積額，さらには三菱銀行の資金量といった，三菱内の資金総額に制約されていた。しかし各企業を株式会社化することにより，株式公開や増資，あるいは社債の発行といった外部資金の調達の道が開かれることとなる。またこのことは，各企業が独自に資金調達を行うことも可能にし，それぞれの資金需給状況や独自の事業発展計画に応じた資金調達の機会が確保されることを意

表 2-2 三菱の株式会社の公開時期

年　月	会社名
1920 年 5 月	三菱鉱業株式会社
29 年 2 月	株式会社三菱銀行
34 年 9 月	三菱重工業株式会社
37 年 2 月	三菱電機株式会社
9 月	三菱倉庫株式会社
38 年 8 月	三菱商事株式会社
40 年 8 月	三菱社（本社）

味した。

　株式会社制度がもたらすこうした一般的なメリットの享受が期待されていたことは間違いない。しかし，三菱合資が分系会社を設立した動機という点から見るとき，じつはこれらはあくまで副次的な目的であったと考えられる。それは，各企業が資金調達の手段として株式市場を利用することになったのが株式会社化してからかなりの時間が経過した後であったことが，その傍証となる。表 2-2 は，三菱の各企業が株式を公開した時期を示したものであるが，1920年代の日本経済が停滞していたという事情を考慮したとしても，ほとんどが株式会社化してから 10 年以上経過した後に株式公開を行っている。つまり，株式会社化の目的が資金調達であったとは考えにくいということを示している。

真のねらい　それでは三菱の組織改革の真のねらいはどこにあったのか。それは，すでに説明したように，経営の自立化のさらなる進展と本社による傘下事業のマネジメントの合理化にあった。拡大していく三菱の各事業を効率的にマネジメントする方法として，株式会社制度の活用が有効であると判断したわけである。三菱合資は，独立後の分系会社の経営効率の評価を容易に行うことが可能となり，また，株式を所有することで，各事業からの収益を配当金で還流させ，かつ圧倒的な筆頭株主の立場から各企業の経営を管理していく，持株会社へ転換することを狙った。事実，三菱合資の持株会社化にあたって，傘下企業の会計や業務に対する監視（ガバナンス）を有効に行うための内部機構を整備している。こうした対応を経て行われた本社の傘下企業のガバナンスは，その後有効に機能したとされている（岡

崎［1999］119-120頁，岡崎［2005］263-265頁）。

　また事業部の独立に伴い，本社によるマネジメントのルールを定めた諸規則も，次々に制定されていく。1918年には，独立した分系会社の年度予算，損益計算，利益金処分などを本社がチェックすることを定めた規程（「分系会社と合資会社との関係取極」）が作成された。同じ年に資金に関するルールも制定され，分系会社の資金調達と資金運用に関して，本社（および銀行部）との取決めが行われている（「分系会社資金調達並運用方取極」）。こうした本社と分系会社との関係を定めたルールが相次いで制定されていることも，この時期の事業部の株式会社化のねらいが，本社の傘下事業のマネジメントの方策を巡る改革であったということを示している。そして，各分系企業はそれぞれの状況に応じて，株式公開や増資による資金調達という手段を獲得するなど，株式会社化は各企業の発展を制度的に支えることとなったのであり，この組織改革は，三菱全体にとって，じつに大きな意味を持ったのである。

3　マネジメントの進化

(1)　時代の変化に対応するために

三菱重工業の設立

　1916年7月，38歳の若さで三菱合資の社長となった岩崎小弥太は，日本経済の重化学工業化の進展と経済・軍事両面での世界における日本のプレゼンスの高まりといった，それまでとは異なる経営環境を前に，時代の変化に三菱グループを適応させていくための改革を行っていく。第2節で見た傘下事業の株式会社化は，小弥太が社長に就任して約1年後に開始されたものであった。

　小弥太が推し進めた重要な改革としては，三菱重工業の設立もあげられる。これは，すでに株式会社として独立していた三菱造船・三菱航空機・三菱電機の3社を合併させることにより，造船・航空機・電機事業の総合的運営を目指す巨大な重工業会社を作るという，小弥太が掲げたプランに端を発したものである。これに対しては三菱内部からも，また重要な取引先でもあった軍部からも反対意見が出された。しかし合併による合理的経営のメリットを唱える小弥太は意見を曲げず，結局，三菱電機に関してはウェスチングハウス社の出資が

なされていたこともあって合併への参加は見送られたものの，1934年6月に三菱重工業が誕生する。

株式公開という決断　この間，株式会社として独立を果たしていた分系会社は，段階的に株式公開を行っていった。これは，公開する企業側の動機に基づくものであったが，同時に，三菱合資の問題でもあった。1つには，分系会社の株式の大部分を所有していたのは三菱合資であり，そのため株式公開の決定権があったという意思決定上の問題もあったのだが，同時に，本社の資金不足を解決する手段として分系会社の株式公開に踏み切った側面もあったのである。*Case 1* で見たように，戦前の日本の株式会社では，資本金を数回に分けて段階的に払い込む分割払込制度を採用していた。これは三菱の分系会社においても同様であり，資本金は数回に分けて払込みが行われていった。そのため傘下企業の大部分の株式を所有している三菱合資は頻繁に払込みに応じていかざるをえず，つねに払込みを見越した資金計画を立てておく必要が生じた。加えてこの間，三菱の傘下企業は順調に拡大していったために，資本金を増額する増資を行ったが，この増資資金についても三菱合資に払込みを行う必要が生じた。

つまり本社の資金負担は，三菱の事業拡大に比例する形で増大していったのである。とくに1930年代の日本経済の重化学工業化の進展に伴い，三菱の各企業も急速に事業規模を拡大するようになると，三菱合資の資金不足はいよいよ深刻な状況となっていく。すでに1937年の時点で将来的な株式公開に備えるという目的から本社である三菱合資も株式会社化していたが（これにより社名も三菱合資会社から三菱社に変更），40年には株式を公開する。

本社の株式公開に先立ち小弥太は，最近の三菱傘下の各事業の発展のスピードが速く，また必要となる資金額も巨大になっており，さらに将来的にも傘下企業の事業の拡張は不可欠であるから，「今回増資公開を決行し，弘く資金を求むるの途を開いた次第であります」と説明した（三菱商事［1986］814頁）。つまり，本社が株式を公開したのは，三菱の各事業の急速な発展に対して本社が資金面で対応していくには，株式を公開することによって外部から資金調達するしかないと判断したためであった。**表2-3** は株式公開直前の時点での，向こう1年間の三菱社の資金収支予測を示したものであるが，ここからも当時の本社がいかに資金繰りに苦慮していたかを知ることができる。そこで，本社の

表2-3 株式公開直前の三菱社の資金収支予算表（1940年4月〜41年3月）

(単位：千円)

		収入	支出	収支尻	月末残高	三菱銀行借入れ	差引き月末残高	主なイベント
1940年	4月	2,722	5,777	−3,055	−2,393	47,500	−49,893	日本製鉄払込み，税金
	5月	6,217	1,382	4,835	2,442	47,500	−45,058	
	6月	1,907	2,735	−828	1,614	47,500	−45,886	
	7月	816	7,056	−6,240	−4,626	47,500	−52,126	配当
	8月	3,249	13,542	−10,293	−14,919	47,500	−62,419	三菱鉱業払込み，税金
	9月	1,420	493	927	−13,992	47,500	−61,492	
	10月	222	7,375	−7,153	−21,145	47,500	−68,645	三菱電機払込み
	11月	5,335	1,329	4,006	−17,139	47,500	−64,639	
	12月	1,898	16,459	−14,561	−31,700	47,500	−79,200	三菱重工業払込み
41年	1月	809	6,589	−5,780	−37,480	47,500	−84,980	配当
	2月	3,964	1,462	2,502	−34,978	47,500	−82,478	
	3月	1,453	474	979	−33,999	47,500	−81,499	

(出所) 三菱史料館所蔵資料。

資本金をそれまでの1億2000万円から一気に2億4000万円へ倍増させた上で，公開に踏み切ることになったのである。

(2) 進化する組織，進化するマネジメント

社会的存在としての企業　本社の株式公開は，三菱の企業組織そのものの性格にも変化を及ぼすこととなる。社長就任以来，段階的に行ってきた分系会社の株式公開について小弥太は，「『三菱』なる一の団体の進化の一階梯に過ぎ無い」(「鉱業会社の株式公開に於ける告示」1920年2月)という認識を示し，三菱の発展のプロセスにおいて株式公開は必然であると説明した。そして，株式を公開した以上，「三菱の事業は最早岩崎一家の私の事業ではなくなつたのであります。社会の他の人々の利害が大に事業に加つて来たのであります」(「三菱合資組織変更に関する挨拶」1937年10月) と，三菱の事業に対する認識が変化したことも語っている。三菱の各企業にはすでに多くの株主が加わっており，もはや岩崎家のものではなく，「社会の他の人々の利害」を考慮した経営が必要であるとの認識を示したのである。

今日の感覚からすると，ここで述べられていることは三菱のような巨大な企業であれば当然のことであり，むしろ公開以前は「岩崎一家」の事業と認識し

ていたことのほうに，違和感を覚えるかもしれない。しかし弥太郎以来，三菱は「其実全く一家の事業」であったのであり，そのような認識で数十年にわたり事業を所有し続けてきた岩崎家の人間にとって，株式を公開して他の人々の利害を考慮した経営を行うということは，外に向けて宣言せずにはいられないほど，大きな変化だったのである。

株主の代表としての持株会社

本社の株式会社化と株式公開は，傘下企業に対するマネジメントのあり方についても変化をもたらしていく。すでに三菱合資の機能の「大部分はホールディング・カンパニーとして働いて居る」が，それでも上で見たような長い経緯によって，本社が分系会社の経営に直接関与することもあったという。しかし本社は今後，あくまで持株会社としての役割に徹するとした。つまり，本社は「株主の正当なる利益を計る」ために株主を代表する立場として行動するし，また分系会社が「岩崎一家や合資会社の都合に良い様にのみ之を動かして行く事は不合理」であるとして，分系会社には各種ステークホルダーを意識した経営に徹することを大株主の立場から要求したのである（三菱商事［1986］807-812頁）。

創業以来，社長を中心とした集権的な組織管理からスタートした三菱は，事業が拡大していくにつれて，「従来の形式を以てしては到底此事業を急速なる進展に応ずる事を得な」いとして，各事業の自立化を促すことで緩やかな分権的な組織管理へシフトした。さらに事業組織としての「進化の一段階」として株式公開を実施することで事業の自立化を進める一方，本社も持株会社としての役割に特化するように組織とその役割を変えていった。これによって，株式所有を通じたグループ・マネジメントに到達したのである（三菱商事［1986］807-812頁）。ここに，事業規模の拡大に対応しながら，それに適合的な組織管理を模索していった跡を読み取ることができる。

最後に，グループでの株式公開がどの程度まで進展したのかについて表2-4によって確認しておきたい。この数字には，三菱内の相互持合い分が含まれていないため，やや過少な数値であるが，本社と岩崎家の持株比率は，その多くで過半数を下回っている点が注目される。圧倒的な筆頭株主であったため，分系会社の経営権を掌握することは十分可能であったし，また役員の派遣を含め，従来通り本社が傘下企業の実質的な経営を掌握していたことは間違いない。

表2-4　三菱本社および岩崎家の分系会社の持株比率（財閥指定時）

	資本金（公称）（千円）	持株率（%）
三菱重工	1,000,000	23.1
三菱倉庫	20,000	47.3
三菱商事	100,000	41.4
三菱鉱業	407,400	43.1
三菱銀行	135,000	32.3
三菱電機	120,000	44.6
三菱信託	30,000	25.1
三菱地所	18,500	66.7
三菱石油	20,000	45.0
三菱化成	110,790	25.5
三菱製鋼	100,000	51.0

（出所）　持株会社整理委員会［1973］111頁。

とはいえ，創業以来，外部からの出資に依存しない閉鎖的な所有構造であったことを前提とした上でこの変化の意味を理解し，また，株式公開からの期間を考えるとき，かなりの程度，公開が進んでいたと評価することも可能だろう。これまで見てきた長い試行錯誤の過程で到達した，持株会社を通じた傘下事業のマネジメントという仕組みは，「日本国の商工業の大部分を支配し来りたる産業上及金融上の大コンビネーションの解体」（「降伏後における米国の初期の対日方針」1945年9月）というアメリカ政府が打ち出した方針に基づき，持株会社の解体という形で終焉を見たのである。

このケースの解説

　学生のころに教え込まれたイメージを払拭するのはなかなか難しい。しかし改めて考えてみると，そもそも私たちが企業経営に関心を持つのは，その企業はいったいどのようにして経営されているのか，どのようにして成功したのか（あるいは失敗したのか），成長の過程でどのような問題に直面し，それらにいかにして対応したのか，などといった事柄を知りたいからであろう。
　もちろん，「独占」という切り口からマイクロソフトやGoogleといった巨大企業を分析することも1つの方法であり，独占がもたらす弊害を知ることは重

要である。他方で，これらの大企業がいかにして世界的企業に成長したのか，どのようなビジネス・モデルなのかを知ることも興味深い。財閥も同じである。財閥と呼ばれる巨大企業グループが，かつて日本に存在した。たしかに財閥の存在によって市場競争が制限された側面は否定できない。しかし同時に，日本の歴史上，おそらく最強の企業グループであった財閥が，いったいどのような経営を行っていたのか，という観点から財閥を検討することは，今日においても十分意義のあるテーマだと考える。

また財閥は，同族経営のチャンピオンだが，第3節までで見たように，同族経営であっても，きちんとした仕組みを設定すれば，ガバナンスは有効に機能するのである。現代でも世界的に競争力を有する同族企業はたくさん存在しているのであり，同族だから経営上デメリットが多いというような単純な問題ではないのである。

学問の世界において，財閥の経営に関して組織の効率性が注目され始めたのは，かなり最近のことである。2009年にノーベル経済学賞を受賞したオリバー・ウィリアムソン（O. E. Williamson）が唱えた取引コストに関する議論の枠組みを用いて，財閥に関する研究を整理した岡崎哲二は，「支配」の観点から財閥を捉える見方を「独占アプローチ」，それに対し，傘下企業のガバナンスの問題や取引コストから財閥を捉える見方を「効率性アプローチ」と位置づけ，財閥に対する解釈の視点を明確化した（岡崎［1999, 2005］）。後者の立場から財閥を再検討した岡崎は，財閥は持株会社を利用することによって，傘下企業に対する高い管理能力を備えていたと主張する。また，本来，企業経営の規律づけを果たす資本市場の機能を組織内部に取り込んでいたとして，コーポレート・ガバナンス（企業統治）の観点から財閥の機能を高く評価する。財閥は持株会社の設立という組織革新を通じて有効な企業統治の仕組みを構築したというのである（岡崎［1999］201頁）。

もちろん，これは1つの見方であり解釈である。問題は財閥のどの側面に注目するかということである。冒頭のこのケースで考えることで，財閥に対する従来のイメージからいったん離れて，財閥とはいかなる経営を行っていたのかについて考えることを提案した。本ケースでは，富豪の一族や企業を支配する集団といった理解とは異なり，傘下企業をマネジメントするための組織という側面から財閥を捉えてみたわけである。

●思考と議論のトレーニング●

1　あなたの親族が経営する企業は，複数の分野に進出しているものの，"どんぶり勘定"で，どの事業が利益を上げているのかわからない。また，オーナーや本部が各部門の決定に口を挟むため，部門ごとの戦略や成績に対する責任の所在が明確でない。親族は，経営学を学んでいるあなたに，「事業部制を導入するとよいらしいが，メリットは何か。その場合，本部は何を決定すればよいのか」という相談をしてきた。どういうアドバイスをすべきだろうか。

2　グループ経営という視点から見ると，持株会社を本社として，異業種の企業で構成される三菱財閥と，資本関係や技術提携を通じて，トヨタ自動車と複数の企業で構成されるトヨタ・グループとでは，グループを構成することの意味やグループ企業間の関係性という点で，何が異なるだろうか。また近年，「ホールディング・カンパニー」の組織形態を採用する大企業が多いが，これはグループ経営として見た場合，どういうメリットがあるのだろうか。

●参考文献●

麻島昭一［1986］『三菱財閥の金融構造』御茶の水書房。
宇田川勝・中村青志編［1999］『マテリアル日本経営史——江戸期から現在まで』有斐閣。
岡崎哲二［1999］『持株会社の歴史——財閥と企業統治』筑摩書房。
岡崎哲二［2005］「持株会社と銀行」伊丹敬之・藤本隆宏・岡崎哲二・伊藤秀史・沼上幹編『企業とガバナンス』（リーディングス日本の企業システム第Ⅱ期 2）有斐閣。
三島康雄編［1981］『三菱財閥』日本経済新聞社。
三菱経済研究所付属三菱史料館所蔵資料。
三菱商事株式会社編纂［1986］『三菱商事社史』上巻，三菱商事。
持株会社整理委員会編［1973］『日本財閥とその解体』復刻版，1，原書房（初版：1951年刊）。
森川英正［1978］『日本財閥史』教育社。
安岡重明［1970］『財閥形成史の研究』ミネルヴァ書房。

＊　参考文献からの引用に際し，原典にないルビを加えた箇所がある。

［大石直樹］

Case 3
阪　　急

● 大きくなっていく事業

このケースで考えること

　本ケースの主人公である小林一三は，1907年，34歳になって間もなく，それまで勤めていた三井銀行を退職し，家族とともに大阪に転居した。三井物産の飯田義一から，大阪で北浜銀行の岩下清周が証券会社を新設する予定であり，その支配人になってくれないかとの誘いに応じたためである。しかし，まさにちょうどそのタイミングで，株式市場が暴落に転じ，日本経済は日露戦争後の不況へと突入する。これにより証券会社の設立計画は立消えとなり，小林の支配人就任という夢は出発の段階で儚くも崩れ去ってしまった。

　しかし小林はこの一連の過程で，飯田の推薦により，とある鉄道計画に関与することになる。大阪の中心地・梅田と，自然に囲まれた静かな観光地であった箕面公園や有馬温泉とを結ぶ鉄道計画であり，いわゆる郊外路線と呼ばれるものであった。主要都市を結ぶ路線でないため，採算の見通しが立ちにくいところに，景気後退という経営環境の悪化が加わったため，計画に携わってきた人々の関心は，計画準備に投下した資金をいかにして回収するかに向けられている状況であった。もはやこの鉄道計画は実現の見込みのない清算対象のプロジェクトと見なされていたのである。しかし，仲間との起業のために銀行を退職して大阪へ来て，すぐに仕事を失うことになった小林は，このチャンスを何とかして活かすという道を選択する。そこで新たに発起人に加わり，さらに事業プランから資金調達まで，すべての責任を負って鉄道経営を行っていくこと

になる。

　小林が引き受けたこの鉄道計画は，この後，誰もが想像もしていなかったような大きな事業へと変貌を遂げていく。果たして小林は，このような困難な状況に対していかに立ち向かい，そしてどのような鉄道ビジネスを展開していったのであろうか。

1　「貧弱なる沿線」の鉄道計画

(1)　山の中に電車を走らせる会社

　小林が実質的な経営者として引き受けることになった鉄道会社は，正式には箕面有馬電気軌道株式会社（以下，箕有電車と略す）といった。梅田を起点として石橋から箕面と宝塚の２つの方向に分岐し，宝塚へ向かうルートは最終的に有馬温泉まで伸び，さらに宝塚—西宮間も結ぶ計画であった（図3-1）。この鉄道敷設計画の採算がとれないとされた理由は，他の電鉄会社と違って，箕面や有馬など山の中に電車を走らせようとする計画だったからである。当時の鉄道会社は，人口の多い主要都市間を結ぶことで利用客を確保していたのに対して，この計画は，大阪の中心地梅田と箕面・宝塚・有馬といった「貧弱なる沿線」（小林［2000］173頁）を結ぶものであったため，あまり利用者が見込めず，事業として採算をとるのは困難であると予想されたのである。人口が少ない地域に鉄道を敷こうとするのだから，ビジネスとして成り立つことが疑問視されるのも当然であった。そのため，どのようにして鉄道敷設のための土地の買収を進め，鉄道建設用の機械や材料を調達して工事を進めていくかが，事業を引き受けた小林にとって最初の課題となった。

　まず資金面については，小林個人の人脈を使って解決した。彼の郷里である山梨県出身の著名な財界人である佐竹作太郎，根津嘉一郎，小野金六らに協力を仰ぐとともに，大阪進出の契機をつくった岩下清周の北浜銀行にも支援を要請した。これによって当面の資金を確保することができた。機械や建設材料については，同じく岩下経由で，三井物産からの協力を取り付けることに成功し，代金は開業後2年以内の延べ払いという好条件での契約を締結する。これらの措置によって，ようやく鉄道建設工事が実行に移されることになったのである。

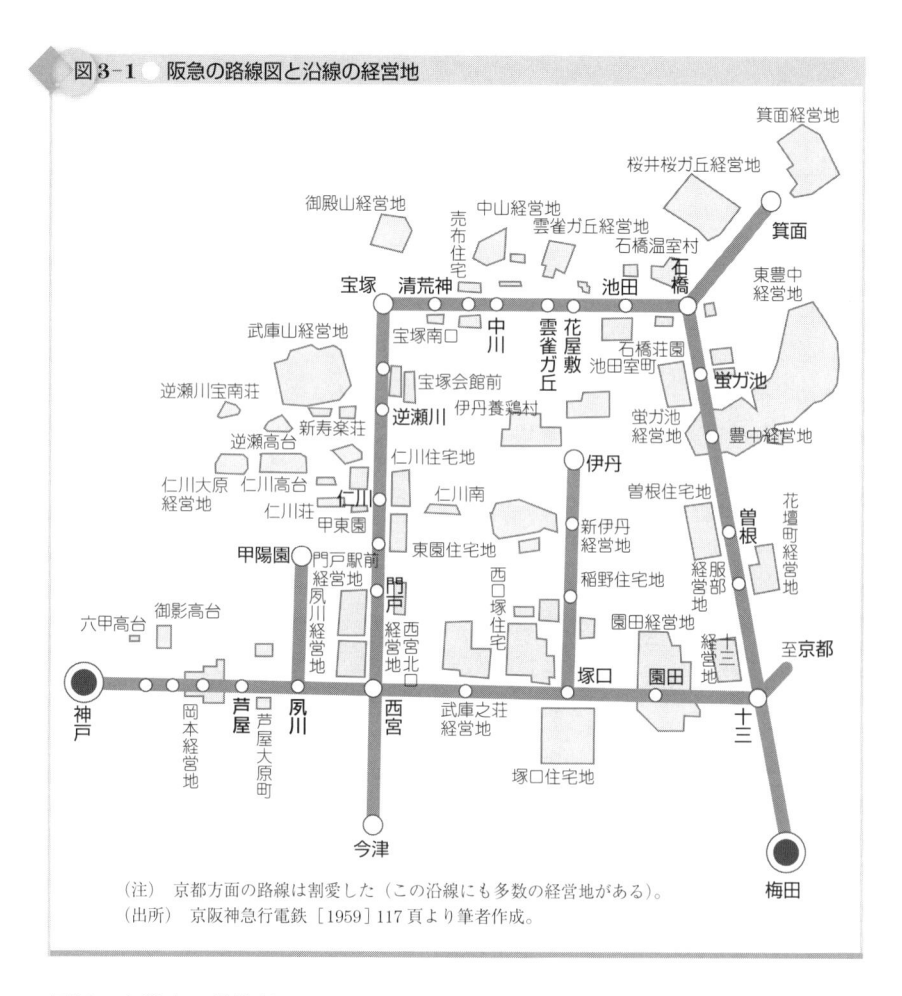

図3-1 ● 阪急の路線図と沿線の経営地

(注) 京都方面の路線は割愛した（この沿線にも多数の経営地がある）。
(出所) 京阪神急行電鉄［1959］117頁より筆者作成。

同郷の実業家や最終的にバックアップしてくれる信頼関係にある銀行の存在といった，いわば属人的なネットワークの有無が，ビジネスの成否を決定しかねないというのが当時の実情だった。これは，資本市場や金融システムが十分には整備されていなかった当時の事業経営上の特徴の1つでもあった。

1 「貧弱なる沿線」の鉄道計画　51

(2) 乗客を「創造」する

> 土地を買って住宅を建てる

　何とか事業継続の目途が立った小林が次に解決すべき問題は，鉄道利用者がほとんど存在しない路線で，いかにしてビジネスを成り立たせるのかという，鉄道経営にとっては本質的な課題であった。そこで小林が考えた解決策は，乗客を新たに「創造」するというものだった。当時の大阪は急激な都市化の進展に伴い家賃が上昇し，住環境はかなり劣悪な状態に置かれていた。そこで，土地に余裕があり物価の低い郊外に，安くて快適な住宅を建設することによって大阪に集中している人口を移動させることが可能ではないかと考えたのである。つまり，計画中の鉄道沿線に新たに住居地域を建設し，そこに人々をひきつけることができれば，大阪中心部の職場への通勤客，すなわち鉄道利用者を，つくり出すことが可能だというねらいであった。しかもこれが上手くいけば，毎日の定期利用者創出による安定的収入源の確保というメリットだけでなく，鉄道経営の初期段階における資金不足を，不動産販売の収益によって補うことができる。通常，鉄道事業は線路の敷設工事にかなりの時間を要するため，営業区間を少しずつ拡大・延長しながら事業を営んでいかざるをえない。そのため，主要な路線の建設が完成し，鉄道経営が安定するまでの間，沿線の土地や住宅の販売から生じる利益によって事業をまかなっていくことを狙ったのである。

　以上の判断から，鉄道会社でありながら不動産業を兼営することになったのであるが，路線計画に対する採算の見通しが不確実な事業経営にとって，不動産事業を成功させるかどうかは，今後の鉄道事業の成否を決めかねない，きわめて重要なプロジェクトとなった。そのため小林は，住宅経営を「会社の生命」（小林［2000］192頁）と位置づけ，成功に向けて慎重な計画を進めていった。

　そもそも資金が潤沢にあるわけではないという制約があり，必要な土地はできるだけ安く買収したい。ただ，同社が敷設を計画しているのは「貧弱なる」沿線であったため周辺の地価の相場もかなり低かった。加えて，沿線一般の人たちは小林の会社が土地を買っても，きっと投げ出すに決まっていると見ていた。そのため，大規模な土地買収の動きにもかかわらず，鉄道開通を見越して地価が上昇する気配はなかった（小林［2000］176頁）。そこで小林は，自ら現地に赴いて住宅地として適当だと判断した土地を，低価格で買い取ることに成

功する。このときの状況について小林は，世間では箕有電車は解散するはずだと誤解している間に計画を進めたため，予想以上に安い価格で買収に成功し，利益がかなり発生したと説明している（小林［2000］203頁）。会社の計画に対する周囲の低評価を利用して，迅速な行動を起こしたことが成功の要因となったのである。

「理想的新家屋」を謳って売る

不動産の販売のために必要となる土地を低価格で買収した後に大阪へつながる鉄道を敷設することで，一帯の利便性の向上させる。その上で新たな住居エリアを誕生させ，これによって資産価値が高まった状態で不動産販売に踏み切る。その際，都市のサラリーマン層をターゲットとした販売を行うため，小林は売り方に独自の工夫をこらした。たとえば，販促用のパンフレットを作成して，現在の大阪の状況について「美しき水の都は昔の夢と消えて，空暗き煙の都に住む不幸なる我が大阪市民諸君よ」と呼びかけ，「家屋は諸君の城砦にして安息場所」「古(いにしえ)より衣食住といえど，実は住食衣と云うが自然の順序」であるなどと，良質な住環境に対する問題意識を喚起する。その上で，箕有電車は鉄道沿線の周辺に新たな市街地「模範的新住宅地」を形成し，そこに「理想的新家屋」を建設したと続ける。その理想の家に住むことによって，購入者は新たなライフスタイルである「模範的郊外生活」を送ることができるという，大がかりな販売宣言を展開したのである。

すでに見たように，事前に低価格で土地を買収したため販売価格も低く設定できたが，分割ローンでの販売という，当時としては新しい方法を採用することで，サラリーマン層にも購入しやすい仕組みを導入した。最初に分譲された池田室町の場合，市街地は碁盤目状に整備されており，100坪の敷地内に，部屋数が5ないし6を有する，庭付き2階建ての新築の家屋が2500円から3000円（当時の大卒初任給は50円前後），10年間のローンで売り出された。実際の売行きも好調で，池田室町に続いて，豊中，桜井など異なる沿線に位置する住宅が次々に分譲され，沿線一帯に市街地が誕生していく。これにより，鉄道利用客となりうる人々が居住する住宅街のエリアが，空間的な広がりをもって形成されたのである。

1 「貧弱なる沿線」の鉄道計画

2 鉄道経営を軌道に乗せる

(1) 休日に鉄道を利用してもらう方法

ユニークな動物園

このように小林の当初のねらい通り、不動産販売により今後の鉄道建設を可能とする利益を獲得する一方で、箕有電車の沿線に新たな市街地が誕生したことにより、敷設したばかりの鉄道を通勤・通学のために定期的に利用する乗客も同時に生み出された。これによって敷設後の鉄道事業からの収入源を確保したことになる。しかし鉄道経営にとって、主な乗客が沿線の住人による平日の定期利用者に限定されるというだけでは不十分である。それ以外の不定期利用者、たとえば平日に都市から郊外へ向かう乗客や、日曜・祝日の鉄道利用客をいかにして増やしていくかといったことが、鉄道経営にとってはどうしても必要となってくる。小林はこの問題を、どのようにして解決していったのだろうか。

小林が打ち出したアイディアは、主要駅周辺に魅力的な施設を作ることで、都市から郊外へと向かう乗客を獲得しようという戦略であった。具体的には、梅田から出発して一方のルートの終点に位置する箕面と、その反対に位置する当面の終点の宝塚を、新たに観光地として開発しようというものである。

まずは箕面から見てみよう。それまでの箕面は広大な森林地帯であり、紅葉や滝を見所とした風光明媚な天然公園であったが、この渓谷と山林美を背景に動物園を建設したのである。1910年11月、日本一の動物園という謳い文句でオープンした箕面動物園は、梅田から箕有電車を利用して30分の距離にあり、3万坪を超す広大な敷地内に、動物を檻の中に入れるのではなく、自然環境の中で飼育・展示するというユニークな方法を採用した。園内には翠香殿と呼ばれるイベント施設や大阪湾が一望できる観覧車も備えた一大レジャー施設であり、これによって、名所旧蹟であった箕面を、大阪市民のレクリエーション地域とした（京阪神急行電鉄［1959］182頁）。

箕面から宝塚へ

箕面動物園は、当初こそ多くの注目を集め、遠足の児童や観光客などが数多く訪れたものの、動物を檻の中には入れずに自由な状態にしていたため、動物が外に逃げ出すという問題

や，珍しい動物が多かったために飼育にかなりのコストがかかるなどの問題が発生した。結局，開園から5年ほど経った1916年3月に同園は廃止された。しかし，目的であった鉄道利用者の促進という意味では，鉄道開業初期の経営が苦しい時期において一定の効果を持ったとはいえるだろう。また，この箕面動物園の閉鎖決定の背景には，次に見る宝塚の開発の事情も関係している。そこで宝塚の開発について見てみよう。

この地も，それまでは小規模な温泉が湧く景勝地として知られていたにすぎなかったが，1911年5月，ここに新しく大理石造りの大浴場を建設し，日本一の娯楽施設を目指した「宝塚新温泉」を開場させた。翌年には奇抜な外観の洋館・パラダイスを建設し，内部には日本初の室内プールを備えた。同時期に開発を進めていた箕面において，すでに見たような問題が発生していたことや，天然公園としての古くからの景観を俗化すべきではないという見解から，箕面動物園のイベント施設や動物などをすべて移動させ，宝塚を娯楽施設の中心地とする方針へと切り替えた。

この決定に至った理由は複数あったであろうが，鉄道経営の観点から見た場合，宝塚を集中的に開発するという選択は妥当な判断であったといえよう。というのも，支線の終点に位置する箕面に対して，宝塚は有馬へとつながっていく拠点駅であり，かつ宝塚―西宮線という有望な路線の起点でもあったからである。限られた経営資源を集中するのであれば，梅田から30分の距離に位置する箕面ではなく，より遠方の宝塚を選択したことは理に適っている。その意味において，箕面の経営は当初の目的を達成したとの評価がなされたわけである（京阪神急行電鉄［1959］182頁）。

「宝塚新温泉」の試行錯誤　　娯楽施設の建設を宝塚に集中することとなったが，これによってすぐに経営が軌道に乗ったわけでもなかった。この後も試行錯誤は続いていく。まず，パラダイス内に鳴り物入りで設置された日本初の室内プールが失敗する。オープンした夏場こそ人気を集めたものの，男女共泳ができないという当時の規定や，屋内プールでありながら温水にする仕組みがなく泳げないほど水が冷たかったというのが，失敗の理由であったといわれる（京阪神急行電鉄［1959］137頁）。とにかくプールはすぐに閉鎖が決定し，空になった巨大プールには板張りをして，各種イベント・スペースとして使用されることとなった。

また，別の問題として，鉄道計画の変更があった。「箕面有馬電気軌道」という社名からもわかるように，当初の目的は梅田を起点として箕面と有馬とを結ぶ建設であった。路線敷設の順序としては，まず梅田から宝塚まで結び，その後，宝塚と有馬とを結ぶという計画だったのである。当面，宝塚を一大娯楽エリアとして開発することに力を注ぐことにしたという経緯はすでに見た通りであるが，この決定に対して有馬関係者が危機感を抱いた。というのも，有馬はもともと温泉で有名だったから，宝塚に温泉を核とする一大施設が建設されれば両者で利害対立が発生するというのである。そこで関係者の間で問題解決を図るべく議論がなされたが，合意には至らず，1913年6月，箕有電車が宝塚―有馬間の軌道敷設権を放棄することで決着を見ることになった。これによって，有馬まで鉄道を建設するという設立以来の同社の目標は修正されることとなる。

(2) 少女たちは歌って踊る

プールを劇場に　このように宝塚の集中的な開発を決定してからも，さまざまな問題が発生した。しかし，当初の計画通りに事業が展開しなかったことが，結果的に次の大きな事業のきっかけをつくることとなった。まず，閉鎖されたプールの有効利用法に関する議論の中から新たな事業が誕生する。

　とりあえず不定期なイベント・スペースのままではもったいないため，プールを改築して余興を行うことで宝塚新温泉の魅力を高めることになった。そこで，脱衣場を舞台に，2階を桟敷席に，プールは全面に板を張ることで500人を収容できる観客席に改修する。そのころ，大阪の三越が結成していた少年音楽隊の評判がよいというので，それに対抗する意味もあって，女子が唱歌を歌う企画を立ち上げる。これは小林が宣伝効果とコスト面でメリットがあると判断したもので，このときにはそれ以上の見通しも何の確信もなかったという（小林［2000］233頁）。

　1913年7月に計16名の少女を宝塚唱歌隊の第1期生として採用し，当初は唱歌を歌うことを目的としていたが，練習を積んで本格的な歌劇の公演を行うことに方針を変更し，「宝塚少女歌劇養成会」と改称した。結果的に見れば，この変更が後の大きな飛躍へとつながる重要な画期となった。1914年4月に

第1回の公演が行われて以降，宝塚新温泉で行われる舞台は大きな評判を呼び，さらには新興芸術としても大いに注目を集めることとなり，今日の宝塚歌劇の基礎が確立するのである。

　宝塚歌劇は，1932年に東京宝塚劇場を設立して東京へ進出，37年には映画配給を行う東京宝塚配給会社（東宝）も設立するなど，さらなる広がりを持ちながら発展をしていく。室内プールの失敗に端を発し，その有効利用を模索する中から生まれた唱歌隊は，当初の経緯からは想像できないような大きな成長を見せていく。

「宝塚少女歌劇」の素晴らしき成果　ここで改めて思い出してもらいたいのが，宝塚の開発のそもそもの出発点は，鉄道の利用客を増加させることを目的として行われたものであったという点である。日本一の娯楽施設を目指して新設された宝塚新温泉は，開業以来かなりの賑わいを見せ，単独の事業としてはもちろん，鉄道利用の促進という側面においても十分な役割を果たした。

　宝塚新温泉の開業から1年後の状況について，当時の新聞報道によれば，当初，施設単独では1カ月で1000円程度の損失が出るだろうという見通しだったところへ，開業以来，1日平均約3000人の入浴者があり，その結果6カ月間で約6％の利益を計上することができたという（『日本新聞』1912年5月24日）。当初，宝塚新温泉の赤字を鉄道収入で補うことで，経営全体として利益を出すというプランであったにもかかわらず，施設単独で利益を計上したというのだから，そこに鉄道収入を加えると，トータルでは予想をかなり上回る利益が出ていたことになる。

　表3-1からは，事業全体における宝塚の位置づけや，それに連動して鉄道収入が増加している様子を知ることができる。通勤・通学といった定期利用以外の鉄道利用客の確保のために行われた需要の創造策として，宝塚の開発は，当事者の予想をも超える形で見事に成功したといえるだろう。

　計画の見直しによる意図せざる成果はもう1つあった。当初は梅田―宝塚―有馬を結ぶ計画だったが，途中で宝塚―有馬間の計画を放棄した経緯はすでに述べたが，じつは，この直前，箕有電車は路線計画についてもう1つ重要な判断を行っている。それは，西宮―神戸間の敷設権を所有していた灘循環鉄道の買収であり，これに十三から分岐した線を西宮と接続することによって梅田と

表3-1 阪神急行電鉄の営業収入

(単位：千円)

	1910年	1915年	1920年	1925年	1930年	1935年
運　輸	372	456	2,684	5,565	6,746	7,357
地所・家屋	95	84	491	620	363	680
電灯・電力	14	116	428	2,059	2,609	3,856
動物園	5	9				
温泉場		17				
宝　塚			200	1,215	1,464	1,858
百貨店					2,259	5,752

(出所) 老川［2001］112頁。

神戸が，つまり阪神間の直通線が完成することになったのである。ここに工事を開始していた宝塚―西宮間の路線を接続することで，梅田・宝塚・西宮・神戸を連結する路線が形成されることになった。

1918年2月には，社名を実態に合わせて阪神急行電鉄（以下，阪急電鉄ないしは阪急と略す）へ変更する。灘循環鉄道の買収は阪神電鉄との間で紛争が生じるなど交渉に時間を要したが，1920年7月に神戸線が開通し，これによって阪神間の直通が実現した。箕面公園と有馬温泉とをつなぐことを目的として設立された箕有電車は，紆余曲折を経て大きく計画を変更させ，その結果，今日の阪急電鉄の営業路線が生まれたのである。

3　私鉄経営の原型の形成

(1)「遠心力」と「求心力」

「貧弱なる沿線」を結ぶため採算がとれない計画とされていた鉄道事業は，ずいぶん大きく成長した。当初の都市と郊外とを結ぶ郊外路線ではなくなり，今や大阪と神戸を結ぶ鉄道会社へと転換したのである。このことは，事業経営において直面する問題も変化したことを意味している。この点を考えるにあたって，都市の「遠心力」と「求心力」といった面白い議論がある。

「農村の人々が日々都市に向かって集中し，その結果農村が次第に凋落の傾向を生じ都市が次第に繁盛の度を加えて行くことは，経済上の法則から来る自然の運命で，最近世における世界の大勢である（略）しかし求心力の反面には必ず遠心力がある。都市がこのように巨大な求心力で農村の人々を吸収すればするほど，その都市の遠心力はますます盛んに働くことは，また当然の原理である。こうして遠心力と求心力とが互いに反発し，集中の作用と散開の作用とが繰り返し行われて，自然に都市を調整して行く（略）軽便で快速力ある交通機関を建設し，都市と近郊とを連絡するのは，最もうまく都市の遠心力を働かせ，散開作用を完全にするものである。東京その他の都市とその近郊との間に存在する鉄道，軽鉄及び軌道は皆そうであるが，大阪におけるそれには特に専らこの目的のために建設されたものが多い。阪神電車，京阪電車，南海鉄道等皆そうであり，箕有電車は最も直接にこの目的のために建設されたものである」(『日本新聞』1912年5月18日。原文を一部修正)。

　ここでの議論を踏まえれば，箕有電車は，都市の「遠心力」を利用する事業を営んでいたことになる。事業を開始した時点においては，過密化した都市部の人口を郊外へ分散させる作用を利用したビジネスを展開したからである。しかし，郊外に住居を移転した人々の職場は都市部にあるため，鉄道を利用して毎日通勤しなければならない。その意味では都市の「求心力」の作用も使っていたといえる。鉄道事業とは，この往復運動を利用したビジネスだと考えることもできるのである。

　路線の拡大に伴い大都市に主要駅を有する都市間交通としての機能を持つに至った阪急電鉄にとって，今後はむしろ都市の「求心力」に焦点を当てたビジネスが重要になってきたことになる。乗客をいかに創造するかということを考え，そのための努力や工夫をしてきた阪急電鉄が，事業拡大の結果，溢れんばかりの乗客を持つに至った。そうだとすれば，ようやく獲得した膨大な乗客をターゲットとしたビジネスについて考えるというのは，それまでの歩みを踏まえれば当然の成行きであった。そして，そこにこれまで以上に大きなビジネス・チャンスがあるということを，阪急電鉄は見逃さなかったのである。

阪急百貨店第1期ビルディング（阪急電鉄提供）

(2) ターミナルデパートの誕生

都市の「求心力」を利用する際に，小林が注目したビジネスは，阪急電鉄の利用客を相手に行う百貨店業であった。当時の1日当たりの利用者は12〜13万人であったから，その一部でも顧客として取り込むことができれば，ビジネスとして成り立つとの判断である。というのも，このころ他の百貨店では顧客獲得のために無料の送迎車を準備しており，そのようなコストをかけてもビジネスとして成り立っているのであるから，何もしなくても駅に多くの人が集まっている阪急の場合，そこにビジネス・チャンスがあると判断したのである。すでに箕面動物園や宝塚新温泉において大衆を相手にしたビジネスを行ってきた経験はあったが，百貨店経営のノウハウは持っていなかったため慎重な検討を行いながら事業展開を行うこととした。まず，試験的に梅田駅に5階建ての建物を建設し，その1階部分を白木屋という百貨店に貸し出したのである。その結果，なかなか良好な成績が上がったため，阪急自ら百貨店ビジネスに乗り出すことになった（小林［2006］156-157頁）。

阪急マーケットと名づけられた阪急の百貨店のモットーは，「どこよりもよい品々を，どこよりも安く」というものであり，4階と5階は大衆向けの食堂にあてられるなど，駅の利用客を相手としたことで，三越や髙島屋のような老舗百貨店に来る中産階級とは異なる客層をターゲットとする，独自の営業方針が採用された。その後，阪急マーケットは，1929年4月に地下2階・地上8階の阪急百貨店と改称し，巨大なターミナルデパートとして生まれ変わることとなる。これによって阪急は，梅田駅を利用する乗客を対象とした新しい百貨店ビジネスを確立することになった。

これは同時に，創業以来関係を築いてきた郊外の沿線に移転した人々に対するサービスにもなっていた。阪急沿線に暮らす人々が阪急電鉄を使って阪急百貨店で買い物をする。鉄道を敷設する以前にはほとんど何もなかったような土

地を自ら開発し，家屋を建設し，そこへ過密な都市からの人々を移転させた上で，彼らを再び梅田に引きつけるビジネスを展開するという流れを踏まえたとき，阪急のビジネスは都市の「遠心力」と「求心力」とを見事に捉えた事業展開であったといえる。計画段階では採算の見通しがないところから出発した鉄道事業は，ヒトやモノを乗せて運ぶだけの輸送ビジネスという枠組を越えていくことによって，大きな事業となっていったのである。

このケースの解説

(1) ビジネスの根幹

　阪急のビジネスは，鉄道，不動産，娯楽，百貨店と，じつに多彩な事業展開であることから，多角的事業経営，しかも互いの事業にあまり関連性の見られない非関連多角化と見なすこともできる。しかし，いずれも鉄道ビジネスの発展につながることを意識して行われた事業であったことがわかる。不動産は乗客の「創造」のための方策として行われた事業であったし，箕面動物園や宝塚新温泉の建設も主要駅の魅力を高めて鉄道利用を促すことを狙ったものであった。

　ここで取り上げた以外にも，阪急は同じような鉄道利用促進のための試みを数多く行っている。たとえば，毎年，阪神甲子園球場で開催されている夏の全国高等学校野球選手権大会も，もともとは箕有電車が沿線に建設した豊中運動場を使って大阪朝日新聞社の主催により1915年に開催された，第1回全国中等学校優勝野球大会がはじまりである。これも，野球大会というイベントの開催による鉄道利用促進策の一環であった。

　日本プロ野球の設立についても同様の事情である。小林は，鉄道会社が各会社専属のグラウンドでリーグ戦を開催すれば，各電鉄会社は乗客収入と入場料とを得て，球団の経営費用をまかなえるし，利益を得ることすら可能かもしれないとして，早くから鉄道会社による「職業野球団」の設立を提唱していた（小林［2006］165-166頁）。途中，宝塚運動協会の設立などを経て，1936年に現在の日本野球機構の原型である日本職業野球連盟が誕生し，阪急もその設立メンバーに入っている。最近では事情が変わったが，創設以来，プロ野球の経

営母体の多くが鉄道会社であったのは，沿線につくられたホーム球場での野球観戦に鉄道を利用してもらい，その収益によって「職業野球団」が運営されていたという設立事情があったのである。

また，阪急の事業経営の本質は，大衆相手のビジネスであるという点に特徴がある。小林は次のように説明している。

> 「私自身の仕事は，電鉄でも百貨店でもみんな大衆本位の仕事をしているが，大衆本位の事業ほど危険のない商売はない。大衆から毎日現金をもらってする商売には貸し倒れがあるじゃなし，商売がなければないように舵をとってゆけばよい。誠に大衆本位の仕事ほど安全なものはないと私は信じている」(小林［2006］211 頁)。

つまり，阪急におけるビジネスの根幹は，大衆本位ということなのである。もちろん，商売は安全に確実にという方向へいけばいくほど利が薄くなるが，長い目で事業経営を行っていく上では，薄利多売にこそ商売の秘訣があるというのが，小林の一貫した経営理念だったのである。

(2) 鉄道経営のモデル

阪急が試行錯誤の中からつくり上げていった鉄道事業ビジネスは，その後の鉄道経営のモデルとなった。小林は，阪急の成功によって，電鉄会社の百貨店兼営のメリットが明らかとなり，そのため南海，京阪，大阪電気軌道（現在の近鉄）などの諸電鉄会社も相次いで駅ビルを建設し，百貨店を開業したとして，自らの先進性を自慢している（小林［2006］159 頁)。実際，阪急の試みはその後多くの企業によって継承されていった。ここにあげられている関西圏の私鉄だけでなく，東急，西武，小田急といった関東の私鉄も，次々に百貨店経営へと進出していく。もちろん私鉄だけではなく，JR 東京駅には大丸が，JR 名古屋駅にはタカシマヤ（髙島屋）が，JR 京都駅には伊勢丹が，そして最近新たに生まれ変わった JR 博多駅には阪急百貨店が入っている。現在，私たちがいわゆる駅ビルとして目にする風景も，元をたどれば，阪急が梅田駅で試みた，多くの乗降客の集まる駅に百貨店機能を融合させるというアイディアから始まったものなのである。

● 思考と議論のトレーニング ●

1. 京成電鉄は東京ディズニーリゾートを経営する「オリエンタルランド」に出資しており，東武鉄道は「東京スカイツリー」を経営し，東急電鉄は商業施設「渋谷ヒカリエ」をオープンさせた。こうした事業展開を行う鉄道企業には，どのようなねらいがあるのだろうか。また，JR東日本が導入しているICカード「SUICA」やJR西日本が導入している「ICOCA」には電子マネーの機能が付いているが，JRにはどのような戦略があるのだろうか。
2. 経営の多角化は，鉄道業界以外にも一般に見られる。たとえば，電気機器産業を例にとれば，家電を軸としてビジネスを展開してきたパナソニック，音響・映像・ゲームなど個人をターゲットとするソニー，コンピュータや通信などの電子デバイスを軸にソフトも視野に入れてきたアップルなど，多角化にはさまざまなスタイルがある。こうした経営の多角化には，どのようなねらいがあるのだろうか。

● 参考文献 ●

猪瀬直樹［1988］『土地の神話』小学館。
老川慶喜［2001］「都市型第三次産業の開拓者——小林一三と堤康次郎」佐々木聡編『日本の企業家群像』丸善。
京阪神急行電鉄株式会社編［1959］『京阪神急行電鉄五十年史』京阪神急行電鉄。
小林一三［2000］『逸翁自叙伝——青春そして阪急を語る』阪急電鉄株式会社（初版：産業経済新聞社，1953年刊）。
小林一三［2006］『私の行き方——阪急電鉄，宝塚歌劇を創った男』PHP研究所（PHP文庫；初版：斗南書院，1935年刊）。
宮本又郎［1999］『企業家たちの挑戦』（日本の近代 11）中央公論新社。

［大石直樹］

もう1つの 阪急　　Another Perspective on Case 3

　本文では少ししか触れられていなかったが，阪急百貨店の中心に位置したのは食堂であった。それは，阪神急行電鉄（阪急電鉄）の『社報』1929年10月7日号に掲載された「小林一三講話」の要旨に示される。その中で小林は，経験のなかった百貨店経営で成功してやるという「信念」を持てたのは，前身の梅田阪急食堂（旧阪急ビル4，5階）で利益を上げたことにあったと述べている。また彼は，百貨店の第2期工事が完成すれば，食堂の利益は倍の年72万円に上り，これを原資にすれば百貨店が儲からなくてもさらに割引きして商品を販売できると考えた。そして，「商売というものは，儲けなくてもよいと度胸をきめて勉強すれば儲かるもので，幸い今日では百貨店も立派に利益を上げている。私はこの式で食堂中心の百貨店を経営するつもりである」（圏点：引用者）と宣言したのである。

　その歴史は，阪急電鉄が1920年11月5日，「清潔で，安くて，おいしい」をモットーに掲げ，本社ビル2階を使って梅田阪急食堂をオープンしたことに始まる（後に4，5階を利用）。メニューは洋食のみで，ビーフステーキ，カツレツ，オムレツ，コロッケ，ライスカレーを30銭で提供した。当時の一番人気はライスカレーだったらしい。1925年6月に阪急マーケットがオープンすると，食堂もその2，3階に移って規模を拡張，29年4月の阪急百貨店開業とともにその7，8階に移転し，面積を誕生時の8倍に広げ，献立に和食を追加した。

　ここで注目したいのは第1に，はじめて食券前売制度を採用した点である。当時，というより現在も，ファストフードを除けば飲食店は伝票制度を採るところが多い。客は，飲み食いした後に伝票をレジに持っていって代金を支払う。これに代えて，阪急食堂は1930年1月から食券を導入した。その理由として，1927年3月7日に発生した丹後大地震や29年3月3日の梅田郵便局火災の教訓があげられる。前者の地震では，回収不能代金＝「非常時食逃げ」が60円35銭，1人30銭として200人分にも上ったとされる。そうした事態に対処するため，食べる前に代金をいただくことにしたのである。

　第2に，料理を低価格で提供するために，一部のメニューを自給した点に目を向けたい。阪急百貨店は，三越や髙島屋といった呉服店系百貨店との差別化を図るべく，大衆本位の低価格路線を打ち出していたが，その点は食堂も例外ではなかった。必ずしも種類は多くないものの，たとえば，ロールケーキの場合，当初より自家製品を宝塚新温泉内製菓所で作っていたが，あまりの売行きに生産が追いつかず，阪急食堂に勤務する村上元吾を主任者として1926年に直営製菓工場の建設計画を立て，翌年1月に完成させ

た。「直営製菓場では儲けるな」という小林の方針に従い，工場の利益を追求することなく，「エクレア型シュークリーム」などのスイーツやパンを低価格で客に提供した。阪急食堂はこのほかにも，青島産（1930年7月）や満蒙産（32年7月）の牛肉を買い付けたり，フライ用の冷凍エビなども安価な輸入品を使ったりして食材の調達コストを抑えた（阪急百貨店［1976］72-74, 88-89, 110-113, 117-118頁）。

　こうした工夫を通じて，阪急食堂は，当時珍しかった洋食を中間層に広め，新しい食文化を発信する役割も果たしたのである。

● 参考文献 ●
　　株式会社阪急百貨店社史編集委員会編［1976］『株式会社阪急百貨店25年史』阪急百貨店。

[加藤健太]

Case 4
資 生 堂

● 憧れの演出

このケースで考えること

　本ケースでは，資生堂を取り上げ，1910年代から30年代の日本において，高付加価値商品（化粧品）を広めたり，企業のイメージを高めたりするために，どのような広告・宣伝活動が展開されたのかを考えてみる。

　人間は美を求める生き物であり，にもかかわらず老いという運命から逃れられないから，化粧の起源は古く縄文時代後期まで遡ることができる。当時の女性は，貴重な食料である粟粉や糯米粉を美粧料として用いたり，椿の実の油で毛髪を美しく見せたりしていたといわれる。また，皮膚の保護や防寒にも効き目のある白粉や紅も，古代から使われていた。そして，時の経過とともに，化粧品の種類も増え，化粧の技術も進化していく。たとえば，江戸時代には，皮膚の表面に潤いを与えるため，きゅうりやトマト，苺，ヘチマなどを原料にした化粧水が作られた（久下［1970］12-17, 229-230頁）。

　そうした化粧品の製造が機械設備を有する企業によって担われる，つまり，近代化の道を歩むのは当然ながら明治時代に入ってからであり，同時代の前半には早くも化粧品広告が登場する。当時は，ちらし（引き札）や看板を使ったものがほとんどで，人が伝える店の評判（口コミ）も重要な役割を果たした。他方，マス・メディアの代表である新聞は，1870年代以降，『横浜毎日新聞』（1871年），『東京日日新聞』（1872年），『読売新聞』（1874年），『朝日新聞』（1879年）といった具合に相次いで創刊されたものの，普及率の低さもあって広告媒

体の主役とはなりえなかった。しかし，新聞は，商品の信頼性を高める点で優位性を持っており，明治時代後半になると次第にその効果が認められて有力な媒体の1つに成長するようになる（日本化粧品工業連合会［1995］42-45頁）。

　このケースの基本的な問題関心は，資生堂がいかなる広告・宣伝活動を展開したのか，それは時代とともにどのように変容したのかという点に向けられる。言い換えれば，今日のように，有力な広告媒体（テレビ）と広告制作のメイン・プレイヤーである広告代理店が十分に機能しない中で，専門的な経営資源を本来持っていない生産者（メーカー）が採用した戦略と経営行動を追跡するのである。

1　化粧品を造る

(1)　初期の製品

　矢野義徹，前田清則，福原有信（ありのぶ）は1872年9月に共同で三精社を設立し，その事業として銀座で洋風民間薬局・資生堂を創業した。1874年1月，三精社の解散により，資生堂薬局は有信の個人経営となった。同社は当初，歯磨石鹸（1888年）やビタミン薬「脚気丸」（93年）の製造・販売などを手がけていたが，1897年，いよいよ化粧品事業に乗り出す。化粧品といっても，メイクアップではなく，肌の手入れに使う基礎化粧品であり，オイデルミン（化粧水），花たちばな（ふけとり香水），柳糸香（改良すき油）をラインナップに揃えた。こうした展開の仕方は「資生堂の特色」とされている。そして，翌年には玉春（改良びん付），春風山（あかとり香油），春の雪（改良白粉），高等ねり白粉など製品の種類は10種まで増える。このうち「びん付は日本髪の鬢（びん）用の固練り油，あかとり香油はドライシャンプー」のことである。

　資生堂は1906年に，「かへで」（楓）と「はな」（後の「やよひ」）という練り白粉2種（ともに1個35銭）を新たに投入したが，これらは白色ではなく，肌色（カラー）であったことから「新しい時代の化粧品」と位置づけられている（資生堂［1972］69-70, 83頁）。ここでは，メイクアップ化粧品として白粉を強化した点とそれらが高価格であった点に注目しておきたい。適当な比較対象は見当たらないが，国産の粉白粉1個（30～50グラム）当たりの標準小売価格を見る

と，1901年で12～25銭，時期は下って13年でも15～30銭だったから，「かへで」も「はな」も高めの値段を設定したといえる（週刊朝日［1987］219頁）。

(2) 福原信三のアメリカ修行・ヨーロッパ"漫遊"

大正時代に入り，資生堂は，新たに経営者となった福原有信の息子・信三(しんぞう)の方針に基づいて，事業の主体を薬品から化粧品へと転換する。信三は1906年11月に千葉医学専門学校薬学科を卒業して薬剤師となった後，08年秋にアメリカのコロンビア大学薬学部に留学した。彼は1910年に同大学を卒業して以降も帰国せずに，ニューヨークのブロードウェイ33丁目にあるドラッグストアに無給で勤めている。家業を継ぐための「実地見習い」である。翌年，信三はこのドラッグストアの店主の推薦で，ニューヨークの郊外ヨンカースのバロー・アンド・ウエルカムという化粧品メーカーに就職する。彼の「誠実勤勉」な仕事ぶりを見て，ウィリアム・ギャラガー社長やジェームズ・M.ブレイン技師長はとても好意的に接したという。その工場勤めも2年近くが経ち，信三は，処方から仕上げまでの全工程の実習を終えて帰国を決意する。1912年暮れのことである。ここで，彼が日本に帰るに際し，ギャラガーが，彼の誠実な勤務態度に対するプレゼントとして各商品の処方の筆写を許可したことに注目しておきたい（矢部［1970］70-83頁）。この処方が後の資生堂の経営にとって「有力な資料」となったからである（資生堂宣伝史編集室［1979］13頁）。

信三は日本への帰途，1913年初頭から14年12月にかけて，イギリス，ベルギー，ドイツ，オーストリア，イタリア，フランスを回って見聞を広めた。ここでのポイントとして第1に，フランス画壇で主流を占めていたクロード・モネやオーギュスト・ルノワールに代表される，印象派・後期印象派の巨匠とその作品に触れて「大きな感銘」を覚えたり，「共感と親しみ」を抱いたりしたことがあげられる。直接的な関係性は定かでないが，信三の体験は，資生堂の広告デザインに生かされたように思われる。第2に，ヨーロッパ"漫遊"の過程でさまざまな人と出会い，その中に，後に資生堂の広告・宣伝活動で重要な役割を演じる人物がいたことである。パリでの信三の交際関係は，洋画家の和田三造や長谷川昇，山本鼎(かなえ)たちであり，藤田嗣治と川島理一郎(つぐはる)とは一緒にスケッチをする仲であった。このうち川島が上記の重要な役割を演じる人物になるのである（矢部［1970］84-89頁）。

1914年12月，信三は6年ぶりに日本の地を踏み，翌15年，有信の後を継いでトップに就き，資生堂の経営を主導するようになる。

(3) 製品ラインナップの拡充

すでに触れた通り，信三の方針に沿って，資生堂は事業の中核を化粧品へと転換していく。その1つの試みが，1916年に資生堂がソーダファウンテンのある薬局から化粧品部門を「化粧部」として分離・独立させたことである。化粧部は，竹川町（現，銀座7丁目）に煉瓦造り3階建て，灰色モルタル仕上げの建物を構えた。新設の竹川町店は「北店(きたみせ)」と呼ばれ，その2階に製造場，3階には試験室を配置し，後者は新製品開発と既成製品の改良を担当，後に研究室，化学研究所へと拡充されることになる。

化粧部発足以降，資生堂は次々に新製品を投入していく。そのすべては把握できないが，主要製品の一部をあげれば以下の通りである。1つは1917年発売の「七色粉白粉」であり，これは当時，一般的には白だけ，カラーでも肌色くらいだった時代に，旧来の「白」「黄」「肉黄」に「ばら」「牡丹」「緑」「紫」の4色を加えた画期的な商品であった。もちろん「単に奇をてらった企画」というわけではなく，『資生堂製品総目録』によると「其人の顔に応じて，顔を調和させ，且派手に見せやうため」と説明されている。2つ目は，「日本化粧品史上に特筆される『コールドクリーム』」である。この名称自体はすでに使用されていたが，実質的に「名称に値する」ような「本格派の商品」は1918年に発売された。個々の商品名は不明だが，1919年には香水38種，クリーム6種，頭髪香料6種，化粧香水25種，白粉23種を数えるまでにラインナップは広がっている（資生堂［1972］105-114頁）。

資生堂は1924年9月，東京の京橋区木挽町(こびきちょう)（現，東銀座）に製造工場を竣成(しゅんせい)，同工場で価格帯の異なる製品を1つの銘柄に統一するという「特別の意図」を込めた「資生堂特性水白粉」（白・肌色，各2円50銭）と，共通の名称を冠した「資生堂特性粉白粉」（白・肉黄色・ばら，各1円50銭）の生産に乗り出した。1926年の国産粉白粉の標準小売価格は30～50銭とされるから，高級路線を視野に収めていたと考えてよい（資生堂［1972］152頁，週刊朝日［1987］219頁）。

2　オシャレな広告を打つ

(1) クリエイターを育てる

　資生堂の広告は 1872 年 9 月の創業に際して，政府広報誌『新聞雑誌』明治壬申6月第47号に掲載された「報告」を嚆矢とする。しかし，明治年代の広告・宣伝活動に関しては，『東京日日新聞』や『婦人画報』などの新聞・雑誌への掲載は見られるものの，化粧品製造に乗り出すまで「その量は，大きさにおいて，また度数において，まことに微々たるもの」にとどまり，「見るべきほどのものはなかった」といわれる。

　その転機は，福原信三が 1917 年に製品デザインと広告制作を担当する部署として意匠部を発足したことで訪れる。芸術家肌の信三は，デザインと広告に強い関心を持ち，意匠部を直接主催した。その様子は「社長室とは別にそこにつくえを置き，原稿段階で製作物をみた。社長室は終日空室になることも多かったが，意匠部のいすに座らない日はごくまれであった」と伝えられるほどであった（資生堂宣伝史編集室［1979］9-10, 27 頁）。

　では，資生堂で広告制作を担ったのは，どのような人材だったのだろうか。判明する限りで，意匠部のメンバーの経歴を示した**表 4-1**を用いて検討してみよう。この表からはまず，洋画家の今純三（No. 6）や三宅一朗（No. 13），水彩画家の乙部孝（No. 7），版画家の諏訪兼紀（No. 14）といった芸術家が散見される。製品の外装デザインや広告の図案などに，彼らの洗練された技能とセンスが必要とされたのであろう。この点は，小村雪岱（No. 2），前田貢（No. 15），杉森義郎（No. 19），山本武夫（No. 20），中谷善三郎（No. 22）といった，工芸系・芸術系の学卒者にも共通すると思われる。

　次に，1926 年の参加メンバーが多い点に注目したい。これは，前年 11 月に三須裕が青木泰助と長谷川商吉，矢部季を引き連れて，当時最大の化粧品メーカーであった本舗中山太陽堂に移籍するという"事件"が起きたためである。「乙部孝を除く意匠部スタッフの退社は，資生堂意匠部の崩壊を意味した」といわれるほどのインパクトを与えた。こうした状況の中，信三は意匠部の再建を託すべく，高木長葉（No. 8）を部長として招くと同時に，スタッフの増強を

表4-1 資生堂意匠部のメンバー

No.	氏名	①学歴	②キャリア	③意匠部での担当	参加年次
1	三須 裕		三越宣伝部（企画とコピーを担当）		1918
2	小村雪岱（安並泰助）	東京美術学校選科	出版関係		18
3	青木泰助			コピー，『月刊資生堂』編集	19
4	長谷川商吉			写真とデザイン	19
5	川島理一郎	ナショナル・アカデミー・オブ・デザイン		客員	20
6	今 純三		洋画家（白馬会所属）		21
7	乙部 孝		水彩画家（岡田三郎助に師事）		24
8	高木長葉		広告制作社画文社	意匠部長	26
9	勝山重典			デザイナー	26
10	沢 頴吾		平尾賛平商店「レート化粧品」	デザイナー	26
11	河東 汀	早稲田大学文学部国文科	時事新報社	『月刊資生堂』担当	26
12	辻川彦太郎			売場主任，機関誌『美容流行問答』担当	26
13	三宅一朗		洋画家	客員	26
14	諏訪兼紀		版画家（藤島武二に師事）		26
15	前田 貢	京都高等工芸学校図案科	プラトン社（出版社）		26
16	小林 忍（白川虔三）		資生堂販売部門	河東汀の助手，広告業務，コピー	26
17	広中久五郎		資生堂パーラー・化粧品店・ギャラリーの日常業務		28
18	山名文夫		プラトン社（出版社）		29
19	杉森義郎	東京高等工芸学校図案科	新卒		33
20	山本武夫	東京美術学校図案科（小村雪岱に師事）	新卒		33
21	駒井玲子		マネキンクラブ，ファンフォム主宰	非常勤嘱託	33
22	中谷善三郎	京都高等工芸学校図案科	新卒		34
23	近江 匡（近江匡男）		資生堂大阪販売会社，乙部孝の助手		34
24	若見四郎（若見四郎太）	青山学院高等部英文科	新卒	広告業務，コピー	34

（注）参加年次欄の「26」は，『資生堂月報』1926年3月号に掲載されたメンバーであることを意味する。そのため，正確な意味で参加年次とはいえない可能性が高い。
（出所）資生堂宣伝史編集室［1979］より作成。

図ったのだろう（資生堂宣伝史編集室［1979］29, 59頁）。

　最後に，このときの再建に協力を要請された川島理一郎（No. 5）も，意匠部にとって重要な人物であった。信三と川島は，アメリカ留学中に知り合い，ヨーロッパ"漫遊"のときにパリで同じ時を過ごした友人である。川島はハイスクールを卒業後，絵画専門学校ココーラン・アカデミーに入学し，4年の課程をわずか2年で終え，1年間，奨学金と材料一切を提供されてニューヨークのアカデミー・オブ・デザインで学んでいた（矢部［1970］78頁）。要するに，優秀な人材であって，ここに信三が意匠部を立て直すために協力を仰いだ理由を見出せる。

(2) マス・メディアを使う

新聞広告　今日と同様，戦前もマス・メディアは重要な広告媒体であり，テレビ放送はもちろん，ラジオ放送も広まっていない時代にあっては，新聞と雑誌が中心的な媒体となった。新聞は，輪転印刷機の普及により1910年代までには大量印刷を実現して急速に発行部数を伸ばし，読者層を広げていった。1920年代に入ると，新聞社間の競争が激化し，その中で正力松太郎を社長に据えた「読売」が，東京国技館での納涼博覧会の開催など読者サービスを拡充して部数を伸ばし，東西「朝日」「毎日」は全国制覇体制を確立，全国の新聞総発行部数は34年に1000万部を突破した（内川［1976］93-96, 289-295頁）。こうした新聞の普及は，広告媒体としての魅力を高め，薬品や化粧品，食料品を中心に積極的な広告の掲載が見られた。化粧品に注目すれば，大正期に「新しい転機を生み出した」といわれる。「大正ロマン」と呼ばれる時代の息吹の中で，新聞広告にも新しい手法，新しい表現，新しいイメージが創られていったのである（日本化粧品工業連合会［1995］181-182頁）。

　資生堂は，新聞広告を使って何を伝えようとしたのか。以下では，具体的な新聞広告を取り上げながらその内容を見てみよう。

(a)『東京朝日新聞』1905年（図4-1(a) 参照）

　　貴婦人へ急告　ふけ取香水　花たちばな
　　本品は優美なる芳香を放ち香気長く散逸する事なく剛き毛髪を柔軟／ならしめ汚れを浄め長く静謐の状を保たしむ一度御試用を乞ふ／瓶の口を左に

図 4-1　新聞広告①

(出所)　(a)は資生堂［1972］93頁，(b)は資生堂宣伝史編集室［1979］21頁，(c)は資生堂［1972］128頁。

廻輪し香水を滴しつゝ，刷毛又は手掌にて髪毛に揉み／つけ少しく泡沫の出るを度として止め手巾等にて拭ひ去るべし（／は改行，以下同じ）

(b)　『東京朝日新聞』1907年（図 4-1(b)）

高等化粧水

オイテルミン／本品は貴婦人令／嬢方の御賞用を／蒙りつゝある高／等化粧料なり／本品を常に御用／ひ賜わば皮膚を艶美滑沢ならしめ顔頸／の脂肪を除く又白粉下として御用ゐあ／れば鉛毒の憂を知らず夏季はあせもを／防ぎ日に焦けることなく天性の美を保ち／薫香馥郁として花園に遊ぶ思あらしむ

(c)　『東京日日新聞』1913年8月15日（図 4-1(c)）

花つばき

2　オシャレな広告を打つ　　73

図4-2 ● 新聞広告②

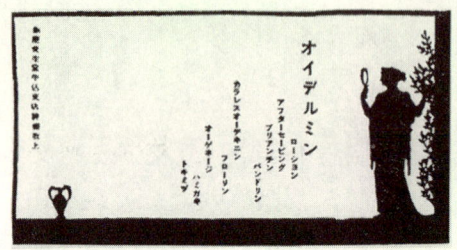

(出所) (d)は資生堂宣伝史編集室［1979］57頁, (e)(f)は資生堂［1972］189頁。

炎熱焼くが如き夏日塵埃／に髪毛は汚れ又は汗に異／臭を放つべく斯る時／理想の／香油／花つばき／の真価は沙／漠にある泉のそれ／よりも偉大なるものに候

　この3つの新聞広告は，意匠部発足前のものだが，いずれも長い説明文が付されている。たとえば，商品の効用はすべての広告に，また(a)には使い方を記している。資生堂は新聞広告を使って，まず商品そのものの特性を伝えようとしたのであろう。同時に，(b)の花園で遊んでいるようなとか，(c)の砂漠の泉よりも偉大などといった消費者を引き付ける詩的なコピーも入れられている。この点は，消費者の感性の部分に訴えた様子がうかがえる。だが，この時期の新聞広告は総じて実用的な内容であったように思われる。

(d)　新聞広告，1924年ごろ（図4-2(d)）
　　オイデルミン／ローション／アフターセービング／ブリアンチン／パンドリン／カラスレオーテキニン／フローリン／オーバーネージ／ハミガキ／トキミヅ

(e) 『東京朝日新聞』1927年4月23日（図4-2(e)）
資生堂香油
質・匂・意匠・皆麗し・資生堂新製椿油／全国各地の資生堂チエンストアーにあり／（・五〇）

(f) 『東京日日新聞』1928年7月11日（図4-2(f)）
資生堂化粧品／資生堂水白粉／白・黄・バラ・緑の四色（大一四〇　小八〇）／花椿水白粉／お徳用向（五〇）

　この3つは，意匠部発足後の新聞広告である。一見してわかる通り，そこには製品の効用や長いアピールなどは書かれていない。非常にシンプルな構成である。また，イラストがモダンなデザインになっていることも見て取れよう。一部の新聞広告から全体を論じることは危険だが，大正時代のモダンな世相と意匠部の存在が広告のスタイルを大きく変えた可能性はあるだろう。

婦人雑誌広告　　次に，婦人雑誌広告に目を転じよう。1906年創刊の『婦人世界』（実業之日本社）の成功に続けとばかりに，10年に同文舘の『婦女界』，大正時代には『主婦之友』や『婦人倶楽部』などが相次いで創刊された。大手企業は，大衆雑誌に広告媒体としての価値を認め，読者層に合わせた広告を出す傾向も見られるようになる。新聞と同じく，1920年代後半から30年代前半にかけて，大衆雑誌は発行部数を伸ばして広告媒体としての地位を確立する。その過程で，雑誌広告のセグメント化が進展し，婦人雑誌に掲載される広告は，化粧品と食料品が多くを占めるようになった（内川［1976］128-129, 336-340頁）。

　資生堂は，1905年から『婦人画報』をはじめとする婦人雑誌に広告を掲載し始め，時期は下って34年時点には，同誌のみならず，『主婦之友』『婦人倶楽部』『婦女界』『婦人公論』など複数の婦人雑誌に出稿していた（資生堂宣伝史編集室［1979］9頁, 日本化粧品工業連合会［1995］205頁）。『婦人画報』は1905年7月の創刊で，一時は国木田独歩が編集に携わったこともある。その内容は「当時としてはずばぬけて新しく，画報にまた読物に，新機軸を打ち出そうと努めた」ものと評され，「女学校の西洋画教室」「英国婦人の水浴新工夫」「女子大学の割烹教室」「英国婦人の自動車倶楽部員」など，読み物にも史談や育児，文芸等「知的水準の高さを物語る」記事を揃えたといわれる（石川・尾崎［1989］28-29頁）。

図4-3 ●　婦人雑誌の広告①

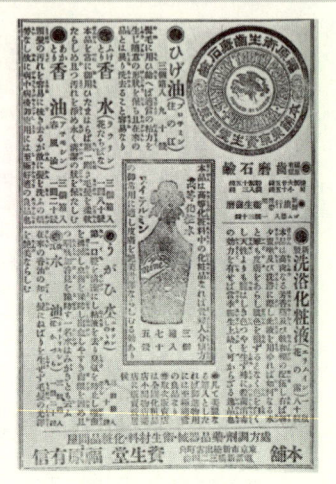

（出所）資生堂［1972］95頁。

　このような婦人雑誌に，資生堂はどのような広告を掲載したのか。以下に，いくつか紹介してみるが，新聞と異なって字数があまりに多いものは，紙幅の都合上ここに書き出すことができない。それでも，たとえば図4-3に示すように，初期には新聞同様1つ1つの商品について，その効用や使い方を記した広告（『婦人画報』1905年創刊号）が見られた。

(8)　『婦人画報』1907年9月1日（図4-4(g)）

　　福原資生堂営業科目

　　福原有信歯磨石鹸（価格は略，以下同じ：引用者）／エリアンチン（おしろい）春の雪／フロチミン（一名ヒゲ油）八雲／アチモシン（一名垢取香油）春風油／オイトリキシン（改良水油）春椿／エリノイン（洗浴化粧液）春の露／オイデルミン（けしょう水）／エオチン（うがい水）しのゝめ／ラウリン（一名フケ取香水）花たちばな／メラゼリン（改良すき油）柳糸香／ロラキン（改良ビン附）玉春／ケラシン（肉色練白粉）弥生／エオフイリン（肉黄色練白粉無鉛毒）かへで／福原ねりおしろい

　　右ハ多年研究ノ上注意精製セルモノニシテ孰レ／モ良ク衛生ニ適シ高尚優美ノ芳香ヲ放チ交際上／必要ノ佳品ニ有之候ニ付江湖ノ紳士貴婦人令嬢／諸君善ク御愛用ノ上高評ヲ賜ラン事ヲ希望ス

図4-4 婦人雑誌の広告②

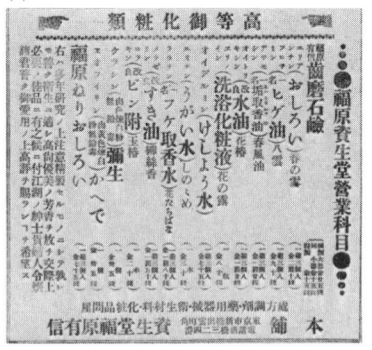

(出所) (g)は資生堂［1972］95頁，(h)は資生堂［1972］128頁，(i)は資生堂宣伝史編集室［1979］58頁，(j)は資生堂［1972］183頁，(k)は資生堂宣伝史編集室［1979］64頁。

2 オシャレな広告を打つ　77

(h) 『婦人画報』1914年3月1日（図4-4(h)）
時代の要求に依（よ）り／生れたる理想的の／香油
花つばき 壱瓶／金四拾銭／壱箱三本入／金壱円弐拾銭
本品は純粋の椿油に最良の香料を加へ精製したる／香油なれば決して髪の粘る事なく亦髪の汚るゝ事／もなし且髪毛（かみのけ）を養ひて柔軟（やわらか）にし艶（つや）を美しく致し候

(i) 『婦人公論』1924年（図4-4(i)）
過酸化水素クリーム
過酸化水素をクリームに／応用したのは実に資生堂が／世界的の嚆矢であります。／そうして此過酸化水素なるものが／美顔の上に，美白の上に，／的確に有効であることは／近世の美容大家が均しく／認めて居る所であります

(j) 『婦人グラフ』1927年3月号（図4-4(j)）
資生堂化粧品／各地資生堂チエンストアーにあり／何（いず）れも同質品値段です

(k) 『婦人公論』1928年（図4-4(k)）
過酸化水素クリーム
色白くすること・ソバカス・シミを／除くこと・顔のくもりをはつきり／させることに於（おい）て夙（つと）に定評あ／る美顔美白用のクリーム／大一円・小七十銭

　新聞広告ほどの変化は見受けられないが，時代を下るにしたがって相対的にシンプルなコピーになっていることは読み取れる。これらを比較すると，意匠部の創設以後は，商品の名称と価格を記してその効用に解説を加えてあるものの，それ以前よりもイメージやデザインを優先した広告になっているように思われる。
　大正時代に入り，化粧品業界の広告表現のあり方は変容していく。それは，図案的要素の大々的な採用である。各社とも実用的な解説から感性に訴える図案様式を重視するようになり，資生堂も「新しい感覚の作品を積極的に打ち出し，清新なイメージを作り出していった」とされる。そして，1920年代後半の不況のもと，化粧品メーカーでは部分的に広告・宣伝活動を控える向きも見られたが，量的には高い水準を維持した。その背景には，業界の熾烈な競争があり，化粧品の販売に際して，広告・宣伝の価値ないし重要性は強く認識され

ていた（日本化粧品工業連合会［1995］182, 204頁）。

　婦人雑誌を媒体とする広告に関しては，資生堂がはじめて写真を使って広告を制作したという点で，『主婦之友』1931年5月号に掲載されたものが注目される。そこでは，「資生堂銀座化粧品」の新発売をアピールするために，松竹キネマ蒲田撮影所の人気女優・栗島すみ子をモデルに起用した。これを契機に，同社は『婦人公論』や『婦人画報』掲載の広告にも写真を多用するようになる。その中で，当初の切抜きから人物や商品を黒い背景の中に表現したり，白い直線や曲線を配置したり，コピーや商品名を白抜きで入れたりして表現技術を洗練していった。ちなみに，制作を担当したのは井深微である（資生堂宣伝史編集室［1979］86頁）。

3　憧れのブランドになるために

(1)　機関誌『資生堂月報』とその変遷

　資生堂は1924年10月，消費者向けの機関誌として『資生堂月報』11月号を創刊した。タブロイド判16頁，巻頭は福原信三名義で「チェンストア組織に就いて」というタイトルの文章が飾った。青木泰助の編集による創刊号は「素人にも出来る吹出物の手当，医学士高橋毅一郎」や「クリーム一つで美人となる，三須裕」，「オールバックの結び方」という美容記事，「写真のお話，福原信三」や「法隆寺夢殿の話，小村雪岱」など文化芸術関連の記事が並び，資生堂の社員と元関係者が執筆にあたった。『資生堂宣伝史』は創刊号の内容について，資生堂の支店やチェーン・ストアの店舗設計の記事があったり，信三の写真の話が長々と続いたりして，読者である女性にとって「必ずしも適切な内容とはいえなかった」と振り返っている。

　『資生堂月報』1926年1月号の編集は，前述の意匠部メンバーの退社により困難を極めた。だが，新部長の高木長葉と新担当の河東汀によって，「眼を何うにも変へる紅の使ひ方」と「大晦日の晩と元旦のお化粧」をメインに据え，「資生堂化粧品解説」や連載の写真，美容・園芸・舞踏などの記事で何とか4頁分の「体裁を整えた」という。ここで重要なのは，資生堂社内よりもチェーン・ストアへのほうが圧倒的に多いという『月報』配布のあり方である。それ

は，資生堂がこの時期，「宣伝の拠点をただ一つの直売店から，多くのチェーン店に移動した」ことを示すとともに，チェーン・ストアが「以後の広告活動ないし宣伝戦略においてきわめて重要な意義をも」ったことを表している。

『資生堂月報』は「チェーン店の店頭を通じての宣伝の強化」を目的に，1928年1月号から本文以外にグラビア4頁を追加してボリュームを12頁に増やし，同年3月号は合計20頁にまで拡充された。ここに来て，チェーン・ストアは，資生堂の広告・宣伝活動の一環に組み込まれたことになる。しかし，同社は，長期不況の中でコスト削減を余儀なくされ，その1つの方策として1931年1月号から『資生堂月報』のサイズをひと回り小さい菊判に変更すると同時に頁数の削減も行い，さらに同年3月号をもって無期休刊という決断をするに至る。ちなみに，資生堂の機関誌は1933年5月，美容法と流行を中心的な記事とする『資生堂グラフ』として再開，その3年後の36年10月には『花椿』(11月号)としてリニューアルされた(資生堂宣伝史編集室［1979］52, 59, 65, 70, 84頁)。

資生堂は，機関誌というツールを用いて，直接消費者に美容等の関連情報を提供することを企てた。それは，マス・メディアを媒体とする広告とは異なり，資生堂という企業の持つ製品以外の魅力を伝える役割を果たしたと考えられる。

(2) 新たな宣伝手法への挑戦——ミス・シセイドウの誕生

1933年1月，資生堂は大阪・阪急百貨店で初となるマネキンガールを使った美容実演販売を実施した。マネキンは「招き猫」が客とカネを招くことから，まねきねこ，まねき金，まね金，マネキンと縮めていって生まれた言葉らしい。日本では，1914年秋の東京・丸菱百貨店で9人の女性が最新の髪型に洋・和装をまとい，座ったり，立ったり，歩いたりしたところからマネキンの名称が生まれたといわれる。資生堂は，1927年2月に作成した宣伝映画に東京マネキン倶楽部の大橋千代子などを起用したり，同年6月に東京と大阪の百貨店で開催された「資生堂ニューミックデー」(練り歯磨きの宣伝売出し)でマネキンを使ったり，同年9月の「資生堂銀座石鹼」発売に際しての街頭広告で「パラソルガール」という名称のマネキンを歩かせたりしていた。

阪急百貨店における実演販売の経験を踏まえて，資生堂は1933年4月，「資生堂化粧品新美粧法実演」を試みた。これは意匠部メンバーの駒井玲子が企画

し，自ら演壇に立って早化粧や薄化粧，モダン化粧を実演したもので，東日本の販売会社所在地をはじめ同年8月には函館・小樽まで遠征している。その背景としては，商品ラインナップの拡充があげられる。同社は当時，白粉を従来の「七色粉白粉」から「モダンカラー粉白粉」9色へとバージョンアップしたほか，1933年に資生堂クリームシャドウ17色を新たに発売するなど，メイクアップ化粧品を強化していたのである（資生堂宣伝史編集室［1979］79, 82-83頁）。

こうした実演販売・宣伝の効果を踏まえ，意匠部（高木長葉）は，デモンストレーションや美容実演を通じて直接消費者に接する新たな宣伝要員「ミス・シセイドウ」構想を打ち出す。1933年，資生堂は新聞広告で「良家の子女」を公募してメンバーを選抜，9月から1期生9名の養成に着手した。その主な科目は，①近代的・科学的美容術，②化粧品学，③新美容法と宣伝術であり，ほかにも生理学，皮膚学，洗濯法，あるいは資生堂の宣伝組織などの関連知識，同社幹部の講話，デッサンや音楽といった教養科目など多岐にわたった。このうち①は皮膚生理や新規の美容術に詳しい近藤秀子が，②は化粧品技術者で工場技師長兼研究所長の職にあった伊与田光男が，③は駒井がそれぞれ指導を担当している。

約8カ月の養成期間を経て，ミス・シセイドウは1934年4月4日，大阪・髙島屋ホールの「近代美容劇」5景でデビューを果たす。この劇は駒井が実演を計画し，朝から夜の5つの場面を設定，ミス・シセイドウは舞台衣装をまとって各場面で肌の手入れやメイクアップを実演しながら資生堂の製品を紹介した。加えて，彼女たちは演技を終えると，駒井のデザインした制服姿になり，来客の美容相談や所要化粧品の推薦にも携わっていた。後者は後の資生堂に引き継がれる方法になった点で重要な取組みであったと考えられる。デビュー当時のミス・シセイドウは各地で"タレント扱い"を受けたとされており，コストはかさんだものの試みは上手くいったと回顧されている。この成功を受けて，資生堂では2期生以降のミス・シセイドウの育成に力を注ぐ一方，小売店セミナー「資生堂チェンストア・スクール」，美容講習「移動講座」，「セールガール」の養成などを実施し，第二次世界大戦後の活動の基本をなす科学的美容法の普及活動を積極的に展開した（資生堂宣伝史編集室［1979］83-84頁）。

今日でも，百貨店の化粧品売り場では美容部員が接客にあたっている。彼女たちは，消費者と直に接する企業の顔であり，その意味で広告塔の役割をも担

っている。

このケースの解説

　本ケースでは，資生堂を対象にして，広告・宣伝活動の実態，具体的には新聞や婦人雑誌というマス・メディアを媒体とした広告，機関誌『資生堂月報』を用いた消費者とのコミュニケーション，そして実演販売からミス・シセイドウへと進化した顧客に対する科学的美容法の"伝授"を追跡してきた。

　最後に，企業にとって広告・宣伝活動がいかなる意味を持つのかという点に解説を加えておきたい。現在，企業はマーケティング活動の一環として広告・宣伝を捉えている。広告・宣伝は単独では存在しえず，製品開発や価格政策，流通経路の選択といった他のマーケティング要素との適合を考慮しながら，プロモーション（販売促進）活動の1つとして実施されているのである（和田・恩蔵・三浦［2012］9-10頁）。化粧品を例にとれば，高級化粧品という製品を開発した場合，価格は当然高めに設定され，広告にはエレガントなデザインが求められ，流通経路としては百貨店が選ばれるであろう。安売りをされるとイメージが損なわれるから価格政策は定価販売を維持しなければならない。そのためには，消費者に直接訴えかけるヒトを介したプロモーション活動が有用かもしれない。資生堂の広告・宣伝活動は，こうした文脈で把握すべきだろう。

　多少の飛躍を覚悟すれば，それはブランド価値を高める施策とも考えられる。ブランドは企業の有する1つの資産であり，ブランド資産の価値向上は直接・間接にメリットをもたらす。この考え方を採用すると，広告・宣伝（をはじめとするプロモーション）費は単なるコストではなく，「ブランドへの投資」と見なせるのである（恩蔵［1995］69-72頁）。たとえば，第3節で述べたミス・シセイドウのコストがかさんだという事実も，資生堂ブランドの資産価値を高めるための「投資」であったと解釈できよう。

●思考と議論のトレーニング●

1　ルイ・ヴィトンやシャネルといった高級ブランドのように，原価を大きく上回る価格で売られている商品はたくさんある。化粧品もその1つにあげられる。では，現在の日本で，商品ないしサービス，さらにそれを提供する企業のイメージ

を高めるためには，どのようなプロモーション活動が有効だろうか。

② インターネットの普及に伴い，広告のあり方は変化を遂げつつある。依然としてテレビのウェイトは高いものの，新聞，雑誌，ラジオを合わせたマスコミ4媒体の広告費の落込みは激しく，インターネット広告にその地位を脅かされている。こうした状況の中で，企業はどのような広告活動を展開しているのだろうか。

参考文献

石川弘義・尾崎秀樹［1989］『出版広告の歴史──一八九五年……一九四一年』出版ニュース社。
内川芳美編［1976］『日本広告発達史』上巻，電通。
恩蔵直人［1995］『競争優位のブランド戦略──多次元化する成長力の源泉』日本経済新聞社。
久下司［1970］『化粧』（ものと人間の文化史 4）法政大学出版局。
資生堂編［1972］『資生堂百年史』資生堂。
資生堂宣伝史編集室編［1979］『資生堂宣伝史Ⅰ 歴史』資生堂。
週刊朝日編［1987］『値段の明治・大正・昭和風俗史』下巻，朝日新聞社。
日本化粧品工業連合会編纂［1995］『化粧品工業120年の歩み』本編，日本化粧品工業連合会。
矢部信壽編著［1970］『福原信三』資生堂。
和田充夫・恩蔵直人・三浦俊彦［2012］『マーケティング戦略』第4版，有斐閣。

＊ 参考文献からの引用に際し，原典にないルビを加えた箇所がある。

［加藤健太］

Case 5

三井物産

● "商社マン" の仕事って？

このケースで考えること

　本ケースでは，三井物産を取り上げ，戦前の日本において，総合商社がいかなる機能を果たしたのかという点を考えてみたい。具体的には，第1に，三井物産の総合商社化の過程で，"商社マン"（以下，" "を外す）たちがどのようにして取扱商品と活動地域を拡大したのか，第2に，同社が，積極的な株式取得を行って持株会社的性格を強める過程で，投資先企業に対しどのような機能を発揮したのかという点に解説を加える。

　総合商社とはいったい何か。ここではさしあたり，その構成要素として，ⓐ取扱商品の多品種性，ⓑ国内外に構築された支店・出張所網，ⓒ国内取引，輸出入貿易，および三国間貿易という3つの取引分野，ⓓ巨大な取扱高，ⓔ産業に対するオルガナイザー機能，ⓕ持株会社的性格の6つをあげておこう。このうち，ⓔは，産業に技術や機械，原材料を供給するとともに，当該製品の市場を開拓するといった活動を通じて発揮される。ⓕは，他企業の株式取得ないしは出資により形成され，多くの場合，一手販売権[*1]の獲得や資金供給といった面でも関係を有している（栂井［1974］11-12頁）。

　そして，戦前期日本に生まれた幾多の商社の中で，いち早く総合商社化を果

・1　一手販売権とは，一般的に販売業者（商社など）がメーカーと契約した地域で当該商品を独占的に販売する権利を指す。この権利は，競合相手を排除して取引関係をより強いものにする役割を果たす。

たし，圧倒的な強さを誇ったのが，三井物産なのである。その源流は，江戸時代（1707年）に三井本店が，長崎に代理店を設けて，輸入品を大坂，京都，江戸で販売し始めたときにまで遡ることができる。三井物産という名称は，1876年7月の創立時にはじめて用いられ，当初の私盟会社という企業形態は93年7月の商法会社編施行を受けて合名会社へと改組，さらに1909年10月には株式会社へと変更された。そして，この間，同社は支店・出張所を国内のみならず，上海や香港，ロンドン，ニューヨーク，サンフランシスコ，シドニーなど海外にも多数開設し，国内取引と輸出入貿易，三国間貿易という多面的な取引に乗り出していた（日本経営史研究所［1976a］361-374頁）。

そうしたプロセスにおいて，三井物産に勤める商社マンたちは，どのような働きをしたのだろうか。第1節ではこの点から話を始めよう。

1 商社マンの活躍

(1) なぜ三井物産に入社したのか

ここで取り上げる商社マンは，後に三井物産のトップ・マネジメントを担う人たちである。彼らは，何を思って入社したのだろうか。

安川雄之助（1889年〔（　年）は入社年を表す。以下同じ〕）は「商売—実業というものは直接われわれの生活に関係を持っているものだから，大いに将来性があるのではないか，ことに取引が外国相手，すなわち貿易ということになれば，発展させなくてはならぬものではないか」と考え，大阪商業学校に転校して商売に直接役に立つ学問を学んだ。その後，学校を卒業したものの「独立でやるにはまだ年が若い」ので，三井物産大阪支店の支配人であった南一介に頼んで入れてもらったと回顧している（安川［1996］8頁）。

向井忠晴（1904年）は「特別に商売が好きだったからではなく，外国に行きたかったから」，伊藤与三郎（1905年）は名古屋商業学校の校長から勧められたという理由で，石田礼助（1907年）の場合は「これといった理由はない」とされている。田代茂樹（1913年）は「どんなところかよく知らないけれども，商売するところへいって外国にいきたい」から，「実業界にはいって金持になってやろうという，すこぶる利己的な考えをもってい」た新関八洲太郎

安川雄之助（三井文庫蔵）

（1919年）は，東京高等商業学校の先輩で三井鉱山に勤めていた七海兵吉の紹介で入社している。若杉末雪（1925年）は，子どものころから「なんとかして外国に行かなきゃならんという気持をもっていた」ところ，自分の学校（長崎高等商業学校）に三井物産の社員募集が出るという「偶然のきっかけ」によって，教師や外交官，医師などあれこれ考えていた水上達三（1928年）は，麒麟麦酒に行くつもりだったが，ゼミナールの堀先生から勧められて試験を受け，それぞれ入社している（日本経営史研究所［1976b］97-98, 118, 134, 160, 180, 346-347頁）。

時期にかなりの開きはあるものの，興味深いのは"入社試験"の方法である。たとえば，向井の場合，「自筆の履歴書と，なんでもいいから書いてこいといわれて，書いた英文を持って会社に行」き，主席理事の飯田義一の面接を受けた。それは，向井が「『わたしは字が下手で困ります』というと，飯田さんは『そうでもないよ』といってくれました。それだけでしたね，試験らしいのは」という内容だったという（日本経営史研究所［1976b］98頁）。水上は，田中文蔵人事部長と筆頭常務である安川の2回の面接を受けたが，後者とのやりとりは以下のようなものであったとされる。

> 「安川さんは，君は農家の出だねといって，『君，大根はいつ播くかね』と，こういきなりくるんですよ。それから，私も（略）『ときなし大根なんていうのは，だいたい真冬をのぞいたら，いつでも播きます』といったんです。（略）それで，あとはなんにも聞かなかった」（日本経営史研究所［1976b］263頁）。

今日では，想像できない事態である。ともあれ，彼らは商社マンとしての第一歩を踏み出し，品目や量の面で取引の拡大に努めて，三井物産の発展に大きく貢献するのである。

(2) 商社マンたちの奮闘

　いろいろな思いを持って，三井物産に入社した商社マンたち。彼らは，ビジネスの最前線に飛び込み，取扱品目・量の拡大に奮闘する。いくつか事例を紹介しよう。

　安川雄之助は入社3年目の1892年12月，綿花の供給先開拓を目的に，インドのボンベイに出張所長として派遣された。当時の日本では，紡績業が発展の端緒をつかんでおり，その原料として中国綿だけでは足りないため，綿花の豊富なインドに白羽の矢が立てられたのである。とはいえ，安川は日本で「一番最初の買付人」だったから，自分が日本人であることすら信じてもらえない。中国人に間違えられるのである。そもそも言葉が通じないし，習慣もまったく異なる。そうした状況の中で，彼は，欧米の商館の活躍ぶりを見て「『俺は日本人を代表しているのだ，俺が失敗すれば全日本の面目にかかわる，どうしても彼等に負けてはならぬ。』と敵愾心が猛然と湧いて来た」という。綿花の買付けにあたっては，相場を理解することに最も苦労したが，「実際骨を削るような思いをして高下の原因，誘因，作柄との関係，仕手の手口等を研究し」て理解に努め，3万俵から20万俵くらい買い付けられるほどの成功を収めた。

　その要因としては第1に，ダモダール・ゴルデンダスというブローカーを雇い入れたことがあげられている。ダモダールは，インドの有力者でかつ人望もあり，彼がブローカーとして綿花の生産者と直接交渉した場合，つねに他社よりも安く買い付けられたり，困難な商談もきちんとまとめてきたりしたという。第2に，極力避けるべき見込商売が大成功した点をあげている。安川は，本店の方針に従っていては「みすみす商機を逸することになり，商売はほとんどできないので，自分は叱られたらあとでいくらでも腹を切る決心でこれ（見込商売：引用者）をやった」のである。彼は，綿花の価格が上がると予想して，見込買いをしたのだが，一度も損失を出すことなく，巨額の利益を上げたと振り返っている（安川［1996］18-33頁）。こうした成績は，運に恵まれた面だけでなく，先に触れた相場研究の成果を示すと考えてよいだろう。[2]

---

　[2]　もちろん，ニューヨーク支店で，大豆油の見込売りが大きく外れて，第一次世界大戦後に巨額の損失を出すなど，見込商売には失敗例もある（日本経営史研究所［1976b］119-120頁）。

伊藤与三郎は，1905年に入社後すぐに本店営業部棉花糸掛（係）に配属された。最初は掛の帳面をつけたり，手紙を書いたりしていたが，2年後の1907年に綿布販売へ配置替えとなる。彼は，輸出向け綿布の仕入れを目的に富士瓦斯紡績をたびたび訪ねたのだが，その行動には目を見張るものがあった。伊藤は，同社の営業部には権限がなくて埒があかないからといって，和田豊治社長のところへ直接価格交渉に行ったのである。最初はまともに相手にされなかったものの，和田社長の自宅に電話をかけてスケジュールを確認した上で，新橋駅や三井銀行の前で待ち伏せ，"突撃交渉"を繰り返した。そうして，最後には，値引きを勝ち取ったのである。

　田代茂樹は入社した1913年，門司支店の機械掛に配属された。当時，同支店の主な取引先は八幡製鉄所や筑豊の炭鉱であり，高田商会，大倉組，ジャーディン・マセソン商会と競い合いながら機械類や鉄材を売り込んでいた。田代は，海外から送られるカタログや雑誌で新たな機械を調べて勧めたり，週に1，2回八幡製鉄所を訪問したり，海外の機械メーカーの担当者にお供して，得意先を回ったりするなど活発な営業活動を行った（日本経営史研究所［1976ｂ］133-135, 161-162頁）。ここで述べたのは，ごくごく一部の仕事ぶりだが，三井物産の取扱商品の拡大には，数値に表れない第一線の商社マンの奮闘があったことを忘れるべきではない。

2　いろいろな国のいろいろな商品をたくさん取り扱う

(1)　商社が成長するための2つの方法

　商社の成長には，大きく分けて2つの方法がある。1つは，企業間の取引を仲介して手数料を受け取り，その取扱量を増やすコミッション・ビジネスである。たとえば，海外の機械メーカーから繊維機械を輸入し，これを国内の紡績企業に納入するといった取引を考えてみる。この場合，多くの紡績企業に機械を売り込んだり，ある紡績企業にいろいろな種類の機械を売り込んだりすれば，その分だけ機械メーカーからの手数料収入は大きくなる。この効果は，既存の取扱商品の量を増やすことによっても，新たな商品を取り扱うことによっても生じる。

もう1つは見込商売で，価格の上がりそうな商品を販売先は未定のまま買っておき，実際に値が上がれば売って差額で儲ける方法である。たとえば，植物油の一種である大豆油を取り上げると，ある時点で100円だったこの商品を，将来値上がりすると考えて購入しておく。その後，見込み通り大豆油の価格が200円に上昇した場合，100円の大豆油を200円で売れば100円の儲けが生まれる。もちろん，見込みが外れて価格が下落したら，損失を被ることになるが。つまり，見込商売は，利幅の大きい分だけ，リスク（危険）も大きい方法なのである。

(2) パイナップルから鉱石まで

　三井物産は1876年の創立当初から，見込商売を極力排しつつ，リスクの小さいコミッション・ビジネスを営業の基本方針に据えた。この点は，同社は「専ラ他人ヨリ依頼ヲ受ケ物産ヲ売捌キ，或ハ買収シテ手数料ヲ得ル問屋」を営み，「空相場見込商及他人ノ為メニ危険ノ損害ヲ受合フ等一切ナスヘカラス」という創立願書の中の文言に示されている（三井文庫［1980a］244-245頁）。もちろん，見込商売に手を出さなかったわけではないが，手数料（口銭）収入を重視する姿勢を強調したことになる。

　このような方針のもと，三井物産は，取扱品目・量の拡大を図った。**表5-1**に示すように，取扱品目は1908年にパイナップル・椎茸から機械・鉱石類まで広がり，120種を超えるまでに増加している。この表の「等級」欄は，次のような意味を持つ。①は取扱商品の中心としてよりいっそう拡張・発展させるべき品目，②は①に次ぐ重要性を与えられた取扱いに努力すべき品目，③は

表5-1　1908年時点の三井物産の取扱商品

等級	品目数	取扱商品の例
①	10	石炭，コークス，生糸，木材，綿花，機械，鉄道用品，米
②	28	綿糸，綿布，砂糖，銅，大豆粕，化学肥料，羊毛，小麦
③	15	パルプおよび製紙用品，ゴム原料，セメント，鉱石類
④	31	毛織物，麻類，ビール，軍用品，木炭，燐寸用品
⑤	18	染料，胡椒，石鹸原料，タオル，パイナップル，胡麻
⑥	19	醤油，椎茸，象牙，石鹸，缶詰類，煉瓦，洋傘

（出所）日本経営史研究所［1976a］96頁より作成。

上記の2つほど有望ではないものの，危険を冒さない程度に取り扱うべき品目，④は特別な事情や関係がある場合に限り取扱いを継続すべき品目，⑤は調査・研究を十分に重ねた上で取扱いの存廃を決めるべき品目，そして⑥は今後取扱いを廃止すべき品目，である。

いたずらに取扱品目を増やすことは，商品知識や国際的な市場動向の十分な理解・把握を困難にし，ひいては信用を傷つけることにつながりかねないと三井物産は危惧しており，それゆえ，商品に精通し取引先から信用を獲得することの重要性を強調していた。これは，同社が，将来性に基づく選別を必要とするまでに取扱商品を広げていたことを意味していよう（日本経営史研究所［1976a］95-96頁）。

(3) 世界を舞台にする

第1節で事例を紹介した通り，商社マンの活動は日本国内にとどまらず，その舞台を世界に広げつつあった。表5-2からは，三井物産が1877年の上海支店を皮切りに，パリやニューヨーク，ロンドンなど欧米の主要都市と，天津，シンガポール，ボンベイ，台北，仁川，北京といったアジア地域で，支店・出張所を積極的に開設したことを読み取れる。これらの海外拠点のネットワークは，どのような機能を果たしたと考えられるか。

第1に，取引先企業の多様なニーズに適合した商品の提供が重要である。たとえば，綿糸の原料となる綿花について，三井物産は当初，大阪紡績に対し中国綿を供給していたが，1893年2月のボンベイ出張所の開設以降は，安価なインド綿に切り替えて，日本紡績業の国際競争力の強化に貢献したとされる。さらに，同社は1897年の綿紡績業界の不況に際しても，綿花の積極的な取扱方針を崩さず，新たにニューヨーク支店を通じて高級糸用のアメリカ綿の買付けに乗り出した。

第2に，日本を介在させない三国間貿易の拡張に寄与した可能性を指摘できる。専務理事の益田孝は1900年ごろから，今後は外国貿易を拡充して業務の中核にするという「対外貿易中心主義」を標榜し，三国間貿易にも積極的に取り組むようになる。たとえば，上海支店（の山本条太郎）は，中国生糸の対ヨーロッパ向け輸出，アメリカからの鉄道資材やオレゴン松の輸入，中国大豆のヨーロッパ向け輸出などに従事した。このうち大豆取引では，三井物産の本社

表5-2 明治期三井物産の支店・出張所展開

	内　地	海　外
1876年	長崎，横浜，大阪，兵庫	
77	馬関	上海
78	口ノ津	香港，パリ[1]
79		ニューヨーク[2]
80	函館	ロンドン，リヨン，ミラノ[1]
83	島原	
84	小樽	
88	神戸	天津
90	若松	
91		シンガポール
93	札幌，越前堀，深川	ボンベイ
96	名古屋	営口，台北，ニューヨーク（再開）
97	唐津	
98	呉，佐世保	サンフランシスコ
99	門司，横須賀	仁川，厦門，芝罘，漢口，ハンブルグ
1901	舞鶴	ジャワ，シドニー
02		北京，広東
03		台南
04		大連
05		福州
06		汕頭，打狗（高雄），安東県，鉄嶺，カルカッタ，奉天，バンコク，青島，オクラホマ
07	新潟	ラングーン，吉林，寛城子（新京），サイゴン，ハルピン，ポートランド，ウラジオストック
08		釜山，リヨン
10		阿緱
11	岡山	
12		台中

（注）1）1881年にパリは事実上閉鎖，リヨンとミラノは閉鎖となった。
　　　2）1882年にニューヨークは一度閉鎖している。
（出所）栂井［1974］43頁より作成。

と上海を中心とする中国の各支店が連携してあたったとされる（日本経営史研究所［1976a］63-67, 76-77, 81-83頁）。

　こうして三井物産は，このケースで考えることで掲げた総合商社の構成要素のうち，ⓐ取扱商品の多品種性，ⓑ国内・国外にわたる支店・出張所網，ⓒ国内取引，輸出入貿易，および三国間貿易という3つを，いち早く充たしたので

2　いろいろな国のいろいろな商品をたくさん取り扱う　　91

ある。

(4) 総合商社のもう1つの顔

　総合商社の構成要素の1つである持株会社的性格は，取引関係のよりいっそうの強化を目的とした積極的な株式取得によって形成される。三井物産は，1890年代末からすでに投融資を活発化していたが，第一次世界大戦期にその重要性を明確に認識するようになる。この点は，1918年6月開催の第6回支店長会議における田村実調査課長の以下の発言に示されている。

> 「近来当社ノ投資ヲ為ス事業大分増加シ来リ，（略）実際問題トシテ考フルモ，当社ノ商売ヲ進メ其発展ヲ期セントスルニハ，是非関係事業ニ投資シ之ヲ援助セルヘカラス，（略）当社ハ最初委托商売ヨリ始メ，中頃売リヲ先ニシ又ハ買ヒヲ先ニスル商売ニ移リタリシカ，近来ハ愈々資本ヲ本トシ此力ニ依リテ商売ヲ為ス時代ニ移リ来レリ」（三井文庫［1980b］376-377頁）。

　この発言によれば，田村課長は，従来のコミッション・ビジネスから見込商売への重点の移行をさらに推し進めて，株式投資が第一次世界大戦後の中核的な成長手段になると考えていた。また，1924年9月，支店長に宛てて「新事業ニ対シ当社地盤拡張ノ事」というタイトルの申達が出され，26年6月に開かれた第9回支店長会議では，工業分野への積極的な投資が方針の1つに掲げられた。

　実際に三井物産の株式投資額は1914年の338万円から19年に1309万円へと4倍もの伸びを示し，20年から25年にかけては2934万円から4065万円まで増加する。その経路は，既存保有先企業の増資引受けや株式買増し，買収，新規引受けなどであり，国内のみならず，満州，朝鮮，台湾といった植民地の企業も対象になっていた。たとえば，1918年は大正海上火災保険，若松築港，19年は朝鮮生糸，20年は片倉製糸，東洋棉花，豊田自動織機製作所，23年は撫順炭販売の株式を，それぞれ引き受けたことを確認できる（三井文庫［1980b］370-373頁，上山［2005］112頁，山崎［1990］70-71頁，春日［2010］408-409, 472頁）。

　安川雄之助は，1926年6月21日に開催された第9回支店長会議の訓示の中

で，新たな商品取扱方針の1つに事業投資を掲げた。すなわち，従来の営業方針は資金の固定化の回避やその速やかな回収を重視してきたが，今後は「時勢対応ノ一策トシテ今後ハ有利確実ナル方面ニ向ツテハ，金融ノ許ス範囲内ニ於テ工業並ニ設備事業ニ投資スルコトアルベシ」と述べたのである（三井文庫［1994］32頁）。

1926年以降の三井物産の株式投資額を見ると，5000万円台半ばから緩やかな増加傾向を示し，31年には6000万円を超えた。そこには，①直系の重化学企業の新設，②企業買収，③販売会社の設立，④資源開発を目的とした投資といった特徴が見られる。たとえば，①の例としては，第3節で詳しく検討する東洋レーヨン，蒸気機関の製造を目的にイギリスのバブコック・アンド・ウィルコックス社と合弁で設立した東洋バブコック製造，②は経営不振を契機に株式を取得し，経営陣を送り込んだ日本製粉などであった（山崎［1990］70-89頁）。

三井物産ニューヨーク支店（三井文庫蔵）

以上のように，三井物産は第一次世界大戦以降，複数の経路を通じて株式投資を積極化した。こうした経営行動は，総合商社の構成要件のf持株会社的性格を強めると同時に，そのプロセスでeオルガナイザー機能も発揮されたのである。

3 総合商社はいかに機能したか

先に紹介した安川雄之助の新たな商品取扱方針には続きがあって，それは「東洋『レーヨン』株式会社ヲ起シ，又ハ芝浦及大阪ニ於テ海陸連絡設備ニ投資シタルガ如キハ其一例ナリ」（三井文庫［2005］4頁）という文言である。ここで，東洋レーヨン（東レ）の設立を，事業投資の例に掲げた点に注目したい。というのも，この投資は，今日まで優良企業として存続する化学繊維（化繊）メーカーの誕生を意味するのみならず，総合商社の構成要素のe産業に対する

オルガナイザー機能と⑥持株会社的性格を示すからである。以下，東レの事例を取り上げて，企業の創設と企業間関係の中に見られた三井物産の機能を検討していく。

(1) レーヨンに目をつける

　三井物産は日露戦争終結（1905年）後から，イギリス製のレーヨン糸の取扱いに乗り出し，1919年には取引先であった世界最大のレーヨン糸メーカーのコートールズ社と一手販売契約を結んだ。この製品は，組紐問屋の西田商店を主な特約店にして，京都（西陣）や両毛（桐生，足利）といった有力な織物産地へと販売されていた。他方，日本のレーヨン糸消費量は1921年以降急増し，同年の29万ポンドから22年に47万ポンド，23年には181万ポンドへと拡大した。これに対して，国内の生産量は22年25万ポンド，23年でも80万ポンドにすぎなかったから，両者の差は当然輸入によってまかなわれることになった。この間，レーヨンの用途は，羽織の組紐とリボンから肩掛けや帯類などへ広がっていく（日本経営史研究所［1997］12-14頁）。

　こうした状況のもと，三井物産は1923年に本格的なレーヨン事業への進出を検討し始める。その中心人物であった安川は当時，次のような認識を持っていた。ヨーロッパでレーヨン生産が興隆し，輸出も盛況であるのに対し，日本においては鈴木商店系の帝国人造絹糸（帝人）がわずかに製造しているにすぎない。欧米での需要を鑑みれば，レーヨン糸は「将来発展すべき素質」を持ち，「必ずや綿水布の強敵となるに相違ない，今のうちに事業に着手しておくことが先見の明である」と（安川［1996］105-106頁）。

(2) 東洋レーヨンを設立する

> どのような形態で進出するか

　1923年夏，安川は本店業務課にレーヨンに関する調査を命じ，同年11月に前出のコートールズ社との提携によるレーヨン事業進出という結論を導き出す。彼は，三井物産が出資し，コートールズ社が技術を提供する形の提携を構想していた。そこで瀬古孝之助取締役がこのプランを携えてロンドンで交渉に臨み，1924年夏にコートールズ社のダールと安川との会談が設定されたものの，結局，話はまとまらなかった。

瀬古が本店に宛てた1925年5月14日付書簡は，その理由として次の点を指摘している。それは，①東洋を標的に定めて準備を進めているレーヨン企業は，独自の市場開拓を考えていること，②こうした企業と提携する場合，巨額の対価を要求されるだけでなく，交渉も長期化を余儀なくされること，③仮に交渉が成立しても，相手に誠意を期待できないこと，の3点である。ゆえに瀬古は，機械メーカーから技術者を派遣してもらってテクニカルな問題を解決しながら，三井物産単独でレーヨン事業に進出する，換言すれば企業の新設という考えに傾倒していく。そして，アメリカの大手化学メーカーであるデュポンとの技術提携交渉が暗礁に乗り上げたため，現実もこの方向で進むことになる（東洋レーヨン［1954］64-65頁）。

　ここで重要なのは，この事業計画が，三井合名●³の承認を必要とした点である。三井物産は1925年8月，重役会でレーヨン企業の設立趣意書を可決，この案が三井合名理事会に上程されて承認を受けた。理事会は，三井合名が1918年1月に正式に設置した「事実上の最高意思決定機関」である。具体的にいえば，金融機関を除く直系傘下企業の取締役会で審議・可決した議案は，理事会に提出されて承認を受け，業務執行社員会の決定を経，再び直系傘下企業の取締役会に戻されて，ようやく正式決定となった（日本経営史研究所［1997］21-22頁，春日［1987］28頁）。したがって，理事会の承認を受けた時点で，海外のメーカーとの提携ではなく，単独でレーヨン企業を設立することが正式に決定したわけである。

> 足りない部分をどう補うか

　さて，単独とはいっても，三井物産にレーヨン製造の技術やノウハウはなかったから，機械と同時にヒトという経営資源も外部から調達する必要があった。瀬古は，レーヨン機械の調査結果をもとにオスカー・コーホンを選定し，日本で製造できる部分品を除いて，1925年10月にトッパム紡糸機をはじめ日産3トンのプラント用機械一式を注文した。技術者の斡旋を条件に含めたことが，同社に白羽の矢を立てた理由であった。実際，三井物産は，機械技師のケラー（ドイツ）と化学技師のスターレー（イギリス），技師長にはイタリアの有力レー

●3　三井合名は，三井物産の株式を1920年に100%，30年にも99.6%保有していた（春日［1987］18頁）。

ヨン企業であるイタリアナ・デラ・ビスコーザ社の副取締役兼技師長の経歴を持つミネリーを雇い入れている。こうした外国人技術者は、とにかく高給取りであった。安川の回想によれば、「無理をして引き抜いたのであるから給料は随分奮発し（略）いくら高くてもかまわない」という考えで、自分たちの「何倍何十倍」もの額を払ったという（日本経営史研究所［1997］30-31頁、東洋レーヨン［1954］68頁、安川［1996］109頁）。

瀬古らロンドンにおけるレーヨンの調査担当者は、製造方法としてビスコース法を、機械にはトッパム紡糸機をそれぞれ推薦したり、オスカー・コーホンとラチンゲルの技術や信用状態を調査したりした。同時に、外国技術の導入にあたって、資本提携ではなく、技術者の派遣に限定して経営の自律性を保持することを進言していた。そして、安川はこうした助言のすべてを採用したのである（東洋レーヨン［1954］68頁）。

三井物産は機械を買い付け、工場建設地を選定し、用地買収を進めながら、1926年1月12日、東洋レーヨンを資本金1000万円で設立、安川が会長、河原林樫一郎が常務にそれぞれ就任した。

(3) 東洋レーヨンの商品を売り込む

販売体制を整える　東レは1925年1月ごろ、工場に関する一切の事項を三井鉱山に委嘱して建設本部を設置・運営し、26年4月に大林組と工事契約を締結、5月から土木作業に着手し、約1年後の27年4月に工事を完了させた。そして、1928年1月、すべての紡糸機の設置を終えた滋賀第1工場で日産5.4トンの生産を開始する。同社のレーヨン糸の生産量は、1927年の2万5000ポンドから30年に711万ポンドへと飛躍的に伸びた後、32年に1425万ポンド、36年には3784万ポンドにまで拡大している。この間、東レは生産量で先発企業の旭絹織を抜いて第2位に躍進し、第1位の帝人を猛追していた（東洋レーヨン［1954］74, 77, 409頁、山崎［1975］297頁）。

このようなレーヨン生産の拡大の背後には当然、それに対応した消費があり、両者をつなげる販売活動がある。1927年8月ごろ、東レでは安川会長、平田篤次郎専務、辛島淺彦工場長、商務課の佐羽太三郎、営業担当予定の若林卯三郎が会議を開き、販売方針について話し合った。その結果、東レは、一手販売契約を結んだ三井物産を総代理店にするものの、自らも滋賀工場に商務課を設

置して販売機能を保持することになった。他方，三井物産は東京営業部，横浜支店，名古屋支店，および大阪支店のレーヨン掛で取り扱い，販売手数料を2％に設定した（日本経営史研究所［1997］83頁）。つまり，両社の取引は，コミッション・ビジネスだったわけであり，前述の通り，取引量を大きくしなければ手数料収入は増えない。

そうした事情は，三井物産を市場開拓に駆り立てたと推測できる。たとえば，同社はそれまで他社との取引で採用していた方法ではなく，東レ製品については，有力な織物産地に特約店を設け，生糸部福井派出員にレーヨン専任掛員を配置，桐生にも新たに派出員を設置し福井・両毛地域の引合いを担当させた。また，掛員を需要家に派遣して，その要望を聴取し，製品の改良に活かすという体制も整えている。特約店では，京都のレーヨン問屋である蝶理が東レ製品の約35％を取り扱って最大であり，これに西田商店が続いた。蝶理との特約店契約に関しては，若手社員・新関八洲太郎が若気の至りもあって規約違反を犯すという事件もあったという（春日［2010］294頁，山崎［1975］212頁，日本経営史研究所［1976b］190頁）。ともあれ，蝶理との取引は，三井物産の買付数量の拡大に少なからず貢献したと考えてよい。

市場を開拓する　販売の主導権をめぐって摩擦はあったようだが，東レの成長にとって，三井物産の経営資源は不可欠だった。1930年から31年にかけて，日本のレーヨン輸出は顕著な伸びを示し，そこには東レの輸出ドライブも寄与していた。この過程で，三井物産は中国の主要都市をはじめアジア地域の支店・出張所と連携して，東レを全面的に支援するなど，レーヨン製品の輸出で著しい成果を上げたとされる。加えて，同社は製品販売面だけでなく，財務や法務などの業務も手がけ，1928年以降は無利子の融資も行っていた（日本経営史研究所［1997］61, 87-88頁）。

支援の内容は不明だが，レーヨン織物に関しては，以下のような例がある。前出の新関は1919年に入社してすぐにマルセイユ出張所に赴任，次にハンブルグ出張所に勤務した後，23年に帰国し，翌年から営業部輸入雑貨掛でレーヨンの輸入に携わることになった。東レの設立後もレーヨン掛に席を置き，東洋棉花と競い合いながら織物の輸出などを手がけた。このとき，彼はレーヨン掛からニューヨーク支店に転勤した同僚と緊密に連絡をとり，レーヨン糸と綿糸を交織して花模様をあしらったテーブルクロスが流行しているという情報を

入手、さっそく兵庫県の織物産地である西脇に製造させて「膨大な輸出をした」という。

また、日本のデザインは、欧米人の好みに合わないため、パリから送ってもらった織物の見本を参考にしながら新製品を開発したこともあったとされる。さらに、新関は1930年ごろ、新市場の開拓を目的に10カ月間にわたって、ソ連、中国、およびアフリカを除く主要な国を訪ねたが、それは「なかなか辛い仕事で、トランクに何百種という見本を入れて問屋を回った」と回顧している。そうした市場開拓活動が、レーヨンの売行きに貢献したであろうことは想像に難くない。一方で、1930年における三井物産のレーヨン糸取扱高に占める東レ製品の比率は92.9％にも及んでいたから、同社にとっても東レの発展はきわめて重要な意味を持ったといえよう（日本経営史研究所［1976b］182-192頁、日本経営史研究所［1997］87-88頁）。

このケースの解説

商社マンの仕事が多岐にわたることは、これまでの説明で、ある程度明らかになったと思われる。相場を理解して商品を買い付けたり、商品を仕入れるためにメーカーに頻繁に顔を出し価格の交渉を繰り返したり、自分の担当する商品を研究して売り込んだり、そうした1人1人の仕事が三井物産の取扱品目の多品種化や量の拡大を支えていた。彼らは、海外に打って出てビジネスをやってみたいという希望を抱き、時に日本を背負っているかのような気概をもって困難な仕事に挑戦していた。若い者に大きな仕事を任せる三井物産の"社風"の中で、彼らは「ある場合には自ら仕事を作り出すこともあり、ある場合には命令を待つまでもなく自己の独創で進むだけの気働きもなければなら」ないと考え、行動したのである（日本経営史研究所［1976b］163頁、安川［1996］175頁）。

一方、三井物産は第一次世界大戦以降、新たな企業に対する出資や既存企業の株式取得などを通じた事業投資を積極化したが、そこでも商社マンはさまざまな仕事に従事していた。たとえば、新規進出事業の将来性や競合企業に関する調査、事業計画の立案とその練直し、技術提携に向けた相手先のリサーチや交渉、海外の技術者の雇入れや機械設備の購入とそれにかかわる情報収集など、

企業の創立に至るまでに数多くの商社マンが奮闘していた。そして，企業が設立された後は，その製品の市場開拓に努めたり，財務や法務の面で人を介してノウハウを提供したり，資金を供給したりしていた。このことは，三井物産がヒトとカネだけでなく，田代茂樹が「物産の情報は早かったし，正確でもあったと思います」（日本経営史研究所［1976b］165頁）と回顧したように，情報という経営資源も豊富に有していたことを示唆する。

こうした取引先に対する三井物産の情報優位は，世界中に張りめぐらされた支店網と多種多様な商品の取扱いに基づく，情報の①収集・蓄積と②伝達・活用の双方にあったと考えられる。①については，各支店での商談ないし「面談」（出張・視察）を通じたビジネスに直接かかわる情報に加えて，国内外の政治情勢や経済・産業動向なども「参考資料」を含めて収集・蓄積された。同社はとくに，鈴木商店をはじめとする競合他社の台頭が顕著になった第一次世界大戦以降，「情報収集活動」の拡充を図るようになったといわれる。

②に関しては，三井物産が国際電信や国際郵便といった手段を通じて，グローバルな情報伝達システムを構築したことが重要である。同社は実際の商売に必要な情報の伝達にはスピード面で優れた電信を利用し，複雑な問題に関する情報交換などには郵便を用いるといった具合に伝達手段を使い分けていたという。上記の「面談」と国際電信・郵便を駆使して，三井物産は本店と在外支店，あるいは内外支店間のコミュニケーション（情報交流）の円滑化ないし迅速化を図ったのである（藤井・柳［1996］186-199頁）。取引先に対する総合商社の機能を考える上で，情報の重要性を強調しすぎることはない。

2011年3月末現在，三井物産は，連結子会社275社と持分法適用関連会社142社の計417社を抱え，単に商品の売買を仲介するだけの貿易商社ではなく，一種の持株会社となっている。これまで見てきた同社の事業投資は，そうした今日の総合商社の性格を形づくることにつながったと考えられよう。

●思考と議論のトレーニング●

1　マクドナルドやサムスン電子などのグローバル企業は，言語や文化，生活水準，商習慣の異なる市場で活動している。その場合，標準化された商品・サービスを提供する戦略と，それぞれに市場に適応した商品・サービスを提供する戦略の，どちらが有効だろうか。

② 三菱商事は2012年3月現在，連結子会社381社，持分法適用会社213社の合計594社もの連結対象会社を有する，一大企業グループを形成している。その中には，日本ケンタッキー・フライド・チキンやローソンといった身近な企業も含まれる。三菱商事はなぜ本体で直接事業を手がけずに，企業グループとして運営しているのだろうか。

参考文献

上山和雄［2005］『北米における総合商社の活動――1896～1941年の三井物産』日本経済評論社．
春日豊［1987］「三井財閥」麻島昭一編著『財閥金融構造の比較研究』御茶の水書房．
春日豊［2010］『帝国日本と財閥商社――恐慌・戦争下の三井物産』名古屋大学出版会．
東洋レーヨン社史編集委員会編［1954］『東洋レーヨン社史――1926-1953』東洋レーヨン．
栂井義雄［1974］『三井物産会社の経営史的研究――「元」三井物産会社の定着・発展・解散』東洋経済新報社．
日本経営史研究所編集・制作［1976a］『挑戦と創造――三井物産一〇〇年のあゆみ』三井物産．
日本経営史研究所編集・制作［1976b］『回顧録 三井物産株式会社』三井物産．
日本経営史研究所編［1997］『東レ70年史――1926～1996』本編，東レ．
藤井信幸・柳敦［1996］「戦前期日本商社の海外情報伝達システム――三井物産の事例」松本貴典編『戦前期日本の貿易と組織間関係――情報・調整・協調』新評論．
三井文庫編［1980a］『三井事業史』本篇第二巻，三井文庫．
三井文庫編［1980b］『三井事業史』本篇第三巻上，三井文庫．
三井文庫編［1994］『三井事業史』本篇第三巻中，三井文庫．
三井文庫監修［2005］『三井物産株式会社支店長会議議事録15　大正十五年』丸善．
安川雄之助［1996］『三井物産筆頭常務――安川雄之助の生涯』東洋経済新報社．
山崎広明［1975］『日本化繊産業発達史論』東京大学出版会．
山崎広明［1990］「三井物産の社外投資活動――大正13年～昭和6年」『社会科学研究』（東京大学社会科学研究所）第42巻第2号．

＊ 参考文献からの引用に際し，原典にないルビを加えた箇所がある．

［加藤健太］

もう1つの 三井物産

Another Perspective on Case 5

　本文では，戦前における三井物産の活動を通じて総合商社の多面的な機能が論じられた。三井物産の主たる経営行動やそれに伴う機能は，明治以降，日本経済が急速な近代化を模索する過程で変化していった産業構造の動向に対応して，大きく変容していく。しかしこの間，製品の輸出入，原料や設備の調達をはじめとする海外との取引仲介ビジネスこそが三井物産の主たる事業であり，同社は日本と海外双方に情報を提供することで，内外市場におけるモノと情報をつなぐ役割を担った。

　もう少し具体的にいうと，戦前の主要製品は，三井物産が積極的に海外市場を開拓していったことによって，はじめて輸出が可能となったとさえいってよい。とくに最大の輸出産業であった繊維業は，三井物産の仲介を通じて海外からの機械設備導入の道が開け，技術についても三井物産からの情報提供によって品質の向上努力がなされた。さらに三井物産は，海外から廉価かつ複数の原料を調達したが，これによって日本の紡績会社は，価格や品質の異なる原料を混ぜ合わせ，用途の異なる多様な製品を生み出すことが可能となった。「混綿」と呼ばれる技術は日本紡績業の強みであったが，これは三井物産が，中国，インド，アメリカなど海外支店のネットワークを通じて最適な原料調達を行ったことで実現したのである（日本経営史研究所［1978］174-175頁）。

　このように，「総合貿易商社のパイオニア」（日本経営史研究所［1978］297頁）として日本の貿易をリードする存在であった三井物産は，近代化の過程で，貿易に関するビジネスを通じて日本経済に多大な貢献を果たした。この間，急速に海外支店網を拡張させることで，経営規模も飛躍的に拡大した。それに伴い，組織運営のあり方についても度重なる改革を経ながら，徐々に効率的な経営組織へと転換していくこととなる。

　この過程において三井物産は，増大していく支店網を組織全体でいかにして管理・調整すべきか，本店と各支店との権限関係をいかに設定するか，「パイナップルから鉱石まで」という本文中の表現にもあるような膨大な数に及ぶ商品をどの組織が取り扱うかなど，さまざまな難しい問題に直面することとなった。支店が世界中に広がり，取り扱う商品が多様化し，しかもそれらの取引が相場変動の影響を強く受ける方法で行われるという状況は，三井物産が抱える潜在的なリスクの増大を意味した。たとえ取引相手の依頼によって商品や設備を調達する「委託取引」のように，一見安全に思える取引も，実際は，代金回収や商品引渡し段階でのリスクが存在する。こうした複数のリスクを組織としていかに抑えることができるかという対処能力が，商社経営にとっていかに重要であったかは，第一次世界大戦のブーム期に取扱高で三井物産を凌いだともいわれる巨

大商社の鈴木商店が，ブームの崩壊過程であっけなく倒産したという事実からも明らかである。

つまり商社経営にとって，組織的なリスク・マネジメント能力は決定的に重要なのである。商社というビジネスは，時に相場を利用した取引が不可欠であるが，その際，積極的にリスクをとるだけでなく，自らが直面するリスクをいかにして見積もり，それらを組織としていかにして抑え込み，あるいはコントロールすることができるか。こうした商社ビジネスに不可避な一連のリスクに関して，三井物産は組織的に対応しえたことによって，日本を代表する総合商社になったのである。

● 参考文献 ●

日本経営史研究所編［1978］『稿本 三井物産株式会社 100 年史』上，日本経営史研究所。

［大石直樹］

第 **2** 部
今日よりも豊かな明日
——成長する市場と挑戦する企業

Case 6 　松下電器産業
Case 7 　ダイエー
Case 8 　トヨタ自動車
Case 9 　本田技研工業
Case 10　ソニー
Case 11　全日本空輸

第2部の時代背景

高度成長
──1955〜73年

　第二次世界大戦に敗れて壊滅的な打撃をこうむった日本経済は，1950年6月に勃発した朝鮮戦争に伴う特需を1つのきっかけに，復興の歩みを確かなものとし，50年代半ばから高度成長を経験することになった。経済成長率は年率10％超で推移し，1968年にはGNP（国民総生産）で西ドイツを抜いてアメリカに次ぐ第2位に躍り出た。1967年の世論調査では90％近くが自分の家を「中流」と答えており，まさに「1億総中流社会」，別言すれば，大衆消費社会が本格的に到来したのである。

●生活の変貌

　戦後の日本が何よりも驚き，憧れ，そして追い求めたのは，アメリカの豊かさであった。それはモノだけでなく，ライフスタイルや文化にも及んだ。
　食の分野では洋食化と加工化が進展した。ご飯に味噌汁，焼き魚といった献立が卓袱台（ちゃぶだい）に並ぶ風景に代わって，パンにハンバーグ，目玉焼きなどのメニューがテーブルに並ぶようになった。同時に，加工食品の普及も進んだ。1958年に日清食品が発売した「チキンラーメン」は，当時のうどん1玉6円に対して，35円と高価格であったにもかかわらず，66年に30億食を突破するほどの大ヒット商品となり，インスタントラーメンを国民食へと押し上げる立役者になった。大塚食品の「ボンカレー」は，1968年に1個80円で近畿圏に限定して売り出され，翌年からは全国展開されてレトルト食品の代名詞となった。
　高度成長期は商店街に活気があった。とくに生鮮食料品については，近所の八百屋さんや魚屋さん，お肉屋さんを渡り歩いて，その日に必要なモノを必要な量だけ購入する買い物スタイルが残り続けた。一方で，スーパーマーケットが価格と品揃えの点で主婦たちの支持を獲得し，百貨店を抜いて小売業の主役に躍り出るようになった。小売企業の売上高上位10社を見ると，1960年は三越を筆頭にすべて百貨店が占めたのに対し，75年はスーパーマーケットが5社もランキングに入っている。日本でも流通革命が巻き起こったのである。
　衣料の分野では既製服化と食以上の洋風化が進んだ。婦人服（スカート）の既製服化率は1965年の33.6％から73年の82.7％へと大幅に上昇した。衣料品は，生地を購入しミシンをかけて作るモノから，デザインや色などを基準に選ぶモノへと次

第に変わっていった。そこには，洋装スタイルへの憧れという女性のファッション意識の変容に加えて，洋裁学校や企業内部における教育によって，アパレル産業を担う人材が輩出し始めていたという事情が作用していた。さらに，アパレル企業は1960年代半ばから，海外ブランドの導入や広告・宣伝を積極化するようになり，消費者の購買意欲を刺激した。その結果，婦人・子供服小売業の年間販売額は，1958年から76年にかけて，360億円から2兆1930億円へと飛躍的に伸びたのである。

モノの豊かさは，耐久消費財の普及が端的に示す。人々は「三種の神器」（洗濯機，冷蔵庫，白黒テレビ）を追い求め，それらを手に入れると今度は「3C」（カラーテレビ，クーラー，自動車）を競うように購入した。1970年時点の都市部での普及率を見ると，冷蔵庫は92.6%，洗濯機は92.1%，白黒テレビは90.1%に達している。その要因としては，所得の上昇と製品価格の低下をあげることができる。たとえば，洗濯機は1949年の発売時に1台5万4000円で，都市部の勤労者世帯の平均年収14万円の3分の1を上回る価格だった。それが1955年になると，年収は36万円へと伸びる一方，価格は1台2万円まで下がり，急速に身近な家電になった。

自動車は家電製品から一足遅れて1960年代から普及し始め，次第に国民の足として欠かせない存在になっていく。1958年発売の富士重工業「スバル360」は42万5000円，61年発売のトヨタ自動車「パブリカ」は38万9000円，66年発売の日産自動車「サニー」は41万円で，サラリーマンの平均年収50万円（60年）に比して依然として高価ではあったものの，手に届く価格まで近づいていった。1961年，星野芳郎著『マイ・カー――よい車わるい車を見破る法』（カッパ・ブックス）がベストセラーになり，マイカーという和製英語が広まった。日本にもモータリゼーションが到来したのである。

消費主体としての核家族

高度成長を牽引した重化学工業（鉄鋼や機械等）に代表される第2次産業の発展は，農村から都市への急速な人口移動を引き起こした。人手不足が社会的な問題になる中で，中学・高校を卒業した若者たちは「集団就職」という形で，地方の労働者たちは「出稼ぎ」という形で，京浜や阪神といった大都市の工業地帯をめがけて押し寄せたのである。「単身世帯」であった若者は，数年経つと結婚相手を見つけて都市部で所帯を構えるようになった。結果として，サザエさん一家のような3世代同居の家は減り，夫婦と（独身の）子どもからなる核家族が増えていった。1家族の構成人数は，1955年の約5人から60年代中ごろには3人台へと縮小している。人口移動と家族構成の変化は，世帯数の増加を介して，消費を牽引していく。都市部に移り住んだり，

家庭を築いたりした若者世帯が，洗濯機や冷蔵庫，テレビを購入して，新たな生活をスタートさせたからである。

核家族の増加に対応すべく，1950年代半ばから大都市近郊を中心に供給された住宅が団地であり，この時代の消費をリードしたのはそこに住む「団地族」であった。2DKないし3DKからなるコンクリート造りの集合住宅という団地のコンセプトは画期的であり，ダイニング・キッチンをはじめ，ガス釜付き「内風呂」や洋式の水洗トイレ，ベランダは，羨望の的であった。というのも，当時はいまだ6畳1間の木造アパート（木賃アパート）に住む人が少なくなかったからである。「団地族」は，20代から30代と若く，高学歴の夫はホワイトカラーとして企業に勤め，妻は専業主婦として子育てを中心的に担った。彼・彼女らは，洋風のライフスタイルを幅広く採り入れるとともに，生活の「近代化」にも積極的に取り組んだ。1960年の調査によれば，大阪郊外の香里団地における「三種の神器」の普及率は，洗濯機で81.6％（40.6％），白黒テレビで81.0％（44.7％），冷蔵庫で58.0％（10.1％）に達した（（　）内は都市部の一般世帯）。「団地族」は，隣に負けまいと競って家電製品を買い揃え，耐久消費財の受け皿となった。

多くの人が，今日よりも豊かな明日を信じることができた，そういう時代を企業は主導したのである。

● **参考文献** ●

伊藤正直・新田太郎監修［2005］『昭和の時代——高度成長期から現在まで，50年間の軌跡』（ビジュアルNIPPON）小学館。

宇田川勝・中村青志編［1999］『マテリアル日本経営史——江戸期から現在まで』有斐閣。

江上渉［1990］「団地の近隣関係とコミュニティ」倉沢進編『大都市の共同生活——マンション・団地の社会学』（都市研究叢書2）日本評論社。

木下明浩［2011］『アパレル産業のマーケティング史——ブランド構築と小売機能の包摂』同文舘出版。

『国民生活白書』平成7年版（内閣府ホームページ）。

内閣府「主要耐久消費財等の普及率（全世帯）」2004年3月末現在。

三和良一・原朗編［2010］『近現代日本経済史要覧』補訂版，東京大学出版会。

吉川洋［1993］『高度成長——日本を変えた6000日』読売新聞社。

［加藤健太］

Case 6
松下電器産業

● 誰でも National を知っていた

このケースで考えること

　本ケースでは，松下電器産業（松下電器ないし松下。現，パナソニック）がいかにして日本を代表する家電メーカーになったのかという点を，販売戦略に光を当てながら考えていく。結論を先取りすれば，その答えは，同社が流通系列化（系列化）にいち早く乗り出し，優良な卸売業者や小売業者を組織化して強力な販売網を構築したから，となる。

　ところで，ヤマダ電機やビックカメラに代表される大型家電量販店での購入が一般的となった現在，小さな"街の電器屋さん"は，きわめて厳しい局面に立たされている。本ケースで取り上げる系列小売店（系列店）こそ，この"街の電器屋さん"にほかならない。その要因として，さしあたり次の2点を指摘できる。

　第1に，今日の家電製品の購入はほとんど買換えという形を採っている。たしかに家電製品は進化を遂げ，その機能やデザインは高度化・洗練化したが，どれほど進化しても，テレビはテレビ，洗濯機は洗濯機，冷蔵庫は冷蔵庫である。ゆえに，それらを買い換える際に越えるべきハードルはそれほど高くない。また，とくにインターネットの普及に伴って，製品情報へのアクセスは格段に容易化したから，消費者は必ずしも親身になって相談に乗ってくれる小売店の店主を必要としなくなった。時代によって，小売店に求められる機能は変わるのである。

表6-1 ● 家電メーカーの系列小売店

(単位：店)

企業名	系列店名	1960年代	70年代	80年代	90年代
松下電器	ナショナルショップ	10,000	17,000	26,000	25,000
東芝	東芝ストア	5,500	7,600	12,000	10,500
日立製作所	日立チェーンストール	3,400	5,800	10,500	9,000
三菱電機	三菱電機ストア	3,300	3,700	4,300	4,000
三洋電機	三洋ばらチェーン	n.a.	4,100	4,400	4,550

(注) 数値は，いずれも推定値。
(出所) 崔［1998］36頁より作成。

　第2に，居場所としての商店街がすっかり寂れてしまったことも，"街の電器屋さん"が生き残る道を険しくする1つの原因にあげられる。かつて商店街は，八百屋，魚屋，肉屋，惣菜屋，お菓子屋，文房具屋，おもちゃ屋，金物屋，雑貨屋，クリーニング屋，写真屋，そして電器屋を1つの通りの中に揃え，買い物客にワンストップ・ショッピングを提供しつつ，街や生活に溶け込んでいた。しかし現在は，郊外に大規模なショッピング・モールが林立し，顧客を吸引しているために，多くの商店街は寂れている。2軒，3軒，4軒ではない，4分の1，3分の1，2分の1といったレベルで，店のシャッターが下りている。もちろん，電器屋も例外ではない。商店街から魚屋が消え，おもちゃ屋が去り，写真屋がなくなれば，ワンストップ・ショッピングを実現できず，客足は遠のく。客足が遠のくから，八百屋が消え，文房具屋が去り，クリーニング屋がなくなる。そして，さらに客足が遠のく。もちろん，商店街の衰退は，1つの電器屋だけで打開できる問題ではない。

　以上のように，系列店（"街の電器屋さん"）の置かれた環境はきわめて厳しい。だが，たしかに彼らが家電メーカーの販売戦略の最前線に立ち，その成長の原動力として重要な役割を演じた時代があった。表6-1を見ると，松下電器がとくに小売段階の流通系列化を積極的に進めて，ライバルを圧倒していたことがわかるだろう。

　そこで，本ケースでは，小売段階の系列化を主たる対象とし，アフターサービスに1つの焦点を合わせながら，①松下電器は，なぜ／いかにして系列化を進めたのか，②系列店は顧客に対してどのような機能を発揮したのか，という点を検討していく。

1 系列化と競争

　あらかじめ本ケースのキーワードになる「流通系列化」という用語を簡単に説明しておこう。それは『経営学大辞典』の中で以下のように定義されている。

> 「製造業者が自己の商品の販売について，販売業者の協力を確保し，その販売についての自己の政策が実現できるように販売業者を掌握し組織化する一連の行為を意味する。製造業者が，こうした一連の行為によって，自己の商品が最終需要者に到達されるまでの過程を一つのシステムとして構築しようとすることを流通系列化と呼ぶことができる」（神戸大学大学院［1999］942-943頁）。

　堅い文章でちょっとわかりにくいが，要するに，メーカーが自分の望む（期待する）価格（やサービス等）で商品を販売するため，小売店をとりまとめようとする行動と考えればよい。最大のねらいは，過度な競争（乱売）を排除して，適正な水準の価格を維持することにあるが，その場合，小売店の自主性に任せることは必ずしも望ましくない。小売店は，商品そのものをコントロールできないから，価格を武器に競争しがちである。もちろん，サービスの質を磨くという手段もなくはないが，近くのライバル店が同一製品を値引きして販売したら，やはり価格を引き下げざるをえない事情は理解できるだろう。そして，小売店間の価格競争は熾烈を極めていく。そうした競争が，小売店自身の経営を圧迫するにもかかわらず，である。

　ここでは，ブランド内競争とブランド間競争という2つの競争を想定する。前者は，同一地域で起こる企業内の競争である。たとえば，松下電器の製品を取り扱う2つの小売店が隣接して店舗を構えていた場合，商品で違いを出すことは不可能だから価格で競うしかない。もちろん，サービス競争も起こりうるが，これは，小売店にそのノウハウがあるか，消費者が価格よりもサービスを重視しないと成立しない。

　後者は，複数の企業の間で繰り広げられる競争である。この場合，製品のデザインや性能，そして何よりもブランドが異なっているから，非価格競争の生

じる可能性は十分に考えられる。ただし，家電製品は，アパレル製品と違って個性的なデザインを打ち出しにくいし，各社の技術力に大きな差がなければ性能で差別化を図ることも難しい。だとすれば，ブランド間競争においても価格競争の発生・激化する可能性は決して低くないだろう。そうした事態は，流通業者の収益を悪化させるだけでなく，メーカー自身のブランド・イメージを掘り崩すという点でも望ましくない。したがって，再び答えを先取りすれば，価格競争の回避を目的の1つとして，松下電器は系列化を進めたのである。

2 流通系列化はどのように進んだのか

　流通系列化は，上記のような事態の解決に向けた1つの試みといえる。商品は，①メーカー→②代理店・販売会社（卸売業者）→③小売店という流れを経て消費者の手に渡るが，松下電器の系列化は②卸売段階と③小売段階の双方で進められた。以下では，②と③を分けて，流通系列の形成過程を追跡する。

(1) 卸売段階の系列化

販社という仕組み　松下電器は，敗戦後間もない1946年に早くも戦前の代理店制度を再建し，これを専売代理店制度へと発展させていく。さらに，1950年8月の高知ナショナル製品販売の設立を皮切りに，自社製品の取扱拡大と販売方針の浸透を狙った「初期販社」の整備に乗り出した。「初期販社」は，松下が複数の代理店と共同出資で設立した点と他社製品の併売の制限＝自社製品の専売度の向上を試みた点に特徴を持ち，卸売段階での自社製品の価格競争を制限することが期待された。

　1951年，松下電器は「地区販売会社の設立並びに運営の方針」を発表し，販社の経営方針の明確化を図った。具体的には，①資本金は松下と参加代理店（ないしは販売店）がそれぞれ半額ずつ出資する，②取締役は松下が半数を出して，取締役会における議決権を確保する，③経理部門の責任者には必ず松下からの出向者をあて，同社の経理規程を採用する，④代理店の得意先を安易に引き継ぐことなく経営内容を十分に検討する，といった内容が掲げられた。つまり，松下は，代理店のカネとヒトを利用することで創業時のコスト節約を図ると同時に，経営状態の監視と意思決定権の掌握をしながら卸売段階の系列化を

進めたといえる。

　専売店契約の締結は，ブランド間競争の排除とイコールだが，これを販社（卸売業者）の側から見ると，取扱ブランドの選択を犠牲にすることを意味する。だから，その代償として，販社は，卸売業者間の競争を排除する「テリトリー制」とマージンの確保を手に入れるわけである。

　全国販社の計画について，その時期など詳細はわからない。上述した地区販社の運営方針の発表以降，1953 年の代理店に対する専売化指示，56 年の卸売業者の共栄会における専売化推進の方針，そして，57 年からは本格的に販社化を進めたといわれる。「初期販社」はそれ以降，製品別販社，地域別販社，製品別地域別販社の3つの全国販社へと転換していった。その数は 1958 年 5 月の 72 社から 59 年 11 月 106 社，63 年 11 月 198 社，64 年 11 月 221 社へと増加を続けた（孫［1994］4-13 頁）。

販社の直面した問題　松下電器は 1963 年以降，製品別地域別販社を「全製品販社」へと改組していった。しかし，この措置は，従来の製品別の棲分けを否定し，販社間競争を引き起こす可能性を高めた。また，1965 年には景気が極度に悪化し，日本経済は不況に見舞われた。そこで，松下は 1965 年 7 月 9 日から 3 日間，熱海に松下幸之助会長，松下正治社長以下の経営幹部を揃え，全国の販社と代理店の代表者を集めて懇談会を開いた。いわゆる熱海会談である。そこでは，代表者から苦しい経営の実情や松下に対する苦情や不満が，延べ 13 時間も訴えられた。また，ブランド内競争の激化，テリトリー制度の崩壊，大型店の問題についても話し合われたという。この会談での議論を受けて，松下は，販社の設立の積極化を通じた全国的な販社網の拡充，販社の自主的活動の促進を目的とした事業部直販制の導入などを基本とする「新流通体制」を打ち出した。

　同時に，販社に対する出資や役員派遣の強化が実施された点も重要である。先に述べた通り，販社は松下電器と複数の代理店の共同出資という形で設立された。代理店の店主の多くは，販社以外に家業を営んでおり，しかもそちらに時間とカネを費やしがちであった。より深刻な問題は，販社が松下の専売店であったとしても，家業の代理店では他社製品を取り扱っており，販社の経営者が依然としてブランドの選択権を保持していた点にある。それゆえ，松下は，出資比率の引上げや派遣役員の増員によって，販社の実効的な管理に努めたの

である（松下電器産業［1968］332-334頁，孫［1998］298-300頁）。

(2) 小売段階の系列化

連盟店制度からナショナル店会へ

　松下電器による小売段階の系列化は，1949年に戦前期の製品別「ナショナル連盟店制度」（35年発足）を復活させたことを画期とする。これは，名前の通り松下が製品別に小売店を組織化した制度であり，たとえばラジオ連盟店，電球連盟店，乾電池連盟店などがあった。この制度は，製品の種類が増加しつつあった1952年12月以降，統一的な販売店対策の実現を狙って，家電製品のほとんどを取り扱う「総合連盟店制度」に改組された。

　他方で，松下電器は1951年，有力販売店の親睦組織である「ナショナル会」を発展的に解消して新たに「ナショナル店会」（店会）を結成し，松下，販社，代理店，および連盟店相互の意思疎通や関係の緊密化を図った。店会は，連盟店の中でとくに優秀な実績をあげていた店を区分して管理することを目的にしており，メンバーは「一定の共益券点数以上を戻してくる販売店」とされた。共益券は商品1つ1つに添付された一種のクーポン券であり，連盟店はこの共益券を外して商品を顧客に販売し，松下へ返送する。松下は，回収した共益券からどこで何がいくつ売れたのかといった販売情報を把握していたのである。店会は，地域単位で選ばれた連盟店の集まりであり，参加連盟店の販売力強化と経営状態の改善，専売化，アフターサービスの充実などに主眼を置き，各種の講習会や懇親会を開催したとされる（孫［1998］301-303頁，松下電器産業［1968］235頁）。ここでは，1950年代前半からアフターサービスに力点の1つが置かれていたことを確認しておきたい。

ショップ店制度への進化

　1950年代の家電産業においては，冷蔵庫や洗濯機，白黒テレビといった，新たな高額商品が相次いで登場し，また重電機メーカーである日立製作所，東京芝浦電気（東芝），三菱電機が家電分野に進出すると同時に，流通系列化に乗り出した。こうした変化は，ブランド間競争が激しさを増したことを意味する。とくに，1956年7月に名古屋の百貨店が始めた家電製品の安売りは全国の小売店に波及して大きな問題になり，翌57年の価格競争の激化に際し，公正取引委員会がメーカーに出荷停止等の措置を講じないよう勧告したこともあって，

事態は混迷を極めた（松下電器産業［1968］275-276頁）。

このような状況のもと，松下電器は1957年11月，「ナショナル製品の普及と販売の正常化」を第一義的な目的とするショップ店制度を導入する。これには，松下幸之助社長が1956年1月の経営方針発表会の席で，60年の販売額を55年の220億円の約4倍にあたる800億円に設定した「松下電器5ヶ年計画」を掲げていたという事情も作用した。この計画について，幸之助は「多少の波乱，多少の不景気があっても，必ず実現できると思う。なぜできるかというと，それは一般大衆の要望だからである」と自信を見せていた。この目標達成に不可欠な販売管理に向けて，松下は，流通経路を把握する手段としてショップ店制度を導入したともいわれる（松下電器産業［1968］257-259，276-277頁，孫［1998］303-304頁）。

松下幸之助（『National Shop』1958年1月号，5頁）

その点は，幸之助がショップ店制度のねらいを次のように捉えていたことからも確認できる。すなわち，「一つの企業と考えてわれわれは工場を担当する，皆さん（ショップ店：引用者）は販売を担当する，そういうような解釈のもとに両者がさらに緊密に結びつきまして仕事をしていくということが，日本の文化の向上，生活の向上ということに非常に役立つのではないか」（圏点：引用者，松下幸之助［1992b］187-188頁）と。幸之助は，あたかも1つの企業のように，松下電器とショップ店を有機的に連結させることを目指したのである。

ショップ店制度の導入にあたっては，松下電器が「少数精鋭主義」という方針を採ったことも強調されている。同社は，冷蔵庫や白黒テレビといった高額商品の流通経路に既存の零細小売店は適格でないと考え，総合連盟店のうち販売力と専売度の点で優秀な店をショップ店に選抜した。そのメリットとしては，販売店同士のブランド内競争を回避したり，松下による経営助成を重点的に実

施できたりする点にあったという（孫［1998］304-305頁）。

　では，ショップ店側は，専売化をどのように認識していたか。この点に関して，金沢市でコソバ電器店を経営していた小蕎弘（こそば）は，『NATIONAL SHOP』（『NS』）誌上にて，「時代が進歩し，商売がスピード化してきた今日では，故障のない手数のかからない優秀で信用ある商品，しかも部品の補充のきくメーカーのものを扱わないと駄目ですね。（略）その点で私は，ショップ店になってよかったと喜んでいます」と，かなり好意的に評価していた（『NS』1958年10月号）。松下電器のブランド力と製品の魅力を利用できるというメリットである。また，古河電気商店（奈良市）の店主・古河健一は，専売化により店の経営方針の確立や商品管理の合理化など「いろいろな面でプラスになることが多く」「専売化にふみきって良かった」との感想を披露していた（『NS』1958年6月号）。『NS』は，松下の発行する機関誌だから，同社に批判的な意見が載るとは考えにくいが，専売化は，それを受け入れる小売店の側にも積極的にコミットする利点があったことの傍証にはなるだろう。

正価販売の論理

　改訂後の「ショップ店契約」（後述）では，専売度，正価販売，需要喚起などをショップ店の義務条項としたが，このうち正価販売は，松下電器の流通系列化の根底を流れるキー概念である。それは，幸之助の以下のような考えに基づく。

> 「個人個人の繁栄がひいては社会の繁栄となり，進んでは国家の繁栄になっていくのであり，一人一人の繁栄に成功しなくては，社会の繁栄もない。社会の繁栄は，一人一人の繁栄，いわゆる収入の確保，サービスの量にふさわしい報酬を得るということによって初めて，これは得られるものだと思うのです」（松下［1992b］62頁）。

　この引用文は，1953年3月27日開催の総合特約店会懇談会での「家庭電化による婦人解放」という"あいさつ"の一節である。その中で幸之助は社会，国家の繁栄という壮大な視点から，家電製品の販売価格を論じているが，メーカーの設定した価格を押し付けることの正当性を主張したわけではない。それは，適正利潤の確保だけでなく，その利潤が社会から認められるように適正価格を付ける必要性と，この価格を維持するために，松下と流通業者が相互に努

力する必要性を訴える内容であった[1]（松下［1992b］62-63頁）。当然のことながら，正価販売は，卸売店と小売店の主体的な取組みなしには実現しえなかったが，この点に関する小売店の認識は第3節で述べたい。

ここでは，ショップ店に手を挙げた小売店の店主が，幸之助の考え方にシンパシーを感じていたことを確認しておく。それは，「松下さんの"生活文化の向上に……"というあの精神に，私はまったく共鳴しているのです。私どもは一介の商人ですが，その仕事は社会的な仕事であって，家庭文化生活向上のための懸橋としての仕事をやらせていただいているんだという，この信条と誇り……，ここのところが一番大切だと思いますね」という発言に端的に示されている（小松電気商会〔四日市市〕小松一夫による，『NS』1958年3月号）。ショップ店への応募は，経済的な動機に加え，（ある意味でそれ以上に）幸之助が公言する自らの仕事の社会的使命に感化されたことが影響したのかもしれない。

ショップ店（大阪市旭区・関尾電気商会。『National Shop』1959年3月号，8頁）

ショップ店制度は完璧ではなかった

ショップ店制度の実施から3年を経た1961年初頭には，①ショップ店の認識の問題，②松下電器の方針の問題，③販社との連携の問題，④大型店の問題が浮上していた。このうち，①はショップ店を一般連盟店よりも特典を多くもらえる程度にしか認識していないショップ店が見受けられること，②はショップ店制度の基本的な考え方の浸透が不徹底であること，③は販社がショップ店に商品を押し込みがちであることなどを内容としていた。松下は，こうした問題に対して，完全専売化，ショップ選定基準の徹底，およびショップ店の販売

---

[1] もちろん，幸之助がすべての競争を否定的に捉えていたわけではない。たとえば「1953年度の経営方針 基本理念の再認識を」の中では，「競争者があって初めて物事が進み，世の中が発展するという考え方を，しっかりともっていなければなりません。逆に，独占の姿は世の進歩を停止させます」と述べていた（松下［1992a］244頁）。

ウェイトの向上を基本方針に掲げ，それまで特典のみを記していた「ショップ規約」をショップ店の義務を明確にする双務契約に改めるなど，対策を講じた（日高［1999］36頁）。加えて，この規約には，正価販売の厳守，計画管理義務，経営改善策，アフターサービス方針，松下による経営助成策といった点についての詳細な内容も書き込まれた。

他方で，松下電器は，流通経路の拡充を要する地域に対しては，ショップ選定基準の弾力的な運用も行った。たとえば，当該地域に基準をクリアする店がない場合でもショップ店の設置を進めていった。優良店を中心にした系列化という計画を十分に実現できなかった松下は，基準を引き下げてショップ店の地域的な拡張を重視する方針への転換を図ったのである（孫［1998］305-307頁）。

3 系列小売店はどのような機能を果たしたのか

(1) 系列小売店を育てるいろいろな方法

松下電器が，系列小売店の育成のためにいろいろな助成策を講じたことはよく知られている。具体的には，経営指導，技術指導，商品知識の提供，宣伝・販売促進の提案，融資斡旋，ディスプレイのアドバイスなどである。経営指導としては，講習会の開催や統一伝票・帳簿の交付（有料），経理・税務申告指導のほか，『NS』等の媒体を使って，利益管理やマーケット・リサーチの方法の指導ないし紹介，電気機器の需要動向に関する情報提供が行われた。また，『NS』を利用して，修理や調整方法といった技術指導，配線・回路等にかかわる商品情報の提供も実施された（日高［1999］33頁）。問題は，系列店がこうした一連の助成策をどのように受け止めたのかという点である。次の(2)では，各系列店における販売面での実際の取組みを見ていこう。

ナショナル連盟店機関誌
『National Shop』（1958年1月号の表紙）

(2) 正価で販売してアフターサービスを充実させる

　繰り返し述べてきた通り，松下電器の流通系列化の主たるねらいは，正価販売の維持にあった。そのために同社は，専売化と卸売段階のテリトリー制を用いて，ブランド間競争とブランド内競争の回避に努めたと考えられる。ここで有用なのは，正価販売とアフターサービスをコインの裏表のように捉える視点である。正価販売は，いうまでもなく値引きをしないということだから，価格面で競争力を持ちにくい。少なくとも小売段階では価格を操作できない。となると，価格に代わる価値を顧客に提供しなければ，安売りという武器を繰り出すライバル店に負けてしまうだろう。そこで，差別化のツールとして，製品購入後の故障や不具合に対応する一連のサービス行為（修理など），つまりアフターサービスが登場する。

　では，家電販売の現場において，どのような取組みがなされていたのか。アフターサービスに対するショップ店（店主）の認識とともに，いくつか紹介しておこう。

① 「技術がなければ，結局は売りっ放しとなり，これでは私，お客さんに申し訳ないと思うんです。"いざとなったらあの店で責任をもって直してくれるから安心して使える"――この気持をお客さんに与えることが大事なんじゃないでしょうか」（電子堂〔大田区〕秋元金一郎，『NS』1958年12月号）。

② 「誠実さをまずお得意先に認識していただくために大切なことは，無言のサービス，アフターサービスを徹頭徹尾おこなうことが先決です」（小林電機商会〔福井市〕小林伊文，『NS』1958年12月号）。

③ 「かりに値を崩して販売してのアフターサービスと，正価で販売してのアフターサービスを考えてみた場合，値引をしてもアフターサービスを考えなければならないのかと思うと，なかなか意欲が湧かないのではないでしょうか。お客さまに満足していただけるアフターサービスは，正価で販売してこそうまくできるのですよ」（柴田音響電波研究所〔甲府市〕柴田和夫，『NS』1958年6月号）。

④ 「優秀な商品を値引きしてまで販売するといった商道徳に反することは，私の気性・信念からはとてもできません。だから私は，アフターサービス

に徹することで，このお客の要望に応え，正価を維持する裏付けとしているのです」(村上電機商会〔仙台市〕村上末雄，『NS』1958年9月号)。
⑤「価格競争をやりますと，そうした(アフター：引用者)サービスの余力が出てきませんから，一時的なお客をつかんで安く売っても，あとのサービスができないということになりますので，それではお客の方も逃げてしまって，結局はいつまでたっても固定客がつかめないということになりますね」(松下電器販売開発部部長・木村昇，『NS』1959年1月号)。

①の秋元は，工場でなければ直せない冷蔵庫以外はすべて自ら修理を行っており，②の小林は，店頭販売は奥さんや店員に任せる一方，得意先を回って，商品の故障を診断したり，家庭の電化計画を立てたり，「親身」になって客の相談に乗っていた。

その他にも，少し変わったところでは『NS』に次のようなエピソードが紹介されている。兵庫県の谷崎ラジオ店の店主・谷崎秀雄は，外交販売でラジオを売り込みにいった家で，値引きを要求されたが，それに応じず商機を逃してしまう。その家は結局，値引きしてくれた店で同じラジオを購入したのだが，これで話は終わらない。数日後，谷崎が同家を訪れたところ，ラジオの調子が悪いから見てくれと頼まれた。谷崎は「自分がすすめた商品を他店から買われたのであるから，面白くない感情もその瞬間にはあったものの，"文化を売る電器店"の大使命を思い起こした私は，指向性や土地による感度差などについて，くわしく説明しながら調節してさしあげた」という(『NS』1958年9月号)。ライバル店で買った商品についても，アフターサービスを行ったというのである。このケースは一般化できそうにないが，1958年時点では「私達のような商売をやっていて，アフターサービスを実行されないお店があれば，どうかしていますよ」といわれるほどに，重要性を高めていた(松田電気商会〔板橋区〕松田祐次，『NS』1958年7月号)。

③と④では，ショップ店の店主が，アフターサービスの充実のためには正価販売が欠かせないことを強調し，⑤は松下電器の部長による同様の主旨の発言である。加えて，アフターサービスこそが，顧客の求める価値であるという認識が示されている。この点は，松下が小売店から募集した「繁栄標語」の入選作品からも確認できる。たとえば，「正価守ってサービス万全」(尾上電機商会

〔札幌市〕尾上庄次）や「正価こそ真の奉仕を生む力」（たみつじ電気商会〔奈良県〕民辻善史郎）などである（『NS』1959年8月号）。実際に正価販売がどのくらい遵守されていたかは資料上の制約から判然としない。ただ、乱売競争を排除し、適正利潤を確保する上で、正価販売が有用な手段になるという認識は、松下・ショップ店双方で共有されており、そのためにショップ店でさまざまなアフターサービスが実施されていたことは明らかだろう。

(3) 商品の知識・情報を提供する

小売段階での顧客サービスとして、商品知識・情報の提供は容易に想像できる。もちろん、そうした知識・情報は正確でなくてはならない。この点に関して、ショップ店では、松下電器から提供される説明資料にとどまらず、製品の分解や使用などにより知識を深めていた。たとえば、前出の小喬弘は、新製品が発売されると、まずすべて分解し、内部の構造や回路、パーツなどを緻密に調べて、製品の特徴を直接把握するよう努めていた。「こうしておけば、販売する時の説明はもちろん、故障修理の時にも"あそこだな"とすぐわかって」とても役に立ったからである（『NS』1958年10月号）。また、名古屋市の小林電機店の小林かつゑは、新製品が出ると必ず一度は利用して、商品の特徴・性能に関する理解を深めると同時に、顧客に自分の使っている商品を試してもらい理解と納得を促していた（『NS』1958年5月号）。数少ない事例からだが、店頭で顧客に提供される商品知識は、ショップ店主（ないしは店員）の自発的な"学習意欲"によって補強されていたと考えられる。

専売化を自発的な商品知識の吸収という視点から捉え直すと、次の福永ラジオ商会（西宮市）の店主・福永多蔵の意見が重要な意味を持つ。それは、「いろいろのメーカーの商品を扱っていますと、どうしても商品にホレる度合が薄くなり、商品知識を豊富に身につけるために研究することもむずかしく、その結果、お客に満足していただける説明や、サービスができない」という発言である（『NS』1958年8月号）。これは、多様なメーカーの商品を取り扱うことのデメリットを述べたものだが、逆から見れば、専売化を選択した場合、松下電器の製品に「ホレる度合」が強くなって、豊富な商品知識を身につけやすく、その結果、顧客の満足度を向上させるようなサービスを提供できる、となる。系列化（専売化）は、顧客に対する小売段階の商品知識・情報の提供という点か

らもメリットがあったといえよう。

(4) 外回りをして需要を掘り起こす

　系列店の経営の安定化を図る1つの方法として，固定客の確保があげられる。換言すれば，系列店にとっての"常連さん"あるいは"リピーター"づくりのことだが，そこにはアフターサービスの拡充や商品知識・情報の提供も当然寄与するだろう。本項では，アフターサービスの実態を，需要の開拓という視点から考えてみたい。

　店で客が来るのを待っていても，売上げは増えない。そこで，系列店の店主や店員は外交販売という行動に出る。新田ラジオ店（大分県）の店主・新田次男によれば，新規顧客の開拓を主な目的に，積極的な外交販売を行ったところ，実演を通じた製品性能のアピールなどリアルな宣伝活動につながっただけでなく，「月給を与えない技術者が，絶え間なく廻ってきてくれる」と重宝されて，予想外の注文や売り込む際のヒントを手に入れることができたという（『NS』1958年12月号）。

　前出の福永多蔵は，商品の販売を強く意識すると外回りが難しくなるから，「お得意さんにいつも楽しく快適な生活を送っていただくために廻っているんだという考えで，誠意をこめてアフターサービスに努め，またよき相談相手になるように心掛ければ，お得意さんの方から"この頃はどんな商品がでていますか"と，販売のきっかけをつくってくださいますよ」と述べていた（『NS』1958年8月号）。同様に，竹屋電気（高松市）の店主・対馬恭三も，外交販売に際して重要なのは，商品説明に終始するのではなく，お得意さんの「よき相談相手」あるいは「よき家庭電化のアドバイザー」になることだという。そして，いかなる相談に応じるためにも「徹底したアフターサービス，関連商品の販売，そして追求販売……と最後まで手をゆるめない」ともいっていた。福永と対馬の見解は，外交販売が，相談への応答→アフターサービス→商品販売へと，深化する需要開拓プロセスの出発点となった様子を示している。そして，この場面でも，系列店の店主や店員の自発的な創意工夫は欠かせなかったのである。

　このように，系列店は松下電器から指導・支援を受けながら，幸之助の唱える正価販売の論理にシンパシーを抱き，積極的に商品知識・情報を身につけ，製品販売に際してそれらを顧客に提供，さらにアフターサービスを充実させて

顧客満足の向上を図っていた。そうした系列店の機能は，高度成長期における松下の発展に一定の貢献を果たしたといえるだろう。

このケースの解説

　松下幸之助は，適正利潤の確保とその源泉としての正価販売をとても重視し，この考えを松下電器内部のみならず，卸売業者（販社）と小売業者（系列店）にまで浸透させることに，かなりの程度成功したように思われる。言い換えると，系列化は単に商品を流通させる経路をつくっただけでなく，幸之助の"思想"を実践する場としても機能したのである。その際，キーとなったのは，価格（値引き）に代わる価値をつくり出すアフターサービスであった。

　このケースで考えることで述べた通り，今日，薄型テレビやデジカメ，DVDレコーダーといったデジタル家電にしろ，冷蔵庫，洗濯機，あるいは掃除機などの白物家電にしろ，消費者は家電量販店で購入することが多い。値段が安いから，品揃えが豊富だから，ポイントが付くから，などのいろいろな理由をすぐに想起できる。その一方で，商店街に店を構える"街の電器屋さん"に足を運ぶ消費者は少なくなり，シャッターが閉まったままの店舗を見かけることが多くなった。小さな"街の電器屋さん"は，その歴史的使命を終え，淘汰されていく運命なのか。そんなことはない。運命に抗い，創意と工夫で生き残りをかけた闘いに挑むお店も少なくないのである。

　その際，製品の高度化・複雑化および顧客高齢化とアフターサービスがキーになる。たとえば，DVDレコーダー（かつてはVTR）の番組録画予約は，とても便利で欠かせない機能と考えられるが，高齢者にとっては複雑極まりない操作であって，何度も家族に使い方を尋ねるのも心苦しい。"街の電器屋さん"にとっては，ここにビジネス・チャンスがある。「冷蔵庫が冷えない」あるいは「電球が切れた」と電話があれば飛んで行き，パソコン操作に関する質問があればまずは電話で説明し，それでもわからなければ自宅を訪ねて教える。さらに，顧客を訪問して故障の有無を点検したり，エアコンの掃除までしたりするという。これは，松下電器の系列店「でんかのヤマグチ」の取組みである。社長の山口勉の信条は「かゆい所に手が届く」にとどまらない，「かゆく（故障する）なる前に手を伸ばす」サービスにあると報じられている（『日経産業新

聞』2007年2月9日，『日経MJ』2004年1月22日）。売って終わり，ではない。売ってからもサービスは続く，のである。

　しかしながら，アフターサービスをもって，系列店の明るい未来のみを語ることは正確な事実認識ではない。松下電器の国内家電販売のチャネル別シェアを見ると，系列店の数値は2001年に10％を切り，家電量販店の約50％に大きく水を開けられた。松下にとって，販売経路としての系列店の役割は小さいのである。にもかかわらず，営業部員は系列店向け3：量販店向け1程度で配分され，そうした系列店重視の営業方針が歪んだ市場情報を事業部に伝える要因になっていた可能性すら指摘されている。また，同社は1987年に，東京・六本木にヒューマンエレクトロニクス研究所を新設し，商品開発に向けて首都圏の情報を積極的に集めるようになり，情報収集拠点としての系列店の役割も後退していた。

　そうした状況のもと，松下電器は1992年に販促支援組織「ナショナル店会」を「MAST」（マーケット・オリエンテッド・エース・ショップ・チーム）に再編し，本格的な系列店対策に乗り出す。2002年に「MAST」を「ナショナル・パナソニックの会」に変更し，03年4月には新たにスーパープロショップ（SPS）制度を導入した。一連の系列店改革を通じて進められたのは，意欲を持って努力を重ねる優良系列店への支援の重点化である。松下がすべての系列店を支えることはもはや不可能であり，平等から「能力や結果に応じての公平」へと方針転換せざるをえない。ちなみに，デジタル家電などヒット商品の登場や高齢者の系列店回帰を背景に，この改革は実を結びつつあったという。もちろん，売上高の下げ止まりというレベルの話であるが……（福地［2007］）。

　その意味で，高度成長期と現在を同列に論じることは適当ではない。ただ，価格競争を回避するため，価格に代わる価値を顧客に提供して松下電器の成長を支えたという歴史的意義を，系列店が持っていたことは記憶にとどめておくべきだろう。

●思考と議論のトレーニング

1　こだわりを感じさせる個性的な品揃えを"ウリ"にした東急ハンズやロフトのような小売業者は，価格を武器にすることなく顧客を引き付けている。では，小売業者は"安売り合戦"に巻き込まれないために，消費者に対して価格に代わる

どのような価値を提供できるだろうか。

② 今日，消費者の多くは大手量販店で家電製品を購入する。シェアトップのヤマダ電機の売上高は2兆円を超え，電機メーカーに対する交渉力を強めている。松下電器産業は，安値を大々的にアピールする家電量販店に対してどのような対策をとってきたか。また，両者の関係はどのように変化してきたのだろうか。

参考文献

神戸大学大学院経営学研究室編［1999］『経営学大辞典』第2版，中央経済社。

孫一善［1994］「高度成長期における流通系列化の形成——松下販社制度の形成を中心に」『経営史学』第29巻第3号。

孫一善［1998］「高度成長期における流通系列化——松下電器産業の販社とナショナルショップ」伊丹敬之・加護野忠男・宮本又郎・米倉誠一郎編『日本的経営の生成と発展』（ケースブック日本企業の経営行動1）有斐閣。

崔相鐵［1998］「流通系列化政策の歴史的展開——松下電器のチャネル戦略」嶋口充輝・竹内弘高・片平秀貴・石井淳蔵編『営業・流通革新』（マーケティング革新の時代4）有斐閣。

日高謙一［1999］「小売店専売化におけるインセンティブ・システム——高度成長期における松下電器のショップ店政策」『経済論叢別冊 調査と研究』（京都大学経済学会）第17号。

福地宏之［2007］「家電営業改革」伊丹敬之・田中一弘・加藤俊彦・中野誠編著『松下電器の経営改革』有斐閣。

松下幸之助述／PHP総合研究所研究本部「松下幸之助発言集」編纂室編集制作［1992a］『松下幸之助発言集』22，PHP研究所。

松下幸之助述／PHP総合研究所研究本部「松下幸之助発言集」編纂室編集制作［1992b］『松下幸之助発言集』34，PHP研究所。

松下電器産業株式会社創業五十周年記念行事準備委員会編［1968］『松下電器五十年の略史』松下電器産業。

［加藤健太］

Case 7
ダイエー

● 値段は誰が決めるのか

このケースで考えること

　本ケースでは，戦後日本で急成長を遂げた代表的なスーパーマーケット（スーパー）であるダイエーとその創業者・中内㓛に光を当てながら，商品の値段はいったい誰が決めるのかという点を考えてみたい。

　スーパーを知らない人はほとんどいないと思われるが，その厳密な定義を探すと，これがなかなか見つからない。ここではさしあたり，スーパーの特徴として次の2点をあげておく。1つは，セルフサービス方式である。これは，顧客が店内を歩き回り，棚から商品を選び取ってカゴに入れ（手に持って）レジで支払いを済ませるという方式を指す。ごくありふれた買い物風景だが，店員が顧客1人1人に対応する百貨店の販売方法を思い浮かべれば両者の違いに気づくだろう。見方を変えると，顧客が店員の仕事を一部肩代わりしているわけで，その分だけスーパーは省力化（コスト節減）が可能になり，その分を価格に還元できる（安く売れる）。もう1つは，「販促的価格設定」である。スーパーの基本的な価格政策は"安売り"だが，これはその中でも「一部の商品の価格を非常に安く抑えて，店舗の吸引力を高めるための価格設定」を指す。広告チラシに赤い字で大きく値段を書かれるような「仕入値（原価）よりも低い値段をつけた商品」はロスリーダー，俗に目玉商品と呼ばれる（渡辺ほか［2008］127-128頁，徳田［1997］125-126頁）。

　重要なのは，"安売り"はすべての関係者を幸せにするわけではないという

点である。"安売り"のできない街の小さな商店は，顧客を奪われたり，対抗して販売価格を引き下げれば経営が圧迫されたりするだろう。また，メーカーも"安売り"を望んでいない。それは，価格決定権を奪われることを意味し，ブランド・イメージの悪化につながるからである。だから，"安売り"は，たびたび摩擦や軋轢を生み，簡単には実行しえなかった。それは，1つの闘いだったのであり，だからこそ流通革命と名づけられたのである。

1 ダイエーの創業

(1) 「闇」商売と現金問屋

　ダイエーの創業者・中内㓛はその設立までにいくつかの商売に携わっている。1946年，父・秀雄の経営するサカエ薬局を手伝うかたわら，全国の医療機関から放出される医薬品を取り扱う闇ブローカーを手がけ，さらに47年からは神戸経済大学（現，神戸大学）の夜間部に通っていた。当時の商売については，中内自身が後に「麻薬以外は何でも売った。いざこざも日常茶飯事。危ない目にも何度も遭った」と回想した通り，まさにサバイバルであった。1948年に井生春夫と共同経営の友愛薬局を神戸・元町の高架下に開き，51年8月には父親が大阪・平野町に出店した医薬品の現金問屋であるサカエ薬品に参加する。そして，友愛薬局からサカエ薬品への転身を機に，中内は「闇」商売から脱却を果たすのである（中内［2000］37頁，佐野［1998］147-156頁）。

　サカエ薬品の経営上のポイントをダイエーとの異同からあげれば，小売業ではなく卸売業，具体的には「現金問屋」であったという相違点と，安売りという共通点を見出せる。ただ，問屋といっても小売も行っていた。「現金問屋」は現金で大量に買い付ける卸売業者のことで，その場で支払いを済ませることによって安価な仕入れを実現する。なぜなら，売る側にとっては，代金を回収するコストを支払わずに済んだり，代金の回収ができなくなる（踏み倒される）リスクを回避できたりするメリットがあるからである。サカエ薬品は，過剰在庫を抱えて苦しむ問屋を調べ上げて，そこから大量の大衆薬を買い付け，たとえば950円のポポンSと900円のパンビタンを500円，500円のグロンサンを300円で仕入れて，それらを3，4割値引きして販売した。

中内㓛（1964年，
流通科学大学提供）

この安さだから，朝9時の開店から長蛇の列ができるほど繁盛し，道修町に本社を構える武田薬品や塩野義製薬の社員が買いにくることもあったとされる。サカエ薬品時代に中内は現金の持つ力を体感した。「二倍の現金には三倍の力があり，十倍の現金には百倍の力がある」，これが「現金仕入商売」から学んだことであった。また，彼は経験，信用，そして資金もなかったため，「売ってから仕入れる商法」を使ったと回顧している。それは，午前中に来た顧客から希望する商品と買い値を聞き，前金を受け取ってから仕入先を探す。仕入先を見つけると，商品を確保し，当日の午後に，その顧客に商品を渡して代金を決済する「商法」であり，中内によれば「ダイエーの現金主義の原型」だという。

サカエ薬品において，中内は，その後のビジネスに欠かすことのできない貴重な経験を重ねたように思われる。しかし，彼は，社長を務める弟・博と営業方針をめぐって対立し，加えて，メーカーの供給ルートの整理（締付け）などに伴い，卸売業の将来性に疑問を感じたこともあって，結局，独立という道を選ぶことになる（中内［2000］39,43頁，佐野［1998］156-160頁）。

(2) 1号店のオープン

1957年9月23日，主婦の店・ダイエー薬局が大阪・千林に新規オープンした。その半年近く前の4月10日，ダイエーの前身となる大栄薬品工業を資本金200万円で設立していた。商号はその後たびたび変更されるが，本ケースでは，ダイエーという名称を一貫して用いる。この看板にある通り，ダイエーは当初スーパーではなく，ドラッグストアであった。ちなみに，ダイエーは「大阪が栄える」という意味と，中内の祖父の名前・栄の2つを組み合わせたことに由来する名称である（『エコノミスト』1982年2月23日号）。

創業にあたり，中内は「よい品をどんどん安く売る」という「ダイエー憲

•1 大栄薬品工業は，工場も作らずわずかに「小分けして売れるかどうか，平野町で実験をしてみた」だけで，「てんで駄目」だったとされる（中内・御厨［2009］214-215頁）。

法」を定める。これですべてなのだが，その一文には「同じ品ならどこよりも安く，同じ価格ならどこよりもよい品を提供する。明日は，今日よりももっとたくさんの人びとに，もっとたくさんの品物をダイエーが提供する。これが，より豊かな地域社会をつくることだ」という目標が込められた（中内［1969］17頁）。

ダイエー1号店（大阪市千林駅前店，ダイエー提供）

　千林店はオープン初日から客が殺到して大盛況，売上げは28万円に達した。損益分岐点（売上げと費用が等しくなる＝損益が0となる，換言すれば，すべての費用をまかなうのに必要な売上高あるいは販売数量）を日商6万円に設定していたというから，莫大な利益を上げたことになる。上々の滑り出しといってよいだろう（ダイエー［1992］16-17頁，中内・御厨［2009］213頁）。

　最も客を引き付けたのは，もちろん価格であった。取扱商品である薬品，化粧品，日用雑貨の一部，たとえば100円のサロンパスを58円といった具合に目玉商品に掲げて，定価の3〜4割引きで売ったのである。しかし，好調だったのは3日目までで，4日目以降，売上高が2万円前後に激減する。3軒隣の京阪薬局（現，ヒグチ）と近所の森小路薬局が「猛烈な安売り攻勢をかけてきた」ことがその理由であった。中内は当時の様子を「千林のお客は本当にシビアやった。"おたくなんぼです"と聞いて，隣に行く。すぐ引き返して"やっぱおたくがいちばん安かった。おくれ"。こうやからな」と振り返っている。

　この競争は，文字通り熾烈を極めた。社員をライバル店に偵察に行かせて，値段を確認した上で，それより安い値段を付ける。さらには，品切れした場合，「京阪薬局から小売値で買ってきて，それを損覚悟で，値引き販売したこと」もあったという。商品に違いがないから，競争は価格面で展開しがちになる。価格競争を続けていれば，いずれどちらかが倒れるか，もしくは共倒れするかという事態を招く。そのためこの時点から，中内は新しい方策に活路を求めるようになる（ダイエー［1992］19-20頁，佐野［1998］192-194頁）。

(3) "救世主" としてのお菓子

　乱売合戦からの転換を図るべく，中内が選んだ「打開策」は，菓子の販売であった。彼は，そのヒントは神戸高等商業学校（現，兵庫県立大学）時代に観たマイケル・カーティス監督作品『汚れた顔の天使』（1938年制作）という映画にあったとしている。その中に登場するアメリカのドラッグストアでは，ソーダ・ファウンテンというコーナー（店の一角）で飲料や食料品を売っていた。そこで，「口から入るものはすべて栄養になる。これを日本流にアレンジして，当時，家族だんらんの最高の楽しみだった菓子を置いたらどうかと考えた」というのである（中内［2000］45-48頁）。他方，ダイエーの社史は社内で真剣に検討し，さらに社外の人からも意見を聞いて，菓子を取り扱うことにしたと記録している（ダイエー［1992］20頁）。また，弟・力が相談した北九州・小倉の丸和の阿部常務が，ダイエーを訪問した際，店の改装と食品の取扱い，「特に菓子類は絶対に置くべき」とアドバイスしたことがきっかけとなったという説もある。薬の購買頻度は1カ月に1回程度にすぎないが，食品のそれはほぼ毎日だからである。いずれにしても，菓子の取扱いを契機に，ダイエーは医薬品から食品へと主要取扱商品を移行させ，ドラッグストアからスーパーマーケットへと変貌を遂げることになる（佐野［1998］194-195頁）。

　菓子の販売を通じて，客から商売のコツを教わったことも，中内にとっては貴重な経験であった。当時，菓子の多くは一斗缶（容量が約18ℓの四角い缶）で量り売りされていた。それを1袋に200gとか決められた量に小分けして売るわけだが，ピッタリに入れることは難しい。だから220gあるいは230gといった具合にオーバーすることもある。そのまま売ったら儲けが削られるから当然量を減らす。中内はそのとき，客が次のようにいったと振り返る。

　　「そんなことをしてたらあかん，教えてやる。180グラム入れて，そのあと足して，205グラムぐらいになったところで，『まけときますわ』と言って，足して渡しなさい。引くと商売にならん」（中内・御厨［2009］219頁）。

　大阪という土地柄の感もあるが，いろいろな文献に残されるエピソードである。ダイエーは，客に鍛えられながら，素人商売から脱却していったと考えら

れる。

2 スーパーマーケットへの進化

(1) セルフサービスの導入

　セルフサービスが，スーパーマーケットの主な特徴とされることは，このケースで考えることで触れた通りである。日本ではじめてセルフサービスを導入したのは東京・青山の紀ノ國屋だが，その立役者は，長戸毅をはじめとする日本ナショナル金銭登録機（日本NCR）の800名のセールスマンであった。長戸たちの主たる仕事は，自社のキャッシュ・レジスターを小売店に売り込むことであり，彼らは「セルフサービス，低価格，高回転，多店舗展開，取扱商品の増加といったスーパーの柱を成す7項目を盛り込んだMMM（モダン・マーチャンダイジング・メソッド＝現代小売業経営法）のマニュアルをひっさげ，全国キャンペーンに歩いた」のである。紀ノ國屋は，1953年12月に日本NCRのキャッシュ・レジスターを購入し，その指導を受けながら日本初のセルフサービス店となった。その後，1954年に横浜・菊名生協，京都・五条の大友（食品），55年に東京・日本橋のわけや（佃煮），大阪ハトヤ（後のマイカル）などが，相次いでセルフサービス店に転換していった（佐野［1998］171-174頁）。要するに，セルフサービスとキャッシュ・レジスターはワンセットで入ってきたのである。

　以上のように，ダイエーは，セルフサービス導入の先駆者というわけではない。導入の理由について，中内は，上記の菓子を「いちいち量っていては忙しくて疲れるばかり。昼飯のうどんも売り場での立ち食いだし，腰も痛くなる。日本のセルフサービスは『座って鴨南蛮を食べたい』という切実な願いから生まれた」と記している。一方，社史の記述によれば，1958年12月2日にオープンした主婦の店・ダイエーの2号店となる神戸・三宮店（131頁，写真）に，「セルフサービスに向く陳列棚の配置」を確認できるという。本格的なセルフサービスの導入のきっかけはおそらく後者であっただろう（中内［2000］48-49頁，ダイエー［1992］26頁）。

　セルフサービスの意義は，コスト節減にとどまらない。中内は1963年9月に発表した「体験的スーパー経営論」の中で，スーパー経営のポイントとして，

①商品の豊富さ，②自由かつ気軽な買い物，③商品の信用，④安さ，の4つをあげている。このうち②と④が直接的にセルフサービスと関連するが，ここでは②に注目したい。②は「スーパーマーケットの豊富な商品のジャングルのなかで，近代的な消費者が求めることは，自由に，気軽に，他人にわずらわされることなく買物ができること」を内容とする。そして，セルフサービスは「ノーサービス」ではなく，「もっとも現代に適合した販売方式」なのだと強調する（中内［1963］）。スーパーはそうした場を提供する存在だというのである。

(2) 「単品」からの発想——チェーン化と総合化

　スーパーマーケットといえば，"何でも売ってる" というイメージが強い。加えて，「範囲の経済」という経済学の概念も，1つの店舗を使って多様な商品を販売することの合理性を説明している。しかし，ここで重要なのは，ダイエーが当初から「総合スーパー」(GMS) を目指して事業を展開したわけではなかったという点である。後に，中内は「チェーンストアというのは品揃えでなしに，『単品を，大量に，計画的に，売っていく』というのが原則」であり，「総合スーパーという概念は，結局あまりなかった」と述べている。

　「単品」とはどういうことなのか。メーカーは「単品」を造る。製菓メーカーはお菓子を，アパレル・メーカーは衣料品を，電機メーカーは家電製品を，しかも大量に生産する。それゆえ「メーカーに対する拮抗力を持つためには，必ず単品でないと拮抗できない」。この場合，「拮抗力」はバイイング・パワーを意味し，あるメーカーの「単品」の10％を取り扱えば，価格決定に関与することが可能になるとしている。10％の根拠は不明だが，大量かつ計画的な販売の実現には店舗を多く持つ必要がある。ということで，議論は多店舗展開へと発展する（中内・御厨［2009］234-235, 253頁）。実際に，ダイエーは上記の三宮店をもってチェーン化に乗り出すと，1960年11月に「本格的SMのスタート」と位置づけられる三国店，61年に「日本的スーパーストアのスタート」とされる板宿店など3店舗，62年に九州進出の第一弾となる天神店など5店舗，64年には東京の一徳の買収を含めて9店舗をオープンさせるなど，チェーン化を進めた（ダイエー［1992］24頁および巻末年表）。

　こうした積極的なチェーン展開は，本部機能と店舗機能の分離を求めるようになった。ダイエーが本部集中仕入れを始めた時期は，正確にはわからない。

ただ，中内は1962年5月に渡米し，そこでチェーン展開は「ただ単に店舗をたくさん増やすのではなく，本部があって，本部が検収した商品を各店へ分散させる。仕入れは一括して本部がやらんといかん」ということを学んだという（中内・御厨［2009］256頁）。実際に，同社は1963年，西宮市森下町に「ダイエー本部」を建設し，それまで三宮店の担っていた本部機能を移管して，この本部が販

ダイエー三宮店（ダイエー提供）

売と仕入れの双方で各店舗を集中管理する体制を整えたとされる（中内［1969］157-158頁）。

　他方，取扱商品については「お客さんにこういうものが欲しいと言われると，その仕入れ先を社員なり店員なりと相談」しながら開拓し，薬品・化粧品から菓子，牛肉，リンゴ，バナナといった食料品，肌着やシャツなどの衣料品へと広げていった。1963年7月にオープンした三宮1号店は，看板に「SSDDS」（セルフサービスでディスカウントするデパートメントストア）を掲げた「『日本型総合スーパー』の原型」であり，「リンゴからダイヤモンドまで」というキャッチフレーズのもと，地下1階，地上6階建ての建物に考えられるものすべてを並べた品揃え豊富な店舗であった（中内・御厨［2009］225頁，中内［2000］57頁）。

　ここで，中内が「単品」から発想しつつ，商品の豊富さをスーパー経営のポイントの筆頭に掲げた点に注目したい。スーパーは「その地域の消費者がいつも必要とするものは，何でも揃っているという感じを消費者に与え」なければならず，とくに消費者が高い認知度を持つブランドの商品は徹底的な品揃えが必要であり，購入頻度の高い商品も完全に揃えることが求められる。そして彼は，消費者の必要とする商品は，つねに新しいものへと変わるから，「豊富の中につねに新鮮さを強調しなければならない」と主張した。いま1つ重要なのは，他社との競争の中で「安く売るためには，品揃えを増やさざるを得ない」という点である。「単品」を安く売るだけでは商売にはならず，利益を確保できる商品を取り入れなければならないからである（中内［1963］，中内・御厨

[2009] 309 頁)。

　1963 年時点において，ダイエーはドラッグストアから総合スーパーへと変容したと見なせよう[*2]。元読売新聞の記者で，チェーン・ストア経営システムの研究・コンサルティング機関であるペガサスクラブを主宰した渥美俊一は，ダイエーの品揃えの特徴として，暮らしに密着することで来店者の固定客化を促した点をあげている（渥美［2007］173 頁）。

3　価格破壊

(1)　牛肉を安く売る

　先に触れた通り，中内㓛の「体験的スーパー経営論」でも，「安さ」はポイントの 1 つにあげられていた。スーパーマーケットは，①経費の抑制と②高い商品回転率によって，低価格政策を実現する。①はセルフサービス，作業の単純化・標準化を通じた販売員の生産性向上などからもたらされる。と同時に，本部一括仕入れに伴うバイイング・パワーを使って，「生産段階における価格形成にたいしての発言権を確保しよう」としたり，「消費者の欲望を，速かに生産者に伝える情報のパイプ」として機能することで，メーカーのリスクを軽減したりして，仕入価格を引き下げる。そして，①を低価格政策に反映させて，②の「高速商品回転率という歯車を動かす」と，中内は論じたのである（中内［1963］)。

　とはいえ，「安さ」の追求は容易なことではなかった。低価格政策は，生産者と小規模小売店の双方から抵抗を受けたからである。ここでは，「初期のダイエーが，古い流通機構を打ち破って成し遂げた輝かしい軌跡」を示す牛肉を取り上げて，価格破壊の実態を見ていきたい。

　ダイエーの牛肉取扱いは，中内が「お客さんに，『神戸で何が一番買いたいんや？』と聞いた」ところ，その客が「やっぱり神戸は牛肉やで」と答えたことをきっかけに始まる。1959 年 4 月，三宮店を移転して新規オープンした際，

　●2　ただし，中内は「単品」という考えを変えたわけではない。それは，後に「単品の販売力が仕入れを有利に展開させる」と主張したことからもうかがえる（中内［1969］67 頁)。

その目玉商品として100g当たり39円で売り出したのである。当時の相場は60円だったというから3割引になる。牛肉の取扱いを決めてから店頭に並べるまでの期間はわずか1週間だったという。

ダイエーの牛肉は，その安さゆえに爆発的に売れ，補給が追い付かないという事態に直面する。それは「食肉売り場につめかけたお客さまにショーケースが押され，ビシビシ音を立てる」ほどの「盛況ぶり」であった。しかも，1カ月くらい経つと，近所の精肉店が仕入先の枝肉（頭部・内臓や四肢の先端を取り除いた部分の骨付き肉）商に圧力をかけたため，思うような仕入れができなくなる。ダイエーは一時，生きたまま牛を購入し1300円の解体料を払って食肉に加工して販売したが，処理のできない皮や内臓を捨てたこともあり，大赤字という結果を招いたために断念する。結局，中内が取引をしてくれる枝肉商を探し回り，唯一「ワシが売ったろか」と応じた上田照雄（ウエテル）から仕入れることになった。上田は，ダイエーとの取引と引換えに従来の得意先8軒を失ったというから大英断であった。これ以後も，安い牛肉を求めるダイエーの苦戦は続き，農家預託[3]とフィードロット方式[4]の2つを軸にした仕組みが完成したのは，直営牧場がオープンした1973年11月のことであった。

この間の取組みについては，第1に，枝肉処理の「職人」からの脱却を狙って，社員をプリマハムの開校した竹岸食肉専門学校に通わせ，専門家の育成を進めたことに注目したい。「職人」の管理は非常に難しかったからである。第2に，コスト・ダウン（採算の改善）と安定的な供給を目的に，新たな仕入ルートを開拓したことがあげられる。具体的には，ダイエーと株式会社ウエテルの共同出資で，和牛の農家預託を担う沖縄ミートを設立し，最初は鹿児島や熊本で買い付けた子牛を，後にオーストラリア産とニュージーランド産の子牛を育てたり（1964年3月），鹿児島県鹿屋市にダイエーセントラル牧場を設立して農家預託を開始したり（70年7月）した。要するに，ダイエーは，枝肉の仕入れから牛の預託へと後方統合を進めたのである（中内・御厨［2009］227-236頁，ダイエー［1992］31-46頁）。この取組みは，同社が「流通効率化の観点から生鮮食料品の規格化」を進めて生産工程を革新したとも評価される（石井［2011］

---

[3] 農家預託は，270kgの子牛を約530kgに成長するまで約11カ月間農家に預け，規定の飼料を使って肥育してもらう仕組みで，1頭の肥育料は4万5000円であった。

[4] フィードロット方式とは，アメリカで採用された（少人数での）牛の多頭飼育技術のことである。

383-384頁)。

　ただ，正確な期間は不明だが，牛肉販売は赤字を計上し続け，39円からの値上げを実施した1965年には，1頭当たり1万円の赤字が当たり前の状態だったという。それでも，安売りにこだわったのは，牛肉は買い溜めが利かず，購入頻度の高い商品であり，「ロスリーダー」として非常に有用な商品だったからであろう（中内・御厨［2009］244-245頁)。

ダイエーセントラル牧場（ダイエー［1992］39頁）

　ダイエーの安売りは，もちろん牛肉に限ったことではない。創業時の主力商品である薬品，味の素，東洋紡のワイシャツ，グンゼの肌着，青果物などが代表的な例として社史に記載されている。このうち，進物用商品の味の素は市価の10～15％安く売り，ワイシャツは「ダイヤシャツ」という名称の「洗っても縮まないサンフォライズ加工の高級品」であったが，市価1200～1500円のところをダイエーは980円で売っている（ダイエー［1992］64-65頁)。

(2) 価格決定権をめぐる闘い

　(1)で見たようなダイエーの価格破壊が，メーカーとの軋轢を生んだことは容易に想像できる。本項では，松下電器産業（松下電器）との闘いを取り上げ，その実践方法を紹介したい。

　*Case 6*で詳しく述べた通り，松下電器は流通系列化を通じて競争の回避と正価の維持に努めていた。それに真っ向から挑戦状を叩きつけたのが，中内だった。ダイエーは1960年に家電製品の取扱いを始め，61年から平均30～40％割引という価格破壊を実践しつつ本格的な販売に乗り出し，64年10月には松下製品を20％割引で販売し始める。他方，松下電器は1964年11月期に減収減益を記録し，赤字に転落する販売会社や代理店が続出するという事態を迎える。こうした状況の中，同社は1964年7月9日から3日間，松下幸之助会長以下幹部と販売会社・代理店との懇談会，いわゆる熱海会談を開いて，販社や系列店の意見に耳を傾けるとともに，価格維持の徹底を訴えたとされる。さ

らに，幸之助は8月1日，自ら営業本部長を兼務して現場に復帰し，販売のテコ入れの陣頭指揮をとることになった。それゆえ，松下電器にとって，ダイエーの価格破壊は見過ごすことのできない行為と映ったのである（ダイエー［1992］128頁，松下電器産業［1968］332-335頁，佐野［1998］383頁）。

　ダイエー側の説明によれば，松下電器はおおよそ次のような対策をとった。1つは，1964年の出荷停止であり，両社の正式な取引関係はこれをもって途絶えることになった。2つ目としては，ダイエーが製品の調達を試みた代理店に圧力をかけて供給を止めたことがあげられる。ただ，在庫増に悩む代理店の中には，こっそり「横流し」する業者も出てくるから，そうした行為の徹底的な排除が必要となる。このため，松下電器は肉眼では見えず，特殊な光線で判別される「ブラックナンバー」を製品に付けて，「横流し」した代理店を追跡したとされる。最後は，松下電器の関係者がダイエーの店頭にある自社製品をすべて買い占めるというやり方である。そうした方策に対し，ダイエーは，東北から九州・四国まで社員が現金を持って駆けずり回りながら松下製品をかき集めたが，イタチごっこで有効な解決策にならない。結局，同社は1966年から67年にかけて，三洋電機や三菱電機，東京芝浦電気（東芝）など他の電機メーカーとの直接取引に乗り出し，順次売り場を整えていった（ダイエー［1992］129-130頁）。

　話はこれで終わりではない。舞台を法廷に移して闘いは続けられた。ダイエーは1967年10月，松下電器を独占禁止法違反の疑いで公正取引委員会（公取委）に提訴する。ここで詳細を語る紙幅の余裕はないが，ポイントのみを示せば，以下のようになる。第1に，松下電器の締付けがかなりタイトであったことである。公取委による「松下ヤミ再販事件」の審理を通じて，同社が「正常価格」によらない販売経路の追及のために符号を付したり，卸売業者に買上げさせたりしたほか，小売業者に対する取引停止措置を指示，履行していたことが明らかにされた。そうした行為は当然，独占禁止法違反として公取委に指摘される（野田［1980］154-157頁）。第2に，ダイエーは，松下電器との闘いの中で1つの決断を下す。それは客の圧倒的な支持を受けたナショナル・ブランドを取り扱えず，それでも価格破壊を推し進めようとすれば，自ら生産部門に乗り出さなければならないという決断であった（中内［2000］76頁）。なお，松下電器との間で，正式に取引が再開するのは，出荷停止から30年後の1994

3　価格破壊　　135

年3月のことである。

(3) ストア・ブランドへの挑戦

ダイエーは1970年11月12日,「ブブ・カラーテレビ」13型を破格の5万9800円で発売すると発表した。「ブブ」という名称は,ダイエーが家電製品に付けたストア・ブランドである。このテレビと,現金正価9万9800円,実売価格8万3000～8万6000円のナショナル製品との価格差は2万～4万円にも達した。その安さは,メディアの注目を集めるのには十分であったものの,消費者の興味を引き付けることはできなかった。ダイエー赤羽店では4000枚の受付票を用意したが,締切りの午前11時になっても客は767人にすぎず,当初予定の5分の1にも満たない人数にとどまったのである。

「ブブ・カラーテレビ」は,音響メーカーのクラウンがOEM(相手先ブランドによる生産)で供給し,ダイエーが「ブブ」ブランドを付して販売した。したがって,生産部門に乗り出すといっても,ダイエーが工場を建設し機械を設置して生産したわけではない。しかも,クラウンの加藤恭之助常務が報道陣に対して,「ダイエーの販売価格は安すぎるし,業界の商慣習にも反するので,7万円前後の価格を希望する」と話し,それを中内が否定するという一幕もあった。

この失敗の要因としては,クラウンが無償交換期間(1年間)後にどのようなアフターサービスを行うのかという消費者の不安心理を解消できなかった点が指摘されている。ダイエーは1971年に18型,74年に20型を発売したものの,カラー・テレビの価格破壊は大手電機メーカーによるクラウンへの部品供給の停止もあって頓挫する。クラウンはアセンブリー・メーカーにすぎず,主要部品のブラウン管を松下電器や日立製作所などに依存していたからである(佐野 [1998] 406-411頁,ダイエー [1992] 133-134頁)。

要するに,ダイエーは,消費者が家電の購入に際して最重視するのは価格の安さではないという点を読み違えたのである。中内は後に「価格にこだわったのは,松下とソニーだけでしたね。あとのメーカーは売るということに非常に協力してくれました。しかしお客さんのほうは,カラーテレビはパナソニック(当時はナショナル:引用者)・松下だ,音響はソニーだというブランド信仰がありますからね」,「日本人はメカに弱いですから,電気製品なんか結局ブランド

「ブブ・カラーテレビ」とそれを売り出す店頭（流通科学大学提供）

に頼って買う」と発言している（中内・御厨［2009］302-303頁）。価格では勝負できても，ブランド力では勝負にならない。松下（ナショナル）ブランドの壁は高く，1971年に資本参加したクラウンは経営不振に陥り，結果的にダイエーの経営に重くのしかかる"お荷物"的存在と化すことになる。

「ブブ」の失敗は，プライベート・ブランド（PB）商品そのものの失敗を意味するわけではない。紙幅の都合上，ここでダイエーの"リベンジ"の過程は追跡できないが，PBに関する新たな見解は紹介しておくべきと考える。というのも，PB商品はメーカーによる寡占の成立していない分野を中心に展開されており，この時代，低価格を武器にナショナル・ブランド（NB）商品のシェアを奪うといった事態は一般化していなかった。したがって，加工食品や日用雑貨，衣料品などNBの確立していない分野の生産・流通効率化を促した点にこそ，PBの意義を見出せる。言い換えれば，PBとNBは「異なる分野においてそれぞれ優位性を発揮しており，消費者にとっては補完的に共存していたことが強調されるべき」なのである（石井［2011］384-389頁）。したがって，PBの持つ意義が時代によって相当異なった可能性は，指摘しておかなければならないだろう。

(4) 物価上昇への抵抗

家電分野で一敗地にまみれたとはいえ，ダイエーの価格破壊は，1971年8月のニクソン・ショックをきっかけとする物価上昇局面でより鮮明化する。その1つの実践が「物価値上がり阻止運動」であった。この運動は，創業15周年記念行事を検討する中で，販売促進部から出されたプランであり，社内の賛

否両論を経て，1972年3月24日にスタートした。その際，中内は「値上げ元年といわれるほどの物価高騰の折，ダイエー1社でできるかぎり，身近な生活必需品306品目を，向こう1年間，発表価格より値下げすることはあっても値上げはしない」とのメッセージを顧客に向けて発表している。

物価値上がり阻止運動（ダイエー提供）

商品の選定に際しては，生活必需品を最優先して33品種306品目を選び，肌着や靴下などの実用衣料，醬油や豆腐などの食料品，洗剤やティッシュペーパーなどの日用品，このほか乾電池などを，ダイエーの平常売価よりも安く設定して売り出した。しかも，NB商品を中心に，である。原料費の高騰により納入価格の引上げを要請するメーカーも少なくなかったが，当然，消費者からは高い評価を受けることになった。

1973年3月15日の『毎日新聞』は，「第2次物価値上がり阻止運動」の実施と価格凍結宣言の継続を報じた。第2次では，取引先の値上げ要求の強い，あるいは継続的な入手の難しいNB商品を，ダイエーの開発したPB商品に置き換え，その構成比を25％から51％へと上昇させつつ，第1次を上回る350品目を揃えた。さらに，ダイエーは1973年10月の第4次中東戦争の勃発を契機とする石油ショックという異常事態にも立ち向かう。バイヤーたちは値段よりも商品確保を優先にして，「1ヶ月ほど休みなし，着替えなし」というくらい働き，ひたすら供給責任を果たすべく力を注いだといわれる。同社は，この運動により1年間で8億7000万円もの巨額な赤字を計上したが，それは自らの「企業理念を前面に押し立てた戦いともいえる」経営行動であり，その先頭では，つねに中内が高く大きく旗を振っていたのである（ダイエー［1992］160-166頁）。

このケースの解説

1972年8月期の決算で，ダイエーは百貨店の雄・三越を抜き，売上高で小

売業界の王座についた。創業からわずか15年の快挙である。第1〜3節で述べた通り，その原動力は創業者・中内㓛の存在そのものであり，彼の言動のすべてである。同時に，顧客の要望や社員の寝る間も惜しむ働きぶり，取引先の協力が，ダイエーの成長を支えた面も当然否定できない。なぜ中内は流通革命の旗手になれたのか，そして，その意義はどこにあるのか。

第1〜3節では触れられなかったが，第1に，中内が明確な流通革命論，換言すれば"哲学"を持っていたことが重要である。それは単に多段階に存在する卸売業者を排除し，流通コストを下げるといった「流通"簡素化論"」ではなく，消費者主権の確立した新たな社会を建設するための「革命」であった。その過程で，流通業者はメーカーから価格決定権を奪い返す。値段を決めるのは，消費者の忠実な代理人たる流通業者だというのである。

ただし，本ケースで対象とした1970年代前半までは，メーカーがまだ価格決定権を保持していたように思われる。松下電器の出荷停止の継続に見られるように，あるいはブブの挫折が示すように，メーカーの持つ信頼とそれに裏づけられたブランドは容易に崩すことができなかった。家電製品の特性を反映する可能性も否定できないが，全般的に見ても，前述の通り，PB商品はメーカーの寡占が未成立な分野で威力を発揮するにとどまったとされている。その意味で，小売業界売上高日本一の称号は，限界をはらんだ成功の証にすぎなかったともいえる。

しかしながら第2に，中内の主張する流通革命が，1990年代以降になってより明確な形で進展し，現在に至るトレンドになったことに着目すれば，やはり彼の"哲学"は生き残ったと考えられる。今日の大手家電量販店の店頭において，「オープン・プライス」の札の付いた製品を目にすることは普通になりつつある。少し前までは，メーカーの「希望小売価格」が付されていた箇所に，である。これこそが，まさにメーカーから流通業者への価格決定権の移行を示す現象といえるのではないか。メーカーは「希望小売価格」に大きくバツを付けられ，その下に赤い字で思いっきり引き下げられた値段を書かれることを嫌がる。値下げの対象になることは，自分の付けた値段に対する信頼を損ね，ひいてはブランド・イメージを傷つける結果を引き起こすからである。「オープン・プライス」は，それならば価格の設定を小売業者に委ねたほうが"まだマシ"という，メーカーの判断ないし選択と解釈できる。

中内が，パナソニック（旧，松下電器）の製品に「オープン・プライス」の値札を見ることができたなら，どんなことを思っただろうか。

●思考と議論のトレーニング●

1. スーパーマーケット，コンビニエンスストア，ディスカウントストアなど，新たな小売業態の多くはアメリカで誕生し，業態内あるいは業態間で激しい競争を繰り広げながら発展を遂げてきた。それでは，どの企業がいかなる小売のイノベーションを起こして顧客を引き付けたのだろうか。

2. ダイエーは 2000 年代に著しい業績不振に見舞われ，産業再生機構の支援のもとで再建の道を歩むことになった。のみならず，業界最大手のイトーヨーカドーやイオンも厳しい経営を強いられている。GMS（総合スーパー）という業態自体が歴史的使命を終えたのだろうか。GMS が他業態を交えた熾烈な競争の中で生き残り，さらに成長するためにはいかなる戦略が有効だろうか。

●参考文献●

渥美俊一［2007］『流通革命の真実――日本流通業のルーツがここにある！：最後の「カリスマ」回顧と提言』ダイヤモンド・フリードマン社。

石井晋［2011］「流通――流通過程の革新と小売業の発展」武田晴人編『高度成長期の日本経済――高成長実現の条件は何か』有斐閣。

佐野眞一［1998］『カリスマ――中内㓛とダイエーの「戦後」』日経 BP 社。

ダイエー社史編纂室企画・編集［1992］『ダイエーグループ 35 年の記録 For the CUSTOMERS』アシーネ。

徳田賢二［1997］『流通経済入門』第 2 版，日本経済新聞社（日経文庫）。

中内㓛［1963］「体験的スーパー経営論」『別冊中央公論 経営問題』第 2 巻第 3 号。

中内㓛［1969］『わが安売り哲学』日本経済新聞社。

中内㓛［2000］『流通革命は終わらない』（私の履歴書）日本経済新聞社。

中内潤・御厨貴編著［2009］『中内㓛――生涯を流通革命に献げた男』千倉書房。

野田實編著［1980］『流通系列化と独占禁止法――独占禁止法研究会報告』大蔵省印刷局。

松下電器産業株式会社創業五十周年記念行事準備委員会編［1968］『松下電器五十年の略史』松下電器産業。

渡辺達朗・原頼利・遠藤明子・田村晃二［2008］『流通論をつかむ』有斐閣。

＊ 参考文献からの引用に際し，漢数字をアラビア数字に改めた箇所がある。

［加藤健太］

Case 8
トヨタ自動車

● 流れを究める

このケースで考えること

　日本を代表する自動車メーカーであるトヨタ自動車（以下，トヨタ，またはトヨタ自工）は，「国産乗用車」の製造を夢見た豊田喜一郎の手によって1937年8月に創業された。今や年間販売台数世界一をつねに争う自動車メーカーとなったトヨタであるが，その歩みは決して平坦なものではなく，さまざまな苦難の歴史を乗り越えて現在に至っている。このことは自動車の研究開発を「道楽」だといい，また「こんな事業を向ふ見ずにやる者は余程アホーだと私自身思つて居ます」（トヨタ［1937］26頁）と自嘲気味に語る喜一郎の言葉に象徴されている。周囲の反対や無理解に苦しみつつも，国産乗用車を製造するべく，莫大な資金とエネルギーを注ぎ，改善を繰り返しながら前進していく。しかし戦時期に入ると，大衆向け乗用車製造の道は閉ざされ，もっぱらトラックの製造を余儀なくされる。戦後，再び乗用車の製造に向けた活動を開始するものの，今度はドッジ・ラインによる不況のあおりを受け，トヨタは経営危機に陥る。そのような中で起こった労働争議によって喜一郎は社長を追われ，1952年3月，57年の短い生涯を閉じるのである。

　その後，喜一郎の意思を受け継いだ技術者たちによって，トヨタは「純国産方式」により開発・製造した「トヨペット・クラウン」を1955年1月に発売する。これはまさに「国産乗用車分野でのパイオニア」（トヨタ自販［1970a］167頁）と呼ぶにふさわしい画期的な車となった。しかしこれによって，トヨタが

表 8-1　メーカー別乗用車生産台数

（単位：台）

	トヨタ	日　産
1955 年	7,403	6,597
56	12,001	12,965
57	19,885	18,786
58	21,224	16,878
59	30,235	26,753
60	42,118	55,049
61	73,830	76,667
62	74,515	89,003
63	128,843	118,558
64	181,738	168,674
65	236,151	169,815
66	316,189	231,508
67	476,807	352,045
68	659,189	571,614
69	964,088	697,691
70	1,068,321	899,008

（注）　日産は 1966 年にプリンスを合併。
（出所）　トヨタ自販［1980］76-77 頁。

創業以来掲げてきた国産乗用車メーカーとしての地位を築くに至ったわけではなかった。表 8-1 は，2 大メーカーであるトヨタと日産自動車（以下，日産）における，乗用車の年間生産台数の推移を示しているが，戦後しばらくの間，両社はほとんど互角の生産動向であったことが読み取れる。1960 年代に入ると，市場の中心となった小型車分野において日産の「ブルーバード」が独走する。その結果，「乗用車の日産，トラックのトヨタ」との評価が下される。この評価についてはトヨタの社史で，「大衆乗用車を創業以来の目標として持ち続けてきたトヨタにとって，『トラックのトヨタ』という表現は屈辱的」であり，「このありがたくない呼称を返上することが緊急の課題であった」（トヨタ自販［1970a］349 頁）と記述されている。トヨタにとっては「大衆乗用車」の確立こそが創業以来の悲願だったのである。

　しかしこの評価は，当時のトヨタの状況を踏まえれば妥当なものであった。それは，トヨタ車の国内における乗用車とトラックの販売台数（登録台数）を示した図 8-1 からも確認できる。トヨタ車の販売台数は 1960 年代に入っても，トラックのほうが多かったのである。「トラックのトヨタ」の一面は，こうし

142　*Case 8*　トヨタ自動車

図8-1 ● トヨタ車の国内登録台数の推移（1955〜70年）

(出所) トヨタ自販［1980］57頁。

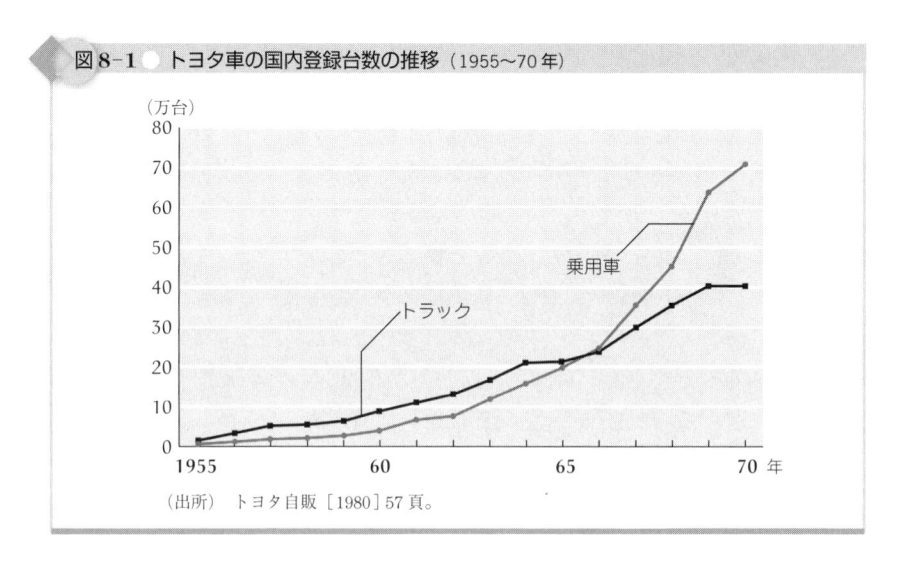

たデータからも裏づけることができる。乗用車の販売台数がトラックを上回るのは「カローラ」が発売された1966年からであるから，このころようやくトヨタは乗用車を中心としたメーカーになったと見ることができる。

　1966年10月に発売されたカローラは，1970年に，はじめて年間国内販売台数1位となって以降，2002年にホンダ「フィット」に抜かれるまで，33年間トップの座に君臨した。本ケースでは，「トラックのトヨタ」と呼ばれていたトヨタが，いかにして悲願の国産乗用車メーカーとしての地位を確立していったのかを，カローラの開発過程を追いかけることによって，トヨタがモータリゼーションの主役の座に躍り出るプロセス，その紆余曲折を見ていくこととする。また，トヨタの代名詞でもある「トヨタ生産システム」はどのようにして生まれたのかに関して，とくに1960年代にトヨタが国産乗用車メーカーとして地位を確立する過程で，それがどのような意味を持ったのかという観点から考えてみたい。

1　2つのトヨタ

自工と自販

　トヨタが，豊田喜一郎の「道楽」によって1937年8月に設立されたことは，

すでに述べた。もう少し正確にいえば,「豊田自動織機製作所」の取締役であった喜一郎は, 1930 年ごろから自動車開発に関心を持ち始め, モーターを試作するなど, 自動車の研究を進めた。織機会社がなぜ自動車を作るのか, という誰もが気になる疑問については, よくわかっていない。事業開始の動機としては, 父親である豊田佐吉の強い希望を息子が受け継いだことや, 喜一郎が海外で自動車を見て刺激を受けたことなどが通説とされている。また, 技術に関していえば, 自動織機製造における鋳物技術が自動車製造と関連があるといわれている。後にトヨタのライバルとなる日産も, 戸畑鋳物という鋳物会社にその起源があることからも, 自動車と鋳物の関係は強いといえよう。織機の開発・製造を進めていく過程で, 喜一郎は鋳物部品の精度や品質, あるいはそれらに関する加工技術に自信を持ち, それを自動車製造にも応用できるかもしれないと考えたのではないかといわれているのである（和田［2009］169 頁）。

　1933 年 9 月,「自動車部」と社内組織として格上げされた後, 本格的な自動車製造に進出するため, 37 年, ついにトヨタ自動車工業株式会社として独立を果たす。とはいえ, その時点で「A1 型試作乗用車」「G1 型トラック」などは完成しており, 組織として設立されたとはいっても, ある程度の基礎が確立された状況での船出であった。

　喜一郎の考えは, 自動車＝乗用車であり, 誰も手をつけようとしない大衆乗用車の完成こそ最終的な目標だった（トヨタ自販［1970a］27 頁）。そのためには, 生産だけでなく, 販売も組織的に行う必要があると考え, 当時, 日本 GM に在籍しており, 東京事務所支配人や販売広告部長を歴任した神谷正太郎を, トヨタ車の販売を担う責任者として引き抜いた。神谷は, 名古屋商業学校を卒業後, 三井物産に入社, シアトル出張所やロンドン支店などの勤務を経て, 自ら鉄鋼取引に参入すべく 27 歳のときに鉄鋼問屋・神谷商事を設立するも金融恐慌のあおりを受けて倒産, その後, 海外での経験が買われ日本 GM に入社したという経歴の持ち主である。そしてこの神谷が, 販売部門の責任者として, トヨタの販売網の形成を推し進めていくこととなる。

　彼は, 当初から大衆車の販売には全国組織が必要だと考えていた。喜一郎の唱える「国産車振興」のためには, 生産サイドと販売サイドとの協力が大前提となること, とりわけ販売店の位置づけが重要であり,「販売店の繁栄のもとに生産者の繁栄がある」という理念を掲げ, トヨタ車の販売店網をフランチャ

イズ化によって形成すべく，地方の販売店の開拓に努めた（トヨタ自販［1970a］38頁）。しかしこうした努力も，戦時期に入ると大衆車製造の中止を余儀なくされ，販売機構についても，実質的な機能を喪失するに至った。

　戦後，トヨタに大きな転機が訪れるのは復興期に直面した経営危機である。ドッジ・ラインの影響を受け，経営状況が著しく悪化したトヨタは，1949年には「年末資金2億円の融資がなければ倒産」（トヨタ自販［1970a］75頁）という危機的状況にまで追い込まれていた。このとき，倒産の悪影響を危惧した日本銀行名古屋支店長がトヨタに対する斡旋融資を行うべきとの判断を下したことで，トヨタは何とか倒産を免れた。その際，経営状況を改善するため，製造部門の資金運用および資金調達の方法を是正することを主たる目的に，販売会社の分離案が日銀から提案された。販売会社の設立によるトヨタ再建案は，販売部門トップの神谷の構想とも合致していたこともあり，トヨタはこの提案を受け入れる。

　1950年4月，トヨタから販売部門が独立し，トヨタ自動車販売（トヨタ自販）が設立されることとなり，神谷が取締役社長に就任した。これによって製造を担当するトヨタ自工と，販売を担当するトヨタ自販という，2つのトヨタが誕生することとなった。これ以降，機能が分化された両社は，高度成長期を通じて，まさにクルマの両輪となり，創業以来の目標である大衆乗用車の確立に向けた行動を開始することになるのである。

2　「パブリカ」という実験

(1) 「国民車構想」

　1955年5月，通商産業省（現，経済産業省）が，自動車生産の保護育成を図るための大胆な政策構想を検討していることが，『日本経済新聞』にスクープされた。それは，日本に「国民車」を誕生させるための「国民車育成要綱案」というものであり，想定している国民車は，最高時速100 km以上，エンジンは350〜500 cc，乗車定員4名，ガソリン1ℓ当たり30 km以上走行可能，販売価格25万円以下（月産2000台の場合）と，かなり詳細な条件が設定されていた。自動車メーカー各社は条件を満たす試作車を作り，その中から政府が国民車と

して量産するにふさわしい1車種を選定し，それに対して資金の保護を与えるというのが案の骨子であった。

このいわゆる「国民車構想」は，あまりに急進的かつ実行性に乏しい政策であったことから業界による反対運動が起こり，結局，撤回される。ただ，この過程で乗用車製造に1つの方向が示されたことも確かである。実際，トヨタでも条件のすべてを満たす車の生産は無理だが，要綱案の設定より大きい小型乗用車の開発を行うことになった。1956年8月には試作車が完成，走行試験を経て，同年9月に関係者を招いた試乗会を実施した。しかし，トヨタ自販が進めていた国民車の市場調査は，この車を発売しても需要は期待できないと結論した。というのも，当時の所得階層分布から判断すると，量産車は30万円以下でなければ発売困難であると予想されたにもかかわらず，試作車は月産2000台の場合で45万円前後の販売価格となったからである（トヨタ自販［1970a］277頁）。この報告を受け，トヨタ自工は販売を延期，ただし開発は継続していくことが確認されたのである（トヨタ自工［1967］535-536頁）。

他方，他の自動車メーカーもこの間，独自の国民車開発を進めていた。その中から，ダイハツ工業の軽三輪「ダイハツ・ミゼット」（1957年5月発売）や富士重工業の「スバル360」（58年4月発売）といった，個性的な車も市販された。他社が大衆車販売に踏み切る中，トヨタは1959年2月，先の試作から3次試作となる大衆車の基本方針を決める。それは大人4人が乗れるスペースの確保，高速道路にも対応できること，輸出を視野に入れ，幅広い温度範囲に対する耐候性を備えること，維持費を含めた経済性を重視することなど，要件は多岐にわたった。

この構想に沿って開発された試作車（UP10型）を，1960年10月から開催された第7回全日本全国自動車ショーに出品する。市販に先立ち，「大衆車第1号＋100万円」と銘打ち，会場で配布するチラシ，新聞，ラジオ，テレビなどあらゆるメディアを通じて大々的にネーミング募集キャンペーンが行われた。そして，100万通を超す応募の中から，publicとcarを組み合わせた造語"PUBLICA"（パブリカ）が選ばれた（トヨタ自工［1967］534-537頁）。

それまでのトヨタ車と異なり，パブリカは一般大衆を相手として量販を行うことになるため，新しい販売ルートが必要となる。発売計画は月販3000台，将来的には月販1万台に拡大すると見積もり，パブリカ専用の販売店網を新た

に構築することとなった。その際,大衆車販売で先行するアメリカを参考に,規模は小さくても,販売店の数はできるだけ多く,必ずしも自動車関係の経験を問わない,複数販売店地区における各販売店のテリトリーは同一府県内ではオープン,などを柱とする大衆車専用の販売網を創設した。当初は交渉が進まず,発売前までに大都市中心に22店にとどまったが,翌年には52店に拡大し,全国的な販売体制が整備されていった(トヨタ自販［1970a］280-282頁)。

(2) パブリカが失敗した理由──戦略とニーズのギャップ

こうして,1956年の試作車1号の完成から約5年,小型車開発構想から数えると約8年の時を経て,61年6月30日,トヨタ初の大衆車パブリカが発売された。しかし売行きは予想を下回り,目標の月販3000台には遠く及ばず,年間登録台数では高級車のジャンルで販売していた「クラウン」にも届かなかったのである(表8-2)。モーターショーへの出品や車名の公募などで話題づくりには成功し,また価格についても将来の量産を見越して,業界予想を大幅に下回る38万9000円(東京店渡価格)という思い切った「政策価格」を打ち出し,さらに車の性能についても,総合的に見てヨーロッパの大衆車にも勝るとも劣らぬ車だとの高い評価を専門家から得たにもかかわらず,どうしてパブリカは売れないのか。

販売低迷の原因究明に関する調査結果から明らかになったのは,トヨタの戦略と市場のニーズとの間にギャップがあるというものだった。開発に際してトヨタは,人々が大衆車に求める,いわゆる訴求ポイントを,低価格・実用性・経済性と想定し,ターゲットをサラリーマンに置いた。ぜいたくな飾り物は,大衆車の要件ではなく,むしろ実用性をそこなわない範囲でできるだけ簡素化し,低価格を実現することが開発構想であった(小田部［1997］21頁)。つまり,低価格になれば消費者はクルマを買うだろうと考えたわけである。

しかし,こうした想定が誤っていたことを,トヨタは身をもって痛感する。当時の実際の乗用車購買層はトヨタの想定よりも一段高い層であり,そのため購入の際には多少割高でも豪華さが基準とされていたのである。つまり,車は実用品ではなく依然として奢侈品だったのである。そのため,潜在的な顧客から見たとき,パブリカは「あまりにも質素であり,乗って楽しさがない車」だったのである(トヨタ自販［1970a］286頁)。トヨタは,消費者が乗用車購入に

表8-2 主要乗用車・車種別登録台数の推移

(単位:台)

	クラウン	コロナ	パブリカ	カローラ	スプリンター	マークⅡ
1961年	33,033	24,286	8,187			
62	28,375	28,284	18,933			
63	52,590	37,843	28,181			
64	56,217	59,398	41,218			
65	49,405	102,399	43,437			
66	52,474	131,871	48,415	11,311		
67	57,479	154,030	42,197	99,943		
68	77,989	124,293	36,966	131,927	35,180	44,872
69	88,248	52,346	59,409	190,809	57,684	187,855
70	80,937	144,410	54,389	240,116	65,349	110,715

(出所) トヨタ自販［1980］58頁。

際して何を求めているのかという，最も肝心なポイントを読み切れていなかったことになる。大衆乗用車の販売を志向しながらも，「トラックのトヨタ」という評価を受けていた当時のトヨタと，市場とのミスマッチが，浮彫りになったのである。

(3) 失敗から学ぶ

予想外の販売不振は，量販を想定して新たに配置された販売店に，何らかの対応を迫ることとなった。そこで，質素な車だったことが販売不振の主因との調査結果を踏まえ，少しでも豪華な車へ改良することが試みられた。直営店の1つ，パブリカ朝日では，新たにラジオとヒーターを付けた特別仕様車を販売したところ，価格は10％程度上がったにもかかわらず，好調な売行きを示した。市場が大衆車に何を望んでいるかを把握したトヨタは，1963年7月，車の性能はほぼそのままに，カラーリングを鮮やかにし，リクライニング・シートに変更した「パブリカ・デラックス」の発売に踏み切る。標準販売価格は42万9000円と，スタンダードより10％以上高い価格設定であったにもかかわらず，見込み通りこのアップグレードによってパブリカの売行きが伸びた。デラックス発売の前後6カ月の月間平均登録者台数を見ると，発売前の1724台に比べ，発売後は2974台と，大幅に増加したのである（トヨタ自販［1970a］288頁）。

パブリカの開発責任者（主査）であった長谷川龍雄は，一連の経験を通じて，自動車販売において重要なのは，さみしいフトコロをはたいてでも買いたいという魅力を感じさせる何かを提供することだと痛感したという。つまりパブリカの失敗から，「車とはなにか」といった乗用車開発の本質について教訓を得たのである（前間［1996］149頁）。そしてこのときの苦い経験が，その後のカローラ開発に活かされていくことになる。

　パブリカの販売不振は，トヨタにもう1つ副産物をもたらした。それはモーターショーに，パブリカのエンジンとシャーシを使った「パブリカ・スポーツ」を出品したことである。長谷川によれば，「売れ行き不振のパブリカ店にインパクトを与えることができるかもしれない」（齋藤［2001］255頁）との思いから開発を行い，車上部が前後に動く「スライドルーフ」を搭載し，ドアがないという，かなり斬新な設計とした。そして，このクルマがモーターショーで好評を博したことに注目したトヨタ自販は，自工に販売要請を行う。その結果，同車は市販用に改良が施され，1965年4月に「スポーツ・800」というブランド名で発売される。後に「ヨタ・ハチ」の愛称で呼ばれた同車は，日本だけではなく海外でも人気を博し，スポーツカー・メーカーとしての側面も世間に印象づけることになった。

　国民車構想に端を発して開発されたパブリカは，トヨタ初の大衆車としては不十分な結果に終わった。しかし，大衆車開発にとって欠かすことのできない貴重な情報を獲得するだけでなく，後の量販を可能とするための流通機構を準備し，加えて初期のトヨタを代表するヨタ・ハチの誕生にもつながった。パブリカはトヨタにとって，大衆車開発のための実り多い実験であったのである。

3　「カローラ」誕生！

(1)　「車とはなにか」からの発想

女性を意識する

　第2節で見たように，パブリカは予想外の販売不振に陥ったものの，市場から学んだ経験を踏まえた改良によって販売は上向いた。潜在的なニーズを捉えることは難しいが，トヨタは，大衆車の需要がたしかに存在するという手応えをつかみつつあった。そ

こでさらなる市場開拓を実行するにあたり、とりうる選択肢は大きく2つあった。1つは、軌道に乗りつつあるパブリカのモデルチェンジで対応するという方法、もう1つは、まったく新しい大衆車開発を行うという方法である。1964年3月に行われた大衆車開発をめぐる重役会議は、まさにこの点が争点となった。

議論は、パブリカの後継車として1966年春の市場投入を目標に開発中の「179A」をめぐって行われた。副社長の豊田英二は、新大衆車の市場投入に消極的な見解を示した。新車種投入ではなくパブリカをモデルチェンジすべきとの認識によるものであった。そのため、179A用に開発されている新型エンジンについても、パブリカへの搭載を示唆したのである（読売新聞［2006］187-189頁）。

これに対して、パブリカの開発責任者で、179Aの開発を推し進めていた長谷川の考えは違い、パブリカの改良には限界があるというものだった。新たに開発する大衆車は輸出も視野に入れて設計を行う必要があり、そうだとすれば空冷の700ccのエンジンをベースとするパブリカでは大衆車競争に対抗するのは困難だという認識を持っていたのである。とくに居住性など、今後必ず要求されるニーズに応えることは不可能だと判断した。そして、新たに開発される車のねらいを、「ゆとりある車、ひけめを感じない車、いつまでも乗り続けたい車」（トヨタ［1987］436頁）と設定し、実用一点張りのパブリカとは開発目的が異なることを強調した。こうした一見捉えどころのない消費者心理に配慮したクルマづくりこそ、実用性を追求しすぎて失敗したパブリカの経験から学びとった、「車とはなにか」という点に対する、開発責任者としての解答でもあった。

また、大衆車を目指す以上、女性ドライバーにも気に入ってもらうことが不可欠となるため、最初から女性を意識した開発がなされた。設計にこれほど大勢の女性デザイナーが参加したことはないといわれたように、女性の視点を積極的に取り込んだ。「デザイナーはあらゆる可能性に首をつっこみ、どうしたらお客さんに満足してもらえるか、かゆいところまで手の届くよう」配慮がなされるなど、徹底的にユーザー視点に立った開発が行われたのである（『サンデー毎日』1966年11月6日号、16頁）。

生産体制を整える

パブリカの反省を踏まえて設計・開発が進められた179Aが間違いなく売れる車であるという確信を，開発に消極的であった豊田英二を含めた経営陣が抱くに至ったことは，同車の生産体制を整えるために90万m^2を超す高岡工場が新設されたことからも読み取ることができる。発売直前の完成を目指して建設が開始された同工場は，トヨタ1社で月産4万台程度だった当時，179Aだけで月産2万台が生産可能な巨大工場だった。長谷川でさえ当初は月産1万台を予想しており，「300億円を投入して2万台生産の高岡工場をカローラのために造ってくれたのには，おったまげた」（齋藤［2001］267頁）と後に振り返っているように，179A，つまりカローラの開発は「社運をかけての思い切った投資」（『サンデー毎日』1966年11月6日号，14頁）だったのである。

またこの専用工場では，コンピュータによるオンライン・コントロール・システムがはじめて導入され，塗装工場・組立工場での作業指示はもちろん，納入部品の在庫状況や設備の稼働状況まで中央コントロール室で集中管理し，即時の処理が可能となるなど，新しい設備が導入された。加えて，エンジンを製造する上郷工場やシートやホイールを製造するメーカーともオンラインで結ばれ，また車両組付けに合わせた納入指示も可能になるなど，取引をスムーズにするためのさまざまな仕組みが盛り込まれた（トヨタ［1987］440頁）。

(2) ライバルへの"挑戦状"

「サニー」対策

カローラ発売に先立ち，トヨタは積極的な宣伝広告も展開する。それはカローラより半年ほど早く発売されていた日産「サニー」の存在があったからである。サニーへの対抗意識は開発時点からあった。というのは，サニーもトヨタのパブリカを意識して開発されていたからであり，要するに，この2台の車は，次期大衆車の主導権をめぐるトヨタと日産の開発競争だったのである。当初カローラは1000cc車として開発されていたが，先に発売されるサニーも1000ccであるという情報が入ったため，発売まで残り6カ月しかないにもかかわらず，100ccを追加した設計に変更すべきだとの強い要請がトヨタ自販によってなされる。その結果，カローラは急遽1100ccへと変更されることとなった。

エンジンの変更に伴い，駆動系統をはじめ，派生的に多くの設計変更が必要

となる。このときトヨタでは，日露戦争時に掲げられた有名な「Z旗」にちなんだ「Z」判を作り，「Z」が押されたカローラの設計変更指令書は最優先での処理を行うなど，全社をあげて対応した。その結果，わずか2カ月で新型エンジン（27E-Z）を搭載した試作車が完成する。これによってカローラは，当初よりスポーティさが増すこととなった。これは，販売サイド主導で行われた突然の設計変更であったが，開発サイドからも「本当に素晴らしい判断をされたと後で思った」（齋藤［2001］424頁）との感想が述べられている。自販と自工との強い信頼関係が，無謀な設計変更に対しても協調的な対応を可能にしたのである。

そして発売直前に行ったサニー対策の変更を，トヨタは全面的に強調していくこととなる。広告の真ん中には「プラス100 ccの余裕」と記し，「ヨーロッパでもこのクラスの主流はすでに1100 ccに移りました」と，大衆車の世界標準は1000 ccではないことを告げる。「必要な条件を満たすには1000 ccではムリなのです」と，直前まで1000 ccで発売しようとしていたことなど棚に上げて断定した上で，最後は「カローラは日本の自動車の歴史をかえるでしょう。外資も，獲得します。発売までもう少しお待ちください」と結ばれる。サニーを買おうと思っている人は新たな世界標準となるカローラが発売されるまでお待ちください，というわけである。この挑発的な発売予告広告は，競合会社を震撼させたとして大阪コピーライターズクラブから特別賞を受賞した。

設計からデザインまで徹底的にユーザー視点に立った開発を実施し，また量産を見越した積極的な設備投資による効率的な専用工場の建設を行い，さらに先行するライバルとの違いを強調した露骨なまでの比較広告を行うなど，販売に向けてできる限りの戦略を実行した上で，クラウン（王冠），コロナ（光冠）に続く冠シリーズ第3弾として，ラテン語で花冠を意味するカローラは，1966年10月，満を持して発売された。価格は先行するライバルのサニーより2万円以上高い43万2000円（スタンダード）。これが爆発的なヒットカーとなったことは，すでに触れた通りである。

初代カローラ（トヨタ自動車提供）

販売体制も整える

なぜカローラは売れたのか。当時、自動車雑誌が行った「カローラ百科」というユーザーへのアンケート調査がある。それによると、カローラを選んだ理由で一番多かった意見は、車の性能が優れていたというものであった。ユーザーが判断したカローラの具体的な長所としては、「加速・出足の良さ」「四段フロアシフト」「エンジンが静粛」という意見が上位だった。このような車の性能に加えて、価格と品質とのバランスなど、総合的な優位性がヒットの要因であったと考えられる。女性デザイナーを投入するなど、ユーザー視点に立って開発されたクルマであったことも、売行きに影響したのだろう。さらに、トヨタ自販の調査によると、カローラ・ユーザーの内訳は、新規24.2％、代替66.2％、増車9.6％であり、代替のうち38％がパブリカからの乗換えであった（小田部 [1997] 46-53頁）。

そして、冒頭のこのケースで考えることで見たように、カローラは発売以来30年以上にわたって年間販売台数第1位を続けていくことになる。そこには商品が持つ魅力以外にも、ヒットを構造的に支えている何らかの仕組みがあったはずである。この点について、開発責任者の長谷川が指摘した次の発言に注目したい。

> 「カローラがナンバーワンを維持し、今のカローラ店の繁栄があるのは、二代目以降もよいスタッフがカローラの開発を担当してよい車をつくったということだけではないと思う。街の一等地を早めに買い、有利な場所にカローラ店があるという強みが大きかった。モータリゼーションがはっきりした1967年頃に、サニーの販売店の土地を日産が買おうとしたときには町外れの土地しかなかった。立地条件の良さ、利便性などお客様に対するイメージという面では、サニー店は永久にカローラ店に追い付けない。販売戦略が、いかに重要であるかということをひしひしと感じる例です」
> （齋藤 [2001] 267頁）。

トヨタ初の大衆車パブリカを販売する際、新たに販売チャネルを整備したことは、すでに見た。表8-3は系列店数の推移を示したものであるが、ここから販売ネットワークが急速に拡大したことが確認できる。しかもこの間トヨタは、販売網の量的拡大だけでなく、質的な改善も進めている。1963年、トヨ

表8-3 ● 国内系列店数の推移

(単位：店)

	1960年	61年	62年	63年	64年	65年	66年	67年	68年	69年	70年
トヨタ店	49	49	49	49	49	49	49	49	49	49	49
トヨペット店	51	51	51	53	53	53	53	53	52	52	52
ディーゼル店	9	9	9	9	9	11	11	11	11	6	4
パブリカ店		31	56	63	65	69	86	85	80	83	84
オート店								3	45	61	62
合　計	109	140	165	174	176	182	199	201	237	251	251

(注) 1969年からパブリカ店はカローラ店に改称。
(出所) トヨタ自販［1970b］49頁。

タ自販は「販売店との揺るぎない連帯の確立」を目指して，大都市の販売店を中心とする各種会議を新設し，きめ細かな情報交換の場を設定した。翌年には全国の販売店にテレックスを導入して全国ネットを完成させる。これによって受注と販売の受発信業務が大幅にスピードアップし，本部は全国の販売店別・車型別の受注・販売・在庫状況などを迅速かつ正確に把握しうるようになった。またそこで得た情報を，販売戦略や生産計画に反映させることが可能になったのである。

こうした情報網の整備がもたらした成果として，1965年の東京オリンピック後の不況の際の対応があげられる。このときトヨタは，販売店の在庫状況を把握することで，他社に先駆けて大幅な減産指示を行った。しかし減産のタイミングが遅れた他社は，市場の変化にうまく対応することができなかった（トヨタ［1987］434頁）。トヨタは，全国に張りめぐらされた販売ネットワークを通じて，販売店の在庫状況などから市場の変化をいち早くキャッチし，それを踏まえた生産・販売計画を策定したのである。地域の「有利な場所」に販売店が配置され，それらが全社のシステムでつながる販売ネットワークとして構築されており，そこからさまざまな情報が迅速に集められ，それを分析することで販売戦略や生産計画を確立する体制が完成していたのである。このような仕組みに支えられることによって，カローラに代表される大衆車の量販が達成されていくのである。

4　流れを究める

(1) 「ジャスト・イン・タイム」

理想の姿

「トラックのトヨタ」と呼ばれていたトヨタは, カローラのヒットによって大衆車市場での確固たる地位を築くことに成功した。しかし, このプロセスにおいて見逃すべきでないのは, トヨタがこの時点において, 一定の品質を確保しながら大量に製造可能な生産体制を整えていたという点である。トヨタのものづくりの仕組みは, 「トヨタ生産システム」として知られているが, それは創業以来繰り返された試行錯誤を経て, 1960年代にようやく定着したものである。カローラのヒットは, まさにトヨタ生産システムが確立していく過程で実現するのである。量産を効率的に行えるシステムがあってはじめて, カローラのヒットが可能になったともいえる。

自動車を流れ生産で組み立てていく上で, トヨタの考える理想的な姿とは, 必要な部品が, 必要な時に, 必要な分だけ生産ラインに到着するということであり, これは「ジャスト・イン・タイム」という用語として知られている。単に間に合う（イン・タイム）のでは意味がなく, 「ジャスト」という言葉がポイントである。それが最もムダのない状態だからである。アメリカの自動車メーカーのように大規模工場を建設し大量生産によってコスト削減を図るという方法が, 資金とマーケット双方からの制約で選択できず, 「多種少量生産」でスタートせざるをえないという「日本の自動車工業が背負った宿命」（大野［1978］i頁）の結果, 戦後になってこの点が徹底的に追求されていく。大量生産によるのではなく, 少量生産で生産性を上げるという難問に対するトヨタの解決策が, ジャスト・イン・タイムだったのである。

後ろから前へ

トヨタ生産システムが定着する前のトヨタでは, 部品の未加工品や完成品が生産現場にあふれかえっていた。現場が活気にあふれていてよいではないかと思うかもしれないが, 経営的な視点で見るとこれは大問題である。「工場面積がムダに使われるばかりでなく, 運転資金の無意味な膨張により, コスト高の原因」（トヨタ自工［1958］

490頁）となるなど弊害が多く，また生産現場がコントロールされておらず，管理が不完全なことを意味するからである。このようなムダが発生する理由について，生産現場の責任者で，後に生産システムを体系化することになる大野耐一は，「前工程が後工程の生産状況にはおかまいなしにどんどんできた品物を送り込んでくるために，後工程では部品の山ができてしまう」（大野［1978］26頁）のだと分析した。

そこで従来のやり方を変更して，必要とする製品の数と生産順序を組立ての最終工程に示し，そこをスタート地点として，順次，組立てに必要となる部品を他の部門にとりにいき，とられた側では減った分だけ生産することにした（トヨタ［1987］374頁）。この仕組みは，スーパーマーケットが売れた商品を順次補充していく方法をヒントにしたもので，従来のものづくりのあり方に大きな変更を迫るものであった。というのも，前から後ろへ（前工程から後工程へ）行くに従って自動車が完成に近づいていくというのが従来のものづくりのプロセスであったのに対して，最後の組立てからスタートして，前に前に進む（後工程から前工程へ）からである。

これに伴い，とりにいく側（後工程），とられる側（前工程）の双方が，作り方の変更を余儀なくされる。たとえば，ある部門が一度に前工程の部品を全部とった場合，今度はそこを起点に，前へ前へと連鎖的に欠品の波が押し寄せていくことになる。つまり，後工程から前工程へというものづくりの変化は，モノの流れが反対になるだけではなく，作業のやり方そのものについても改革を要求するのである。欠品の連鎖を防止するには，製品の流れのバラツキをなるべく減らすようにしておくこと（生産の平準化）が必要であり，そのためには，各工程の作業時間や作業順序の設定（標準作業），そもそもの生産計画自体の設定が，重要となる。まさに，生産を一連のシステムとして体系的に考えて，全体がスムーズに運用されるように設計することが必要となるのである。

そして，このアイディアをスムーズに行うため，どの部品がどれだけ後工程にとられたのかといった事実を記載したカード，いわゆる「かんばん」が，工程間を循環することで，情報の正確な伝達とその管理を行うという方法が採用された。当初，一部の工程で実験的に開始されたスーパーマーケット方式は，かんばんや標準作業といった独自の概念を生み出しながら進化していき，1963年6月にトヨタの全工場で導入された（トヨタ［1987］374頁）。生産シス

テムにおける変革が進行し，全社に定着していくまさにそのタイミングで，カローラの開発が始まるのである。

(2) 品質の向上を目指して

「勘と経験」から「統計」へ

1961年6月，トヨタは全社をあげてTQC（総合的品質管理）の導入に取り組むことを経営方針として決定する。貿易と資本の自由化という経済環境の変化に対し，企業の競争力を高めることで，迫りくる国際競争に備える必要があった。つまりこれは，1960年代のマクロ経済環境の変化への組織的な適応策であった。しかし同時に，トヨタが直面していた解決すべき内部要因，すなわち，品質水準の低下，従業員教育の不徹底，管理者の能力不足といった，企業が成長していくに伴い生じてきた問題への対応策でもあった。

当時のトヨタが抱えた問題について副社長の豊田英二は，会社の規模は成長したが「品質の向上は，能率の向上につり合って進まなかった」と述べており，生産性が向上する一方，品質面では克服すべき問題に直面していたことを指摘している（トヨタ［1967］506頁）。トヨタはすでにQC（品質管理）については成果を収めていたものの，量産体制への移行に伴う問題については組織的な改革を行う必要があるとの認識から，TQCの必要性を説いたのである。「勘と経験」に頼った生産や管理を継続したのでは，従来とは異なる量産下での生産性上昇と品質向上の両立は難しく，「設計から製造のレベルまで近代的な管理」を目指すべきだというのが，当時の経営陣が示した認識であった（松島・尾高［2007］44-46頁）。

そこで中川不器男社長は，全社レベルの改革を具体化するため，統計的品質管理の実施によって業績を上げている会社に授与される「デミング賞」の獲得を目指すことを指示し，そのための部署を新設するなど受賞に向けた組織的な活動が推進された。デミング賞の審査では品質管理に加えて，社内体制の整備についても厳格にチェックされる。つまり，1960年代前半を通じて取り組んできた社内改革が外部評価の目にさらされることを意味した。1965年8月から9月にかけて，延べ74人にも及ぶ審査員の綿密な実地検査を受けたトヨタは，見事デミング賞を獲得したが，賞以上に意味を持ったのは，社内における意識変化であったという。組織としての評価が求められたことで，生産現場からマ

4 流れを究める

ネジメントに至る,すべての階層において,組織改革に対する意識を徹底させることができたのである。

二兎を追う――生産性も品質も

TQC推進本部副本部長であった豊田章一郎は,TQC導入の成果について次のようにまとめている。

まず,「品質は工程で作りこむ」という考えが全社に浸透し,実際に品質も向上したことで,他社に先駆けて保証期間延長が実施できた。増産に伴う品質水準の低下を問題視してきたトヨタにとって,これは大きな成果であった。加えて,月産5万台と輸出1万台といった,当時のトヨタとしては大きな「記録」を実現できた。さらに,原価についても目標通り低減できたことで,品質の向上と生産性上昇の両立という目覚ましい成果を出すことができた。また,全社一丸となってTQCに取り組んだことで,マネジメント層が管理の手法を覚え,仕入先からトヨタ自販に至る企業間の関係においても,双方の義務と権限とが明確となったなど,組織管理面でも成果が見られた。

この,最後に触れられている取引先との関係としては,トヨタ自工の主要取引先34社を,独自でTQCを推進するグループ(豊田自動織機,豊田工機,日本電装,アイシン精機,トヨタ車体,関東自動車工業)と,トヨタ自工が支援するグループに分け,後者については個別に会社関係懇談会を開催するなど「オールトヨタで品質保証」を行う体制をつくったことがあげられる。その結果,取引先の中からもデミング賞を受賞する企業が現れるなど,まさにオールトヨタでの品質向上が実現していったのである(トヨタ自工[1967]514頁)。

1960年代初め,トヨタは生産量の増加に伴い発生しつつあった品質の低下と社内管理体制の不備といった問題について,全社をあげて改革に取り組んだ。数年間にわたる試行錯誤の過程で,TQCやデミング賞といった外部の制度を有効に活用することによって社内組織と社員の意識改善に努めた。また,取引先とのネットワークの強化も図りつつ,取引企業を含めた能力向上を通じて,トヨタの競争力強化のための体制を確立していくこととなった。このような変革を遂げていく過程でカローラは発売され,大成功を収めていくのである。

このケースの解説

　自分の担当する工程で作ったモノを，その後の工程の人に順次送っていくという流れではなく，後ろの工程で必要な物を前の工程にとりにいくという「後工程引取り」というトヨタの生産方法は，物事をひっくり返して考えることが好きだという大野耐一が，ものづくりの流れに関する常識に挑戦し，試行錯誤の果てに体系化したものである。じつは，この斬新なアイディアは，すでに第二次世界大戦中に，三菱重工業や中島飛行機の製造ラインでも生まれていた（和田［2009］468頁）。戦時中，資材が著しく不足する状況で，何とかして効率的に生産を行わなければならないという現場のニーズから，新たな生産方法が模索され，後工程引取りも実行に移されることとなった。しかし成果は上がらなかった。アイディア自体は先駆的であったけれど，体系的なものではなく，スムーズな生産にはつながらなかったのである。

　戦後，トヨタが直面し，解決しなければならなかったのは，戦時中，三菱や中島などが直面した問題と類似したものだった。巨額の資金を投じ巨大な工場を建設し，大量生産によって原価を引き下げるのとは違う方法で，乗用車を生産していかざるをえないという問題である。資金的余裕のなかったトヨタは，いかにコストをかけずに生産性を上げるかという難問に取り組まざるをえなかったのである。資金をかけずにできそうなこと，それは運搬の合理化，つまりモノを動かす方法を合理化することだった。流れの合理化というと，ベルトコンベアなど工場のラインの合理化を想像するかもしれない。しかし，当初はマーケットが小さく量産の必要性がなかったトヨタにとって，ベルトコンベアによる合理化は目指すべき方向性ではなかった。そこで注目したのが，作業工程やヒトの動きなどを含めた，広義の「流れ」を合理化することであった。あたかも水が流れるかのように，モノを淀みなく動かすこと，これがトヨタの，そして戦時中の三菱や中島を含む日本の製造技術者の「伝統的な考え方」（和田［2009］545頁）であった。

　トヨタ生産方式は，日本の自動車工業が背負った宿命を克服し，何とか欧米の自動車メーカーと対抗するべく，「日本の経済風土にあったオリジナルな方法」（大野［1978］ⅰ頁）を模索する中から，トヨタがつくり上げていったシス

テムである。それは，多くの日本企業が直面し，またトヨタ以外のメーカーにおいても先駆的な試みが行われた末に，高度成長期に体系化された仕組みなのである。製造技術や品質管理の方法など，多くの点でアメリカの方法に学びつつも，日本企業が置かれた厳しい制約の中で，最適な生産方法を自分の頭で模索することから生まれた独自の解答だったのである。

●思考と議論のトレーニング●

1 トヨタの生産システムは，フォードのそれと比較されることが多い。これまでのフォード・システムに関する通説的理解を批判的に検討した注目すべき研究・和田一夫「フォード・システムの再検討——ハイランド・パーク工場はどんな工場だったか？」（大東英祐ほか『ビジネス・システムの進化——創造・発展・企業者活動』有斐閣，2007年）では，フォード・システムのポイントはいったい何だったと主張されているだろうか。

2 ものづくりのあり方を考えるとき，なぜ「システム」という視点が有効なのだろうか。開発から製造に至る，ものづくりにかかわる一連のつながりや，製品が完成してから販売されるまでの"流れ"に注目するとき，「システム」としてものづくりを議論することに，どのような重要性が見出せるだろうか。

●参考文献●

大野耐一［1978］『トヨタ生産方式——脱規模の経営をめざして』ダイヤモンド社。
小田部家正［1997］『カローラ物語——ベストセラーカー2000万台の軌跡』光人社。
齋藤明彦［2001］『トヨタをつくった技術者たち』トヨタ自動車技術管理部。
『サンデー毎日』1966年11月6日号，「新車カローラの秘密」。
トヨタ自動車［1937］『トヨタ自動車躍進譜』豊田自動織機製作所自動車部（復刻版：トヨタ自動車，1999年刊）。
トヨタ自動車株式会社社編［1987］『創造限りなく——トヨタ自動車50年史』トヨタ自動車。
トヨタ自動車工業株式会社社史編集委員会編［1958］『トヨタ自動車20年史——1937-1957』トヨタ自動車工業。
トヨタ自動車工業株式会社社史編集委員会編［1967］『トヨタ自動車30年史』トヨタ自動車工業。
トヨタ自動車工業株式会社社編［1978］『わ・ざ・わ・だち——トヨタ自動車工業株式会社創立40周年記念写真集』トヨタ自動車工業。
トヨタ自動車販売株式会社社史編集委員会編［1970a］『モータリゼーションとともに』トヨタ自動車販売。
トヨタ自動車販売株式会社社史編集委員会編［1970b］『モータリゼーションとともに』

資料編，トヨタ自動車販売。

トヨタ自動車販売株式会社社史編纂委員会編［1980］『世界への歩み――トヨタ自販30年史』資料，トヨタ自動車販売。

藤本隆宏［1997］『生産システムの進化論――トヨタ自動車にみる組織能力と創発プロセス』有斐閣。

前間孝則［1996］『マン・マシンの昭和伝説――航空機から自動車へ』下巻，講談社（講談社文庫；初版：1993 年刊）。

松島茂・尾高煌之助編［2007］『熊本祐三 オーラル・ヒストリー』法政大学イノベーション・マネージメント研究センター。

読売新聞特別取材班［2006］『トヨタ伝』新潮社（新潮文庫；初版：『豊田市トヨタ町一番地』新潮社，2003 年刊）。

和田一夫［2009］『ものづくりの寓話――フォードからトヨタへ』名古屋大学出版会。

＊ 参考文献からの引用に際し，漢数字をアラビア数字に改めた箇所がある。

［大石直樹］

もう1つの トヨタ自動車　Another Perspective on Case 8

「流れを究める」といわれたときに，真っ先に頭に浮かぶのは，ベルトコンベア上を流れる部品・半製品の姿だろう。もちろん，こうしたイメージは間違っていない。しかし，1950年代初頭のトヨタ自動車（トヨタ）は，ベルトコンベアの導入に必要な資金を容易に調達できる状況にはなかった。そこで同社はマテリアル・ハンドリング（マテハン）に注目したのである。マテハンは「運搬管理」のことで，フォークリフト，パレットやコンテナなどを用いて資材を運ぶ作業を指す。

トヨタは1951年初頭，運搬対策委員会を設置してマテハンの改善に乗り出し，53年以降はさまざまな運搬用機器を導入したり，工場設備と一体化した運搬用設備を設置したりしていく。1953年にフォークリフトを導入した倉庫では，床面積の利用率が4倍に増加し，新旧部品の分類も容易になり，積み下ろしの運搬効率は6倍も向上したという。ほかにも，それまで2人の作業員が手作業で行っていた鉄材の整理・積み下ろしを，移動式クレーンに切り替えることで作業工数を半分に減らしたとされる。要するに，作業を大幅に効率化したのである。

このようなマテハンへの着眼は，トヨタの経営陣（豊田英二と斎藤尚一）が1950年に渡米し，フォードのリバー・ルージュ工場を視察した経験に基づく。英二はそこで目にしたコンベアの様子を『流線型』という雑誌の1950年10月号に綴っている。また，斎藤は，コンベアにとどまらないマテハンの重要性を次のように述べていた。マテハンの改善は大量生産に際して，コスト削減（原価切下げ）と生産増強の双方できわめて大きな役割を果たす。アメリカの自動車工場において，マテハンは支払賃金の40％を占め，時に「生産労務費」の60％以上を費やすといわれる。それゆえ，フォードは巨額の資金を投じて「材料運搬」の合理化を進めている，と。斎藤は「製品の価値になんらの寄与をしない材料取扱」に対するフォードの取組みに感動すら覚えたのであろう。

トヨタ自身ではないが，日本生産性本部視察団もまた，マテハンに注目した。それは，同本部が1955年から12年間にわたって海外に派遣した視察団の調査に基づく「運搬」関連の報告書に示される。ちなみに，トヨタも1958年5～7月の第2次視察団と59年5～7月の第3次視察団に参加している。

ここで強調したいのは，運搬用の機器や設備とは異なる視点からマテハンに言及した報告書である。第3次視察団は，アメリカの「工場の床面は例外なく，日本より優れている。とくにフォード工場の床の如きは，日本のどの百貨店よりも滑らかだといってよい。同時に床の高さが高低なく，段のないいちような平面にまとめられている」(圏点：

引用者)。だからこそ，運搬用機器は円滑に動き回れるし，使える機器の種類や利用範囲を広げて，それらの能力を最大限活用することもできる。彼らは，運搬用機器だけでなく，その機器を効率的に使用するために「工場の建物そのもの」のあり方が鍵になることを見抜いたといえる。

　トヨタは1954年初頭，挙母工場の組立工場の増改築と設備更新に着手し，55年に完成させた。そして，同年，マテハンの学習成果は「トヨペット・クラウン生産開始に向けた体制整備に活かされ」ることになった（和田［2009］422-444頁）。

　今日，トヨタのコスト削減に向けた取組みは「乾いた雑巾をさらに絞る」といった表現で語られる。それは，半世紀以上も前の「床」へのこだわりに，端的に示されるのである。

● 参考文献 ●

和田一夫［2009］『ものづくりの寓話——フォードからトヨタへ』名古屋大学出版会。

［加藤健太］

Case 9
本田技研工業
●危機を好機に

このケースで考えること

　本ケースでは，企業と政府の関係に焦点を合わせながら，本田技研工業（ホンダ）がいかにして"世界のHONDA"へと躍進したのかという点を検討する。分析に際しては，同社が"危機を好機に"換えつつ，いくつもの難題を解決した点に注目する。具体的には，①通産官僚の構想した特定産業振興臨時措置法（特振法）がホンダの自動車事業への進出を阻止しようとした危機と，②公害問題に関して，政府が規制に乗り出したという危機を取り上げ，ホンダがそうした危機をどのように好機に換えて発展のバネとしたのかを見ていく。

　GMとクライスラーが経営破綻に見舞われた今日からは想像しがたいことであるが，高度成長期前半の自動車産業において，日本のメーカーはアメリカのビッグスリーに比べてあまりにもちっぽけな存在であった。1958年の自動車生産台数を見ると，アメリカの514万台に対し日本はわずか20万台にすぎず，ドイツ（150万台）やイギリス（137万台），フランス（113万台）にも大きく引き離されていた。企業別では，GMが254万台でトップ，それにフォードの146万台，クライスラーの64万台が続き，日本企業はトヨタ自動車（トヨタ）8万台，日産自動車（日産）6万台にとどまっていたから，その差は容易に埋め

●1　本ケースで取り上げるのは，政府による保護・育成政策ではなく，その規制的側面である。したがって，必ずしも政府・企業間関係の典型を示すものではないが，1つの重要な側面を描き出すと考える。

られないものと考えられた（通商産業省産業構造研究会［1960］202, 211 頁）。

　このケースでクローズアップするホンダは，当時，自動二輪車メーカーとしての地位こそ築いていたものの，自動車生産には乗り出していなかった。本論に先立ち，簡単に同社の設立と初期の事業展開を振り返っておこう。

　本田技研工業は，1946 年 10 月設立の本田技術研究所の株式会社への改組（と名称変更）に伴って発足した。社長には本田宗一郎が就き，自ら"天才"技術者として製品開発の先頭に立った。初期の事業展開で重要なのは次の諸点である。第 1 に，新たな技術を利用して製品を開発したことを指摘できる。具体的には，1951 年 10 月に発売したドリーム号 E 型に，競合他社の多くが搭載した 2 サイクル・エンジンでなく，4 サイクルかつオーバー・ヘッド・バルブ・エンジンを採用した。第 2 に，宗一郎が技術，1949 年 10 月に常務取締役として入社した藤沢武夫が営業という形で，トップ・マネジメントが役割分担をしたことをあげられる。たとえば，藤沢は，1952 年 6 月発売の自転車補助エンジン F 型カブの流通について，全国で 5 万 5000 店を数えた自転車販売店に目をつけ，カブの取扱いを要請する手紙を出して 1 万 5000 店からその了承を取り付けた。第 3 に，比較的早い段階から海外市場に打って出たことが重要である。ホンダの本格的な輸出製品となったスーパーカブ（1958 年 8 月発売）は，1959 年 6 月に設立した現地法人アメリカ・ホンダのキャンペーン"Nicest People on Honda"（素晴らしき人，ホンダに乗る）により，新たなイメージをまとったオートバイとしてアメリカに浸透していった（橘川［2001］199-210 頁）。

　日本の二輪車の生産台数は，ホンダが創業した 1946 年の 470 台から 51 年に 3 万 390 台へと飛躍的な増加を示した後，55 年に 28 万 7976 台，60 年には 163 万 3300 台まで拡大した。同時に，輸出台数も 1951 年 318 台，55 年 425 台，60 年 6 万 390 台といった具合に，とくに 50 年代後半に顕著な伸びを記録した。この間，ホンダの市場シェアは，1951 年の 9.9 ％から 55 年に 16.4 ％まで上昇して東京発動機に次ぐ第 2 位に位置し，60 年には 44.1 ％を占めて圧倒的なトップへと上り詰めた。その要因として，同社の価格戦略に注目したい。すなわち，ホンダは 1957 年 3 月，他社に先駆けて全国統一価格を導入するとともに，その価格を基準にして同年 4 月と 8 月にそれぞれ第 1 次値下げ，第 2 次値下げを実施した。この結果，同社の製品価格は全車種で 10～15 ％も低下したのである。上述のシェア上昇もこうした価格引下げに起因しており，二輪車業界

におけるホンダの地位の確立に大きく貢献したと考えられる（太田原［2000］5, 13頁）。

1 自動車事業への進出を果たす

本節では，本田技研がはじめて自動車を発売した1963年までの時期を対象にして，日本の自動車産業の動向と同社が直面した危機である特振法の廃案プロセスを跡づけながら，ホンダの自動車事業進出を検討する。

(1) 1960年ごろの日本自動車産業の課題

このケースで考えることで触れた通り，通商産業省（通産省；現，経済産業省）は1950年代における日本の自動車産業の国際競争力を非常に脆弱なものと認識しており，それは60年代に入っても変わることはなかった。日本の自動車生産台数は1956年に10万台を超え，63年には100万台を突破したものの，乗用車に限れば40万8000台にとどまり，輸出も56年が2000台，63年も10万台に満たなかった（伊丹［1988］5頁）。

では，何が問題だったのか。この点に関して，通産省産業構造研究会は，価格，コスト，生産規模，生産設備，および海外市場の5つを検証し，次のように述べた。

「（日本の自動車産業は：引用者）最近数年間に著しい発展を遂げてきている。しかし，これを先進欧米諸国に比較すれば，多くの点でなお劣っていることは否定できない。すなわち，諸外国に比べて生産規模がきわめて小さく，トヨタ，日産でも欧米諸国の10分の1ないし5分の1，アメリカの30分の1にすぎない。このことは，本来的に大規模生産の利益のきわめて大きい自動車工業においては，大きなコスト高を招来することになる。また技術的にみても，機械設備の全体的水準において，なお欧米諸国に劣っている。（略）さらにモデル，部品の標準化・専門化がきわめて遅れ，多種少量生産の行なわれていることが，わが国自動車工業の発展の大きな制約となっている」（通商産業省産業構造研究会［1960］202-203頁）。

この記述からわかる通り，主たる問題は，規模の過小性とそれに伴うコスト高であった。したがって，それらを解決するためには，規模の拡大を通じたコスト削減により，国際競争力を強化する必要がある。と，通産省は強く認識して，特振法案を構想するのである。

(2) 通産省は何を構想したか

貿易自由化と通産省の認識

1960年1月，内閣総理大臣，大蔵大臣，外務大臣，通産大臣などをメンバーとする貿易為替自由化促進閣僚会議は第1回会合を開き，貿易・為替自由化根本方針を決定した。日本政府はそれまで，自動車産業に対して，①輸入数量制限や②輸入関税，③対内直接投資規制といったさまざまな保護政策を講じていたが，それらは貿易自由化に伴って漸次撤廃されることになった。そして，乗用車の輸入数量制限（①）は1965年，自動車エンジンは72年にそれぞれ撤廃，30％以上に設定されていた乗用車の輸入関税（②）も65年から70年にかけて10％台までに引き下げられたのである（伊藤［1988］176-177頁）。

こうした事態に対して，通産省は「現在，ただちに貿易自由化を完全に実施するとすれば，国内需要はかなりの程度，輸入外車に侵食されるであろう。国産車と競合しない大型乗用車の輸入は当然増加するし，さらに，低価格・高性能の外国車が有利な販売条件で進出してくることが予想される。したがって，国産車の国内市場は相対的に縮小せざるをえないであろう」と考えた（通商産業省産業構造研究会［1960］224-225頁）。実際には，自動車の貿易自由化が即刻，完全な形で実施されたわけではないのだが，上記の規模の差ひとつをとっても，通産官僚が抱いた強い危機感は容易に想像されよう。

特定産業振興臨時措置法の立案と廃案

貿易自由化を実施しても，国内メーカーがアメリカのビッグスリーなど外資に対抗できるようになるために何をすべきか。この問いに通産官僚の出した1つの答えが，特振法案であった。

当時，通産省企業局長の職にあった佐橋滋によれば，特定産業（自動車，石油化学，特殊鋼等）の国際競争力の強化を図ることを目的とした特振法案の「精神内容」は，①開放経済のもとで国際競争力を持つためには，産業再編成を実施する必要がある，②その手段としては，企業の集中・合併・専門化が望まし

い，③前記②の実施に向けて政府は奨励策（税制上の優遇，金融，独占禁止法上の例外措置）を講じる，④「望ましい産業の再編成」とは何かという点に関しては政府，産業界，および金融機関の3者が協議して結論づける（官民協調方式）の4点にあった（佐橋［1994］251頁）。

特定産業には自動車も含まれていたから，特振法案が成立した場合，合併等を通じた再編が促された可能性は高かった。同法案の策定の少し前にそうした再編を具現化するプランが注目を集めていたからである。それは，産業合理化審議会産業資金部会が1961年5月に発表した"グループ化構想"であり，国内の自動車メーカーを量産（乗用）車，高級車・スポーツカー・ディーゼル車などの特殊乗用車，および軽自動車の3グループに区分した上で，それぞれのグループに属する企業を2, 3社に集約することを狙っていた（武藤［1984］285頁）。

加えて，通産省は，新規参入に対して許可制の導入も企図していた。特振法は，こうした乗用車政策の延長線上に位置しており，ホンダにとっては「法案成立までに生産実績を作っておかなければ，四輪車進出の機会を永遠に失うことになる」という危機を意味していた。そして，宗一郎は「新規参入を認めないとは何事だ。役所にそんな権限はない」と考えて，1962年1月，本田技術研究所（技研）に自動車の製作を命じたのである（本田［2001］111-112頁）。

さて，特振法案は，1963年3月の第43回通常国会に提出されたが審議未了で廃案，同年10月の第44回臨時国会と翌64年1月の第46回通常国会にも提出されたが，ともに審議未了により廃案となって成立しなかった。その理由を一言でいえば，「スポンサーなき法案」だったからなのだが，産業界のみならず大蔵省，銀行界，自民党や社会党といった政党も反対ないしは消極的な姿勢に終始した（大山［1996］第5章）。そして，同法の廃案が，ホンダの自動車事業への進出を可能にするのである。

(3) ホンダ，自動車市場に挑む

政府の手助けなんかいらない

自動車産業に対する通産省の関心が，規模の拡大を通じた国際競争力の強化に向けられていたとすれば，既存メーカーですら国際競争に対応できる規模に達していなかった当時，新規参入の抑制という考えは自然と導き出される。他方，

宗一郎が，こうした通産官僚の構想に強く反発したことはいうまでもない。彼は次のように考えていたからである。すなわち，「国の補助で事業をやって成功したためしは世界中にない」，「世の中には，技術を主体に考えて，会社の発展をはかるべきところを，政治の力を借りて経営を立て直そうする傾向があるが，これは大きな間違いである」（本田宗一郎研究会［1998］161-162頁），「政府が介入すれば企業の力は弱まる。貿易自由化には自由競争が一番だ。参入を制限しても，良品に国境なし。良い製品は売れる。自由競争こそが産業を育てるんだ」（本田［2001］114頁）などなど。政府に対する独立心，これがホンダの四輪車開発の原動力となる。

　こうした見解は，1961～62年ごろに示されたと推測できるが，ホンダが直面した危機は，通産官僚の新規参入制限だけではなかった。より深刻な問題は，製品（自動車）そのものが未完成だった点にある。二輪車メーカーが四輪車を作れるのか。通産省に向けた既成事実づくりのためにも，自動車の完成は焦眉の急であった。藤沢が「この法案が通ると，ホンダが四輪に進出する機会は永久になくなるかもしれない。（略）そこで私たちは決断しました。急いで技術研究所にそのための人員を採用し，四輪乗用車開発を急ぐように指示して，工場設備もととのえた」と述べたように，特振法は，ホンダが自動車開発を本格化させるきっかけとなったのである（藤沢［1998］196-197頁）。

N360の誕生

　1962年1月，宗一郎と藤沢は記者会見の席上，ホンダが四輪車部門に進出することを表明，同年9月に第1号となる「ホンダスポーツ500（S500）」を発表した。S500は，水冷4気筒，最高出力45馬力，最高速度時速140km，ホロなしの2人乗りオープンカーであり，その名の通りスポーツカーであった。藤沢は，このS500を輸出用と捉え，軽トラックのT360とビジネス用のS360を国内向けと考えて，計3車種で事業展開を図ろうとしたが，これらの製品は経営的にまったく上手くいかなかった。

　S500は，道路の未整備などスポーツカーの普及条件が整っていなかったために月100台も売れなかったし，T360はスポーツカーのエンジンを転用したためにコストがかさんで採算がとれず，S360も数台作っただけで「幻の車」といわれる結果に終わった（佐藤［1995］162-167頁，藤沢［1998］197頁）。その理由としては，通産省による特振法案の策定の動きがあったために，「早期

１　自動車事業への進出を果たす　　169

N360（本田技研工業提供）

の立上りに踏みきらざるを得なかった一面もあって，品質や技術については十分な成果としてこたえたものの，生産技術や量産設備の面で，基礎固めの不足を否定できなかった」ことが指摘されている（本田技研［1975］59-60頁）。

それから4年の月日が経った1966年10月，ホンダは軽自動車のN360を発表した。そこには，同社の持つ販売網やアフターサービス体制を考慮した場合，トヨタと日産の君臨する大衆車市場で真っ向から勝負を挑むのではなく，軽自動車にこそ活路があるのではないかという発想があった。当時，軽自動車の将来性には悲観的な見方が多かったが，藤沢は国民の所得水準から見て大衆車に手の届かない消費者を取り込めると考えたのである。

1967年3月，N360がいよいよ発売された。Nはnewの頭文字，360は排気量を意味し，FF（前置きエンジン，前輪駆動）方式による空冷2気筒エンジンを搭載，出力33馬力，最高速度時速115 km，大人4人がゆったり座れる広さを確保し，ガソリン1ℓ当たり28 kmの走行距離を誇った。小売価格は日産のサニーの41万円，トヨタのカローラの43万2000円に対して約10万円安い31万3000円，まさに高性能・低燃費の「すべての面で画期的な車」の誕生であった。N360は発売直後から好調な売行きを示し，ホンダを軽乗用車のトップメーカーに押し上げる原動力になると同時に，限界説もあった軽自動車市場を急激に拡大させ，日本のモータリゼーションの底辺を広げたのである（本田技研［1975］71-73頁，佐藤［1995］174-180頁）。

表9-1からは，ホンダが1967年以降，四輪車の売上げを顕著に増加させていること，そして，総売上高に占める比率も65年の12.3％から67年に34.6％，68年には50％を超えたことを読み取れる。そこに，N360のヒットが寄与したことはいうまでもないだろう。

2 排ガス問題と低公害車の開発

本田技研は，N360の成功により自動車メーカーとしての第一歩を踏み出し

表 9-1　本田技研工業の製品販売状況

(単位：百万円)

	総売上高	二輪車		四輪車	
		売上高	構成比	売上高	構成比
1955年度	5,525	5,009	90.7 %		
56	7,882	7,279	92.3		
57	9,783	9,276	94.8		
58	14,188	13,441	94.7		
59	26,165	23,757	90.8		
60	49,668	44,747	90.1		
61	57,912	52,530	90.7		
62	64,552	58,317	90.3		
63	83,206	72,843	87.5	1,099	1.3 %
64	97,936	77,110	78.7	8,600	8.8
65	123,746	93,440	75.5	15,232	12.3
66	106,845	71,532	66.9	17,300	16.2
67	141,179	73,672	52.2	48,824	34.6
68	166,871	82,848	49.6	88,919	53.3
69	244,895	100,491	41.0	120,394	49.2
70	316,331	144,307	45.6	127,309	40.2
71	332,931	176,337	53.0	111,155	33.4
72	327,702	168,536	51.4	116,087	35.4
73	366,777	170,011	46.4	158,074	43.1
74	519,897	247,879	47.7	213,247	41.0

(注)　総売上高には汎用機と部品を含む。
(出所)　本田技研［1975］154-155 頁より筆者作成。

たが，本格的な大衆車（乗用車）の生産という課題はいまだクリアできずにいた。本田宗一郎は 1967 年 9 月，小型乗用車分野への進出を決定し，翌年 10 月に H1300 の発表を断行，69 年 5 月にはその発売に踏み切った。H1300 は，空冷エンジンというホンダの独創的な技術を用い，高出力，高級セダン，FF という目標を掲げた意欲的商品であったが，結果を見れば失敗に終わった。加えて 1970 年，ホンダは欠陥車問題で大きく揺れたのであり，必ずしも自動車事業は順調に発展したわけではなかった（本田［2001］134-138 頁）。

　第 2 節と第 3 節では，ホンダがこうした状況のもと，排ガス規制という危機を好機に換えて，"世界の HONDA" へと飛躍したプロセスを検討する。

(1) 自動車をめぐる公害問題の高まり

成長の影　　戦後日本の高度経済成長は，人々に豊かな生活をもたらした反面，さまざまな問題を引き起こした。いわゆる成長の影であり，その1つが公害問題である。この問題は，近代化の初期から発生していたが，自動車との関連が論じられるようになったのは当然ながら高度成長期であった。

1966年12月には早くも，工業技術協議会（工業技術院の諮問機関）の答申の中で，自動車の排ガスが，大気汚染の大きな原因であることが指摘されている。また，運輸省（現，国土交通省）による「66年規制」は，自動車メーカーの眼を大気汚染問題に向けさせる契機となった。当初，消極的な姿勢を見せていた通産省も，アメリカにおける排ガス規制の進展や国内での公害対策基本法制定（1967年8月），70年2月の一酸化炭素に関する環境基準の閣議決定，同年7月の運輸審議会における自動車排ガスの長期低減目標の提示などを受けて，重い腰を上げ始める。1970年8月，産業構造審議会公害部会自動車公害対策小委員会が中間報告「自動車排出ガスの防止対策のあり方」をまとめ，自動車排ガスによる公害防止について，とくにその浄化対策と無公害新動力源車の開発の重要性を訴えた。そして，これをきっかけに本格的な公害対策が実施されていくのである（板垣［2006］87頁，通産省・通商産業政策史編纂委員会［1990］320-322頁）。

「マスキー法」の成立　　自動車メーカーが排ガス対策に正面から取り組む契機となったのは，「マスキー法」と呼ばれた法律である。この法律は，アメリカ上院議員のエドモンド・マスキーが，大気汚染防止法を大幅に改正した上で議会に上程し，1970年12月に発効した。それは，自動車の排ガス規制に関して，1975年からCO（一酸化炭素）とHC（炭化水素）を在来車の10分の1，NO_x（窒素酸化物）を同じく10分の1まで，つまり90％以上削減させようという厳しい基準を設定していた。この数値については，当時の「技術常識ではとうてい考えられ」ず，大型車を主力製品とするアメリカのビッグスリーをはじめ「世界中のどの自動車メーカーも達成不可能」といわれた。

そして，マスキー法は，日本のメーカーにとっても他人事ではなかった。ト

ヨタと日産は1950年代後半からアメリカ市場に進出し，業界全体で見た乗用車の対米輸出は，65年の2万2000台から68年には10倍近い20万台超に達していたからである（本田［2001］141頁，佐藤［1995］225-227頁）。したがって，ほとんどの自動車メーカーにしてみれば，マスキー法の施行は危機といっても過言でない事態であった。

(2) どのような低公害車を作るか

「オヤジさん」vs. 若手技術者たち

国内外の環境規制を宗一郎は「低公害エンジンの開発こそが，先発四輪メーカーと同じスタートラインに並ぶ絶好のチャンスだ」という興味深い視点で捉えていた（本田［2001］253頁）。換言すれば，彼はマスキー法の登場を環境技術でビッグスリーに伍していける，さらには"世界のHONDA"へと変身できる機会と認識したのである。しかし，実際の開発過程で主役となったのは，宗一郎ではなく，次代のホンダを担う若き技術者たちであった。

低公害車の開発にあたっては，エンジンを空冷式にするか，それとも水冷式にするかという点が最大のポイントとなった。空冷エンジンは，高回転と高出力を特徴とする反面，温度変化が激しく，排ガスに含まれる有害物質のコントロールに難点を抱えていた。この空冷式に強くこだわったのが宗一郎である。他方，水冷エンジンは，回転が低いから，空燃比（燃料と空気の混合割合）を精密にコントロールでき，マスキー法の規制数値をクリアする可能性を高める。これは，本田技術研究所のメンバーが有力視する方式であった。要するに，空冷式＝宗一郎 vs. 水冷式＝技術研という対立構図が生まれたわけであり，宗一郎を説得しなければ水冷式の正式な採用は難しかった。

技術研は，ひそかに「AP」という名称の水冷エンジン専門の研究チーム（AP研）を発足させていたものの，社長の宗一郎に内緒で研究を続けるわけにはいかず，彼を説得しなければならなかった（佐藤［1995］228頁）。1969年夏，杉浦英男をはじめとするAP研メンバーは，軽井沢に集まり「なぜH1300は売れなかったのか」というテーマで討議し，その結果，空冷エンジンの重さやそれに伴うタイヤの偏磨耗，高価格などの問題点で意見の一致を見た。杉浦は，この集会に藤沢を招き，「私たちは空冷エンジンはダメですということを（社長に：引用者）申し上げてはハネ返されているんです」と訴えた（本田［2001］

138-140 頁)。

　そこで藤沢は，技術者の意見を宗一郎に伝えて説得を試みる。この場面で，宗一郎は「いや，空冷でも同じことだ。できないことはないよ。あんたに説明してもわからんだろうけど」と聞く耳を持たなかったとされる。空冷でもマスキー法の基準を達成できるが，そうした技術の話は，文系の藤沢には理解できないという発言である。「本田宗一郎は信念の人であり，それが技術にかけてはなおさらですから，その考えを変えさせるのは並大抵のことではできない」と考えた藤沢は，以下のような言葉で説得を試みる。

　　（藤沢）「あなたは本田技研の社長としての道をとるのか，それとも技術者として本田技研にいるべきだと考えるのか，どちらかを選ぶべきではないでしょうか」
　　（宗一郎）「やはり，おれは社長としているべきだろうね」
　　（藤沢）「水冷でやらせるんですね？」
　　（宗一郎）「そうしよう。それが良い」（藤沢［1998］204-206 頁）。

　このように藤沢は，技術者として空冷にこだわるならば，それは社長としての責務を果たしていない，どちらの立場を選択するのかと迫り，宗一郎の譲歩を引き出した。これによって，ホンダは環境規制のクリアに向けて大きな一歩を踏み出したのである。

CVCC 技術とシビック

　こうしてホンダは，水冷エンジンを用いた低公害車の開発にエネルギーを注ぐことになった。もちろん，容易なことではない。きっかけをつかんだのは，技術研が排ガス対策の研究に着手してから 3 年後の 1969 年後半のことであり，薄い混合気を燃やせば，排ガスの発生を抑制できるという事実を発見し，点火をいかに容易にするかという点に技術的な課題を絞り込めたときであった。そして，彼らは「燃焼室の隣に副燃焼室を設け，その中で燃えやすい混合気を作って点火，その火炎を二段目の主燃焼室に噴出して希薄混合気を燃やすという副燃焼室付きエンジン」という答えにたどり着く。加えて，宗一郎の発案で，エンジンの燃料供給に気化器でなくインジェクション（噴射装置）を採用した。ホンダは 1971 年 2 月，この低公害エンジンを"CVCC・複合過流調速燃焼"と名づけ，翌年から商業化

することを決めた。技術研は 1970 年以降，研究スタッフの大半を低公害エンジンの開発に投入し，その成果を手に入れつつあったのである（本田 [2001] 141-143 頁，本田技研 [1975] 79-80 頁）。

　ここで，同じく水冷式を採用するトヨタと日産ではなく，後発のホンダがいち早く高性能の水冷エンジンの開発に成功したのはなぜかという点に目を向けたい。この点に関しては，藤沢が，宗一郎の個人能力に依存した研究開発のあり方を「組織能力」へと代替していくために，1950 年代後半から組織改革を進めたことが注目される。その集大成こそが研究開発部門の分離・独立，つまり 1960 年 7 月の本田技術研究所の設立であった。技術研は，フラットな組織を採用し，密接なコミュニケーションと情報共有を進めるとともに，独立採算制と売上高定額比ルールを導入し，研究業務の自立化と活動範囲の自由な設定を促すという特徴を持っていた（太田原 [2010] 222-237 頁）。そうした技術研の中で育成された技術者たちがいたからこそ，ホンダは独創的な環境技術を他社に先んじて開発できたのであろう。

　そして，ホンダは 1972 年 7 月，FF 式の水冷四気筒，排気量 1200 cc のエンジンを積んだ小型乗用車シビックを発表した。その車名には，直訳の「市民の」からさらに解釈を広げて「あらゆる人々の車」「世界市民のベーシックカー」という意味も込められた。形は，後部にトランクの出っ張りのない 2 ボックス・スタイル，小型車ながら大柄な欧米人 4 人がゆったり乗れる広さを備え，しかもスタンダードで 42 万 5000 円という低価格を実現した。同年 9 月には，後部ドアが跳ね上がるハッチバック式を追加したが，このタイプはアメリカで普及しつつあったものの日本ではほとんど認知されていなかった。そのため，発売当初は，自動車業界でも異端児扱いされて必ずしも評価は高くなかった。しかし，結果的にシビックは大成功を収める。1972 年は 2 万 1000 台にとどまった販売台数も，73 年に 8 万 6000 台，74 年には 16 万台を記録した（佐藤 [1995] 276-277 頁）。CVCC エンジンは，このシビックに搭載されて広く普及するのである。

3　アメリカに乗り込む

(1)　技術を武器に

　注目されるのは，本田技研が，CVCCの特許やノウハウ（技術情報）を，国内外の自動車メーカーに広く公開すると宣言した点である。同社は1972年9月，アメリカのマスキー法と中央公害対策審議会の自動車排ガス規制（日本版マスキー法）の75年度規制値を達成する低公害エンジン（CVCCエンジン）の開発に成功，排ガス・テストをクリアする。そして，このエンジンを積んだシビックの一般道路での走行テストを終えた翌日の10月20日，ホンダは東京都内のホテルで記者会見を開いた。宗一郎はその席で，実車と排ガス・テストのデータを公開するとともに，CVCCエンジン搭載のシビックの1973年秋発売を表明した際に，この宣言を行ったのである。同時に，アメリカ環境保護庁（EPA）に向けて，マスキー法の1975年規制の適用延長を申請しないと公約し，実際，74年11月にEPAの排ガス・テストに合格している（佐藤［1995］278頁，前間［1996］586-587頁）。

　藤沢が後に「CVCCの日本における評価を見てみると，各界の人々がほめてくれたけれども，もしアメリカがこの問題をとりあげてくれなかったならば，果たして，これだけの評価が出てきただろうか」と振り返ったように，アメリカでの反応は日本を上回るほどであった。たとえば，アメリカ資源局は，ホンダに燃費を問い合わせたし，特許庁も同社の技術者を招いて事情聴取したり，特許の打合せをしたりしたという（藤沢［1998］212頁）。

　もちろん，より重要だったのは，アメリカビッグスリーの反応であり，具体的には，世界最大の自動車メーカーであるGMとそれに次ぐフォードに，CVCCの技術を売り込むことだった。[2]

(2)　フォードとの提携

　フォードのリー・アイアコッカ社長は1972年10月，日本における積極的

---

[2] このほか，1972年12月にトヨタ，翌73年9月にクライスラーと，それぞれCVCC技術供与契約を締結した（本田技研［1975］82頁）。

CVCC エンジン（左）と CVCC エンジン搭載シビック（本田技研工業提供）

な事業拡大を目的に来日し，ホンダとの提携に乗り出した。フォードは，独自技術でエンジンを開発していたものの，実用化の目途が立っておらず，また，東洋工業との提携交渉が水泡に帰してロータリー・エンジンの活用も難しかった。加えて，EPA から 1973 年型車の排ガス対策に手抜きがあったとして告発される事態にも見舞われていた。それゆえ，CVCC 技術は喉から手が出るほど欲しかったと思われる。ただ，フォードは，本格的な日本市場参入を狙っていたため，単なる技術提携ではなく資本提携（ホンダ株の取得）まで視野に入れて交渉に臨んでいた。他方，ホンダは，資本提携をまったく望んでおらず，CVCC の技術供与のみで話をまとめる姿勢であった。フォードとの資本提携は，"栄光の孤立"を捨て，フォードの下請けになることを意味したからである。そうした思惑の違いがあったので交渉は思うように進まなかったが，結局，ホンダとフォードは 1973 年 7 月，資本提携ではなく CVCC の技術供与契約の正式調印にたどり着いた。

　大型の V8 エンジンに CVCC が適合するかという点に懸念を示したフォードに対して，ホンダは 1973 年秋，技術者の入交昭一郎を派遣して CVCC の搭載に必要なプログラムを作らせるとともに，後に若手研究者 2 人を加えて実地指導を施すことになった。重要なのは，ホンダが一方的にフォードを指導したのではなく，この派遣期間にホンダもまたフォードから学習した点である。たとえば，フォードの持つ充実した社内の安全テストのマニュアルなどであり，入交がホンダに送った資料はその後の自動車生産に大きく役立ったという（佐藤［1995］286-291 頁）。

3　アメリカに乗り込む

なお，フォードとの提携交渉を進める一方で，ホンダは，GMにもほぼ同時期にCVCC技術の売込みをかけていた。しかし，ここでも両社の思惑に違いがあって，交渉はすんなりとはいかなかった。GMは，車種ごとに排ガス対策を検討し，CVCCは小型スポーツカーのベガに積載することを考えており，CVCCエンジンを単体で購入することを希望していた。それに対して，ホンダは，エンジンの単体供給に興味はなく，技術を導入してもらって，CVCCの評判を向上させることを狙っていた。結局，ホンダがGMの要請を断り，1973年のアメリカ上院大気水質汚染防止小委員会でGMがそれを発表したことで，両社の交渉は幕を閉じた（佐藤［1995］291-292頁）。

(3) シビック，アメリカへ

ホンダは1973年12月，国内市場にシビックCVCCを投入して，四輪車部門の売上高を大きく伸ばした（表9-1）。このころフォードとの交渉は，アメリカ市場におけるシビックの販売方法へと焦点を移行させつつあったが，そこでも両社の思惑は大きく違っていた。フォードが，ホンダから製品の供給を受けた上で自社ブランドを付けて販売することを考えていたのに対し，ホンダはあくまでもHONDAブランドで売ることにこだわった。そのため，1974年1月に締結した販売提携は，75年モデルからマスタングIIなどフォードの製品を，中古車販売を担う「ホンダ・インターナショナル・セールス」で扱うといった内容にとどまった（本田技研［1975］82頁，佐藤［1995］295-299頁）。つまり，シビックのアメリカ展開は，独自に行われることになったのである。そして，ホンダは1975年にいよいよアメリカ市場でのシビックCVCCの販売に乗り出していく（本田技研工業ホームページ，2000年3月24日）。

フォード，GMとの提携交渉からは，ホンダが独立性を維持しながら，技術供与という形で，"世界のHONDA"へと飛躍していった姿を見出せよう。

このケースの解説

これまで検討してきた通り，本田技研は，通産省による自動車産業の新規参入規制の動きと排ガス規制という危機を好機に換えながら，四輪車分野で"世界のHONDA"へと躍進した。ホンダはなぜ危機を好機に換えることができた

のだろうか。

　第1に，自由競争を重視する信念を持ち，官僚の規制に立ち向かうパワーを発揮するとともに，危機を好機と捉える（ある意味で）楽観的な自信を持つ，本田宗一郎という企業家の存在である。1960年代前半において，国内の自動車メーカーは欧米企業に比してあまりにも小さく，その点で規模の拡大を通じて国際競争力の強化を図る通産省の主張も一定の説得力を有していたように思われる。それゆえ，こうした主張に対抗するには，明確な信念を持ち，熱意をもって反論するエネルギーが必要であり，誰にでもできることではない。政府と企業の対立的な局面では，宗一郎という経営者の信念とパワーがきわめて重要な役割を果たしたと考えられる。

　第2に，危機を好機に換えることを可能にした技術力の存在である。いくら経営者に理想やエネルギーがあっても，企業内にそれを実現させるだけの技術的な裏づけがなければ"画に描いた餅"で終わってしまう。ホンダには，自動車事業に進出したり，低公害車を開発したりする技術力があった。宗一郎自らが"天才技術者"であったことに加え，CVCCの開発に際して，彼に反旗を翻した本田技術研究所の幹部や技術者たちも豊富な知識と技能，そして情熱を有していた。彼らを見守る宗一郎は「新しい技術や理論を求める仕事（研究：引用者）というものは99％が失敗である」という考えを持っており，これがホンダの独創的な技術の開発を支えていたのである（本田宗一郎研究会［1998］56-57頁）。

●思考と議論のトレーニング●

1　環境問題に対する関心の高まりを受けて，クリーン・エネルギーや電気自動車などの関連ビジネスが世界中で注目を集めている。では，環境規制はどのような新しいビジネスを生み出しているか，そして，その中で企業はいかなる競争を展開しているだろうか。

2　ホンダは2012年10月，HondaJet量産1号機の生産を開始し，「創業当初からの夢」であった航空機事業への本格的な進出を果たした。ホンダはなぜ，いかにして，この新規事業に参入したのか，そして，アメリカのガルフストリーム・エアロスペースやボーイング等の先発企業との競争を勝ち抜き，成功させることができるだろうか。

参考文献

板垣暁［2006］「日本における自動車排出ガス規制の成立過程——『66年規制』と運輸省の役割」『社会経済史学』第72巻第4号。

伊丹敬之［1988］「産業成長の軌跡」伊丹敬之・加護野忠男・小林孝雄・榊原清則・伊藤元重『競争と革新——自動車産業の企業成長』東洋経済新報社。

伊藤元重［1988］「温室の中での成長競争——産業政策のもたらしたもの」伊丹敬之・加護野忠男・小林孝雄・榊原清則・伊藤元重『競争と革新——自動車産業の企業成長』東洋経済新報社。

太田原準［2000］「日本二輪産業における構造変化と競争——1945〜1965」『経営史学』第34巻第4号。

太田原準［2010］「戦後自動車産業における組織能力の形成——製品開発組織を中心に」下谷政弘・鈴木恒夫編著『「経済大国」への軌跡——1955〜1985』（講座日本経営史5）ミネルヴァ書房。

大山耕輔［1996］『行政指導の政治経済学——産業政策の形成と実施』有斐閣。

橘川武郎［2001］「井深大・盛田昭夫と本田宗一郎・藤沢武夫——戦後型企業家と高度成長」佐々木聡編『日本の企業家群像』丸善。

佐藤正明［1995］『ホンダ神話——教祖のなき後で』文藝春秋。

佐橋滋［1994］『異色官僚』社会思想社（現代教養文庫；初版：ダイヤモンド社，1967年刊）。

通商産業省産業構造研究会編［1960］『貿易自由化と産業構造——主要産業の国際競争力』東洋経済新報社。

通商産業省・通商産業政策史編纂委員会編［1990］『通商産業政策史』第10巻（第3期 高度成長期（3）），通商産業調査会。

藤沢武夫［1998］『経営に終わりはない』文藝春秋（文春文庫；初版：ネスコ，1986年刊）。

本田技研工業株式会社総務部HCG編［1975］『ホンダの歩み——1948〜1975』本田技研工業。

本田技研工業株式会社ホームページ，2000年3月24日，「ホンダ『CIVIC CVCC』，米国自動車技術者協会（SAE）AUTOMOTIVE ENGINEERING誌から20世紀優秀技術車70年代版を受賞」。

本田宗一郎［2001］『本田宗一郎 夢を力に——私の履歴書』日本経済新聞社（日経ビジネス人文庫）。

本田宗一郎研究会編［1998］『本田宗一郎語録』小学館（小学館文庫；初版：ソニー・マガジンズ，1995年刊）。

前間孝則［1996］『マン・マシンの昭和伝説——航空機から自動車へ』上下巻，講談社（講談社文庫；初版：1993年刊）。

武藤博道［1984］「自動車産業」小宮隆太郎・奥野正寛・鈴村興太郎編『日本の産業政策』東京大学出版会。

［加藤健太］

Case 10 ソニー

● マーケットの創造

このケースで考えること

　ソニーは，戦後に誕生した企業でありながら，独創的な製品を次々と生み出し，国内はもとより海外においても知名度を高めた。早い段階で本格的にアメリカへ進出したソニーは，それまで"安かろう悪かろう"を意味していた「MADE IN JAPAN」を，現在私たちが理解しているような高品質を表すコトバへと転換することに貢献した企業であり，戦後日本の経済発展を象徴する企業の1つであった。

　ソニーの創業者の井深 大は，会社設立の目的に「真面目ナル技術者ノ技能ヲ最高度ニ発揮セシムベキ自由闊達ニシテ愉快ナル理想工場ノ建設」（『東京通信工業株式会社設立趣意書』1946年1月）と掲げたことからもわかるように，創業当初から技術にこだわり，技術を活かした新しい商品を世の中に生み出すことに使命感をもって取り組み，トランジスタ・ラジオやテープ・レコーダーといった画期的な商品が生み出されていく。これらは，社名をソニーに変更する前の東京通信工業時代からのモノであるが，次々に生み出される独創的な製品によって，ソニーは技術を通じて新しいモノを創り出す企業というイメージを獲得していく。

　本ケースでは，ソニー最大のヒット商品の1つである「ウォークマン」を取り上げて，これまでにない新しい商品を開発し，新しいマーケットを創造するとはどういうことなのかについて考えてみたい。併せて，ソニーにおいて技術

とはどのようなものであったのかという点についても考えてみたい。

本論に入る前に，ウォークマンに関するエピソードを1つ紹介しておこう。以下は，アメリカのアップル社の初期の躍進を支えた社長，ジョン・スカリー (John Sculley) のインタビューからの引用である。

> "The one that Steve admired was Sony. We used to go visit Akio Morita and he had really the same kind of high-end standards that Steve did and respect for beautiful products. I remember Akio Morita gave Steve and me each one of the first Sony Walkmans. None of us had ever seen anything like that before because there had never been a product like that. (略) Steve was fascinated by it. The first thing he did with his was take it apart and he looked at every single part. How the fit and finish was done, how it was built" (Kahney [2010]).

現在，携帯音楽プレーヤーとして真っ先に思い浮かべるのは，iPodかもしれない。アップルによって生み出されたこの製品がいかに画期的であったか，また，アップルがスティーブ・ジョブズ (Steve Jobs) という革新的な経営者によって率いられていたことについては，説明不要だろう。そのジョブズが，今から30年ほど前，ソニーの創業者の1人である盛田昭夫に会い，そのときに彼からもらった初代ウォークマンに魅了され，その製品に強烈な印象を持ったというのである。ジョブズは，iPodを「21世紀のウォークマン」と称し，1999年，盛田昭夫がこの世を去った直後に行われた自社のプレゼンテーションの冒頭，スクリーン上に盛田の写真を映し出して深い哀悼の意を表したが，そこには，かつての盛田との，そしてウォークマンとの出会いがあったのである。若かりしジョブズをも魅了したウォークマンは，いかにして生まれたのであろうか。

1 市場を「創る」ということ

(1) 市場を教育する

　創業以来，ソニーが掲げた経営理念は，技術を活用した新しい商品を開発するというものである。新興企業であったソニーの認識は，大企業と同じことをやっていたのでは勝ち目はないが，技術の隙間はいくらでもあるというものであった（ソニー［1998］3頁）。そのため，独自の販売網を持っている松下電器（Case 6）や三洋電機といった大企業との競合を避け，また差別化を図るためにも，技術を駆使した新しい製品を創り出すこと，つまり新たなマーケットを切り開くことに，自らの存在意義を求めたのである。

　井深によれば，市場を創るためには，市場を教育しなくてはならないという。新しい商品を生み出すということは，そもそもそれをどう使うのか，またどのように使えば便利なのかについて誰もわかっていないのだから，ソニーがそれを教育しなくてはならないという考え方である（黒木［1990］59頁）。市場を創るということについては次の(2)で改めて説明するとして，ここでは市場を教育するとはどういうことかを，ソニーの実際の行動から明らかにしていこう。

　その典型例としてテープ・レコーダーがある。ソニーは1950年，日本初のテープ・レコーダー「G型テープコーダー」を開発・販売したが，当初，裁判所や学校以外にこれといった需要先が見つからず，売行きは低迷した。ニーズを開拓するために実演を行うものの，興味こそ持ってくれるが実際に買ってくれる人はほとんどいない。そこで，どのようなときに「テープコーダー」を使うと便利なのかを，具体的な使用例を含めてパンフレットにまとめ，それをダイレクト・メールとして送付した。そこでは，「機械が講師の役を果たします！」と，講演会での利用方法についての提案を行ったり，また「声の鏡，音の写真」というバージョンでは，ピアノの稽古や英会話，あるいは「芸能家」の練習での利用法について解説した。ほかにも，ビジネスや選挙などでの活用法に至るまで，じつに幅広い用途に及ぶ「テープコーダー」の有効活用法をパンフレットで解説するというマーケティング活動を行ったのである（ソニー［2000］75頁）。

もう1つの事例としては，トランジスタ・ラジオでのケースがあげられる。アメリカで開発されながらも，ビジネスとしては補聴器ぐらいにしか応用できないとされていた半導体「トランジスタ」に目をつけたソニーは，特許の使用許諾を得て，それをラジオに応用することでラジオの大幅な小型化を実現した。すでに飽和状態にあると見なされていたラジオ受信機の市場に，新しくポータブル・ラジオという分野を開拓したのである。しかし，日本初のトランジスタ・ラジオを発売したとはいえ，当時の社名である東京通信工業はまだ知名度が低かった。大手の松下電器や早川電機向けにソニー製トランジスタを提供し，トランジスタ・ラジオという市場をともに開拓していくべく，トランジスタの外販にも乗り出すという，2段階の市場参入をたどった。
　ソニー製トランジスタ・ラジオは，コンパクトなサイズと秀逸なデザインによってヒット商品となるが，ソニーの場合，販売方法にも特徴があった。たとえば「驚くほど電気のいらないトランジスタ・ラジオ」という自社の商品のセールス・ポイントを強調するだけでなく，小型ラジオを使う具体的な場面を提案した。送電のないところ，漁船，営林関係など，ユーザーに対しピンポイントで使用場所を提案した広告を打ったのである。中には「離れ小島」のように，どれだけニーズがあるかわからないような提案もなされているが，こうした広告によって，ソニーのラジオは世界中どんな場所でも利用できることがユーモラスに伝えられた。
　また，ソニーによるニーズの開拓は，国内にとどまらなかった。むしろ海外においてこそ，潜在的なマーケットが広大であることを，ソニーは明確に認識していた。ある座談会で盛田は，トランジスタ・ラジオが世界中に広がっていったときのことへ言及した。その際，香港には小さな舟で暮らしている人がたくさんいて，そういう水上生活者が今ではみんなラジオを持っていることを指摘した上で，「こんどのウォークマンにしても，山奥とか水の上に住んでいて，いままでステレオというものを聴いたことのない人たちにも，これによって初めてステレオを聴くことができる」と，世界に目を向け，きめ細かいニーズを探索している（庄司・盛田・小此木［1981］）。
　こうした視点は，先に触れた，特殊な状況も含む個別具体的な使用例の提案という，ニッチなターゲットに絞ったマーケティングに相通じるものがあり，自ら市場を創る過程において必要となってくる，盛田の戦略的なセンスであろ

う。そしてこれが，市場を教育することで需要を開拓することの実践であったと考えられるのである。

(2) 市場を開拓する

情報発信　市場の教育と市場の創造の関係については，盛田が明確に言及している。盛田によれば，ソニーの信念は「マーケット・クリエーション」であり，需要を開拓することであるという。これまで使ったことのない「製品」を，ニーズのある「商品」にしていくというのである。どれだけ優れた製品であっても，それを手に入れたいという欲求を喚起させることができなければ意味がない。そのため，ソニーにおける販売部門の役割は，あらゆるルートを駆使して，そのようなモノが欲しいと思うユーザーを生み出すために，あるいは，そうした欲求を多くの人の心に植えつけるために，会社をあげて需要の喚起，つまり市場の開拓に取り組むことだとされる（盛田［1963］109頁）。

盛田にとって，市場を創るためには，いかにして人々に欲しいと思わせるかがポイントであり，需要を創るための情報発信を繰り返すことが必要ということなのである。そしてこのような戦略は，ソニーが選択した「どこでも売っていない新製品を開拓しようという，無暴に近い方策」（盛田［1963］107頁）という経営方針に規定される形で生まれたことも，確認しておく必要があるだろう。ソニーの経営理念を前提とした販売戦略としては，新たな需要を喚起し，市場を教育しながら，潜在的なマーケットを開拓していかざるをえず，そうした課題に取り組む過程で，結果的にユニークな販売技術が形成されていったのである。

盛田は，ソニー発展の大きな原動力として，技術開発のみならず，「ソニーならではの独特の販売方式の自己開発」があったことを見逃すべきではないと，販売法の独自性とその役割の重要性を強調している（盛田［1963］106頁）。

ブランド・イメージの確立に向けて　人々の欲求を心のどこかに植えつけるため，あらゆる手段を使って繰り返し情報を発信し続けるという戦略は，後にウォークマンのケースでも確認するが，これはソニーにとってより大きな次元の課題であるブランド・イメージの確立という目的に対しても，徹底して実行された。思い通りのイメージを消費者に

1　市場を「創る」ということ　　**185**

植えつけることは，並大抵のことではできない。そのため，とにかくソニーに対して独特なイメージを抱いてもらう，ソニーに親近感を持ってもらう，ソニーの将来に期待を持ってもらう，というように，イメージを定着させることへの細心の注意と努力を惜しまないというのがソニーのブランド戦略の特色であった。イメージ普及のため，あらゆる機会に，できる限りの努力を続けることで，ソニー・ファンづくりに励んだのである。もちろん製品開発おいてもこの姿勢は貫かれ，ソニーが生み出す商品を，「SONY」という4文字のロゴとぴったり関連させて，顧客へイメージとして定着させていくことが，つねに意識された。無名のソニーが，わずか数年の間にそのブランドを全世界に広めることができたのは，まさにこうした地道な繰返しの賜であった（盛田［1963］113頁）。

ソニーは，一貫して自社のイメージに意識を払い，望ましいイメージ定着のためにあらゆる機会を利用して，消費者の心のどこかにそれを植えつけていく戦略を徹底した。しかも，そうした行動を継続することによって，自らのブランド・イメージも創造したのである。もちろんこれは，実際に発売される製品の新しさや魅力があって，はじめて効果を発揮するが，こうした地道な努力を戦略的に行っていた点は注目されるべきであろう。

2 WALKMANの誕生

(1) ウォークマンのインパクト

部屋の外に音楽を持ち出し，歩きながらよい音を楽しむという新しいライフスタイルを目指して1979年7月に発売されたウォークマン（WALKMAN）は，発売から10年間で累計出荷台数が5000万台を超え，さらにその3年後の92年には1億台を突破した（『Sony Chronicle since 1945』17頁）。空前の大ヒット・シリーズとなったウォークマンの開発から発売，そしてシリーズ化に至る一連のプロセスには，ソニーの経営の特徴が凝縮されている。そこで，これまでにない新しいモノを生み出すという，創業以来掲げられているソニーの理念が，具体的にどのような形で実現されていったのかを，ウォークマン開発に焦点を絞って迫っていきたい。

検討に先立ち，ウォークマンが当時の社会に与えた影響について触れておこう。『文藝春秋』1980年5月号に，椎名誠の「35歳のウォークマン戦記」というエッセーが掲載された（椎名［1980］）。内容は，35歳のサラリーマンが発売されたばかりのウォークマンをはじめて使い電車に乗って通勤し帰宅する，そのいきさつと，実際に使ってみたウォークマンの感想をまとめたものである。現在から見れば，なぜこのような内容がエッセーになるのか，またなぜそれが「戦記」なのか疑問に思うだろうが，当時，『朝日新聞』で若者の「新・三種の神器」の1つとしてカウントされたウォークマンをつけてサラリーマンが電車に乗るのは，「かなりの勇気がいる」行為であったという。
　1つには，初代ウォークマンは銀色のヘッドホンで聴くため，かなり目立つということがある。また，発売当時ウォークマンに飛びついたのは圧倒的に若者であり，そもそもウォークマンは学生をターゲットに開発されたものであった。そのためこの筆者も，当初はウォークマンを使っている若者を「かなり露骨に批判的な眼つきで眺めていた」。それでもあるとき，どうしても「ヤングが目下熱狂しつつある，その『ナウい』という世界」を経験してみたいという誘惑に勝てなくなり，思い切って使ってみた顛末を記した挑戦の記録だったのである。その結果は35歳のサラリーマンも晴れて「ナウい」世界に浸ることができたのだが，面白いのは，「これはなかなか思いがけないほどの魅力的な『ときめき』の世界なのである」と大袈裟な感動のコメントを残す一方で，このままの勢いで普及すると街中で道を尋ねることも困難になると予想している点である。また電車の中の若者はみなウォークマンをつけて瞑想に浸ってしまうような状況になりかねないという，いずれ訪れるであろう未来を危惧していることである。
　ここで注目したいのは，発売から1年も経たない間に，総合誌に取り上げられるほどウォークマンは注目を集めている点，そして，その勢いが一過性のブームではなく今後も続くであろうことが見通されている点である。ウォークマンが，発売当初から単なる1つの売れ筋商品以上のインパクトを持っていたということは，『中央公論』1981年8月号で，「ウォークマン vs. 活字文化」と題する座談会が開かれていることからもうかがい知ることができる（庄司・盛田・小此木［1981］）。ここでは，若者や学生へのウォークマンの普及をどのように理解したらよいのか，そのことが活字文化にどのように影響するのかなどが，

学者を交えて論じられているのである。若者を中心に急速な広がりを見せていたウォークマンは、ライフスタイルに与える影響の大きさから、世代間で、あるいは世代内においても賛否両論を巻き起こしながら、その存在は次第に社会現象化していった。

(2) 歴史のはじまり

開発の経緯　　爆発的なヒット商品となったウォークマンであるが、開発の経緯には諸説ある。当時、開発に携わっていた関係者からも異なる見解が示されているため、どれが事実か判断しにくいが、大きく2つに分類できる。1つは、すでに名誉会長であった井深大が発案したという説である。1978年ごろ、出張で使う飛行機の中で好きな音楽をステレオで聴きたいという井深の要望を受けて、テープレコーダー事業部が既存の商品である小型テープ・レコーダー「プレスマン」を改良した。それが盛田の目に留まって商品としての可能性を見出され、製品化が決定したというものである。細部に多少の違いはあるが、ソニーの社史をはじめ、ウォークマンの歴史に言及する大半がこのような説明をしている。

他方、『ウォークマンかく戦えり』というウォークマン開発に関する回想録を著した黒木靖夫の説明はこれとは異なり、テープレコーダー事業部の若手エンジニアが遊び心で「プレスマン」を改良したのがきっかけであるという。1978年11月、そのエンジニアが作ったウォークマンのプロトタイプを、黒木がオーディオ事業部内のPPセンター（もう1つのソニー参照）芝浦で試聴した。その出来があまりによいので、「クリエイティブ・リポート」と称して2カ月に1度開催される、開発段階の重要商品のモックアップ（模型）やサンプルを披露する展示会に出すと、井深と盛田が強い興味を持った。これによって商品化が動き出したというものである（黒木［1990］45-49頁）。

この説については、1978年ごろ、「ラジカセ」がラジオ事業部に移管されたことを受けて、テープレコーダー事業部で次に何を作るのかに関する会議が開かれ、その中でウォークマンの原型となるモデルを作ったところ、たまたま同部を訪れた井深の目に留まり、これをきっかけとしてウォークマンが誕生したとの証言もある（野田・盛田［1982］114-115頁）。ここで触れられているラジカセとは、ラジオとカセットレコーダーの複合機器のことで、当時ソニーの「ド

ル箱」商品であった。このラジカセをめぐる帰属問題，つまりラジオ事業部とテープレコーダー事業部のどちらがラジカセを製造するのかという問題がソニー内部で生じており，最終的にラジオ事業部が担当するということで決着を見た。その結果，主力商品を失ったテープレコーダー事業部で危機感が生まれ，次なる製品を探す必要が生じた。このことが同事業部を中心としたウォークマン開発を促したというのである（黒木［1990］53-55頁）。

初代ウォークマン TPS-L2
（ソニー提供）

小型・軽量ヘッドホン　どちらの説が事実に近いのかはわからないが，技術面・開発面では既存製品であるテープ・レコーダー「プレスマン」をステレオに改良したこと，実際の製品開発を担当したのはテープレコーダー事業部であったことは一致している。そして，ウォークマンの最初の発案者が誰であったのかを除くと，開発プロセスについてはほとんど同じ説明がなされており，おおよそ以下のような経緯をたどる。開発当初，大型のヘッドホンを使用していたが，ソニーの技術研究所が独自に開発していた超軽量の小型ヘッドホン（H-AIR）がほぼ完成しているという情報が入り，これをウォークマン用ヘッドホンとして利用することになった。性能とデザインに優れていたこの小型ヘッドホンは，初代ウォークマンの外見上のシンボルになる。

　また，ソニー商品の販売を担当するソニー商事は，録音機能のない再生専用のカセットプレーヤーというウォークマンのアイディアに懐疑的であったが，盛田のバックアップにより強引に納得させ，発売にこぎつける。新規の商品開発ではなく，既存商品の「プレスマン」を流用する形で製造されるということもあって，正式な商品化決定からわずか4カ月後の1979年7月1日，記念すべきウォークマン1号機「TPS-L2」が，ソニー創立33周年を記念して3万3000円で発売された。

(3) いかにして知ってもらうか──市場の「教育」

再生専用機という新しいコンセプト

初代ウォークマンは，基本的に既存商品の改良であったため，技術面・品質面に対する不安はなかった。販売サイドが最も心配したのは，既存の商品から録音機能を取り去った再生専用機という新しいコンセプトが，果たして消費者に受け入れられるのか，そのコンセプトをいかにして知ってもらうかということであった。

携帯用の音楽再生プレーヤーという商品コンセプトに対する不安は，じつは開発部門にも広がっていた。テープレコーダー事業部という部署はその名前の通り，録音に関する商品を作っていたからである。そこで，顧客満足をリサーチするCSグループの提案で，試作品を使った市場テストを実施することになった。学生に試作品で音楽を聴いてもらい，その様子を別の部屋でモニターするというもので，商品説明や質問など一切なし，対象者の体の反応や表情だけを見るというシンプルな方法で行われた。100名を相手にモニターした結果，5人に1人はリズムにのって体が動くなど予想以上の反応を見せたことで，ソニーは成功を確信する。当時のソニーでは，新機種の場合とりあえず2, 3万台出荷して市場の反応を見るというのが通常のケースであったが，上々なモニター結果を受けて，ウォークマンは6万台を生産することになった（黒木［1990］59-61頁）。

体験することの重要性

新しいコンセプトの商品であることを知ってもらうため，マスコミに対しても，趣向を凝らした商品発表会を行った。ウォークマンには技術的に注目すべき点はなかったため，そのままでは新商品として紹介してもらえないとの判断から，とにかく実際に使って体験してもらえば，記者たちがコンセプトの新しさと魅力を伝えてくれるだろうと考えたのである。そのため，数寄屋橋のソニービルに集まった取材記者全員をバスに乗せて代々木公園に移動すると，そこにウォークマンを使っている大学生約100人が待ち構え，デモテープが入ったウォークマンを渡された記者たちも大学生と一緒に外で音楽を聴くという，手の込んだ商品発表のデモンストレーションが行われた。

しかし，野外で行われたウォークマン発表会は失敗に終わった。マスコミで

ウォークマンを記事にしてくれたのは一部，それもベタ記事という軽い扱いにとどまったのである。発表会を取りまとめた黒木は，取材に来た中年の記者たちにウォークマンの価値がわからないのも無理はないと言い聞かせ，緊張の発売日を迎える。しかし売行きはまったく不調だった。発売してから1カ月間，ウォークマンはほとんど売れなかったのである。

　危機感を持った担当部署は，とにかく実際に体験してもらうことが不可欠だと考え，次々にPR作戦を実行していく。営業部門では，都心の歩行者天国に出かけて道行く人に視聴してもらい，特約店にはデモテープの入ったウォークマンを配布して，その場で実際に聴いてもらった。さらには，ウォークマンをつけた社員が山手線に1日中乗り続けるということまでした。また，宣伝部では「体験戦術部隊」を結成し，運動会や文化祭に出かけていっては実際に聴いてもらうといったように，人海戦術を使い，とにかく人目に触れる機会を増やし，実際に音を体感してもらったのである（黒木［1990］75-80頁）。

　現在から見ると何とも泥臭い作戦に思えるが，新技術ではなく新しいコンセプトが売りの商品であり，しかも一番の特徴が目に見えない音であったため，実際に体験した人たちによる口コミを通じた普及というルートをつくり出すことが重要だった。そしてこうした行動は，過去にソニーがテープ・レコーダーなどの普及に際して行ってきたこと，つまり，市場の教育を通じた市場の創造でもあったのである。

「教育」の成果　こうした地道な努力の甲斐あって，翌月に入ると売行きが伸び始める。テレビCMなどは行っていなかったため，口コミや雑誌でアイテムとして取り上げられたのがヒットの理由だと担当者は分析している。商品の持つ潜在的価値を確信した担当者による地道な市場開拓の努力があって，はじめて市場に認知されたのである。加えて，生産体制の制約からファースト・ロットの製造が3万台にとどまっていたこともあり，品切れ店が続出，8月末にはすっかり店頭から姿が消えた。結果論ではあるが，品不足がさらに人気を刺激したのである。

　初動こそスロー・スタートであったウォークマンは，2年間で150万台を超す大ヒット商品となった。当時のソニーでは，ラジカセやテープ・レコーダーで1機種10万台売れれば，まずまずのヒットといわれていたから，いかに大きな数字であるかがわかる。しかも，激しい競争を繰り広げることが常の日本

の電気機器業界にあって，ソニーが開拓した携帯型カセットプレーヤー市場への新規参入は，その後1年以上行われなかった。これは他社との競争を想定していたソニーとしても意外だったようで，1年も追随者が現れなかったのはウォークマンが一時的なブームと見られていたからであろうと，当時の状況を振り返っている（ソニー広報室［1989］）。

1年以上にわたる市場競争のブランクは，その後のソニーの展開にとって決定的に大きな意味を持った。それは，新規市場において「一人舞台でわが世の春を謳歌」（黒木［1990］86頁）することができたからだけでなく，初代発売当初からすでに進められていた，2代目ウォークマン開発のための時間を十分に確保することができたからである。

3 技術のSONY

(1) 2代目ウォークマン「WM-2」

|デザインを優先する|

ウォークマンの好調な売行きに自信を得たソニーは，ただちにブランド確立に向けた本格的な開発に動き出すことになる。初代ウォークマンが「プレスマン」の流用であったこと，また製品化決定から発売までの時間が4カ月とかなり短期間だったこともあって，技術的な改善の余地は多数残されていた。そのため，初代ウォークマン発売から2カ月後の1979年9月には，早くもウォークマン独自のスタイルを確立するべく2代目ウォークマン開発に関する企画が持ち上がり，テープレコーダー事業部とPPセンターのデザイナーとの間で，「ウォークマンにふさわしいデザインとは何か」をめぐる検討が開始された。初代発売直後にいち早く次世代機開発を開始したのは，いずれ他社が市場参入することを想定した対応でもあったという（黒木［1990］84頁）。

上述のように，2代目ウォークマンの開発は，既存商品の流用ではないウォークマン独自のデザインを確立することに主眼が置かれたため，基本となるデザインがまず決められ，それをベースとして技術的な構造を考えるという順序をたどった。通常の商品作りの場合，まず構造面での基本設計があり，エンジニアが指定したスイッチ類の大まかな位置に基づいて，デザイナーがデザイン

するという手順を踏むが，2代目ウォークマンの場合，はじめにデザインがあり，それに合うような操作ボタンのレイアウトで作ってくれという要求を，エンジニアがそのまま実現するという形をとったのである（ソニー広報室［1989］）。

このときに指定されたデザインは，初代ウォークマン発売の1年ほど前に，社外のデザイン・コンペに出品されたソニー・デザイン室の作品を原型としたものであった。「メモ録テレコ」として提案されていたもので，録音ボタンもスピーカーも付いており，またコンペ用であったため技術的な裏づけもなかったが，この秀逸なデザインをウォークマン2号機に使おうという提案が持ち上がり，具体化されていったのである。

2代目ウォークマン WM-2
（ソニー提供）

構造をシンプルにする　こうして，コンペ用デザインをベースに，構造の見直しが行われた。それまでは本体にカセットを入れ，再生ボタンを押す力によってヘッドがテープに押し付けられることで再生が始まるという方式だったが，これだとヘッドが動く分のスペースの遊びができてしまう。そこでこの部分をなくし，テープを押し込んで入れるようにし，最初からテープにヘッドが触る状態を作ればよいというアイディアが出された。その結果，ヘッドの移動がなくなったことで構造がシンプルになり，また空間の節約によって小型になった。設計面では，それまでサイドにあった操作ボタンをフタの上に移すことでサイズを小型にした。もちろんこの変更は技術的な対応を要するものであったが，設計段階のデザインを優先し，新素材フレキシブル・ワイヤーの導入によって解決されていく。

これらの結果，初代に比べ，横幅は8 mm，高さが15 mm小さくなり，重量は280 gの軽量化を実現するなど，大幅な小型化に成功した。また，初代ウォークマンのシンボルであった小型ヘッドホンも，45 gから28 gへとさらなる軽量化が図られた。さらに，音質で優れる「メタル・テープ」にも対応することによって，音へのこだわりという点でも初代を上回る製品に仕上がった。

初代発売から1年7カ月後の1981年2月，2代目ウォークマン「WM-2」が発売される。「81年，名機WM-2をひっさげて，いよいよ本格的な世界制覇に向けて歩き始めた」と，ウォークマン発売10周年を記念して編纂された『ウ

ォークマン10周年記念誌』(ソニー広報室 [1989]) がその画期性を謳い上げているように，この機がウォークマンの地位を決定づけることとなる。「劇的な小型化」(『Walkman Chronicle since 1979』30頁) に成功した2代目ウォークマンは，構造が一新され，デザインと音にもこだわったことで，250万台を超す大ヒット・モデルとなった。

また，初代ウォークマンの型番がテープ・プレーヤー・ステレオを意味する「TPS」であったのを，2代目からは「WM」に改め，その後，これがウォークマンの統一型番として使われていくことになる。ブランドという点では，初代ウォークマン発売時，商品名の「WALKMAN」は奇妙な和製英語であるとして，海外のディーラーが使用に反対し，アメリカでは「SOUNDABOUT」，イギリスでは「STOWAWAY」，スウェーデンでは「FREESTYLE」と，同じ製品を異なる商品名で発売していた。しかし，先行発売した日本でヒットしたことで，海外でもWALKMANの知名度のほうが高いという事情を踏まえ，1980年2月，ブランド名をWALKMANで統一することに変更された。

(2) 究極のウォークマンを目指して

「Zプロジェクト」始動　2代目WM-2によって，ヘッドホン・ステレオ市場におけるウォークマンの地位は確固たるものになった。しかし，さらなる進化を目指すためにソニーは，WM-2発売とほぼ同じタイミングで，特別プロジェクト「Zプロジェクト」を立ち上げる。このプロジェクトに課された目標はただ1つ，ジャスト・カセット・サイズを達成すること。つまり，カセット・ケースと同じサイズにまで小型化した「スーパーウォークマン」を実現するというものであり，まさに「ヘッドホンステレオの究極の形」を目指すものであった (ソニー広報室 [1989])。ジャスト・カセット・サイズということは，カセット・ケースの中にモーターや電池などがすべて収まった上で，なおかつそこにカセット・テープが入るということである。常識的に考えれば到達不可能な目標に思えるが，「ウォークマンの最後の到達点を目指す」という意気込みから，アルファベットの最後の文字「Z」を冠したプロジェクトに選ばれたメンバーは，何とかしてこの目標をクリアすべく格闘していくこととなる。

まず問題とされたのは電池だった。それまで単3型乾電池を2本使用して

いたが，これをどうにかしなければ先に進めないということで，サイズの小さい単4ないし単5型乾電池を利用するという案が出された。しかしこれは，電池の入手面から消費者に支持されないとの判断から採用が見送られ，結局，単3型乾電池を2本から1本にするという案に落ち着いた。その結果，電池1本で動

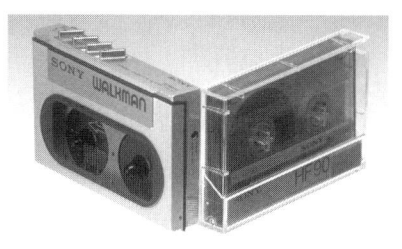

ジャストカセットサイズウォークマン WM-20
（ソニー提供）

く省電力の小型モーターを新たに開発する必要が出てきた。その成果が超偏平薄型モーターと呼ばれる超薄型の小型モーターであり，これ以外の部品も，ことごとく小型化が図られ，電子回路なども新たに設計された。

カセット・ケース・サイズの実現

こうして，構想から約2年を経た1983年11月，本体180g，ヘッドホン17gのカセット・サイズ・ウォークマン「WM-20」が発売された。使用する際にケースを延ばしてカセットを入れるという，かなり強引な方法でジャスト・カセット・サイズを達成したため，あくまで未使用時限定のカセット・サイズということではあった。しかし，ともかくもZプロジェクトが掲げた当初の目標は，こうしてクリアされることとなった。

このWM-20は「薄さも含めたほぼ完璧なカセットケースサイズを実現したエポックメイキングなモデル」（『Walkman Chronicle since 1979』31頁）と，自画自賛に値するモデルであったようで，これによって携帯型カセット・プレーヤーとして1つの到達点に達したと考えられたことは間違いない。また別の文献では，ヘッドホン・ステレオという新しい市場をつくったTPS-L2を第1世代とすれば，その市場を確固としたWM-2を第2世代，そしてこのWM-20を第3世代と位置づけているように，ウォークマンは1979年7月の初代発売以来，83年11月のWM-20までの短期間に，大きな進化を遂げたのである（ソニー広報室［1989］）。

さらなる進化への挑戦

ヘッドホン・ステレオの究極の形を追求した結果として完成したのがWM-20であったが，ジャスト・カセット・サイズをまがりなりにも実現したことで，サイズ的にはもはや縮小不可能な，文字通り究極の域に達した。しかし，ソニーはさらなる進化を目指

3 技術のSONY 195

して次のターゲットを狙う。電池の開発である。小型化も目標の1つではあったが，充電可能な二次電池を開発しようとしたのである。当時は，いわゆる使い捨て乾電池（一次電池）を使用していたため，ウォークマンを利用するには一定のランニング・コストがかかっていた。そこで専用の小型充電池を開発すれば，小型化とランニング・コストの節約という2つのメリットが得られることになる。そして生まれたのが，チューインガム形状の充電式ニッカド電池，いわゆる「ガム型電池」であり，これを搭載したウォークマン「WM-101」が，1985年に発売される。充電式であるためコストの節約になり，また小型化されたことでスペア電池としての持運びも楽になった。

このようにソニーは，ウォークマンの1つの到達点であるWM-20後も，さらなる改良を加えることによって，絶えず新しさを追求し続けていった。その結果，テープを裏返す必要のない「オートリバース」，リモコン，防水，スキップや頭出しなど，当初にはなかった便利な機能が追加されていき，また電池についても，再生時間の延長と充電時間の短縮など，いくつもの重要な改良が加えられていった。初代が発売されて以降も，明確なターゲットを決めて断続的に行われた開発により，ウォークマンはシリーズ化し，その過程で次々に新しさを提供し続けていった。そうすることで，市場参入を果たした他社との競合が強まる中においても，ウォークマン・ブランドは圧倒的な地位を確立しえたのである。

このケースの解説

「愉快ナル理想工場ノ建設」を宣言したソニーと，経営の神様・松下幸之助率いる松下電器（現. パナソニック）の特徴を捉えて，かつて「技術のソニー，販売の松下」と称された。両社の特徴を象徴的に表した表現といえるが，じつはこの「技術」が意味するところは，かなり多様である。そこで，ソニーの特徴として語られることが多い技術とは何かについて，本論で扱ったウォークマンを例に考えてみたい。

後年，ウォークマンの意義について盛田は次のように総括している。

「新しい発明，発見も大切ですが，既存の技術を使って，全く新しい製品

を考え出す知恵があれば,一つのインダストリーとして立派に成長するのだということを,ウォークマンは実証したのです」(ソニー[1989])。

ここで指摘されているインダストリーに成長させることの意義について,盛田は別のところで,ソニーは学問をやっているわけではなく,インダストリーを業としているのだから,新しいインダストリーをクリエイトすることがソニーの使命だと述べている。その一例としてウォークマンを取り上げ,「ウォークマンそのものには,驚くような発明や発見はない。すでにある技術をまとめあげるプロダクトプランニングと,3万3000円で売れるようにつくるプロダクションに努力をした結果,ビッグビジネスに育った」(ソニー[2000]75頁)として,ソニーにとって大切なのは,技術の力でこれまでにないインダストリーを育てることだと説明している。本論で紹介した,ウォークマン開発に対するあくなき挑戦と,その結果として携帯音楽プレーヤーという,それまでになかった新しいインダストリーが育っていったプロセスを想起すれば,ソニーの目指す創造性とはどういったものか,ということを理解することができるだろう。

これは何もウォークマンに限った話ではない。ソニーが生み出す製品には「日本初」や「世界初」といった枕詞がつくことが多いが,冷静に見ると,ソニーが得意とする開発は,必ずしも技術に関する新しい発明や独創性を伴うものばかりではない。創業以来,ソニーが行ってきたのは,先端的・独創的な技術を取り込み,それを商品化するということであり,トランジスタ・ラジオ,テープ・レコーダー,トリニトロン・テレビなど,いずれも核となる技術を外部から調達し,それを取り込んだ新しい商品を開発するというプロセスをたどっている。

この考えは,もちろん井深も共有している。「はっきりさせていただきたいことは,インベンション(発明)とイノベーション(技術革新)との違いというものを,皆さんが認識していない」(ソニー[1998])と井深は主張する。新技術や独創性を持った技術は大学などで生まれるのであり,そこで生まれた「種」をソニーが取り込み,製造に応用して産業にしていく,という役割分担があるという。井深のいう技術に対する考えは,先に示した盛田の主張と完全に重なっているのである。

盛田は,「我が社は技術のソニーと言われますが,それは一方的な見方」だとした上で,「片方にすばらしい技術開発力を持ち,同時に良い製品を作る製造能力を持ち,新しい製品を世の中に普及させていくだけの宣伝力を持ち,それを世界中に広めていく販売力を持つのが我が社です」(ソニー［2000］84頁)とソニーの特徴を要約している。本ケースで示したウォークマンも,まさにその典型的な事例だといえよう。

> ●思考と議論のトレーニング●
>
> 1　2009年,大手空調メーカーのダイキン工業は,モーターの回転を制御し,部屋の温度を維持しながら消費電力を減らす「インバーター」を用いたエアコンを中国市場で普及させるため,中国メーカー・格力との共同生産を決定した。ダイキンが長い年月をかけて開発してきた省エネ技術「インバーター」の情報を提供して格力との共同生産に踏み切ったねらいについて,トランジスタ・ラジオの普及に際して採ったソニーの戦略と比較したとき,どういったことが考えられるだろうか。
>
> 2　「市場を教育する」という視点から,現在,世界中のさまざまな企業が挑戦している途上国におけるBOP（base of the pyramid）ビジネスの事例を検討すると,どういった特徴が見出せるであろうか。

●参考文献●

川合一央［2005］「ソニー——事業選択と市場のコントロール」米倉誠一郎編『ケースブック日本のスタートアップ企業』有斐閣。
黒木靖夫［1990］『ウォークマンかく戦えり』筑摩書房（ちくま文庫）。
椎名誠［1980］「35歳のウォークマン戦記」『文藝春秋』1980年5月号。
庄司薫・盛田昭夫・小此木啓吾［1981］「ウォークマン vs. 活字文化」『中央公論』1981年8月号。
ソニー株式会社編［1986］『源流——ソニー創立40周年記念誌』ソニー。
ソニー株式会社［1989］『ファミリー』ソニー。
ソニー株式会社広報室［1989］『ウォークマン10周年記念誌』ソニー。
ソニー株式会社［1998］『Family 井深さんを偲ぶ』ソニー。
ソニー株式会社［2000］『Family 盛田さんを偲ぶ』ソニー。
ソニー広報センター［1998］『ソニー自叙伝』ワック。
野田一夫・盛田正明［1982］「商品開発 ソニー式発想法の秘密」『季刊中央公論 経営問題』春季号。
盛田昭夫［1963］「マーケット創設こそ販売成功の鍵——ソニーの場合」『別冊中央公論 経営問題』1963年5月号。

米倉誠一郎・川合一央［1998］「事業戦略家としての技術者――井深大（ソニー）」伊丹敬之・加護野忠男・宮本又郎・米倉誠一郎編『企業家の群像と時代の息吹き』（ケースブック日本企業の経営行動 4）有斐閣。

Kahney, L.［2010］"John Sculley On Steve Jobs, The Full Interview Transcript"（http://www.cultofmac.com/63295/john-sculley-on-steve-jobs-the-full-interview-transcript/63295/）.

『Sony Chronicle 2010 since 1945』ソニー・マガジンズ，2010 年。

『Walkman Chronicle since 1979』ソニー・マガジンズ，2009 年。

［大石直樹］

もう1つのソニー　　Another Perspective on Case 10

　ウォークマンの開発に際して，ソニーがデザインを優先したことは本文でも述べられていた。重要なのは，1人1人が手がけるデザインも，企業という組織の中で行われるから，組織の設計方法によって，デザイナーの意識や作業のやり方も影響を受けるという点である。

　ソニーは 1978 年 6 月，盛田昭夫の発案で「ID（＝インダストリアル・デザイナー）の集団」として意匠部を新設した（テレビ事業部のある大崎とオーディオ事業部のある芝浦の2カ所）。それまで各事業部の下部に位置づけられていたデザイナーを，1つの組織にまとめたわけである。同部は発足からわずか5カ月後の 11 月に PP センターへと改称した。後述する「デザイナーをマーケターに」という意識改革を進める上で，「新しい魅力的なネーミングが必要」とされたからであった。ちなみに，PP は何の略でもない。前の P はプロダクトにあてられたが，後ろの P にはプランニング，プロポーザル，プロモーションなどいろいろな意味を持たせた。

　意匠部は，事業部から依頼を受けた仕事を手がける一方，自由な発想に従ってモック・アップ（模型）を創り，それを事業部に"売り込む"ことを狙って，デザイン会議を開催した。しかし，実際に採用されたケースは「ごく一部」にとどまり，「デザイナーのフラストレーションの捌け口とはなっても，実務として役立つ行事にはならなかった」（黒木［1990］19-21, 28-31 頁）とされる。そこで黒木靖夫部長は，部内の管理職に対し，以下のように訴えた。

　　「あなた達は，みな純粋培養だ。入社以来，デザインしかやったことがない。黙々とすぐれたデザインをやってきて，ソニーデザインの評価を高めたことは尊敬するけれども，一方でデザインがいいものは売りにくい，という社内外の声にも耳を傾ける必要がある。商品は，売れなくては何もならない。売れる商品とは何かを，デザイナー側で考えてみよう」（黒木［1990］21 頁）。

　PP センターへと組織（の名称）が変わっても，こうした認識に変わりはない。黒木は次のように思考する。①「遊び心がなくては，おもしろい物はできない」，しかし ID は「単なる遊びではない」のだから，遊び心とデザインの実現性を両立させなくてはならない。②マーケターはデザイナーになれないのだから，デザイナーがマーケターになるしかない。これは，デザイナーが売れる商品を考えることにほかならない。そして，

彼は②の実践に向けて,デザイナーの意識改革と商品企画プロセスの変更を進めた。後者については,事業部から送られてきた商品企画趣意書に即して,デザイン業務を始めるだけでなく,時にはデザイン業務を前に持ってきて,事業部がそれに基づき商品企画趣意書を手直しするようにした。黒木はこれを"先にデザインありき"と表現したのである。

したがって,「デザイナーをマーケターに」という改革の主眼は,何もデザイナーをセールスマンにすることではない。彼らにも「マーケター的感覚やセールス情報」を持たせる点にこそあったのである。デザイナーは,形や色の美しさで自分のデザインを売り込むにとどまらず,事業部や営業担当の求める「売れるか売れないかの根拠」も訴えるべきである。マーケティングの知識や市場の情報は比較的容易に手に入る。だからこそ,意識改革が必要とされたと考えられる。

PPセンターは,事業部という縦割り組織に横串を刺す「横断的な組織」であり,業務の境界を明確化せずに「アミーバ状」に動いたという。事業部と共同作業をする際に,商品企画のすべてを手がけることもあったし,コスメティック(化粧)・デザインだけを引き受けるケースもあった。結果として,業際(仕事の隙間)を埋めたことに加え,事業部間のコーディネートといった機能も部分的ながら発揮できたとされる。ウォークマンのヘッドホンも,PPセンターがトランスデューサー事業部とテープレコーダー事業部の間を橋渡しすることで安価に附属できたのである(黒木[1990]19-22, 256-257, 266-270頁)。

● 参考文献 ●

黒木靖夫[1990]『ウォークマンかく戦えり』筑摩書房(ちくま文庫)。

[加藤健太]

Case 11
全日本空輸

● 大空への挑戦

このケースで考えること

　2004年，世界を代表する航空機メーカーであるアメリカのボーイング社は，新型旅客機ボーイング787（通称，ドリームライナー）の開発を行うことを決定した。一般に，新型航空機の開発はきわめてリスクが高いことから，顧客であるエアラインから新たに開発製造するのに十分な量の発注が行われることによって開始される。その最初の発注者を，業界ではローンチ・カスタマーと呼ぶが，新型機ボーイング787のローンチ・カスタマーは全日本空輸（以下，全日空またはANAと略記）であった。つまり，同社が最初に50機の発注を行ったことによって，ドリームライナーの開発が開始されることとなったのである。

　世界最大の航空連合スターアライアンスのメンバーでもある全日空は，日本を代表するエアラインである。しかし，設立された1952年の時点では，社員数16名の小さな会社であった。同社の設立趣意書には，初年度に2000万円の利益が出ると記されていたものの，それは「儲かるようにつくれ」との指示によってつくられた数字にすぎず，実際は，「やればやるほど赤字になる」事業計画であった。そのため，「こいつはエラいことになるぞと内心大いに心配した」というのが，設立に参加したメンバーたちの本音であった（全日本空輸［1962］13頁）。

　採算がかなり怪しげな状況のまま，とにかく事業を開始することになった全日空が，どのようにして日本を代表するエアラインへと成長したのか，そのプ

ロセスを見ていくことが本ケースの目的である。しかもライバルは、政・官・財の大物で経営陣をしっかり固め、資本金は20億円、うち半分は政府出資という、"日の丸"を背負ったフラッグ・キャリアの日本航空株式会社（以下、日本航空またはJAL）である。国際線はもちろん、国内線も主要な路線はすべて日本航空に運航が許可され、残りのローカル線が他の会社に割り振られるという圧倒的に不利な状況下で、全日空はビジネスを展開していくこととなる。このような状況で全日空はどのように成長していったのか。本ケースでは、全日空だけではなく、ライバルであった日本航空の行動にも注目しながら、戦後日本のエアラインの発展過程を追いかけていくこととする。

1 甦る日本の「翼」

(1) 航空業界の"起業ブーム"

　戦前以来の歴史を持つ日本の航空輸送ビジネスは、終戦後、経済民主化を進めるGHQの占領政策によって、航空機の製造事業とともに全面的に禁止された。終戦直後の1945年11月18日に発せられた「民間航空活動の全面禁止に関する指令」によって、46年以降、日本人が航空機を運転することや所有することは全面的に禁止されたのである。しかも、禁止の対象は模型を使った実験や航空力学の研究・教育といった学術研究にまで及ぶという徹底したものであった。

　しかし、1951年に入るとGHQの航空政策が転換される。アメリカのノースウエスト航空との委託運行契約など多くの制約条件が課されていたとはいえ、JALの設立が許可され、同年10月25日、「もく星号」がアメリカ軍管理下の羽田飛行場から大阪へ向けて飛び立った。日本の航空輸送ビジネスがようやく再開されることとなったのである。さらに翌年のサンフランシスコ講和条約の発効によって連合国軍の日本占領が終結すると、新たに航空法が制定され、本格的に民間航空会社の設立が許可されることとなった。

　このような流れを受け、1952年9月にはJALが国際線免許の申請を行う。ほかにも大阪商船と飯野海運の2社が、それぞれ海外の航空会社との合弁による新会社を設立して、国際線への進出に名乗りを上げた。また国内線について

は，講和条約の発効を待たず小型機による事業計画をいち早く申請した青木航空を皮切りに，多岐にわたる分野から次々に参入計画が発表され，新規申請が10社を超えるという「航空企業フィーバー」の様相を呈したのである（日本航空史編纂委員会［1992］253頁）。

(2) 規制下でのフライト準備

そうした中，1952年11月に民間航空ビジネス再開に向けた基本方針「わが国民間航空の再建対策」が，航空審議会の議論を踏まえて打ち出された。国際線については輸送需要や資金状況を鑑みて1社による運行が妥当であるとされ，国内線は東京・大阪・福岡・札幌の4地点を中心とした主要地域を連絡する幹線とそれ以外の支線（ローカル線）とに分けて運用するという方向性が示された。後者については，全国を2ブロックに分けて，それぞれ1社ずつ運行させるという方針であった。

この方針を参考として運輸省（現，国土交通省）は，JALをベースとして国策会社・日本航空株式会社を改めて設立し，同社に国際線と国内の幹線を兼営させる計画を明らかにした。そして1953年7月，「日本航空株式会社法」が制定され，政府の出資，社債発行限度の特例，補助金助成といった各種優遇策が準備された。それとあわせて，経営に際しては事業計画・資金計画等すべてに運輸大臣の認可を必要とすることも規定され，JALは政府の強力な監督下に置かれることとなった。戦後数年間の空白を一刻も早く埋めるため，国の強力なバックアップによって日本を代表するエアラインを育成していくことが目指されたのである。

他方，国内線は1958年9月に運輸省で開催された定期路線開設に関する公聴会に参加した5社の中から選ばれることとなった。選考の結果，戦前，日本航空輸送研究所を開設した井上長一を中心に関西汽船をはじめとする関西財界の支援によって設立された極東航空と，元『朝日新聞』編集局長の美土路昌一を中心に主に関東と中京の実業家から構成され，ヘリコプターや小型機による航空計画を提出した日本ヘリコプター輸送とに，定期航空輸送事業の営業免許が与えられた。ただし，幹線は新生JALが担当することになっていたため，両社はローカル線を担うこととなった。そして，先の航空審議会による提案を受けて，大阪を境に西日本ブロックを極東航空が，東日本ブロックを日本ヘリ

コプター輸送が担当するという，2ブロックに分かれての営業とされた。

　こうして，戦後日本の航空輸送ビジネスは，国際線と国内の主要航路をJALが，それ以外のローカル線を極東航空と日本ヘリコプター輸送の2社がブロックごとに担当するというように棲み分けることで再出発したのである。

2　全日本空輸の誕生，危機，そして飛躍

(1)　"エンジン始動"

2機のヘリコプターからのスタート

　日本ヘリコプター輸送（通称，日ペリ航空）はもともと，戦後の航空禁止命令によって行き場を失った民間航空関係者を救済し，また将来の航空事業の再開に備えるために，朝日新聞社の元社員で学生時代から飛行機に関心のあった中野勝義と前出の美土路を中心に組織された社団法人興民社を母体として，1952年12月，資本金1億5000万円，社員16名で設立された民間航空会社である。社名が示すように，ヘリコプターを使って輸送・宣伝飛行・農薬散布などを行うことを目的として設立され，1953年2月20日の宣伝飛行により営業が開始された（ANA［2004］20頁）。機体にスポンサー企業のロゴと宣伝文を貼り，あらかじめ告知していた公園や学校に空から舞い降りるという斬新な方法による宣伝飛行は，主要都市を中心に日本一周PR飛行を行うなど好評を博した（神田［2010］）。同年10月，定期航空事業が認可されたことで，東京―名古屋―大阪間航路の開設を皮切りに，東京―三沢―札幌，大阪―小松，名古屋―小松，東京―大島と，順調に路線を拡大していった。

　この路線拡張の過程で日ペリ航空は，デ・ハビランド・ダブ（2機）とデ・ハビランド・ヘロン（3機）といった機材（飛行機）を調達したが，当時行われたデ・ハビランド社機の操縦法の習得方法について，日ペリ航空のパイロットの神田好武は次のように回想している。教官は実機をイギリスから運んできたイギリス人パイロットだったが，日ペリ航空は資金に余裕がなかったため，彼の滞在日数を少しでも減らそうとした。簡単なグランド・スクールの後，焼津に移って離着陸訓練を行い，わずか2日間ですべての訓練を済ませ，強引にお引取り願ったという（神田［2010］104-105頁）。戦前の飛行機に比べると操縦

日ペリ航空のデ・ハビランド・ヘロン機（手前。羽田空港，1955年ごろ。全日空［1983］23頁）

がはるかに容易になっていたとはいえ，2日間で操縦技術をマスターしたというパイロットの能力の高さと，主力機材のパイロット訓練費用すら削ったという当時の厳しい財政状況に驚かされる。ちなみに，日ペリ航空の初期の経営を支えたデ・ハビランド・ヘロンは，JALからのレンタル機であった。JALとの協調的な関係が，ANAのスタートアップ期の事業展開において重要な役割を果たしたのである。

「現在窮乏・将来有望」

主力機材の訓練コストも十分にまかなえなかったように，初期の日ペリ航空は事業資金が不足していたため，創業早々，資金調達に奔走しなければならない事態に直面する。しかし採算のとれない当時の日ペリ航空に融資してくれる民間金融機関はなかった。そのため日本銀行の融資斡旋部へ協力を仰ぎ，「苦闘正に1カ年，漸くにして待望の市中銀行7行による協調融資」（全日本空輸［1962］16頁）が実現する運びとなった。金融機関に対する事業説明の際には，美土路社長の考えた「現在窮乏・将来有望」といったキャッチフレーズを使い，何とか納得してもらうという状況であった。

このように初期の厳しい経営状況を何とか乗り越えた日ペリ航空にとって，1955年のダグラスDC-3型機（31人乗り）の導入は，経営上，大きな意味を持った。それは輸送能力が倍増したという量的側面でのインパクトだけでなく，運行面や整備面において，それまでとは違う運用水準が要求されるという質的な転換を伴ったことが大きい。機内サービスの必要性から，はじめて客室乗務員の採用を行ったのも，DC-3導入への対応であり，エアラインとしての組織体制が整う契機となった。新機材の導入は，経営状況の好転にもつながり，1956年度には，創業以来はじめて，営業黒字を実現した（ANA［2004］22-25頁）。

極東航空と合併する

ちょうどそのころ、西ブロックのローカル線を担っていた極東航空が経営危機に直面していた。大阪以西のローカル路線を中心に積極的な拡大を続けていた同社は、1954年に新たに導入したイギリス・ハンドレページ社のマラソンに苦しめられた。マラソンはDC-3などのように性能が高くない機材であり、イギリスで売れ残っていたものを購入したといわれ、何度となくエンジン・トラブルを起こしただけでなく、定期点検の際に主翼外板のリベットにゆるみが発見されるなどの欠陥を露呈した。そのため、安全上の理由から運行停止を余儀なくされる。1機1億円以上かかった高額な機材であったことも影響して、すでに財務的に厳しい状況に追い込まれていた極東航空において、主力機の運行停止は直ちに経営を圧迫した。

加えて、国内ローカル線を東西2ブロックに分断することのネットワーク上の非合理性が運輸審議会によって指摘されたという経緯もあり、運輸省とJALが仲介する形で、日ペリ航空と極東航空との合併が検討されることとなった。交渉の過程では、合併比率に関する見解の相違と極東航空が抱える多額の債務処理が問題の焦点となった。話合いの結果、極東航空を減資して負債を弁済した上で日ペリ航空と同額の資本金まで増資を行うこと、また大口債権者である伊藤忠商事が債務の一部免除と債務残高の返済猶予などの措置を認めたことによって、ようやく交渉がまとまった。合併比率は1：1とし、日ペリ航空の社名を全日本空輸に変更した後、極東航空と合併することとなった。こうして1958年2月10日には合併手続きがすべて完了し、ANAが発足したのである（全日本空輸［1962］9頁、ANA［2004］25-33頁）。

(2) "離 陸"

JALからの支援

ANAが発足した1958年の8月12日、東京発名古屋行のDC-3がエンジン・トラブルを起こし、伊豆下田沖で墜落、乗客乗員33名全員が死亡するという大事故が発生する。政府は直ちに「航空安全対策に関する懇談会」を設置、航空審議会も航空の安全性に関する答申を打ち出した。これを受けてANAは、「運行安全向上についての緊急対策」を発表する。その中で、技術援助を含むJALとの関係強化が安全対策の柱とされた。そして美土路社長とJALの柳田誠二郎社長は、運輸省

航空局長立会いのもと，①JAL は ANA に対し 1959 年度内に 2 億円程度出資を行うこと，②JAL は ANA に常勤役員を派遣すること，③輸送・訓練・機材融通など技術面での両社の協調関係を進めることなどを柱とする提携を進めることが約束された（日本航空史編纂委員会［1992］259-260 頁）。

　危機的状況下において，資金面と技術面に関して JAL との協力関係を築いた ANA は，事故再発防止のための安全性の確保と社内体制の強化を急いだ。また，極東航空との合併後の組織の合理化という課題にも対応しなければならなかった。事故の影響により 1959 年 3 月末決算で 3 億円近くの損失を計上しており，経営合理化は早急に進める必要があった。ANA は，合併直後に，克服すべき大きな難問に直面したことによって，経営再建のための方策を模索していくこととなる。

新機材を導入する　状況を打開する突破口の 1 つとなったのは，国内幹線進出が認可されたことである。ANA の経営再建が日本の航空産業にとって解決すべき緊急課題となったことで，それまで JAL にのみ認可されていた国内幹線の門戸が ANA にも開放されたのである。それも，東京―大阪と東京―札幌の直行便という，まさに国内主要路線であった。もちろん JAL にとっては，「幹線独占が喪失するという，日航（JAL：引用者注）史上重要な事件」（日本航空［1974］205 頁）であったが，先に ANA との協力関係を推進していくことを約束している立場上，これに反対することはできなかった。

　さらに，1959 年には，新たに導入する機材に関するプロジェクト・チームを結成し，コンベア，バイカウント，フレンドシップ，DC-4 といった候補機の情報収集を行った。当初は JAL の技術協力の一環として，同社からの DC-4 のリース契約によって機材をまかなうことで交渉が進んでいたが，途中で JAL が契約取消しを申し出たことから，ANA はコンベア 440 の導入を決定した。この決定が，その後の ANA の事業展開にとって重要な意味を持つこととなる。

　というのも，JAL からのリース予定であった DC-4 を含め，それまで国内線に使われていた機材は，空調システムがないため室内の温度調整ができず，また「非与圧式」であったために，離着陸時に耳が痛くなるという問題が生じていた。しかしコンベア 440 は，客室内の気圧と温度を一定に保てるという，

当時としては画期的な「与圧式」だった。スピードも，DC-4 と比べ 10〜20％速く，かつ気象レーダーを装備するなど安全性にも優れていた（ANA［2004］35-37 頁）。JAL が DC-4 のリース契約を断ったことで，ANA は安全性に優れ，かつ高性能な新機材の導入を決断したのである。

ANA のコンベア 440 は，念願の幹線進出を果たした東京―大阪と東京―札幌に導入された。運航便数では JAL に及ばなかったものの，新型機での運航が功を奏し，ANA は次第に優勢になっていく。その後も ANA は新鋭機を次々に投入したために，1960 年代に入ると機材格差は決定的なものとなる。これは経営面にも良好な影響を与え，1958 年 8 月の事故によって大幅な赤字に落ち込んだ業績は，60 年度には一転，2 億円以上の経常利益を計上するまでに回復したのである。

(3) "上昇"

シェア，逆転！

1960 年，国内線の年間旅客数が 100 万人を突破した。その後の 10 年間は高度経済成長の恩恵を受け，1970 年には 1468 万人，80 年には 4091 万人と，20 年間で約 37 倍という驚異的な伸びを記録する（表 11-1）。国内旅客数が大幅に伸びたこの時期，ANA はどのような経営を行ったのであろうか。

前項(2)で，コンベア 440 の投入が，事故のイメージを払拭する安全性向上策としてだけではなく，合併後の経営合理化の進展という課題に対する有効な措置ともなったことを見た。新機材導入が経営改善に実績を残していることを踏まえて，ANA は輸送力のさらなる強化を図り，日本ではじめてのターボプロップ機となるフレンドシップとバイカウントの導入を決定する。ターボプロップとは「ガスタービンエンジンによってプロペラを駆動し，あわせてジェット噴流によって推進力を得るエンジン」（ANA［2004］37 頁）であり，従来型の飛行機と比べて，速度・乗り心地とも向上し，利用者の利便性は一段と高まった。

ターボプロップはジェット・エンジンにプロペラを付けたものであるため，厳密にはジェット機といえないが，ANA によるターボプロップ機の導入が，国内線ジェット化の流れの端緒となったことは間違いない。主要路線への新鋭機導入による ANA の経営強化策は，輸送力の増強と乗客の利便性の向上につ

表 11-1　国内線旅客数の推移

（単位：万人）

	合計	幹線	ローカル線
1960年	112	76	36
65	518	271	247
70	1468	739	729
75	2503	1147	1356
80	4091	1576	2515
85	4440	1721	2719

（出所）『航空輸送統計年報』。

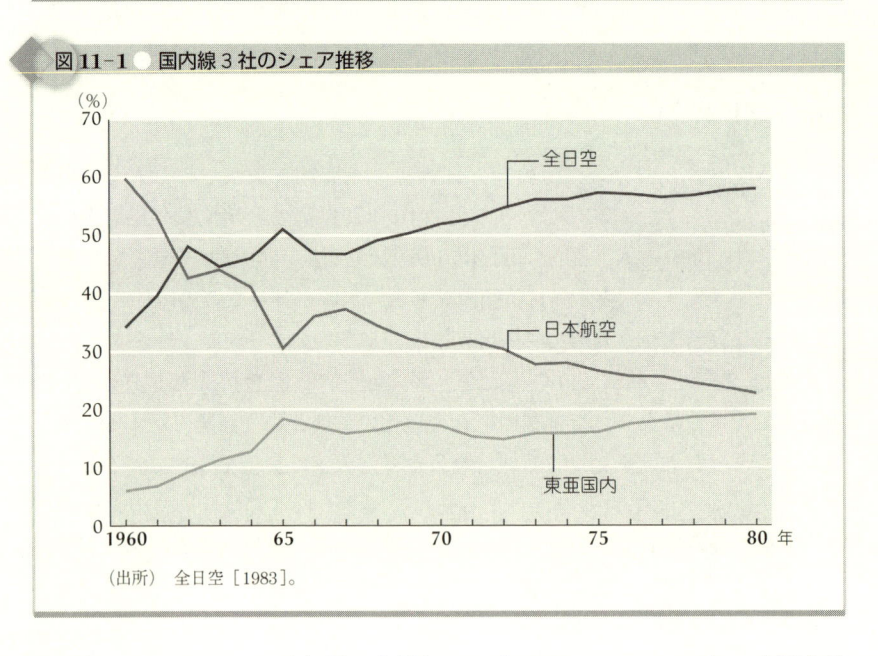

図 11-1　国内線3社のシェア推移

（出所）全日空［1983］。

ながり，ANA のシェアは急激に上昇していく（図 11-1）。1962 年には国内線における JAL と ANA のシェアが逆転し，その後，両社の差は一段と拡大していくのである。

国内線のシェア逆転の理由については，JAL による分析がある。それによれば，ANA の運航は定時性が高く，遅延・欠航の少なさは JAL と比較にならない水準であること，また機材に決定的な差があり，JAL の DC-4，DC-6 の座席

利用率が40％台にとどまっているのに対して、ANAのバイカウント、フレンドシップの座席利用率は平均80％を上回るというものであった。加えて、ANAは創意ある販売活動を展開しており、JALに衝撃を与えているという。1962年に刊行されたJALの「営業概況報告」によれば、各地でANA便を指定する声が高くなっており、早く対策を打たなければJALの前途は多難であるとする報告や要望が殺到していたという（日本航空［1974］271-273頁）。サービスの違いを踏まえたユーザーによるエアラインの選別が行われていたのである。

「ビーム・ライン」の構築とその"売り"　しかし、両社の国内線のシェア逆転後、その差が拡大を続けた理由は、単に機材やサービスの差だけではなかった。これには、この時期における国内線の構造的な特徴も関係していた。その1つが、ANAの路線再編である。それまで東京と全国の地方都市を結ぶローカル線は、途中、複数の拠点を経由しながら運航していた。しかし多地点を経由する運航は効率的ではなく、また利用客から見ても利便性の高いものではなかった。ANAはここに注目し、1963年に新しい路線計画を打ち出す。それは、東京を中心に、北海道から九州まで全国各都市へ放射状に伸びる直行路線（ビーム・ライン）を形成するというものであった。さらに、それまで幹線に比して遅れをとっていたローカル線についても、機材のジェット化を積極的に進めた。つまり、利用客の利便性を高める戦略の全国展開を実施したのである。

また、導入した新機材の魅力を利用客に周知させるために工夫をこらした戦略も、見逃すことはできない。よほどの飛行機好きでなければ、自分の乗る飛行機の型やメーカーなどは知らないのが普通であろう。しかし同時に、飛行機を利用する場合、その安全性については誰しもが気にするものである。ANAはその点を意識的に突いた宣伝広告を展開した。

「ビーム・ライン」計画の宣伝告知の中に、「ありがとう〈ロールス・ロイス〉」という文章を掲載した。そこには、「全日空の急速な発展もバイカウント、フレンドシップがなかったら実現しなかったでしょう。それはとりもなおさずエンジンづくり50年の歴史をもつロールス・ロイスのおかげです（略）日本では全日空機だけが、RRのマークをつけています」と記されているのである（ANA［2004］40頁）。一般には馴染みの薄い機体メーカーや機材名ではなく、

知名度の高いロールスロイスを取り上げ，それを広告の前面に出すことによって，ANA機に対する利用者の信頼と魅力を高めることを狙ったものと考えられる。新機材に搭載されたのが，ロールスロイス社製のエンジンであったことに注目し，そこを強調して"売り"にしたのである。

成果を上げる

このように，ANAは1960年代から70年代にかけて積極的にローカル線の拡張を進め，東京をハブとする地方との直行便の開設によって国内線のネットワークの再編を行いながら，そこに「国内線のオールジェット化」を掲げて新機材を導入するという，路線網の質量両面での拡充を展開していった。そしてこの経営戦略は見事な成果を収めることとなる。

ここで再び前掲の表11-1を見てみよう。国内線の旅客数の内訳に注目すると，この間の旅客数急増の中心は幹線ではなく，ローカル線であったことが確認できる。実際にANAの旅客数の推移を見ても，圧倒的にローカル線の比重が高く（表11-2），また成長率・座席利用率のいずれもローカル線のほうが高かったのである。つまり1960年代以降の国内線の需要の中心はローカル線であり，そしてこれはANAによる積極的なローカル線拡充策の成果であった

表11-2　全日空の旅客数の推移

（実数は単位：千人）

	幹線		ローカル線	
	実数	シェア	実数	シェア
1968年	1,321	30.1 %	2,864	67.1 %
69	1,860	31.7	4,104	66.0
70	2,680	35.0	5,350	65.9
71	2,520	31.9	6,176	71.6
72	3,154	35.0	7,151	71.1
73	4,284	39.7	8,686	66.7
74	4,512	39.4	9,277	66.7
75	4,858	42.2	9,280	66.6
76	4,884	40.8	10,735	65.9
77	5,613	40.4	12,386	65.2
78	6,267	41.2	14,103	64.4
79	7,006	42.3	15,963	64.4
80	6,556	42.6	15,865	63.3

（出所）　全日空広報室［1978；1981］。

図11-2 ● 国内ローカル線におけるシェアの推移

(出所) 全日空広報室 [1978；1981]。

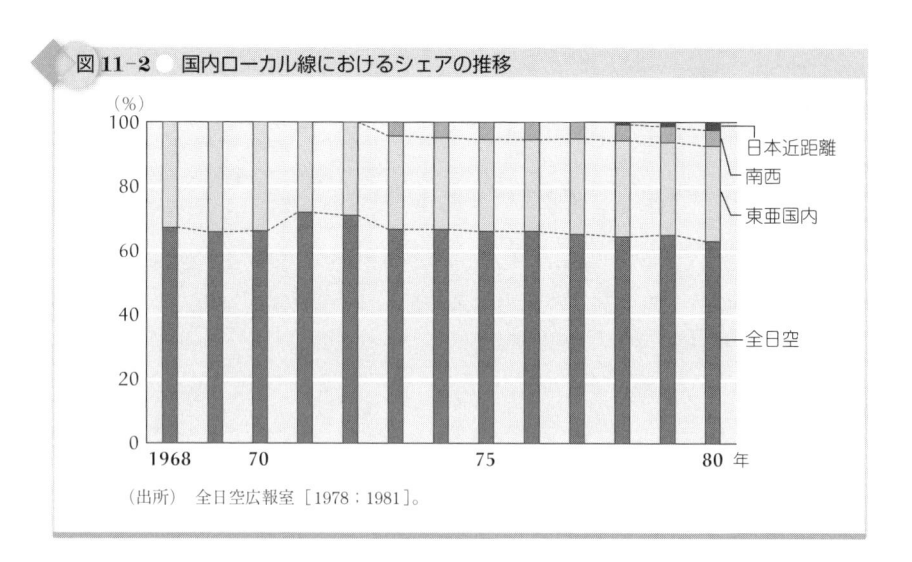

と考えられるのである。

　旅客需要において幹線に比べ劣位にあったローカル線は，高度成長期を通じて日本経済が急速に発展していく過程で，次第に成長市場となりつつあった。このことをいち早く捉えたANAは，ローカル線へのジェット機導入や地方空港の整備など積極的な投資を行うことによって，ローカル線における高いシェアをキープした（図11-2）。つまり，自ら市場を開拓して需要を喚起することによって，経済成長に伴う全国規模でのローカル線利用者急増の恩恵を，ANAは十分に享受したのである。すでに見たように，ANAは高水準のサービスによって幹線においてもJALのシェアを次第に奪っていき，国内線での圧倒的な地位を獲得する。そして，念願の国際線への進出を政府に強く要請するようになっていくのである。

3 JALのジレンマ

(1) フラッグ・キャリアとしてのジレンマ

内外ともに激しい競争の中で

　JALは創設以来，日本を代表するエアライン，いわゆるフラッグ・キャリアであった。しかし独占的に進出が認められていた国際線は，1958年に収支がマイナスに転じて以降，毎年10億円近くもの赤字を出し続ける。その結果，JALの利益の源泉は，国内幹線のみとなり，「国際線の赤字を国内線の黒字で補塡して，全体としての利益金を計上するという，『外赤内塡』の収支構造が，日航の経営」の実態であった（日本航空［1974］264-265頁）。国際線赤字化の背景としては，アメリカをはじめとする各国のエアラインとの激しい競争が始まったことがあり，JALは早くも激しい国際競争にもまれることとなった。

　しかも国際線の赤字を国内線の利益で補塡していくというJALの収支構造は，すぐに崩れていく。すでに見たように，1959年からANAが新機材の導入により幹線へ進出したことで，JALの国内幹線に占める比率（積取率）は，1959年の92.5％から61年には69.8％に低下する。それだけでなく，座席利用率などエアラインの競争力を示すいくつかの指標で見ても，1960年代前半には国内幹線におけるJALとANAの競争力が逆転したことは明らかだった。1959年まで全線が黒字だったJALの国内線は，61年下期には福岡線以外すべて赤字という状況にまで落ち込む。国際線の赤字を国内幹線の利益で補塡するという関係がもはや成立しなくなっていたのである。第2節で見たように，1960年以降，日本の国内航空旅客は大幅に増加したが，それは主にローカル線を中心とした拡大であり，幹線の運航のみを担当することとなっていたJALは，拡大するローカル線需要の恩恵をまったく享受できなかった。国内線におけるJALのシェアは，旅客需要が拡大したにもかかわらず，急速に減少していった（図11-1）。

　さらに，1964年10月に東海道新幹線が開通したことで，JALの国内幹線は2年間で「実質的に40％以上の輸送量減少」となった。陸のライバル登場によっても大打撃を被ったのである（日本航空［1974］272-304頁）。

> 国際線は儲からないけれど……

フラッグ・キャリアとして設立されたJALは，国際線本位の経営と国内主要幹線を指向した経営行動をとっていた。機材や添乗員についても，国際線重視の配分を行う傾向にあったし，その結果，相対的に国内線への対応はおろそかにならざるをえなかった。ただ，その点を考慮してもなお，「日航のサービスはしばしば『官僚的』であると批判されていた。全日空のサービスが『乗っていただいている感じ』であったのに対し，日航のサービスは『乗せてやっているという感じ』であるといわれ，しばしば日航の『親方日の丸』的体質が批判された」（日本航空［1974］318頁）と自らの社史に記しているように，サービス・レベルの低さは自他ともに認めるものであった。

もちろんこの間，JALは何も対策を行わなかったわけではなく，ANAの機材に対抗するため，国際線に予定していたジェット機（コンベア880）を国内線へ導入した。しかし，同機はもともと国際線向けに計画された機材であり，航続距離の短い国内線への導入は必ずしも効果的ではなかった。国際線の運営に黒字を期待することは困難なため，「経営の比較的安定した国内幹線が，日航の航空権益として与えられていた」（日本航空［1974］265頁）という認識を前提とする限り，「現在窮乏・将来有望」を合言葉に，積極的な経営行動をとり続けるANAに対抗できるべくもなかったのである。

(2) ANAの大株主としてのジレンマ

> 協調の推進

じつは当時，JALはANAの株主であった。両社の関係が必ずしも通常の業界における競争関係に至らなかった要因の1つはここにある。とくに，1960年から68年にかけては，事故後の協力関係を維持するためもあって，JALはANAの筆頭株主になっていた。この点は，この間のANAとJALとの関係を理解する上で重要なポイントである。というのも，JALは事あるごとに国内線についてANAとの提携強化を主張し，さらには，両社の経営統合を想定していたと考えられるからである。JALの国内線が赤字に転落した1962年，松尾靜磨社長は，幹線運営についてJALはANAと緊密な提携を推進すべきだが，「一体となって国内幹線を運営することが，最も望ましい姿」（日本航空史編纂委員会［1992］272頁）との認識を示し，国内幹線の一本化による運営を目指す発言をした。また，同年のJAL

の常務会では，両社の合併によって得られる国内線の利益を国際線に回すことによって，国際路線の強化・開拓を図るという計画も議論されている（日本航空［1974］273 頁）。

　こうした JAL 側の見通しに対しては，運輸省航空局長が，現在の国内線の競争状況に問題はなく，JAL の主張は認められないとの見解を示したため，引き続き，両社は協調関係の強化を図る方向で落ち着く。しかし，その後も国内幹線をめぐって，JAL が ANA と本格的には競争する意思があったように思えないのは，先発企業として ANA を育成していくという"大人の対応"であったとも解釈できるが，筆頭株主であったことで，統合はいずれ可能であると判断していたためかもしれない。

規制から競争へ
　その後，ANA がローカル線を中心に急成長を続ける過程においても，JAL は ANA との協調を模索していく。この間，東亜航空や日本国内航空といった新興エアラインが参入を果たしており，国内線は群雄割拠状態になっていく。国内線の中心が幹線からローカル線へとシフトしていることがもはや誰の目にも明らかになったことで，それまで幹線に依存してきた JAL も，ようやくローカル線へ進出することを決断し，国内線の立直しを図る。

　しかし 1980 年代に入ると，規制から競争へという時代の潮流の中で，航空業界にも規制緩和の波が押し寄せる。国内線では同一路線に複数のエアラインが乗り入れる「ダブル・トラッキング」が実施され，大量輸送時代に突入する中，ボーイング 747（通称"ジャンボ"）など，「ワイドボディ」と呼ばれる乗客定員の多い機材の導入に伴って，国内線での競争は激しさを増していった。

　その結果，政府の規制と保護によってフラッグ・キャリアを育成するという，戦後航空行政の基本方針もついに修正を迫られることとなる。1985 年 12 月，運輸政策審議会が国際線の複数企業制，JAL の民営化，幹線・ローカル線の区別に関係なく複数運行体制を実施することなどを柱とする答申を発表する。これによって航空輸送ビジネスをめぐる経営環境は，この年を境に大きく転換することになる。つまり，それまでのように国際線と国内線，あるいは幹線とローカル線といった枠組みの中での競争から，全面的な競争関係へと突入することとなったのである。

このケースの解説

　エアライン経営は価格競争が起こりやすいビジネスである。それは，運賃以外での差別化が他の産業に比べて相対的に難しいからである。従来，航空運賃は国の認可という形で調整されていたが，規制緩和以降は，主要路線を中心として活発な運賃競争が行われている。もちろん利用者にとって運賃競争は望ましいことではあるが，過度の競争が企業の体力を奪い，それが安全運航に影響するような事態が生じてはならないし，また競争の過程でライバル企業が淘汰され，独占状態が生まれるようなことは望ましくない。エアライン同士の競争激化と業界再編は世界的な傾向であり，近年話題となっているロー・コスト・キャリア（LCC）と呼ばれる格安エアラインの台頭によって，運賃競争は，今後ますますヒートアップしていくものと考えられる。

　本ケースでは，政府が出資するフラッグ・キャリアの巨人JALに，弱小ANAがキャッチアップしたプロセスを論じた。両社は対照的な企業行動をとりながらも，時に競争し，また危機的状況下では協力し合いながら成長し，結果的に国内線と国際線をめぐって互いに競合する，よきライバル関係にあった。

　しかし2010年1月，経営が悪化したJALは会社更生法を申請した。政府はJALへの支援を決定し，JAL再生の途を選んだが，このことは公平な競争とは何か，という問題を私たちに提起している。今後，両社の関係がどのように推移するのか，将来的にどのような関係が私たちにとって望ましいのか，こうした難しい問題について考えていかなければならないだろう。

　その際，エアライン経営が，民間企業でありながら，国内外の人の移動やモノの輸送を安定的に行う公共交通機関としての役割を担っていることを考慮する必要がある。自由化によって，新興エアラインが誕生しているものの，国内線，国際線の主要路線をカバーする日本のエアラインは依然としてJALとANAの2社である。そのため短期的なメリットだけではなく，長期的な観点に立ってエアライン経営のあり方について考察することが何よりも重要となってくる。航空輸送ビジネスの構造的な特徴や世界的なエアライン経営の趨勢が低価格競争に向かいつつある現在の動向について，本ケースの議論をも踏まえて，あるべきエアラインの経営の姿を考えてもらいたい。

思考と議論のトレーニング

1. JALだけでなく，イギリスのブリティッシュ・エアウェイズ，フランスのエールフランスなど，かつて国営ないしは国有企業であったエアラインは多く，サービスで高い評価を受けているシンガポール航空は，現在も国営企業である。同一産業内において，公的企業と民間企業が併存している産業には，ほかにどのような事例があるだろうか。またその市場で，両者はいかなる関係にあるだろうか。

2. 政府によるJALの救済について，JAL・ANA・利用者など影響を受けることになる各主体の視点から多面的に検討した上で，海外における政府のエアライン救済措置についても参考にして，日本のエアライン産業の発展という文脈で考えたときのJAL救済措置の是非，そのことが市場競争に与える影響について議論してみよう。

参考文献

神田好武［2010］『神田機長の飛行日誌——不滅の全日空25,000時間機長の記録』イカロス出版。
全日本空輸株式会社編［1962］『大空へ十年』全日本空輸社史編纂委員会。
全日空広報室［1978］『数字でみる全日空実績推移（43〜52年度）』。
全日空広報室［1981］『数字でみる全日空実績推移（46〜55年度）』。
全日空30年史編集委員会編［1983］『限りなく大空へ——全日空の30年』資料編，全日本空輸。
日本航空株式会社調査室編［1974］『日本航空20年史——1951-1971』日本航空。
日本航空史編纂委員会編［1992］『日本航空史』昭和戦後編，日本航空協会。
ANA 50年史編集委員会編［2004］『大空への挑戦——ANA 50年の航跡』全日本空輸。

＊ 参考文献からの引用に際し，漢数字をアラビア数字に改めた箇所がある。

［大石直樹］

# 第3部
「真似ぶ」時代を過ぎて
──成熟する市場と創造する企業

Case 12　セ ゾ ン
Case 13　吉 野 家
Case 14　集 英 社
Case 15　オリエンタルランド
Case 16　任 天 堂
Case 17　ソフトバンク
Case 18　ファーストリテイリング

第3部の時代背景
安定成長からバブルの発生と崩壊,そして長期不況へ
——1974～2010年

　1971年のニクソン・ショックと73年の第1次石油ショックという2度のショックにより,成長率こそ鈍化したものの,日本は他の先進国と比較して早い回復を実現し,相対的な高成長を続けた。しかし,輸出主導の経済成長は,とくに日米間に貿易不均衡とそれに伴う激しい経済摩擦という問題を引き起こした。この事態を解消するために,1985年9月,G5（先進5カ国蔵相・中央銀行総裁会議）が開かれ,ドル安に向けた為替介入の実施を決めた。いわゆるプラザ合意である。これを契機として急激に進んだ円高による不況に対処すべく,日本は金融緩和に大きく舵を切った。そうした政策の継続はカネ余りを招き,そのカネは土地と株に向かってバブルを発生させた。1991年,政策当局は遅まきながら金融引締めに転じ,バブルははじけた。そこから「失われた20年」と呼ばれる長期不況が訪れ,今日になっても出口は見えていない。

●消費主体としての個人
　モノの充足は,この時代に,「必需的消費」から「選択的消費」へと形を大きく変える。それはすでに高度成長期後半から進みつつあったが,1980年代以降,より顕著に現れるようになった。毎年給料が上がり,保有する株や土地の価格が上がり,支出に振り向けるおカネが増えたバブル景気のもと,「選択的消費」は量的な拡大と質的な変化を遂げていく。他方,バブル崩壊後の長期不況の中で,個人消費は極度に冷え込み,景気の足を引っ張り続けた。給料は上がらず,場合によっては下がり,資産価格も下がり,雇用環境も悪化したから,当然,財布のヒモは固くなった。雇用者報酬のうち賃金・俸給部分は1980年の116兆円から95年に232兆円まで増えた後,2005年にかけて221兆円まで落ち込んだ。同様に,1人当たり実質最終消費は1980年の145万円から95年に215万円まで伸びたが,2005年は217万円にとどまっており,明らかに消費は低迷した。ただ,消費者の選好が多様である点に変わりはなく,所得の伸びが期待できない分,支出する際の選択眼は厳しいものになった。みんなが持っているから買う,ということはなく,自分の欲しいものしか買わない,そうした消費者が増えたのである。
　耐久消費財は,1970年代以降,新規購入から買替え需要へとシフトしていったが,

さらにテレビやオーディオ機器などの製品では1家に1台から1人に1台という具合に個人化が進み，耐久消費財は高機能化と高品質化を加速させていく。カラーテレビは大型（大画面）化して30型超の商品も珍しくなくなり，洗濯機は全自動へと進化した。また，1990年代以降のIT技術の顕著な進歩に伴い，パソコンやポケベル，PHS，携帯電話などの情報通信機器，あるいはデジタル家電と呼ばれる新たな製品群も登場した。ただ，2000年時点の普及率は携帯電話こそ80％近くに達したが，パソコンは50％強，ビデオカメラは40％弱にとどまった。つまり，モノの変貌の中で，高度成長期の「三種の神器」のように，どの家庭にも1台はあるといった製品は生まれていない。年齢や家族構成，仕事（職種）によって保有する製品は異なり，消費の多様化はさらに進んだのである。

サービスの変容

サービス経済化は1970年代以降に進展した。産業別純国内生産のうちサービス（商業・金融・保険・不動産・サービス・公務）の占める割合は1975年の45.8％から85年に51.7％，2005年には59.6％へと15ポイント弱の伸びを示した。この間，モノだけでなく，サービスもその有り様を変えた。たとえば，流通部門では新たな業態が次々に登場し急速に成長していった。1974年にイトーヨーカ堂がセブン-イレブンの，翌75年にダイエーがローソンの，そして78年には西友ストアーがファミリーマートの全国展開にそれぞれ乗り出し，とくに90年代以降その勢いを強めた。コンビニエンスストアは当初から朝7時開店，夜11時閉店という長時間営業でスタートし，後に24時間営業へと転換するとともに，3000点というけっして少なくない品揃えなどの利便性を武器に消費者の支持を集めて，スーパーマーケットから小売業の主役の座を奪い取った。

サービス経済化は食の分野にも及んだ。1970年代に入ると，マクドナルドやケンタッキーフライドチキン，ミスタードーナツなど外資の日本市場への参入が相次ぐ一方，すかいらーく，モスバーガー，サイゼリヤ，デニーズなど独自に開発した商品とサービスをもってチェーン化を進める日本企業も登場し，外食産業の時代が本格的に幕を開けた。それまでは特別な日にデパートかホテルの食堂で楽しむ贅沢だった外食は，日常的な楽しみの1つへと変わっていった。外食産業は1980年代以降，コーヒーチェーンのドトールコーヒー，和食の藍屋や大戸屋，中華のバーミヤンなど，新業態を生み出し，消費者に豊富なレパートリーを用意するようになる。

バブル崩壊後のデフレは，新たな小売業態の影響を少なからず受けていた。特定のカテゴリーの商品を集中的に取り揃えたディスカウンターは，スーパーマーケットか

ら安売りの看板を奪い取り，価格破壊を推し進めた。ドラッグストアのマツモトキヨシやスギ薬局，紳士服のアオキや青山，家電量販店のヤマダ電機やコジマに代表される専門量販店の急成長は消費者の「生活防衛」の結果であり，デフレの象徴にもなった。さらに，2000年代以降，大型スーパーマーケットや大規模量販店を中心に，専門店，飲食店，時に映画館（シネコン）を数多く集積し，広大な駐車場を完備したショッピングセンターが郊外に相次いで建設されるようになった。"そこにいけば，お得な値段で何でも手に入る"，そうした利便性を提供し，消費者を引き付けている。

モノからサービスへのシフトは，家計消費支出からも確認できる。1980年と2005年を比較すると，飲食費（26.1％→17.8％）や被服・履物（8.7％→3.5％）など対モノ支出の構成比が低下する一方で，娯楽・レジャー・文化（外食・宿泊を含む）は金額で118億円から519億円へと増加し，構成比も14.5％から18.6％へと伸びている。別のデータを使って1984年と2007年のサービス支出の内訳を比べてみると，たとえば外食は5.3％から6.2％，余暇を示す「旅行，入場・観覧代，月謝等」は5.6％から7.3％，「通信」は2.5％から4.3％へとそれぞれ比率を高めた。この推移はライフスタイルの多様化やIT化の進展など社会の変化を反映する。

1つの例として，海外旅行の増加をあげられる。プラザ合意を境に進展した円高は，日本と世界の距離を一気に縮め，普通の会社員が休暇を使って気楽に海外旅行ができるようになった。日本人海外旅行者数（日本人出国者数）は1985年の495万人から91年に1063万人に倍増し，不況の中でもその数を伸ばして2010年は1664万人に達している。

今日，ニューヨークやパリ，香港，ソウルなどで日本人がブランド品を買い漁る姿は珍しいものではない。それは，日本がモノとサービス双方で豊かな社会を築いたことを示すのである。

● 参考文献 ●

伊藤正直・新田太郎監修［2005］『昭和の時代——高度成長期から現在まで，50年間の軌跡』（ビジュアルNIPPON）小学館。
経済企画庁『経済白書』平成10年版（内閣府ホームページ）。
『国民生活白書』平成2年版，平成7年版，平成20年版（内閣府ホームページ）。
法務省「出入国管理統計」（政府統計の総合窓口e-Stat）。
三和良一・原朗編［2010］『近現代日本経済史要覧』補訂版，東京大学出版会。

[加藤健太]

Case 12 セゾン

● やわらかい開発

このケースで考えること

　本ケースでは，戦後日本において最も先進的な企業集団であり，高度成長期から1980年代にかけて，ファッション，流行，文化，さらには芸術に至るまで，じつに多岐にわたる分野において多大な影響を及ぼしながら急拡大していったセゾングループの活動を追いかけていく。またここでは，セゾングループを素材として，戦後日本の経済社会，とりわけ大衆消費社会とその変容過程について考えていくことも目的とする。

　通常，1つの企業の歴史を論じることが，直接的に，時代背景や経済社会の特徴を論じることにつながることは少ないが，本ケースで取り上げるセゾングループの場合，両者の関係は密接不可分であったといえる。セゾングループが消費者に近い流通に関するビジネスを営んでいたという側面による影響も大きいが，セゾングループ自らが，消費者に「新しい」選択肢を提案していくことを意識して行動しており，実際に，同時代の多くの人々は，さまざまな形でセゾングループの影響を受けることとなった。

　セゾンがもたらした多岐にわたる影響については，全6巻からなる『シリーズ・セゾン』という社史でも分析されている。しかしここで注目したいのは，セゾングループがいかなる考えを持って行動したのかという点である。そのため，この間一貫して経営に携わっていた経営者・堤清二（以下，堤と略すこともある）の発言にも焦点を当てる。さらに，セゾングループはバブル崩壊後，グ

ループの解体を余儀なくされたという意味でも、同グループの盛衰はまさに高度成長期以降の日本経済を論じることに重なっていく。以上のような問題意識のもと、議論を進めていくこととしよう。

1 堤清二と西武百貨店

(1) 西武鉄道から自立するために

2つの西武

まずは簡単にセゾングループの前史を振り返っておく。セゾンの前身である西武の企業経営の歴史は戦前にまで遡る。軽井沢・箱根といった別荘地の開発分譲や小平・国立などの学園都市開発、これらの不動産事業に付随するビジネスとして開始された鉄道経営やターミナルデパート経営などの事業を展開した堤康次郎によって、西武の礎が築かれる。衆議院議員でもあった康次郎は、政財界の人脈を利用しつつ幅広いビジネスを展開し、上記の事業以外にも自動車、運輸、建設、化学など多岐にわたる分野の経営に進出していた。そしてこれら複数の事業は、息子へと継承された。不動産と西武鉄道を中心とする鉄道グループを堤義明が、西武百貨店を堤清二が担当することとなったが、後者が「西武流通グループ」を経て「セゾングループ」へと発展を遂げていく。[1]

不動産と鉄道をメイン事業と捉えていた康次郎は、百貨店経営は西武の中核事業のための一部門だと認識しており、財務も人事もすべて親会社である西武鉄道が掌握していた。そのため西武百貨店は西武鉄道にとって、いわば「天下り先」であり、積極的に百貨店事業を展開していく主体性に欠けていた。そのような状況下で、堤は康次郎の指示によって経営の立直しのために1954年に西武百貨店に「入社」する。堤の認識は、「一日も早く会社を大きく強くし、鉄道業や不動産業とは異なる小売業の自主独立性を確立してしまわなければ、西武百貨店は永久に、大型池袋駅売店の地位にとどまらねばならない危機」(由井［1991a］106頁) 的状態にあるというものであった。西武百貨店をいかにし

- [1] 鉄道系は、国土開発、西武鉄道、「プリンスホテル」ブランドによるホテル事業経営、そしてプロ野球球団経営 (現、埼玉西武ライオンズ) などを主な事業として発展する。

て自立した企業組織へ脱皮させるかというのが，実質的に経営を任されることになった堤が直面した経営課題であったのである。

「日本一の百貨店」を目指す　それまで百貨店経営の経験のなかった堤は，経営学の勉強をするだけでなく，伊勢丹社長・小菅丹治（2代目）や阪急百貨店社長・清水雅といった同業の経営者に指南を仰いで，直接教えを乞うた。とくに小菅からは，商品の在庫処理の方法やそのためのシステムのつくり方，売場に関するアドバイスなど，実践的な経営指導を受けることによって，経験に裏打ちされた「哲学」を学ぶことができたという（辻井・上野［2008］44頁，辻井［2009］53-58頁）。

1955年に取締役店長に就任した堤は，西武百貨店の改革策を矢継ぎ早に実施していく。それまで無駄に多かった仕入先の大幅な見直しを実施するが，その際，堤は，三越や伊勢丹などの有力な仕入先を調査した上で，これはと思う仕入先に対して取引相手となるよう請願していく手法をとった。その過程で，市田，レナウン商事，樫山，イトキンといった有力な取引先を開拓することに成功する。また職場の問題点とそれに対する改善策に関する社員の意見を，所属や階層を問わず幅広く集め，それらを検討することによって，西武百貨店の包括的経営方針を策定した。堤は，従業員に対して「日本一の百貨店」を目標とすることを訴えかけ，経営の組織化と管理の合理化の必要性を説いたのである。新興の中堅百貨店であった西武にとって，近代的なマネジメント導入を中心とする経営体制の確立は切実な問題であったのである（由井［1991a］101-102頁）。

有能な人材を集める　また，社員はそれまで主に縁故採用で集められていたが，百貨店経営にとって最も重要な資産は人材であるとの認識から，人事改革が断行され，優秀な人材確保を図って高等教育を受けた学卒者の採用を積極化した。1956年に行った第1回の社員公募には，500名以上が応募し，大卒25名，高卒33名が入社した。そしてこれ以降，西武百貨店では公募採用が制度化されることとなる。これに並行して，幅広い分野から優秀な人材を集めようと，スカウト人事も積極的に行った。官界，財界，商社，マスコミなど「能力があっても置かれた環境や処遇に恵まれてなかった人」を中心にヘッドハントしていったのである（辻井・上野［2008］41頁）。

このように1954年の「入社」以降，堤はさまざまな改革を断行することで

経営の合理化を成し遂げ，それまでの停滞した組織の活性化に成功する。この対応によって，1955年ごろから始まる高度成長の恩恵を享受することが可能となり，西武百貨店は順調な成長を遂げていく。

(2) 百貨店の再建とスーパーマーケットへの進出

ロサンゼルス店という失敗

組織の近代化により経営基盤を確立した西武百貨店は，旗艦店である池袋本店の拡充を計画的かつ積極的に行っていった。これだけでなく1950年代後半には，沼津，鎌倉に出店を進める一方，小規模な店舗として「西武ストアー」形態での出店も行うなど，多店舗展開も進めていく。このように高度成長初期においては順調な事業展開を続ける西武百貨店であったが，1960年代前半に入ると一転して経営危機を迎える。この危機への対応過程で，西武は新しい流通グループへと変貌を遂げていくこととなる。以下では，そのプロセスを追いかけていく。

1962年，西武百貨店はアメリカのロサンゼルスに出店する。しかしこれは，経営的な判断によって行われたものではなく，西武百貨店のアメリカ出店によって日米親善の架け橋にしたいという，政治家・康次郎の希望によって進められた計画であった（由井［1991a］218頁）。責任者を託された堤によれば，事前のマーケティング調査もないまま立地を決定しているばかりか，アメリカの小売システムに対する認識不足のため，肝心の品物が揃わないという酷い有り様だったという。そして，出店の翌年には早くも撤退を決定するという，お粗末な顛末をたどる。しかもこの失敗により，西武百貨店は50億円もの負債を背負うこととなる。後に堤は，もしもあれ以上撤退時期が遅れていたとすれば，西武百貨店は倒産していたと当時の状況を振り返った。とにかく借金を減らしていくことが喫緊の課題となったが，当時の西武百貨店の利益で埋めていくとすれば25年かかる計算になったというほど，このときに負った傷は大きなものであった（辻井・上野［2008］53頁）。

ロス店撤退を決めた年の8月，西武百貨店の収益源であった池袋本店で火災事故が発生する。復興には3カ月を要し，また総額20億円の損害が発生したことで，旗艦店が赤字に転落するという事態に直面したのである。火災による損失と，ロス出店による莫大な負債によって経営面で打撃を受けている中，康

次郎が亡くなる。西武百貨店で生じた度重なる問題を受けて西武鉄道は、「幹部の全員が、西武百貨店は一度潰さなければ再建は不可能」との見解を示す。これに対し堤は、西武百貨店の再建については責任をもって行うことを伝えた上で、西武百貨店の幹部を集め、会社が危機的状況にあること、そのため徹底的な節約の実行を訴え、会社は絶対に潰させないという「見栄」を切ることで、経営危機下での社内の士気を何とか保った（辻井［2009］101-102頁）。

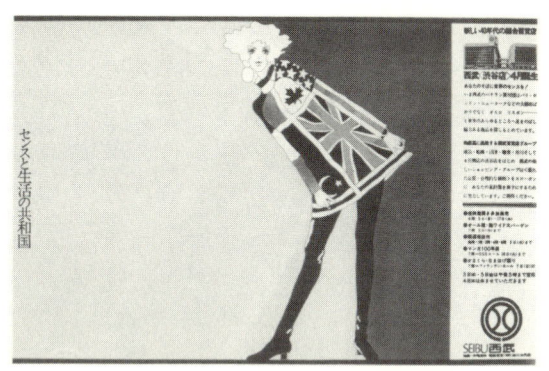

渋谷店開店を告知する西武百貨店1968年年頭広告
（セゾングループ史編纂委員会［1991］328頁）

渋谷に乗り込む

社用車の全廃といったリストラ策を行う一方で、堤は攻めの姿勢を見せる。多額の負債を少しでも早く返済するためには、新たな収益源の確保が必要であると考えた堤は、池袋店以外に収益を期待できる有力店舗の設立を決断する。その際、老舗百貨店と対抗しても、結局は「二番煎じの効率の悪い企業」となるため、それまでの百貨店のイメージとは異なるエリアへの進出を目指した。いくつかの候補地から、駅の規模に比べて相対的に百貨店の少なかった渋谷がターゲットとされた。すでに東急電鉄の東急百貨店がターミナルデパートとして進出していたが、渋谷は明らかに「百貨店競争の空白地帯」であると判断したのだという。

多額の負債を抱えるなど財務状況が悪化していたこともあって、西武鉄道の役員が堤の渋谷出店計画に対して激しく反対したため、予定よりは遅れたものの、1968年、西武百貨店は渋谷店の開業にこぎつける。「渋谷店が失敗したら終わりだ」という、社運を賭けた出店であった（辻井・上野［2008］60頁）。

「西友ストアー」のチェーン展開

また、1960年代後半には、スーパーマーケット事業への本格参入も行われている。これは大衆消費社会の到来に伴う小売業における変化を見越して行われたものであった。意思決定の背景は、ロス店進出の際にアメリカの流通業界

で目にしたチェーン・オペレーション型のスーパーマーケットの将来性に対する期待と、いずれ小売形態としての百貨店ビジネスは衰退せざるをえないという見通しによるものであったという（辻井・上野［2008］67-68頁）。すでに同種の業態としては「西武ストアー」での事業展開を行っていたため、本格的な参入にあたっては、名称を「西友ストアー」と改称した上で、西武沿線を中心に積極的な店舗展開を行っていった。

このような経緯でスタートしたスーパーマーケットのチェーン展開は、量販店のメリットである"規模の経済"を前提として行われた。そのため、1960年代に展開された西友ストアーは、店舗の設計から商品の配置に至るまで、まったく同じ店舗づくりが行われた。当時の設計担当者は「目隠しをして店舗に連れて行かれ、目隠しを取ってこの店はどこの店かと聞かれたら、絶対に当てられない」ことを自慢したというほどに、徹底的に標準化されたチェーン展開が行われたのであった（由井［1991a］)。

1960年代は必死になって会社の再建に取り組んだと回顧しているように、この時期堤は経営危機に陥った西武百貨店の立直しに努めた。その過程で、渋谷への進出を果たす一方、来るべき消費社会の到来に対応しようと本格的なスーパーマーケットのチェーン展開も開始した。これは、高度成長期における消費行動の変化に対応して、百貨店だけでなく量販店という異なる小売ビジネスをもラインナップに加えることによって、グループ内の「リスク分散を図った経営戦略」（辻井・上野［2008］71頁）であり、西武百貨店から西武流通グループへとビジネスの規模を拡大していくこととなったのである。

2 PARCOの時代

(1) 時代の先端を走る

ユニークな文化催事と地域重視の新規出店

経営危機を乗り切る方法を模索してきた西武流通グループは、1970年代に入ると、それまでとは違う新たな展開を見せる。1960年代は時代の変化と創業者・堤康次郎の考えとに翻弄され、経営組織としては受動的な対応を余儀なくされたが、70年代には一転して主体的・積極的な経営行動によって時代に

先駆け，新たな挑戦によって消費行動をも主導する役回りを担うこととなった。西武流通グループは，この間，多様な業態の企業集合体へと変貌し，また"脱"西武の戦略の一貫としてグループの名称も「セゾングループ」へと変わっていく。以下では，1970年代から80年代におけるセゾングループの全盛期について，その時代背景とともに追いかけていくこととする。

　はじめに西武百貨店の事業展開を見るが，ここではこの時期の特徴を3つあげておきたい。まずは，その後の西武百貨店の代名詞ともなる文化事業の展開があげられる。もともとは採算上不利なフロアを有効に活用するための文化的なイベントとして行われた。「各部門別の損益システムをつくって，家賃の配分を，1階は30パーセント，2階は21パーセント，3階は15パーセントと比例でもって分配して，8階は2パーセントと非常に安い家賃」に設定したものの，8階催事場の成績がなかなか上がらない。この状況を見た堤が，自らの責任で美術展や展覧会を企画するに至った。有名な画家や芸術家は老舗百貨店や美術館に押さえられており，西武のような新興中堅百貨店には出展しなかった。他との差別化を図るため，さらには堤の個人的な趣味を反映して，もっぱら現代絵画や抽象絵画を中心とした企画を行った。そしてこのことが結果的に注目を浴びることになり，よい意味で「変わった文化催事をやる西武百貨店」というイメージができあがった（辻井・上野［2008］54-59頁）。

　2つ目の特徴としては，地方への新規出店の方法があげられる。西武百貨店は1960年代後半から全国各地に出店していったが，その際，各地の小規模百貨店との提携という形をとることが多かったこともあり，各地域のマーケット特性を調べ，地域密着に主眼を置いたという意味で，地域重視の姿勢を貫いたことを指摘できる（辻井・上野［2008］75-76頁）。

　そして3つ目の特徴は，エリア・レベルでの事業を展開したことがあげられる。代表的な事例が，渋谷を舞台に行われた「まちづくり」である。このエリア単位での事業は成功ばかりではなく，ショッピングセンター「つかしん」のように大規模プロジェクトとして遂行されながらも，一度も黒字化することなく閉鎖に至った失敗例も含まれる。しかし単発ではなく集合体としてビジネスを捉えるという発想，つまり点ではなく面をプロデュースしていくというスタイルは，この時期に行われた新しい百貨店ビジネスの実験であり，また西武の特徴であったともいえる。そこで以下では渋谷の事例を見ていく。

PARCO の誕生

西武百貨店渋谷店が 1968 年にオープンしたこと，それが社運を賭けた出店であったということは，すでに見た。西武の渋谷進出は，何としてでもビジネスとして成功させる必要があったのである。そこで考え出されたのが，百貨店単独ではなく渋谷エリアの開発を行うことで相乗効果を高めるという戦略だった。その際の手段として選ばれたのが「PARCO」であった。なぜ PARCO だったのか。その点を見るために PARCO について説明しておこう。

PARCO は，1969 年に池袋にオープンしたファッション専門店である。経営に行き詰まり，売却先を探していた池袋駅前の老舗百貨店・東京丸物を，他のライバル会社の手にわたることを回避するという防衛的な意味合いで西武百貨店が買収した。その再建策として，自社との競合を避けるために業態を変えて事業を開始したのが PARCO であった。イタリア語で「広場・公園」を意味する PARCO は，事業の再建を一任された増田通二のアイディアによって構想され，人が集まりやすい場所と雰囲気を提供することによって，都市型ショッピングセンターとなることを目指した。業態は，開業初年から着実に収益を上げることを目指してテナント・ビジネスを採用した（由井［1991a］438 頁）。PARCO というビジネスの本質は不動産業であり，PARCO が売るのは商品ではなく「空間」であるとの認識も，そのことを示している。その意味で，西武における空間プロデュース・ビジネスの原型は，PARCO にあるともいえる。

以上の複雑な設立の経緯からもわかるように，半ば成行きで生まれたのが PARCO であったが，この PARCO こそ，「西武よりも西武的」（上野ほか［1991］83 頁）と称され，1970 年代から 80 年代を通じて西武流通グループを代表する事業にとどまらず，時代のアイコンとなったのである。

イメージとセンスを売る

PARCO の戦略は独特であった。1 つには商品ではなく「空間」を売るというビジネスのあり方が影響している。自らは建物という「空間」を準備し，そこにさまざまなショップを集めて賃料を受け取るビジネスであったため，PARCO は，消費者に直接にモノを売るわけではない。売るモノがないという「パルコの業態の宿命」によって，PARCO は自由な発想によって「イメージの生産」に徹していく（上野ほか［1991］102 頁）。そしてそのイメージ戦略が，じつに斬新であった。

たとえばテレビ・コマーシャルではひたすら外国人の映像のみが流れ，最後に「PARCO」という文字が登場して終わったりする。見ている側は，いったい何のCMだかわからない。当時，さっぱり意味がわからないときは「話がパルコ」といわれ，流行語になったというから，戦略はかなり効果的だったのであろう。こうした独特な宣伝手法については，PARCOによる解説がある。CMのねらいは，「それを見てズキンと切ない痛みを感じとってくれる感覚人間との，感性のコミュニケーション」にあり，「パルコが感覚表現の先端を見せることによって生まれるファッションへの強い衝動へとつなげてゆくことがパルコの狙い」とされたのである（増田［1984］19-20頁）。
　CMのねらいにあるような，PARCOのセンスが理解できる人に対して訴求するというスタイルこそ，まさにPARCOの戦略でもあった。ターゲットは，「時代の空気を先取りする鋭敏な感性を持つ」若者であり，そしてそうした若者を「パルコ独自のムーブメントに引き込みシンパ化」する（増田［1984］36頁）。中でも特徴的なのは，主なターゲットに女性，それもいわゆるベビーブーム世代の女性を置いたことだった。女性の社会進出に伴い，自分の所得で消費ができるようになった「強い女性消費者」を，PARCOは明確にターゲットとしたのである（上野ほか［1991］90頁）。
　その際，あくまでPARCOにふさわしい価値観を持った消費者に働きかけ，誘導するという点が重要であり，その意味で，「"規定した対象"に潜在している需要を掘り起こし，そこに商品をコーディネート」していくようなショップを揃えること，そしてそこが新たなマーケットとなり，また同時に先端のトレンドをつかむことでさらに市場性を持たせていくという「運動」，これこそPARCOが「パルコビジネスの構造」と呼ぶものであった。もちろん，そうしたキャンペーンをPARCOが積極的に行っている以上，テナント料は他社よりも高く設定された（辻井・上野［2008］100頁）。

(2) 空間をプロデュース

街が姿を変える　　西武は渋谷進出にあたって，百貨店単独ではなくPARCOを持ってくることによって，そしてこれらを組み合わせることによって，一企業でありながら新しい都市空間のプロデュースを行うという挑戦を試みたのである。PARCOの持つ斬新さを有効に活用

しようという意識が働いたからであろう。

　しかし当初のプランは違っていた。渋谷PARCOが建てられた土地を，1970年に西武が購入したのは，西武百貨店渋谷店の駐車場用地の確保のためであり，またその有効活用案の1つとして西武鉄道がボウリング場経営を行うという計画があった。しかしボウリングブームが去ったことによって計画が変更される。ちょうどPARCOが池袋での成功を踏まえ，さらなるファッション先進地域への進出を考えていたこともあり，PARCOの渋谷進出が決定する。ショップを出すための土地として購入したわけではなかったこともあり，駅から遠く，また坂道が続くなど立地条件は悪かった。そのため消費者を惹き付ける何か特別な装置が必要だった。

　そこでPARCO最上階に劇場を建設し，まずは劇場からオープンするという戦略をとった。1973年5月にオープンした劇場のこけら落としは，世界的に有名な作曲家・武満徹の「MUSIC TODAY」であり，これは毎年開催されることとなった。翌年にはミュージカル「ショーガール」が上演され，若者の絶大な支持を集めることとなる。こうして渋谷進出にあたっての独特な営業戦略が功を奏し，渋谷PARCOは瞬く間に人気を博し，1975年12月にはPARCO北側に渋谷PARCO PART Ⅱが，1981年には西側に渋谷PARCO PART Ⅲが誕生する。この間，1978年には東急ハンズが渋谷に進出，PARCO進出に伴い「公園通り」と呼ばれるようになった坂道も歩道が拡張されるなど，渋谷は短期間で，若者に最も人気のある街となったのである（由井［1991b］196-205頁）。

トレンド発信基地　時代は少し後になるが，*The New York Times*（1982年5月9日）が渋谷PARCOについて，次のように紹介している。

　「1960年代ロンドンに遅れること10年，1970年代の東京は若く冒険的なデザイナーを輩出した。彼らは新鮮で，ちょっぴり野性的な，洒落た作品を創っていた。ここ2，3年ヨーロッパやアメリカでは日本人デザイナーの作品が猛威をふるっている。だが，日本の新しいファッションを取り入れるのに最もふさわしい場は東京の中でもひときわ小柄な街，渋谷にある。奇妙なデパートサイズのブティック複合体であり，その名もまた奇妙な『パルコ・パート2』がそれだ。パルコ・パート2に含まれる55の店舗内

には，日本でも最も大胆なデザイナーたちの作品によって彩られている。小さいながらも整然としており，現代的な香りで満たされた店内にはほとんど毎週のように新しい衣服が現れる。店内を闊歩するトレンディな顧客もパート2の魅力を増幅している。1975年の開店以来，この場所は東京のスタイリッシュな若者たちの安息の地であった」（増田［1984］213頁）。

　ここで紹介されているように，渋谷のPARCOは，1980年代前半にはすでに，若者の流行発信基地となっていることがわかる。PARCOの登場によって渋谷の街は大きく変容を遂げたのだが，それは，PARCOが自らのビジネス・モデルについて「新需要を開発し，それを増幅させる装置・仕掛け・場づくり」であり，「パルコはマーケットをつくり，そこに市場性を持たせるという企業活動」であると述べているように，まさに多くの若者を惹き付ける新しいマーケットを渋谷に創り出したということだったのである（増田［1984］36-37頁）。
　このことはもちろん，社運を賭けて渋谷に進出した西武百貨店の経営にとってもプラスの効果をもたらした。新しい需要創出装置であるPARCOを使い，しかも段階的にPART Ⅱ，PART Ⅲと複数出店することによって，渋谷というエリアそのものの開発に成功した。西武という1つの企業が，「まちづくり」を試み，街を訪れる人々を顧客として取り込んでいくという循環を生んだのである。

3　多角化するセゾン・拡散するセゾン
多様化する社会に向けて

(1)　地域に合わせた店づくり

　次に，西友ストアーのその後の展開について見ていく。前述のように，1960年代はもっぱらアメリカ式の標準化によるチェーン・オペレーションに沿った店舗展開を行っていたが，70年代に入るとそれまでの方針を大きく変更する。それは従来のような画一的な店舗出店ではなく，進出する地域の特性を考慮した多様なタイプの出店戦略を行うというものであり，出店地域の顧客ニーズを反映した店舗づくりへの転換といえた。このことは，「流通革命」の実現を掲げて積極的なチェーン展開を繰り広げていたダイエー（*Case 7*）が目

指す,流通経路の短縮と大量販売・大量流通による流通コストの圧縮という路線を,実質的に否定するものであった。

　流通産業の意義は何か新しい価値を生み出すことであると考え,とりわけ流通過程においてどのような価値をつくるのかにこだわる堤にとって,販売価格の引下げに価値を見出すという戦略は,あくまで「資本の論理」の延長線上にあるという。そのため堤はダイエーの論じる流通革命論について,「俺は違う」「俺は,この考え方ではいかない」という立場を示すことになる（由井［1991b］31頁,佐野［2006］262頁）。堤によれば,従来の流通革命論は企業家として戦略的な発想を持っていないが,それに対して西友は,多様性を追求しながら,小売価格を上げない方法を見つけるという問題を追求しているという。堤はここに,流通業を営む存在価値を見出したというのである（堤［1984］80-81頁）。

　このように西友が1970年代に方針転換をした理由としては,この時期に消費行動が質的な転換を遂げ始めており,それへ対応するという側面が大きかったと思われる。つまり西友は,いったんはアメリカ式の量販店向けシステムを導入したが,日本における多様な消費行動や地域ごとの消費文化の違いの存在を認識するに至って,日本ではアメリカのような標準的なシステムによるスーパーマーケットのチェーン展開が有効に機能しないということを学習し,独自の適応を示したと推測されるのである。

(2)　「無印良品」というメッセージ

　大衆相手の小売ビジネスにおいて,低価格一辺倒ではなく,消費者の多様性を尊重していくという路線は,1980年代に入ると,個性の重視と流行の否定という形で一段と先鋭化していくことになる。大衆消費社会とそこにおける流通業の役割に関する堤の積極的な発言からは,この間に生じた消費社会変容の実態が,彼の認識に強く影響していることがうかがえる。そして,このような認識の変化を経て,小売による製造業への参入によって企画・開発された商品が,西友のプライベート・ブランド（PB）として発売された「無印良品」である。

　無印,つまりノー・ブランドという企画のねらいについて堤は,アメリカ的豊かさの追求とファッション性の追求という2つの傾向に対するアンチテーゼ

であったという。製造にまで関与することで価格を安く抑え，質はブランド品と変わらない水準を保証した素材を提供する，あとは消費者が自分の好きなように商品を選択して組み合わせて消費する，という新しい消費スタイルを提案する。「消費者主権」を大前提とし，個々人の多様性を踏まえた「人間の論理」に基づく商品開発を行う（堤［1984］79頁）。流行(はや)りのブランドやファッションを追い求めることは，けっしてカッコいいことではないのだというメッセージを伝えることも，そこに込められたねらいの1つであったという（堤・三浦［2009］97-101頁）。

このような堤の思いは，説明を受けた社員にすら理解してもらえなかったというから，無印良品のユーザーにはほとんど伝わっていないだろう。しかし，無印良品の開発に託された意図やねらいが以上のようなものであり，そしてこの認識が西友ストアーの経営戦略に反映され，また西武流通グループも同じ認識に立っていたということが重要なのである。1980年に売り出された無印良品が当初の予定を上回るヒット商品となったという事実を見ると，商品開発に際して行われた消費社会に対する彼の分析は，消費者に理解されたかどうかはともかくとして，ハズレてはいなかったものと考えられる。

(3) そして，コンビニに行き着く

この時期の西友ストアーの基本的な戦略，つまり地域重視と消費者主権という路線は，新しい小売業態への進出につながっていく。1977年に作成された事業計画において「地域社会と地元小売業の絆づくりのお手伝いをし，市民産業としての小売業の近代化に奉仕する」という事業経営の理念を掲げることで事業が開始されることとなった「ファミリーマート」である。出店エリアは，特定の地域での地盤固めを優先するという立地選択方針が採用され，1978年の実験店舗のオープンを皮切りに事業を開始していった。そしてファミリーマートにおいても，「無印良品」が取り扱われていくことになる。後にどちらも西友ストアーから独立を果たすことになるが，もとをたどれば，この時代の消費社会に対する西武流通グループとしての問題意識を踏まえ，それへの対応の過程で生み出されたものであった。その意味で，西友ストアーも無印良品もファミリーマートも，本質的には変容する大衆消費社会において，多様性を重視し，消費者主権および消費者の自立を確立することを主眼に行動したという共

通項を持っているのである。

　このように，1970年代以降，西武流通グループは多様な小売事業へと進出していった。それまで池袋駅に店を構える中堅百貨店にすぎなかった西武百貨店は，斬新な文化催事などを通じて，新しいことに挑戦する先駆的な百貨店というイメージへと評価を一変させた。またPARCOを使った渋谷の開拓によって，とくに若者の需要をつかむことに成功する。斬新な宣伝広告を活用するイメージ戦略が功を奏し，PARCOは自らが流行を創り出していく情報発信基地として，また，1970年代以降の消費文化を象徴する存在にまでのぼりつめるのである。1970年には西武鉄道から西武化学工業を引き受け，76年には緑屋への出資を行ってクレジット事業へ乗り出すための布石を打つ。さらに1980年には倒産した吉野家を傘下に加えるなど，本業の小売ビジネス以外にも乗り出し，「生活総合産業」と呼ばれる多角的な事業展開を見せていった。そして，1983年に西武クレジットが発行するクレジット・カードの名称を，それまでの「西武カード」から，フランス語で四季を意味する「セゾン」を冠した「セゾンカード」へと変更したことで，それまでの西武流通グループはセゾングループとなったのである。

このケースの解説

　1970年代から80年代前半にかけてのセゾングループは，間違いなく消費社会の先導者であった。そのセゾングループに変化の兆候が現れたのは，ちょうど日本経済がバブルに突入していく時期と重なる。1980年代も後半になると，セゾングループが得意としていたイメージ・キャンペーンを打っても目に見えて成果に結びつかなくなったという（佐野［2006］280頁）。当事者のこうした実感は，同時代に行われたアンケート結果からも知ることができる。**表12-1**には，1980年代の後半に西武百貨店に対する評価が一気に低下している様子が端的に現れている。

　「西武よりも西武的」といわれたPARCOにおける変化の兆しはもう少し早かったようで，「商業空間として見ても，82年以降どんどんパワーが衰えていったというのが，中にいた者の実感」であったという（上野・三浦［2007］）。1984年にPARCO出版から刊行された『パルコの宣伝戦略』（増田［1984］）に

表 12-1　西武百貨店が発信する情報に対する調査

(単位：％)

	1985 年	1986 年	1987 年	1988 年	1989 年
情報が与えられると気になる	86	83	80	71	61
関係する情報に注目している	73	68	59	42	37
今後も注目する	63	55	42	34	29

(注)　調査対象は，東京近郊の大学生。
(出所)　上野ほか［1991］125 頁（原典は『宣伝会議』1989 年 12 月号）。

おいて，その発展の歴史を自ら振り返り，その上で今は「脱パルコ」の時期だと位置づけていることからも，消費社会の変化の兆しを敏感に感じとっていたことがうかがえる。このような変化が生じた背景には，「ラフォーレ」「ビブレ」「マルイ」といった，PARCO とテイストが似た業態が次々に登場したことも影響しているだろう。また，日本経済がバブル経済に湧く状況下においては，他の百貨店も積極的に高級ブランドを取り込む傾向が強まり，西武百貨店から離れて独立店舗を持つブランドも出てくるようになる。そして消費者も，バブルと円高の恩恵を享受して，海外で直接ブランド品を購入するようになっていった。

　こうしたセゾンから見れば制御不可能な環境変化だけではなく，この時期の経営戦略にも問題があったことを見逃すべきではないだろう。その１つが無計画な店舗展開である。PARCO は 1973 年の渋谷への出店が成功して以降，札幌，岐阜，千葉，津田沼，吉祥寺，大分，所沢というように地方都市を中心に全国展開を行っていく。しかしこれらは必ずしも計画的に行われた出店ではなかった。たとえば大分への出店について堤は「西友の無定見出店のしわ寄せ，尻拭いをパルコがしているんですね。大分にパルコを作るなんてことは，西友の尻拭いでなければ，まず考えられない」と述べている。岐阜，千葉，津田沼への出店についても，何らかの失敗の穴埋めで PARCO が出店しているのである（由井［1991b］207-208 頁）。

　つまり，1980 年代におけるセゾングループの失速の理由として，マーケットの変化や消費行動の変容といった外部要因の存在だけでなく，無計画に拡大傾向を続けるという経営戦略の欠如とグループ内の杜撰（ずさん）なマネジメントがあった。少なくとも堤が繰り返し主張していた「マーケット・オリエンテッド」な

このケースの解説

小売業を目指すという方向性からすれば，このころのセゾングループはマーケットを読み切ることができない状況に陥っていたといえる。つまり，環境の急激な変化への対応に苦しむ中で，PARCO的なもの，あるいはセゾン的なものが拡散した結果，アイデンティティを失うことによって消費者が離れ，その後訪れる失速を準備したと考えられるのである。新たな消費社会の流れを先導してきたセゾングループが，バブル経済という一大消費ブームを迎える中で輝きを失っていくことになったのである。

■思考と議論のトレーニング■

1. セゾンは，先進性を持つショップを組み合わせた「空間」を，斬新な「イメージ」を，開発した「エリア」を，売りにした。また，ブランドがないことがブランドという，新たな売り方も考案した。このほかに，どのような新しい「売り方」が考えられるだろうか。またそれによって，どのような新たな価値を消費者に提供できるだろうか。

2. 渋谷や池袋を拠点として，斬新なイメージ戦略を展開したPARCOは，出店エリアを地方都市に拡大することにより，"先進性"を失うというジレンマに陥った。しかし，スターバックスコーヒーは，地方都市に進出しても，おしゃれなイメージを失っていないように思える。どのようにすれば，斬新なイメージを維持しつつ，全国規模あるいは世界規模で，ビジネスを展開することができるのだろうか。

●参考文献

上野千鶴子ほか著／セゾングループ史編纂委員会編集［1991］『セゾンの発想——マーケットへの訴求』リブロポート．
上野千鶴子・三浦展［2007］『消費社会から格差社会へ——中流団塊と下流ジュニアの未来』河出書房新社．
大西建夫・齋藤憲・川口浩編［2006］『堤康次郎と西武グループの形成』知泉書館．
佐野眞一編著［2006］『戦後戦記——中内ダイエーと高度経済成長の時代』平凡社．
セゾングループ史編纂委員会編集［1991］『セゾンの活動』年表・資料集，リブロポート．
辻井喬・上野千鶴子［2008］『ポスト消費社会のゆくえ』文藝春秋．
辻井喬［2009］『叙情と闘争——辻井喬＋堤清二回顧録』中央公論新社．
堤清二［1984］「西武流通グループの経営理念」『ビジネスレビュー』第32巻第1号．
堤清二・三浦展［2009］『無印ニッポン——20世紀消費社会の終焉』中央公論新社（中公新書）．
増田通二監修［1984］『パルコの宣伝戦略』PARCO出版．

由井常彦編［1991a］『セゾンの歴史——変革のダイナミズム』上巻，リブロポート。
由井常彦編［1991b］『セゾンの歴史——変革のダイナミズム』下巻，リブロポート。

＊　参考文献からの引用に際し，漢数字をアラビア数字に改めた箇所がある。

［大石直樹］

もう1つの セゾン　　Another Perspective on Case 12

　本文でも触れたように,「無印良品」は西友ストアー（1983年に西友と改称）のプライベート・ブランド（PB）として生まれた。その歴史は 1975 年に発売した「西友お茶漬こんぶ」にまで遡ることができる。西友は 1977 年に「料理素材缶」という名称で PB 商品を展開し始め，その後，グラフィック・デザイナーでかつ同社のアドバイザーでもあった田中一光たちの提案に基づいてブランド名を「SEIYU LINE」に統一，素材，工程，および包装の３つの側面から新たな商品の研究開発に乗り出すようになる。その際,「商品の本来の機能に沿って，ムダをそぎ落として良品廉価を実現する」ことを基本コンセプトに掲げ，主なターゲットである「主婦の意見」を重視した。そして 1980 年，40 品目の PB 商品と「わけあって，安い」というキャッチコピーを引っ提げて,「無印良品」は誕生する。命名したのは前出の田中であった。なお，西友は 1989 年６月に無印良品事業部を分離・独立して株式会社良品計画を設立している（由井・田付・伊藤［2010］12, 87-88 頁）。

　ここで，上記の基本コンセプトがどのように実際の商品に反映されたのかという点に目を向けたい。「無印良品」は商品開発にあたって，①素材の選択，②生産工程の見直し，③包装の簡素化にポイントを置いた。この３点こそ「わけあって，安い」の「わけ」なのである。

　①は，家庭用品と食料品から３年遅れの 1984 年にスタートした衣料品を取り上げて説明しよう。この年,「無印良品」は「まんまの」キャンペーンを張りながら，天然素材そのものの色を漂白や染色せずに作った点に特徴を持つ「生成りシリーズ」を大々的に売り出す。同シリーズの初期に目立った純毛関連の素材は国内から中国産のカシミヤやキャメル，イギリスの羊毛，ペルーのアルパカ，ウルグアイのシープ，インドの水牛など世界に広がっていった。また，良品計画元常務の有賀馨は「衣料品の素材開発の一番の原点はやはり綿に尽きるでしょう。世界中にはいろんな綿がある。その綿にもそれぞれいろいろな特徴がある。太くて短いもの，その逆に細くて長いもの。それらを探し求め，商品化していくうちに，現在（1990 年代半ば：引用者）の衣料品が出来上がった」と述べる（流通企業研究会［1996］119-121 頁）。さらに「無印良品」は 1986 年から素材調達だけでなく，海外での生産や商品開発にも着手し，88 年には「地球大」キャンペーンを打つまでに国際化を進めたのである。

　②については,「鮭水煮」（鮭缶）に注目したい。「無印良品」はそれまで胴体だけだったものを，頭からしっぽまで「丸ごと」使うことで，生産における選別工程を省略し

作業の効率化を実現するとともに,「しゃけは全身しゃけなんだ」というキャッチコピーを添えて販売し,初期のヒット商品に育て上げた。

③に関しては,商品を包むことに加え,説明用ラベルも必要最低限にとどめるなど包装の簡素化を図った。だからこそシンプルさが,商品のみならず包装にも表れるのである。

ナチュラル・テイスト（自然色）。今日,「無印良品」のイメージをこの言葉で表現する人は多いだろう。それは,1982年のはじめての展示会で商品を一堂に集めたときに特徴として見出され,コンセプトとして固められていったといわれる。たとえば,再生紙やクラフト紙の醸し出すナチュラル・テイストは,20代前後の若い世代には新鮮に映り,上の世代は子どものころに使ったという「一種独特の郷愁のようなものを感じる」。そうした味わいは現在まで受け継がれる「無印良品」の魅力であり,消費者に訴求する最も大切なポイントになっている。

「安さは必要条件ですが,絶対条件ではないんですね。」と堤清二がいう通り,「無印良品」の4つの文字のうち,最重要視されたのは「良」である。良品計画元商品部部長の岡田雅敏は「他社の製品とどこが違うのかをハッキリさせる意味で,『良』が重要なのです。消費者,生活者のベネフィット（利便）を良の中にきっちり表現できていないと,その消費者の賛同を得ることができない」という（流通企業研究会［1996］31, 64-73頁,堤・三浦［2009］96-97頁）。

「無印良品」は「良」にこだわり,基本コンセプトに沿いながら「良」に向けて不断の挑戦を続け,ナチュラル・テイストというブランド・イメージの確立に成功したと考えられよう。

参考文献

堤清二・三浦展［2009］『無印ニッポン――20世紀消費社会の終焉』中央公論新社（中公新書）。
由井常彦・田付茉莉子・伊藤修［2010］『セゾンの挫折と再生』山愛書院。
流通企業研究会［1996］『「無印良品」のモノづくり発想』オーエス出版。

［加藤健太］

Case 13

吉野家

● ある企業の「倒産」と再生の物語

このケースで考えること

　本ケースでは，"うまい，安い，早い"というキャッチフレーズで有名な牛丼チェーンの吉野家を取り上げて，同社はなぜ「倒産」したのか，その後どのようにして再生したのかという点を考えていく。

　ここでいう「倒産」（以下，「　」を外す）は，基本的に法的整理を適用された状態を指す。あらかじめ断っておけば，倒産は必ずしも企業の消滅を意味しない。たとえ倒産したとしても，見事に再建を果たす例もある。その1つのケースが，吉野家なのである。

　一般的に，倒産した企業を法律に則って整理する場合，再建型と清算型の2つのタイプに分けられる。再建型では，破綻しそうな債務者（企業や個人）の財産をすぐにはおカネに換えて配らず，債権者らの権利の変更（支払い猶予等）を行った上で，今持っている財産を使いながら利益を上げ，それを用いて（権利を変更した）債務（借金）を返す。それゆえ，再建型整理の主な目的は，債務者の事業等を経済的に再生することにある。たとえば，商法上の整理や会社更生法（後述）の更生手続きが，代表的な制度となる。吉野家は，この再建型にあてはまり，外食産業ではじめて会社更生法の適用を受けた例とされている。

　他方，清算型整理は，倒産状態に陥った債務者の財産をおカネに換えて，債権者にできる限り弁済することを目的にした制度である。したがって，債務者が法人（企業等）の場合は，その存続や再建を目指さない。なお，これには，

主に破産法や会社法の特別清算手続きが適用される（長浜・平出［1998］317-336頁）。

本ケースのポイントは，①吉野家の経営が法的整理を余儀なくされるほどに悪化したのはなぜか，②吉野家はいかにしてスピード再建を果たしたのか，という点に置かれる。

1 吉野家の成長とその加速

(1) 成長局面

吉野家の創業

松田栄吉が1899年，東京・日本橋にあった魚河岸に，自身の出身地である「吉野」から屋号をとった牛丼屋を開いた，これが吉野家の歴史の始まりである。それまで「牛鍋」や「牛めし」はあったが，牛丼という名称の商品はなかったらしいから，牛丼の歴史の幕開けともいえる。栄吉は1926年，関東大震災（23年）で焼失したこの店を，魚河岸の移転先であった築地へ移す。したがって，吉野家の初期の顧客は，魚市場で働く"食のプロ"であり，彼らにとっては，冒頭で触れたキャッチフレーズのうち，"安い"の重要性は低く，"うまい"と"早い"が強く求められたとされる。この点が，後の吉野家との相違点の1つ目である。2つ目は，牛丼のほかに天ぷらなどがメニューにあって，「牛丼単品経営」ではなかったことである。店舗も屋台のようなものにすぎなかったが，吉野家はそれから長い間，魚市場の顧客に圧倒的な支持を受ける1つの小さな飲食店として営業を続けていた（安部・伊藤［2002］62-64頁）。

株式会社吉野家の設立と年商1億円への道

その吉野家を，今日の一大牛丼チェーンに育て上げたのが，栄吉の息子の松田瑞穂である。松田は，満州から復員して家業の吉野家を継ぎ，その事業化に乗り出すべく，1958年12月に，資本金100万円で株式会社吉野家を設立し，59年1月に築地店をオープンした。

ここで彼は，築地店1店舗で"年商1億円を目指す"という壮大な目標を掲げる。当時の築地店は，日曜・祭日は休み，営業時間は市場の開く朝5時から昼の1時までのわずか8時間，テイクアウトはなく，座席は15席，来客は

牛丼（吉野家提供）

1日に200〜300人という状態にあった。年商1億円の達成には，1日1000人もの客が必要という計算になる。15席で1000人の客を捌くことになるわけで，1席当たり約67回転を実現しなければならなかった。

松田は，この目標をクリアするために，次のような工夫を凝らした。第1に，メニューのスリム化である。これは，牛丼以外のメニューのカットと，牛丼の具材の簡素化によって進められた。後者については，客の好みを勘案しながら，糸コンニャクや長ネギ，豆腐を取り除いて，牛肉とタレの風味・甘みを生み出す玉ネギだけを残した。第2に，客の好みを覚えて，入店と同時に作り始めるようにしたことがあげられる。メニューを牛肉と玉ネギのみの牛丼に絞り込んだとはいえ，常連客にはそれぞれ好みがあり，たとえば，「つゆだく」，「つゆ抜き」，「あたまの大盛り」（肉だけの大盛り），あるいは肉の脂身を抜いた「トロ抜き」などなど，牛丼の種類は「無数」にあったからである。第3に，このような多様なオーダーを効率的に捌くため，U字カウンターを導入した（安部・伊藤［2002］66-69頁，山中［2001］125-129頁）。これだと，真ん中に入った店員が，左右両方の客にサービスすることが容易になるからであった。

店舗を増やしていく

以上のような工夫を凝らして，吉野家は年商1億円を達成したわけだが，松田はそれに飽き足らず年商2億円を視野に入れ始める。1968年，彼は，日本リテイリングセンター主催の渥美俊一のペガサス・セミナー「年商3億円突破のゼミナール」に参加し，そこで「いま1店で1億円売ってる。それを2億円にしたいんなら，2店にすりゃいいんだ」という一見ごく当たり前なアドバイスを受けて，「震えるような感動」を覚え，「眼からうろこ」を落とす。同じ年に松田は，ペガサス・セミナーの一環としてアメリカ研修に参加し，同国で進展していた外食産業のチェーン化を目の当たりにする（安部・伊藤［2002］72-74頁）。そこで得た知見もチェーン化の有望性を確信させたであろう。こうした体験を踏まえて，松田は多店舗展開に乗り出したのである。

吉野家は，1968年12月の新橋店のオープンを皮切りに，店舗を徐々に増やし，73年4月にはフランチャイズ（FC）第1号店となる小田原店を開店した。

表 13-1　吉野家の店舗展開

	総店舗数			東京		大阪		広島地区		九州地区		アメリカ	
	(A)	直営	FC	直営	FC	直営	FC	直営	FC	直営	FC	直営	FC
1959年	1	1		1									
60	1	1		1									
61	1	1		1									
62	1	1		1									
63	1	1		1									
64	1	1		1									
65	1	1		1									
66	1	1		1									
67	1	1		1									
68	2	1	1	1	1								
69	3	2	1	2	1								
70	3	2	1	2	1								
71	5	4	1	4	1								
72	10	5	5	5	5								
73	18	5	13	5	11								
74	36	7	29	7	23		3						
75	60	9	53	7	33		5					2	
76	74	11	65	8	38	1	11				1	2	
77	150	39	114	17	81	13	15		3	1		3	
78	234	91	149	23	114	30	16	16		9	2	6	
79	266	127	152	31	120	38	15	16		14	2	13	
80	217	85	142	34	116	31	12					9	
81	207	79	138	29	112	30	13					9	
82	188	87	113	36	88	31	12					9	
83	189	95	106	39	86	34	9					9	
84	196	103	105	44	86	34	9					10	
85	206	117	103	49	86	36	9					15	
86	212	130	98	54	83	36	9					20	

(注)　1）　資料では，総店舗数の(A)欄と地区別の合計値が一致していない。
　　　2）　各年 12 月時点のデータ。
(出所)　吉野家更生史編集委員会［1987］200-203 頁より作成。

各年 12 月末の店舗数を示した**表 13-1** を見ると，1973 年ごろから店舗展開のペースが速まりつつあったこと，76 年ごろから大阪や九州といった新たな地区に進出していったこと，その際，77 年までは FC を中心に出店を進めたことがわかる。

(2) 吉野家のフランチャイズ・システム

日本フランチャイズ・チェーン協会は，FCを，「事業者（「フランチャイザー」と呼ぶ）が他の事業者（「フランチャイジー」と呼ぶ）との間に契約を結び，自己の商標，サービスマーク，トレード・ネームその他の営業の象徴となる標識，および経営ノウハウを用いて，同一のイメージのもとに商品の販売その他の事業を行う権利を与え，一方，フランチャイジーはその見返りとして一定の対価を支払い，事業に必要な資金を投下してフランチャイザーの指導および援助のもとに事業を行う両社の継続的関係」と定義している（日本フランチャイズチェーン協会ホームページ）。

この定義にもある通り，FCのポイントは，本部からの経営資源（ノウハウを含む）の供給とそれに対する加盟店からのロイヤリティの徴収にある。本部は通常，加盟店に原材料・製品（モノ）の供給や商標の貸与を行う。吉野家の場合，「吉野家」という商標，牛肉やタレ，米，箸といったモノを供給している。他方，ロイヤリティは，本部が加盟店にノウハウを提供（指導）することに対して，売上げの一部を徴収した料金である。外食産業の場合，ロイヤリティは売上げの2～3％が多いとされ，吉野家の3％もその範囲内である。

重要なのは，吉野家が，原材料・製品，商標，ノウハウのみならず，店舗運営に携わるヒトも供給した点である。つまり，加盟店が出店に要する資金を出せば，「あとはすべて本部がやってくれるシステム」ともいえる。それゆえ，同社では，加盟店ではなく，FCオーナー（所有者）という呼び方をするのである（吉田[1988] 91-92頁）。

(3) 加速局面

店舗の急増　吉野家の出店は，1976年の74（76）店から77年に150（153）店，78年に234（240）店，そして79年には266（279）店へと著しい増加を示した（表13-1）。それぞれ76（77）店，84（87）店，32（39）店の新規出店となる。

このような店舗拡大は，松田が1977年8月に，78年6月の200店突破祝賀会の開催を決定したことが強く影響した。1977年8月時点の店舗数は100店とされるから，10カ月で100店舗を新たに出店する必要があった。そのため，

たとえば広島地区では，1978年に16店をすべて直営店としてオープンしたが，その中には20坪が標準規模とされるにもかかわらず，100坪を超える東雲店もあった。この大量出店には，1977年11月以降国内で募集を停止したFC店ではなく，直営店を中心に進められたという特徴もあった（**表13-1**，吉野家更生史編集委員会［1987］25-29頁）。前者が，FCオーナー（加盟店）1つ1つの採算を吟味しなければならないのに対し，後者は，店舗全体で収益が上がれば，一部の店舗の赤字を補填できる点で，出店に際して基準が甘くなりがちである。こうした出店形態の変化も，急速な店舗展開を可能にした要因といえよう。

牛丼が美味しくなくなった

上記の目覚ましい店舗の拡大は，吉野家の経営の根幹をなす牛丼の品質（味）の劣化という問題を引き起こした。直接的には，原材料を生肉からフリーズ・ドライ（冷凍半解凍）の肉へと変更したことに伴う問題であったが，そこにはいくつかの要因が複合的に作用していた。

第1に，松田が，牛肉の輸入自由化の時期を読み違えたという点をあげられる。彼は，早期に輸入が自由化されると考え，牛肉の調達を目的に1973年3月，アメリカ現地法人としてYOSHINOYA & Co. (USA) Inc.（USA吉野家）を設立するとともに，畜産振興事業団の指定工場であったアメリカの中堅食肉加工会社セントラル・パッキングを買収するなど，準備を進めた。しかしながら，牛肉の輸入自由化は，1988年の日米牛肉・オレンジ交渉の決着を受けて，91年4月から本格的に開始されたのであり，当時は73年秋から1年半も輸入が禁止されるなど，松田の読みとは異なる動きを示していた。

第2に，吉野家がいち早く着目し，ほぼ単独で利用してきたショートプレート（バラ肉のうちで脂の多い部位）を，ハンバーガー業界も使うようになったことが重要である。この時期，畜産振興事業団の放出するショートプレート600tのうち，吉野家は80％以上の510tを必要とするようになっていた。そのため，ショートプレートの需給バランスは供給不足・需要過多という形で崩れ始め，価格は1975年の1kg 500円から79年には3倍の1500円まで上昇した。こうした事態に直面して，吉野家は，バラ肉や肩ロースといった他の部位の牛肉も値段を二の次として買い集めた。そして，最後に行き着いたのが，輸入制限枠の対象から外れた牛肉，いわゆるフリーズ・ドライであった。水分を30％以下に抑えたフリーズ・ドライであれば，自由に輸入できたからである。

フリーズ・ドライは，1979年3月に全体の約10％，同年10月になると半分を占めるまでに増えたとされる（吉田［1988］178-181頁）。

吉野家は，コスト削減のために，牛肉だけでなく，お新香も冷凍ものにし，1979年1月からは全店でタレを粉末に切り替えたが，いずれも品質（味）の劣化を招き，さらには，前述の食材価格の高騰により採算の悪化にも見舞われた。そして，こうした状況の中で，同社は1979年12月，牛丼並盛の300円から350円への値上げに踏み切る（吉野家更生史編集委員会［1987］37-38頁）。しかし，一連の施策は結局，客足を遠ざける結果を招くことになったのである。

2 吉野家の倒産

(1) 銀行は吉野家を見限った

ショートプレートの供給難は，牛丼の味を落として客足を遠ざけただけでなく，原材料費の騰貴による収益の圧迫も引き起こした。表13-2によれば，売上高こそ1978年の198億円から79年に221億円まで増えたものの，経常利益は7億円から9000万円に激減している。その理由としては，次に述べる負債の増加に伴う金利負担のほかに，本部組織の膨張による間接コストの上昇が指摘された。

吉野家の経営状態の悪化に対し，取引銀行は当然，危機感を抱くようになる。同社の借入金は，1978年末から79年末にかけて49億円から80億円へと，店舗の急増に歩調を合わせるように膨れ上がっていた。それが，取引銀行の新規融資の停止と資金回収によって，1980年6月に69億円まで減少する。その要因としては，吉野家が店舗の開設にあたり，機材をリース方式で調達していたことを指摘できる。この方式は，出店コストを抑えるメリットを持つ反面，担保となる資産が形成されないというデメリットも併せ持っており，銀行はその点も不安視したと考えられる（吉野家更生史編集委員会［1987］35, 38-39頁，太田［2005］184-185頁）。同社の破綻は，目前に迫っていた。

通常，企業の経営危機に際しては，メインバンクと呼ばれる主力銀行が強い関与を示す。吉野家のケースでも，主力銀行の東海銀行が一時的に救済に乗り出している。同行は1980年7月，流通大手のダイエーに吉野家の支援を再度

表 13-2　吉野家の経営状態

年次	売上高 (億円)	経常利益 (億円)	利益率 (%)	従業員数 (人)
1978	198	7	3.5	439
79	221	0.9	0.4	501
80	158	−2	−1.3	287
81	151	14	9.3	245
82	158	21	13.3	267
83	174	23	13.2	303
84	210	27	12.9	334
85	235	33	14.0	403
86	264	35	13.3	415

(出所)　吉野家更生史編集委員会［1987］204-207 頁より作成。

依頼するとともに，第一勧業銀行などの他の銀行に協力を求めたのである。『日本経済新聞』は，松田の「ダイエーとの交渉を含め，一切を東海銀行に任せてある」という発言を報じており，この時点で，吉野家再建の主導権は，当事者である経営陣（松田）の手を離れ，東海銀行の手に委ねられたといえる。他方，ダイエーは，吉野家の救済にあまり乗り気ではなかった。一時は，条件が折り合えば再建を引き受けるのではないかとの報道もあったが，1980 年 7 月 8 日，ダイエーは正式に東海銀行の要請を断った。ダイエーの結論を受けて，東海銀行も積極的な金融支援を行わないと発表し，事実上，吉野家を見限ったのである（『日本経済新聞』1980 年 7 月 2 日；7 月 4 日；7 月 8 日；7 月 9 日）。

(2) 法律を使って再建を期する

会社更生法という名の法律　東海銀行が新たな融資を断ったことは，吉野家の倒産とほぼイコールだった。同社は，1980 年 7 月 15 日に期限を迎える 1 億 5000 万円の手形を決済できなくなったからである。松田は，ここで 1 つの決断をする。それは，会社更生法の適用申請であった。

このケースで考えることで述べたように，会社更生法は，今持っている資産を用いて企業の再建を図ることを目的とした法律である。同法の枠組みは次の通り。①企業が更生手続きの開始を申し立てる。②裁判所が，更生手続きの開

始決定と管財人の選任を行う。③管財人は，企業の経営と財産の管理・処分に係る権利を持ち，また更生計画案を作成する義務を負う。④更生計画案は関係人集会で審理され，可決するか否かを決議する。⑤そこで可決された更生計画案は，裁判所の認可により更生計画としての効力を生じる。⑥更生計画が遂行された場合，または遂行されることが確実であると認められた場合，裁判所は管財人の申し出により（または職権で）更生手続き終結を決定する。⑦終結決定は，企業が裁判所の監督と更生手続きの各種制約から解放されることを意味する（長浜・平出［1998］323-325頁）。したがって，⑦の時点で，ひとまず再建を果たしたことになる。

ここで重要なのは，会社更生法の適用は自明でないということであり，それは①と②（更生手続き開始の申立てからその決定まで）の間のタイムラグ（保全期間）にある。裁判所は，この間に当該企業が更生できるか否かを見極めるわけである。これを企業の側から見ると，保全期間に，自らが更生できることを証明しなければならない。その際，旧経営陣は退任し，保全管財人が経営権を掌握して再建を主導する。吉野家の場合も，その間の取組みが後の再建にとって重要な意味を持つことになる。ポイントは，同法の適用を申請すると，保全措置がとられ，担保権の実行が禁止ないしは停止される点にある。換言すれば，債権者は，強引に借金などを取り立てることができず，それゆえ，当該企業は現有財産を用いて再建を図れるのである。

吉野家，適用を申請する　1980年7月15日，吉野家は，東京地方裁判所（地裁）民事第8部に会社更生法の適用を申請した。同時に，保全管財人には，元日本弁護士連合会事務総長の増岡章三，同代理には弁護士の今井健雄が選任された。

更生手続き開始までの増岡らの取組みで，とくに注目されるのは次の3点である。第1に，牛丼の品質向上に取り組んだことを強調したい。客足を遠ざけた最大の原因が，味にあったからである。まず，倒産前に見直しを始めつつあったフリーズ・ドライを1980年中に，全店で使用していた粉末タレを同年10月までに一部を除いて全廃し，それぞれ元の生肉と生タレに戻した。次いで，米やみそ汁，お新香などについても味の改善に努めた（吉野家更生史編集委員会［1987］82頁）。

第2は，増岡が「店を閉めるな。灯りを消すな」との指令を出し，それを実

践したことである。店舗のシャッターが閉まり，灯りが消えれば，顧客に倒産したイメージを強く与え，客足を遠ざけることになる。そこで従業員の減る深夜も，パートに時間を延長してもらい，ローテーションを組みながら24時間営業を継続したのである。また，倒産の報道に接し，吉野家の牛丼が食べられなくなるという危機感を抱いたファン（客）もいて，客数は逆に増えたという（吉田［1988］86-87頁）。

第3に，24時間営業を守る一方で，1980年7月下旬に早くも，不採算店の閉鎖を決定したことに注目したい。吉野家では，1979年4月以降の1年間の平均売上高などを指標にして直営店54店舗の閉鎖を決めたが，その際，倒産イメージを薄めるために次のような方針を採用した。それは，東京や大阪は赤字額の大きい店舗に限定し，広島地区と九州地区は全店舗を閉鎖するというものであった。不採算店は後者に多かったという理由もあったが，閉鎖エリアの集中によって，倒産の印象を限定化することを狙ったのである。店舗閉鎖の様子は，**表13-1**からも読み取れるだろう（吉田［1988］109-110, 113頁）。

3 再生への道

(1) 会社更生法の手続き開始

西武流通グループの支援

東京地裁民事第8部は1980年11月6日，吉野家の更生手続き開始を決定した。その際，堤清二の率いる西武流通グループの支援が，この再建に現実性を帯びさせたことは想像に難くない。同グループは当時，レストラン西武という外食企業を擁し，いわば外食の専門家を育てていた。増岡章三は，「外食のプロの経営者が吉野家には必要だ」といって堤を説得したという。1980年6月に要請を一度断っていた堤は，同年11月，社内の反対意見を抑えて人的資源の供給という形で吉野家の支援に乗り出す。彼は，レストラン西武の竹内敏雄社長をアメリカに派遣，最大の懸案事項であったUSA吉野家の抱える巨額の負債を調査させた上で，この決定を下したといわれる（吉田［1988］116-120頁，*Case 12* も参照）。

会社更生への取組み

更生手続きの開始決定と同時に，保全管財人に代わる更生管財人として，増岡と，西友ストアーと不二家の共同出資で設立されたエフ・アンド・エスという外食企業の社長を務めていた鈴木与三郎が，更生管財人代理には今井がそれぞれ選任された。1980年12月20日，増岡と鈴木は東京地裁に，①経営体制の整備，②経営規模の適正化，③経営収支の改善，④海外子会社の売却の検討，⑤債権者の協力，および⑥FCオーナーの協力と関係の調整という6項目からなる「調査報告書」を提出した。このうち①では，経営破綻の原因を急速な店舗拡大に求め，その背景として「経営組織，責任体制の欠如」をあげて改善の必要性を訴えた。②は不採算店の整理と間接部門の合理化，③は牛丼の価格設定とPR活動を内容としていた（吉野家更生史編集委員会［1987］83-86頁，『日経産業新聞』1980年11月7日）。

続いて1981年の年頭，吉野家は新たな経営方針を打ち出した。それは，①収益力の向上，②販売促進・宣伝の強化，③商品力の強化，④店舗クリーンリネス（清潔・安全・快適）とサービス向上，⑤人材育成，⑥FCオーナーとの一体感強化，⑦業績表彰制度の導入を内容とする（吉野家更生史編集委員会［1987］87-88頁）。以下では，この中の③を詳しく見ていく。

新しいメニューを開発する

吉野家の再生にあたっては，従業員から数多くの提案が出された。その中でとくに目立ったのが，新メニューに関するものであり，カレーをはじめ，煎餅や饅頭まで出てきたという。こうした提案に対して，増岡は，カレーを取り扱うのであれば，その水準を向上させなければならない。しかし，そこにエネルギーを費やせば，「牛丼の鍋管理がおろそかになる」として首を縦に振らなかった。ただ，従業員のモチベーションを高めるねらいもあって，新商品・新業態開発にはゴーサインが出された（吉田［1988］135-137頁）。

そして，朝食メニューの実験販売が1981年3月17日から東京都内6店舗でスタートする。その目的は，客足の鈍る朝の時間帯の強化とそれを通じた店舗の有効利用，収益性の向上にあった。当初は，里芋の煮物など5種類を揃え，それらに対する反応を観察するとともに，朝食の調査を行い，改良を加えていった。たとえば，アジは価格の安いムロアジではなく，味のよいマアジを用いたり，鮭は北海道産の上質のものを使ったりした。また，煮魚と焼魚，鮭とア

ジを比較するなど検討を重ね，同年8月には焼魚（鮭）定食，玉子焼定食，および納豆定食の3つにまで絞り込んだ。この朝食メニューは，実験店のすべてで2倍以上の売上げ増に貢献し，1982年5月からはほぼ全店舗に導入されたのである[1]（吉野家更生史編集委員会［1987］90-91頁）。

新規出店の再開とヒトの動機づけ

1982年，吉野家は，いよいよ新規出店に乗り出した。ここで，破綻の原因が過大な店舗展開とそれに伴う不採算店の増加にあったことを思い起こせば，同じ轍を踏むことはできない。

朝食メニュー（吉野家更生史編集委員会［1987］184頁）

　増岡は，新規出店に際して，最低1000万円の売上げが見込めることと，投資に対する利益を20％以上確保できることを基準に掲げた。この条件をクリアして，1982年3月19日，東京都江東区に錦糸町店がオープンする。その過程では，オシャレな感じに店舗デザインを刷新することも議論された。しかし，増岡は，「私は専門家じゃないからわからない。だけれども，いままでのもので売れているからこそ新店舗もつくれるようになったわけだから，まだ守りの段階で賭けることはやめよう」と反対し，従来のデザインを維持させた。錦糸町店は，月商1100万円という数字を叩き出して好調なスタートを切り，1982年2店と83年7店の新規9店も同様の売上げを記録した（吉田［1988］187-189頁）。

　企業の再生，とくに外食（サービス）業であればヒトの重要性は改めて指摘するまでもないだろう。吉野家の従業員数は，ピークにあたる1979年の501名から81年には半数以下の245名まで落ち込んでいた（**表13-2**）。それだけ，1人1人の従業員の負担は増しており，モチベーションの保持・向上には，何らかの仕掛けが必要であった。そこで，同社は1982年1月，パートの給料

●1　新メニューの開発プロセスでは，失敗もあった。たとえば，サンドイッチは，客の嗜好調査でパンが支持を集めたという結果を受けて開発され，1981年4月27日から目黒のロッキー店でスープやサラダと一緒に実験販売された。しかし，客は，向かいのパン屋でパンを買い，吉野家ではサラダしか手に取らなかったという（吉野家更生史編集委員会［1987］92頁）。

3　再生への道

（時給，職務手当，技能手当）を引き上げるとともに，複数の店舗の店長を兼ねる場合の兼務手当，大型店の店長に向けた大型店手当を新設，支給した。カネだけでなく，肉盛り実技コンクールや10年勤続表彰制度も復活させた（吉田［1988］190-191頁）。いずれも，従業員のモラール（士気）や技能を高めることを狙った施策であった。

出店再開第1号・錦糸町店（吉野家更生史編集委員会［1987］95頁）

肉盛りは，穴の開いたオタマを鍋に沈めてクルクル回転させながら，牛丼並で85g，特盛で170gと決められた牛肉と玉ネギをバランスよく盛る（「肉を決める」）のだが，スピードをアップし，かつ混雑時であっても正確に「肉を決める」のは容易でない（山中［2001］78-80頁）。肉盛りコンクールが再開されたのは，この作業が吉野家にとっていかに重要であるかを示していよう。

(2) 新生吉野家

新経営体制の発足

吉野家は1983年2月，東京地裁に更生計画案を提出し，同年3月31日にその認可を受けた。更生計画案の内容は，①更生担保権22億円と一般更生債権国内66億円，アメリカ242万ドルは全額を5年間で（1987年までに）分割弁済する，②旧株式（資本金2400万円）は全額無償で償却する，③5年間で新たに4万株を発行し資本金を20億円とするといったもので，わずか5年で債務を100％弁済し，そのうちの40％を初年度に返済することを明言していた（『日本経済新聞』1983年4月1日）。

更生計画の認可を受けて，吉野家では1983年4月，鈴木に代わって，堤清二が新たに更生管財人に就任し，同代理には西友ストアーの銘店部長であった渋谷修が就くという形で経営体制が刷新された。その年の6月30日には，資本金4200万円を100％減資した後，5億円の増資を実施し，新株式は西武百貨店が85％，新たに発足した従業員持株会が15％を保有することになった。

新生吉野家に向けたビジョン

吉野家は1983年5月、第1回更生債権弁済として34億7000万円を、翌年5月の第2回更生債権弁済では13億100万円を支払い、同年6月に5億円を増資して資本金を10億円とした。その間、新規店舗の開設に加えて、菓子博や国際スポーツフェア出店など各種イベントへも積極的に参加（出店）した。

1985年1月24日、吉野家は、「吉野家の将来ビジョンを明確に打ち出すことで、新生吉野家への離陸をスムーズにしようとする」ことを目的に経営5ヶ年計画を発表した。その概要は、①1989年までの5年間に、牛丼専門店を100店舗以上出店して335店とする、②カレー専門店を本格的なチェーン化により50店とする、③アメリカ西海岸における積極的な店舗展開により、吉野家ウエストを67店とする、④年間売上高700億円、経常利益120億円を達成する、⑤セントラル・キッチン、配送センターを開設・拡充するといった内容であった。その他にも、企業イメージの向上や人材育成、サービスの徹底などが重点項目として列挙された。

この計画を実現すべく、吉野家は1985年5月10日、東京・赤坂に「①牛丼と称する商品である限り、あとにも先にもこれ以上はないと言われ、自負できるものにしよう、②この店を通じて吉野家の歴史と伝統の重み、技術の高さを世間に示そう」というスローガンを掲げた、特製牛丼店（赤坂店）をオープンした。これは、上述の企業イメージの向上を企図した試みと考えられる。また、1985年7月からカレー亭ターバンのメニューの拡充や多店舗化に乗り出し、86年12月には新事業の一角を担う「うどんの吉野家武蔵村山店」をオープンさせるなど、経営5ヶ年計画の②にも力を注いだ（吉野家更生史編集委員会[1987] 102-104, 111-112頁）。

そして、吉野家は、当初予定の5月末を3カ月繰り上げる形で1987年2月末に更生債権の最終弁済を完了させた。更生計画の認可を受けてからわずか4年間で債務を100％返済した例はそれまでになく、空前のスピード再生であった。

このケースの解説

企業が倒産するとは、どういうことなのか。吉野家のケースを通じて、少な

くとも企業がなくなってしまうこととイコールではなく，再生も十分可能であることは理解できただろう。同社にとって，転機になったのは会社更生法の選択であり，この法律の適用により再生の道が開けたのである。

会社更生法は第1に，債権者の拙速な取立てから吉野家を守る役割を果たした。仮に，債権者が直ちに資産を換価して回収を図っていたら，当然ながらその後の吉野家はなかった。加えて，外食企業としては過去最大の負債を背負い，リース方式を用いて店舗設備を増やしていた同社の再建を，債権者（やマスコミ）は懐疑的な眼で見ており，その道が選ばれる可能性は必ずしも低くなかった。だとすれば，この法律による更生手続きが認められたことこそが最も重要であったと考えられよう。

第2に，会社更生法が強制的に経営陣を刷新する役割を果たした点があげられる。それは，保全管財人ないしは更生管財人の選定という形で行われたが，企業を倒産に至らしめた旧経営陣を追い出し，新たな"経営者"による抜本的な経営改革を可能にする意味を持った。増岡章三と今井健雄が，管財人として辣腕を振るい，吉野家の再建を主導したことは本論で詳しく述べた通りである。

そして，増岡と今井が，従業員のモチベーションを高めるような施策を採ったことも重要である。それは，吉野家が更生会社であるにもかかわらず，雇用に手を付けなかったことに示される。もちろん，同社の場合，経営危機に見舞われた際に，人材が大量に流出していたから，人員整理の必要性が低かったという事情はある。しかし，同社が，賃金カットすらしなかった点は注目に値する。そこには，増岡が「会社を立て直そうと一生懸命になる社員たちこそ財産である」という考えをもって，再建にあたったことが大きく作用したと考えられる。それどころか，吉野家では，更生開始決定直後の1980年12月に1カ月分，翌年1月に0.5カ月分のボーナスが支払われた。これも増岡が，「『(略) 外食企業にとって，ヤル気のある人材こそが財産であり，再建のカギを握る』と，裁判所に粘り強く交渉し」たことで実現したのである（吉野家更生史編集委員会［1987］74, 86-87頁）。

また，第3節で言及したパートの給与引上げや肉盛りコンクール等の再開，現場の提案を受け入れた新メニューの開発も従業員を重視する姿勢を表したといえる。この従業員重視を数値化することは不可能だが，今井の次の言葉が，事実の一面を照らしている。

「今日，吉野家が旧に倍する業績を挙げ，会社更生史上，空前でありながらおそらくは絶後であろう成功を収める事ができたのは，(略) 諸君が会社のため熱を込め，身体を酷使し懸命な努力を続けてくれたからと思っております。その意味で吉野家は誠に価値ある社員を抱えているといって良い」(吉野家更生史編集委員会［1987］14-15頁)。

吉野家のスピード再生は，会社更生法という法律を選択し，かつ魅力溢れる管財人の手で担われたこと，さらには彼らが，従業員のやる気を引き出しながら陣頭指揮を執ったことで可能になったといえよう。

●**思考と議論のトレーニング**●

1. アメリカでは，アメリカン航空やデルタ航空など，破綻した企業を法的に整理する例が少なくない。その理由はどこに求められるだろうか。また，そうした企業はどのように復活を果たしているのだろうか。
2. 吉野家を傘下に持つ吉野家ホールディングスは，これ以外にも，どん亭やフォルクス，はなまるうどん，京樽など，複数の外食チェーンを展開している。外食産業において，こうした事業の多角化は決してめずらしくない。では，他の外食企業はどのような業態に進出しているのか，また，その理由はどこにあるのだろうか。

● **参考文献** ●

安部修仁・伊藤元重［2002］『吉野家の経済学』日本経済新聞社（日経ビジネス人文庫）。
太田理恵子［2005］「吉野家ディー・アンド・シー――成長・倒産・復活の軌跡」米倉誠一郎編『ケースブック日本のスタートアップ企業』有斐閣。
長浜洋一・平出慶道編［1998］『会社法を学ぶ――制度と実態を結ぶ基本テーマの解説』第6版，有斐閣。
山中伊知郎［2001］『新国民食 吉野家！』廣済堂出版。
吉田朗［1988］『ドキュメント 吉野家再建』柴田書店。
吉野家更生史編集委員会編［1987］『会社再建の記録』吉野家。

＊ 参考文献からの引用に際し，漢数字をアラビア数字に改めた箇所がある。

［加藤健太］

もう1つの 吉野家　　Another Perspective on Case 13

　このケースの本文は，1980年の吉野家の倒産と再生の過程を描いたものである。再生プロセスに「会社更生史上，空前でありながらおそらく絶後であろう成功」という評価が下されているように，吉野家は急速に業績を回復させ，かつての輝きを取り戻した。倒産に至る過程において，社内の大半は会社の破産を想定していたというから（安部・伊藤［2002］214頁），吉野家の倒産と再生の物語は，企業が存続していくことの難しさと大切さを私たちに教えてくれる。

　しかし会社存続の危機を乗り切った吉野家は，その後，再び大きな経営危機に直面する。2003年12月末にアメリカでBSE感染疑惑牛が発見されたことを受けてアメリカ産牛肉の輸入が禁止された，いわゆるBSE問題である。その結果，翌年2月11日以降，吉野家は牛丼の販売停止を余儀なくされる。この危機に対して，ライバルの「すき家」や「松屋」が使用する牛肉を変更し，またこれを機にメニューも豊富なラインナップにするという対応を見せる中，吉野家はあくまでも主力商品である牛丼へのこだわりを見せ，アメリカ産牛肉の調達を前提とした行動を選択する。輸入禁止から2年後の2005年12月，アメリカ産牛肉の輸入が再開されたのも束の間，検査で特定危険部位が見つかったとして，翌年1月，政府は再び輸入禁止を決定する。これを受けて，牛丼復活を計画していた吉野家は牛丼再開の延期を余儀なくされる。

　この間，「すき家」を展開するゼンショーは，牛肉の調達先をオーストラリアに変更して2004年9月から牛丼の販売を再開し，05年には「なか卯」を買収するなどの攻勢に出る。そして2008年，ついに店舗数で吉野家を抜いて業界1位の牛丼チェーン店となる。「すき屋」1号店がオープンしたのは，吉野家が倒産してから2年後の1982年であったから，これは1899年創業の老舗にとって大きな事件であったに違いない。そこで，ここでは，BSE問題に端を発する危機下における吉野家の経営判断について考えてみたい。

　ライバル他社と異なり，吉野家があくまで牛丼にこだわり続けたことはすでに触れた。営業を継続するため新商品の販売にも踏み切ったが，これについても，牛丼とは似て非なる「豚丼」は販売したくなかったのが本音だったという（戸田［2007］81頁）。こうした判断のよりどころとなったのが，本文で論じられている1980年の倒産の経験であった。倒産時に吉野家の根本的な問題として指摘されたのは，「単品経営」の弊害だった。吉野家は，牛丼に依存したビジネスであり，牛丼がこければ会社がこけるという高いリスクを抱えている。これを解消するためにも，会社再建には牛丼以外のメニューを

展開する必要があると主張されたのである（戸田［2007］74 頁）。しかし，再建に際して吉野家が行ったのは，かつての牛丼の味と価格を取り戻すことであり，牛丼回帰によって再建を成し遂げたのである。

そして，伝統の味を守ることで危機を乗り切ってきたという教訓は，BSE 問題時の対応においても基本戦略となる。アメリカ産牛肉が使えないからといって安易に材料を変えることはかつての失敗を繰り返すことになり，牛丼に代わる中途半端な商品を売り出せば，長年にわたって培ってきた「ブランド」が棄損する。吉野家の使命は，「吉野家の牛丼というブランドを健全に継承」することであり，それを「永遠」なものにするためには，単年度決算は気にしないという経営判断があったのだという（戸田［2007］79 頁）。

徹底した単品経営を貫き，伝統の味によって会社を発展させ，倒産の危機すら原点回帰で乗り越えてきた吉野家にとって，BSE 問題も，かつて直面した危機対策の応用であった。そして，当然のように過去の失敗の経験から学習した対応を選択した。しかし今度の危機は期間も長く，また何より強力なライバルが存在するなど，吉野家が直面している競争環境はかつての状況とは異なっていた。最近の吉野家は，牛丼依存の方針を修正しつつあり，また現実の動向を見る限り牛丼のみの単品経営は限界のようにも思える。しかし，もしそうであるならば，それまで有効であった単品経営が BSE 問題の前後でなぜ成り立たなくなったのか，牛丼チェーンが直面する環境や消費者のニーズがどのように変化したのかについて，その理由とともに検討してみる必要があるだろう。

● 参考文献 ●

安部修仁・伊藤元重［2002］『吉野家の経済学』日本経済新聞社（日経ビジネス人文庫）。
戸田顕司［2007］『吉野家 安部修仁 逆境の経営学』日経 BP 社。

［大石直樹］

Case 14
集英社

● 『週刊少年ジャンプ』はなぜ"神話"となりえたのか

このケースで考えること

　超人系(パラミシア)の悪魔の実「ゴムゴムの実」を食べて,「能力者」となったモンキー・D. ルフィが仲間たちとともに,「ＯＮＥ　ＰＩＥＣＥ」(ひとつなぎの財宝)を探して冒険する,尾田栄一郎作の『ONE PIECE』。連載開始は 1997 年 7 月 22 日発売の第 34 号,ほぼ13年後にあたる 2010 年 11 月発売の第 60 巻の初版発行部数は 340 万部に達して書籍で過去最多記録を樹立,コミック単行本の発行部数も累計で 2 億部を突破している(『日経MJ』2011 年 1 月 14 日)。ごく単純化すれば,1 巻当たり約 333 万部,国民の 40 人に 1 人は『ONE PIECE』を全巻読破中という計算になる。尾田自身はその魅力を「真正面からぶつかって,真剣なことを言い切る心意気。心意気」は『ONE PIECE』のカッコよさです」と語る(『朝日新聞』1999 年 11 月 26 日)。

　『ONE PIECE』だけでなく,『NARUTO』(岸本斉史)や『BLEACH』(久保帯人)などの人気マンガを連載に抱えるのが,おそらく知らない人はほとんどいないであろう,『週刊少年ジャンプ』(『ジャンプ』)である。

　このケースでは,①後発の『ジャンプ』は,なぜ少年コミック誌のトップの座をつかみとって"神話"になることができたのか,②その"神話"が終焉したのはなぜか,③どのように復活を遂げようとしているのかといった点を検討しながら,子どもだけでなく,大人をも魅了するコンテンツを生み出すメカニズムを考えてみたい。

具体的な分析に先立って,『ジャンプ』を発行する集英社の,少年少女雑誌に関連した軌跡を簡単に振り返っておこう。
　集英社は,1922年8月創業の小学館が47年8月に合資会社形態で設立した出版社であり,同じ年の12月に『おもしろブックシリーズ』『少年王者 おいたち篇』を発行した。同社は1949年7月に資本金250万円をもって株式会社に改組し,翌8月,「明るく楽しい少年少女雑誌」というキャッチフレーズを掲げて,初の雑誌『おもしろブック』9月号を,51年8月には『少女ブック』9月号を創刊した。『おもしろブック』は,1952年4月号で32万部を発行して少年雑誌のトップに立ち,『少女ブック』もまた55年新年号で65万部を発行して「少女雑誌の王座」を占めた（社史編纂室［1997］302-309頁）。
　『おもしろブック』の性格は,目玉作品の『少年王者』から見て取れる。これは,敗戦後の日本で少年少女から圧倒的な支持を得ていた山川惣治の紙芝居をもとにする「絵物語」であり,絵本に近い作品であった。その他,『トム・ソーヤの冒険』で有名なアメリカの作家,マーク・トウェインの名作『3少年の空中旅行』を巻頭オールカラーで掲載するなど「小学館の社風を映して非常に健康的」な内容だったとされる（社史編纂室［1997］42-43頁）。
　『おもしろブック』は,1960年1月号から『少年ブック』に改題されたが,この『少年ブック』に代わって集英社の看板を背負う少年誌が『ジャンプ』なのである。それは,いかなる経緯で生まれ,大きく成長していったのか。以下で,詳しく検証していく。

1　『週刊少年ジャンプ』の誕生

(1)　先発者としての『マガジン』と『サンデー』

　第二次世界大戦後に生まれた少年コミック誌市場は,講談社と小学館によって創造・開拓された。ここでは,『ジャンプ』創刊の前史として,先発者である『週刊少年マガジン』(『マガジン』)と『週刊少年サンデー』(『サンデー』)の動向をラフ・スケッチしておきたい。
　『マガジン』と『サンデー』はともに1959年の創刊である。どちらも相手より1日でも早く発売しようと「発売日の設定競争」を繰り広げたことに示さ

れる通り，両社の対抗意識はスタート時点ですでに燃え上がっていた。創刊号の発行部数は『サンデー』の30万部に対して『マガジン』は20万5000部にとどまり，前者の完勝であった（大野［2009］58-60頁）。発行部数をめぐる競争は『ジャンプ』の創刊後，さらに熾烈を極めて展開され，その数値は少年コミック誌を評価する有力な指標になっていく。

　重要なのは第1に，高まりを見せる「悪書追放運動」の緩和を図るため，両誌とも"マンガ色"を薄めて，「スポーツ記事や科学読み物，"もの知り百科"的な内容を入れ，『これは，あくまでも少年向けニュース情報誌です』という趣旨」を前面に押し出したことである。別冊付録を除いた『マガジン』創刊号のマンガ比率はわずか37％，誌面の半分以上は読み物であった。『サンデー』が新たに就任した塊水尾道雄編集長（3代目，1963～65年）のもとで，マンガの増強に乗り出し，4本を6本に増やし読者の獲得に成功すると，『マガジン』も同じく6本に増量，今度は『サンデー』が9本でやり返すといった具合に，掲載マンガの本数でも競争を繰り広げた。それでも，読み物は残り続けたし，とくに『マガジン』は特集やグラビアに力を入れて差別化を図るようになる（大野［2009］67, 118-119頁）。

　第2に，掲載マンガに関して，両誌にそれぞれ独自性が現れるようになった点も大切である。一言でいえば，ストーリーの『マガジン』，ギャグの『サンデー』と特徴づけられる。しっかりしたストーリーの構築は，ほぼすべてのマンガ家が画を描きたくてマンガ家になることを考えると，容易ではない。とくに，少年コミック誌の週刊化に伴い彼らは忙しくなっていた。そこで，『マガジン』の牧野武朗編集長（初代）は「編集者が企画を立て，その内容に合わせて原作者やマンガ家を人選して，マンガの作品を一から組み立てる，編集部主導のプロデュース方式」，つまり「原作・作画分離方式」を編み出す。この方式により『ちかいの魔球』（福本和也作・ちばてつや画）や『巨人の星』（梶原一騎作・川崎のぼる画），『あしたのジョー』（高森朝雄〔梶原一騎〕作・ちばてつや画）といった名作が生み出された。他方，『サンデー』は，『マガジン』を引き離すべく，文字通りの面白いマンガの強化（ギャグマンガの拡充）という手段を選択する。そこには，ギャグ好きの塊水尾副編集長の個性が強く反映されていたが，『おそ松くん』（赤塚不二夫）や『おばけのQ太郎』（藤子不二雄）などのヒットを連発し，子どものハートをつかんだ結果から見れば，有効な差別化戦略になっ

たといえるだろう（大野［2009］70-72, 102-104頁）。

　第3に，読者層の"高年齢化"に対して採った対策の違いにも注目しておきたい。この問題は，子どものモノであるマンガを「大学生が読む」として社会的に巻き起こった議論とともに表面化した。両誌の創刊時の小学6年生が大学生になる1966，67年ごろのことである。『マガジン』『サンデー』ともに"卒業"していく彼らをどのように引き止めるかという課題に直面した。問題は同じでも解き方は違う。『マガジン』の内田勝編集長（3代目，1965〜71年）は，大人向けの劇画を揃えて，マンガを卒業していく年齢になった読者を『マガジン』につなぎとめながら読者数を拡大する戦略，つまり『マガジン』の青年コミック誌への進化を構想する。その結果が，さいとう・たかをの『無用ノ介』であり，『巨人の星』であった。『マガジン』は「劇画路線」に舵を切ったのである。他方，『サンデー』は，あくまで「少年」にこだわろうとした。少なくとも小西湧之助編集長（4代目，1965〜67年）は「サンデーは小学校高学年〜中学生に向けた雑誌として創刊されたのだから，それに徹した。なぜならば，雑誌本来の命は変えようがないから。もし，それを変える時は，雑誌が死ぬ時だ」という明確なポリシーを持ち，それを貫いたといわれる（大野［2009］198-218, 230, 239頁）。

　以上のように，両誌はそれぞれ個性を発揮しながら激しく競い合い，少年コミック誌市場を創造・開拓していったのである。

(2) 『ジャンプ』の創刊と週刊化

　『マガジン』と『サンデー』の快進撃を目の当たりにしたにもかかわらず，集英社は，少年コミック誌市場に有効な戦略商品を投入できずにいた。同社は，月刊誌『少年ブック』を持ち，後に『ジャンプ』の初代編集長（1968〜74年）になる長野規が同誌編集長に就任して以来，さまざまな工夫を試みていた。たとえば，同誌のみが読売巨人軍の実在選手をマンガに使えるよう独占契約を発案し，『少年ジャイアンツ』（ちばてつや）として結実させたり，手塚治虫『ビッグX』や後にタツノコ・プロを立ち上げる吉田達夫『宇宙エース』をテレビアニメ放映と並行して連載したり，『マガジン』での連載を終えていた『ちかいの魔球』を別冊付録につけたりといった具合に，である。しかし，こうした数々のアイディアも，『少年ブック』の劣勢を挽回させるには至らなかった。

集英社は同誌の週刊化ではなく，新たな少年コミック誌の創刊を選択するが，その道も設立母体の小学館が『サンデー』の読者のシフトを恐れたこともあってなかなかOKを出さず容易ではなかった。そのため，この新雑誌は，隔週刊誌という形でスタートを切ることを余儀なくされる。

　1968年7月11日，『ジャンプ』創刊号が発売された。誌名は「三段跳びのホップ，ステップ，ジャンプの最後の一飛びに，無限の飛翔への夢を託し」て付けられた。発行部数は10万5000部で，『マガジン』の84万4000部と『サンデー』の69万1000部はおろか，『キング』の42万7000部にさえも大きく引き離されてのスタートであった（西村［1994］27-28, 60, 66, 91頁）。しかし，第9号で早くも27万部を超え，第11号から永井豪の『ハレンチ学園』と本宮ひろ志の『男一匹ガキ大将』を投入して勢いをつけ1969年10月の週刊化を勝ち取ると，『ジャンプ』の発行部数は70年12月に100万部，『東大一直線』（小林よしのり）と『こちら葛飾区亀有公園前派出所』（秋本治，『こち亀』）の連載の始まった翌77年12月には200万部へと伸びていく（『図書館の学校』2002年2月号，『読売新聞』2009年7月28日）。

2　"ジャンプ・システム"
"理念"，スタイル，制度

　『ジャンプ』は遅れて市場へ参入したがゆえに，他誌との差別化を図るべく，独自のシステムを構築することになった。ここでは，『ジャンプ』を『ジャンプ』たらしめる，"理念"，スタイル（編集方針），および制度を検討する。

(1)　"理念"

　『ジャンプ』に掲載されるマンガの根底を流れる"理念"（主題）と言えば「友情と努力と勝利」であり，それが創刊から編集方針として掲げられている。だが，これは正確な意味で，『ジャンプ』のオリジナルではなく，『少年ブック』時代のアンケート調査の結果にルーツを持つ。

　『少年ブック』の長野編集長は「編集者は読者の顔が見えなくてはいけない。頭の中も胸の底も，いや財布やポケットの中身も見えなくてはつとまらない」との信念に基づき，東京都内の小学4, 5年生を対象にした「戦争調査」の中で，

50個の設問を用意し，それぞれに合う言葉を選択させる「イメージ調査」を行った。その結果として圧倒的な支持を得た，「一番心温まることは？」「一番大切に思うことは？」「一番嬉しいことは？」という設問にそれぞれ対応する「友情」「努力」「勝利」が，『少年ブック』の編集方針になったのである。とはいえ，1960年代中ごろは，これらの言葉に関連するスポーツ選手などの少年時代のエピソードを掲載するくらいで，マンガのテーマの絞込みに使われることはなかった。それが，『ジャンプ』では「すべての漫画の主題は，この3つの言葉の意味する要素を必ず入れる。3つ全部が入らなくても，一要素はなんとしても入れる」ようになる（西村［1994］24-27頁）。友情と努力と勝利が，『少年ブック』ではなく，『ジャンプ』の"理念"であると先に述べた所以である。

(2) スタイル（編集方針）

『ジャンプ』のスタイルは，誌面を①顧客（読者）の意見を反映させながら，②新人の，③マンガで埋めつくす，とまとめることができる。③から逆順に説明していこう。

マンガで埋めつくす　先発の『マガジン』や『サンデー』とは異なって，『ジャンプ』は懸賞と予告，目次などを除いたすべてをマンガで構成した初の少年コミック誌であった。現在は当たり前のスタイルだが，先述の通り，当時は特集や読み物・記事の占める部分が小さくなかった。それは，立花隆が『諸君！』1969年9月号に「『少年マガジン』は現代最高の総合雑誌か」という記事を執筆したことに端的に示される。

しかし，長野編集長は「あらゆる情報は漫画で表現できる」と考え，口絵（巻頭）も2色グラビアもマンガにするという画期的なアイディアを提起した。マンガの本数を，1970年新年第3号で比べると，『マガジン』の8本に対して，『ジャンプ』はほぼ倍の15本を数え「漫画専門誌」としての性格を明確にしたのである（西村［1994］68頁，宮原［2005］298, 338頁）。

新人を発掘して育てる　すべてをマンガで埋めるためには当然，多くのマンガ家を抱えなければならない。しかし，後発の『ジャンプ』にとって，それはきわめて困難な作業であった。手塚治虫はもちろん，ちばてつや，横山光輝，さいとう・たかを，水島新司，川崎のぼるといった人

気マンガ家から連載OKの返事をもらうことはできない。1968年4月の時点で1人も，読切りでさえも，である。ここに至って，『ジャンプ』編集部は，新人の起用という方針に大きく舵を切る。この方針転換と同時に，編集部は，少年コミック誌で初となる「新人漫画賞」を設けて，1968年10月末日を締切りとする第1回の募集を開始した。その中には，後にヒット作『サーキットの狼』を生み出す高校生・池沢さとしもいた。ただ，新人は，大化けするかもしれないが，まったく人気の出ないリスクも低くないため，人気マンガ家を順次獲得するまでのつなぎという意味合いも強かった。加えて，リスクを回避するために，いきなり連載ではなく，読切りの形で掲載し，読者の支持が高かった場合に連載に"昇格"させることにしたのである。

　ここで，相対的に担当編集者の役割が大きくなった点に注目したい。新人は当然，マンガを描いた経験が少なく，積極的な支援・育成を必要とするからである。それゆえ，打合せは「テーマの決定，主人公や主要脇役の絵コンテ作成，ストーリーとラフデッサンによるネームの検討，下描き，ペン入れ」という執筆過程のすべてにわたったといわれる。新人は当初，主にマンガ家のアシスタントに声をかけて集められたが，投稿原稿も徐々に増え，編集部に原稿を直接持ってくるケースも出てきた。新人の育成は「日一日と成長の著しい新人の原稿を，回を重ねて目を通していくうちに，（略）その新人の成長に一役かっているという子育てに似た感情」を芽生えさせたという（西村［1994］70-79, 143-144頁）。

　このように，マンガ家と担当編集者の関係は非常に密なものだったと思われる。打合せに4～5時間かけるという岸本斉史は，その内容のほとんどは雑談であるとしながらも「2人の共通項を増やしておかないと，作品の演出の話をする時に何のことを話しているのかすぐには通じないんですよ」と発言している（門倉［2010］98頁）。現在，第一線で活躍するマンガ家の発言からも，担当編集者とのやりとりの重要性は読み取れるだろう。そして，新人の中から初期の『ジャンプ』を背負う永井豪や本宮ひろ志などのマンガ家が発掘されていったのである。

・1　「新人漫画賞」は1971年から「手塚賞」となり，74年には「赤塚賞」も創設され，前者がストーリー部門，後者はギャグ部門として2つに分けられた。

読者の意見を反映させる

今日の『ジャンプ』に綴じられている「読者アンケートはがき」は，長野編集長の強い要望により，創刊号から1枚1円のコストをプラスして採用された。じつは，『少年ブック』時代にもアンケートはとっていた。しかし，官製はがきだったために回収率が悪かったので，その反省を踏まえて，『ジャンプ』では「懸賞の応募用紙を兼ねたアンケートはがき」に変更された。編集者が持回りで作成した質問項目は，「担当者が何を知りたいのか」という視点から，1項目ずつ長野の厳しいチェックを受けたという。「読者から何を知りたいのか，編集者自身が強い欲求を持っていなければ，集計数字だけを節穴のような目で眺めたところで意味がない」からである。アンケートは，無作為抽出で1000通を原則としたが，すぐにそれを待てず100通で集計に着手するようになった。現在まで続く「速報」は創刊間もなく始まったのである。

アンケート重視は，読者の意見（反応）重視とイコールであり，具体的には，連載の命運をその結果に委ねることを意味する。『ジャンプ』での連載は10回を目標にスタートし，5回目くらいまでアンケート調査の結果がよく，上位にランクしていれば10回以降を続ける方向で話が進められる。逆に，結果が悪ければ，10回完結に向けてストーリーをまとめていくことになる。この場合，1，2回の延長はあっても，連載がだらだら続くことはない。そして，高い人気を維持した場合は，マンガ家の意思だけで連載を降りることは許されない。"続行の強要"という問題は，『ジャンプ』が発行部数の記録を伸ばす過程でクローズアップされるようになる。こうしてアンケート重視の姿勢は，問題を孕みながら，「連載に対するジャンプ特有の方式」として創刊後1年も満たない間に打ち出された（西村［1994］95，136頁）。

(3) 「専属」契約制度

先に少し触れたが，初期の『ジャンプ』を牽引し，週刊化に大きな貢献をしたのは，本宮ひろ志の『男一匹ガキ大将』と永井豪の『ハレンチ学園』の2枚看板であった。毎日新聞社「全国読書世論調査」の好きなマンガ家ランキングによれば，創刊から2年後の1970年で永井豪は7位，本宮ひろ志は11位にランクされている。ちなみに，赤塚不二夫は9位，石森章太郎は18位，さいとう・たかをは20位である（毎日新聞社［1977］245頁）。この人気に他誌の編

集者が目を付けないはずもなく，永井豪は1969年に『あばしり一家』を『チャンピオン』（秋田書店）に連載，70年からは『ガクエン退屈男』を『マガジン』から派生した『週刊ぼくらマガジン』にそれぞれ連載することになった。

マンガ家の他誌執筆に対し，当初は『ジャンプ』の作品執筆に支障を来さないならば静観する構えであった編集部も，もう1枚の看板である本宮の囲込みには動く。長野編集長が「専属」契約制度を『ジャンプ』の運営に導入したのである。そのテスト・ケースが本宮であり，「契約期間，契約更新，作品の転載，出版，商品化権，違約」といった詳細な取決め以外に，次の3点を核とする契約を結ぶ。

(1) 本宮ひろ志は，『ジャンプ』編集部と専属契約を結び，『ジャンプ』以外の雑誌に執筆しない。
(2) 『ジャンプ』編集部は，本宮ひろ志に対し，原稿料とは別に契約料として年額××××円を支払う。
(3) 本宮ひろ志は，契約期間中に『ジャンプ』以外の雑誌と契約期間後の執筆交渉をしない。

このうち他誌への執筆を禁じている点が最重要項目となる。「漫画家に対する執筆保証の項目」はないが，打切りにする権利は編集部が握っており，その意味で「専属」契約は片務的な内容であった（西村［1994］150-158頁）。契約期間を過ぎれば他誌での連載も可能であったが，当該期間中『ジャンプ』系のマンガ家は（『マガジン』の編集者に：引用者）会おうともしないのである。電話でOKの約束がとれても，すぐ『ジャンプ』編集部の担当者から断りが入るという有り様」だったというから，この制度はかなり厳密に運用されていたと考えられる。それは，「作家は天下のもの」とする「漫画界の常識」を覆す制度であった（宮原［2005］339頁）。

編集部の立場からは，「専属」契約制度によって，マンガ家が1つの作品に全力投球でき，それが傑作の誕生につながるならば「漫画家にとって悪い話ではない」という理屈も成り立たないわけではない。しかし，もちろん彼らにとって，「その漫画家の作品が『少年ジャンプ』でしか読めないとすれば，『少年ジャンプ』を読まざるをえない」という「希少価値」の創出こそが，「専属」のねらいであり，最大のメリットであったことは間違いない（西村［1994］160-161頁）。

3 『週刊少年ジャンプ』の"神話"化

(1) 発行部数 600 万部への道のり

　以上のように，『ジャンプ』では，編集部が新人を起用し，マンガ家と一緒になって「友情と努力と勝利」を主題にした作品を創り，「専属」契約制度を使って希少価値を高めつつ，読者の声であるアンケートを重視して新陳代謝を図ることで急成長を遂げた。1980 年代に入ると，よりいっそうその勢いを増し，まさに『ジャンプ』の一人勝ち状態となる。同誌の発行部数は 1981 年新年号で 300 万部，85 年新年号で 400 万部，88 年 12 月 19 日発売の新春 3・4 合併号で 500 万部を突破，そして，95 年新年号でかの有名な空前絶後の 653 万部を達成して，出版界の"神話"と化したのである[2]（『日経プラスワン』2000 年 12 月 16 日，『日経産業新聞』2004 年 2 月 17 日）。

(2) 新陳代謝と"鮮度"の維持

　『ジャンプ』はなぜ"神話"になりえたのか。その理由として，第 2 節で述べた"ジャンプ・システム"が有効に機能し，新人マンガ家の発掘・育成とヒット作の継続的な創造に成功したことがあげられる。
　まず，新人の起用にあたっては，「手塚賞」と「赤塚賞」が"登竜門"として，また「読切り」は"フィルター"としてそれぞれ機能した。北条司の『キャッツアイ』は，大学時代の 1979 年に「手塚賞」で準入選し，西村繁男編集長（3 代目，78～86 年）から少年コミック誌に女性が主人公のマンガは載せないと反対されながら，担当編集者・堀江信彦（79 年入社）の説得もあって 80 年に読切りとして掲載，好評を得て連載にこぎ着けた。とはいえ，この門は容易にくぐれるものではない。1988 年までに「手塚賞」は 6 人，「赤塚賞」は 3 名しか入選（正賞）できず（他は「該当者なし」），同年の入選はそれぞれ 3 年（6 回）ぶりと 4 年（8 回）ぶりで，かつ初の 2 人同時受賞としてメディアに報じ

•2　加えて，返品率は通常の週刊誌の 17～18％を大きく下回る，わずか 3％前後であった点も注目される。この数値は「どの店でも完売の状態。買いたい人に本が行きわたらない」レベルであった（『日経産業新聞』1984 年 11 月 21 日，『日経流通新聞』1988 年 3 月 15 日）。

『週刊少年ジャンプ』売行き好調のころ
（1985年ごろ。読売新聞社提供）

られるほどであった（『日経流通新聞』1988年3月15日，『日経産業新聞』2004年3月4日）。したがって，新人マンガ家の供給ルートは，賞以外にもアシスタント経由，あるいは持込みなど多様であったと推測される。

繰返しになるが，新人を積極的に登用する場合，担当編集者の役割は自ずと大きくなるだろう。この点に関しては，前出の堀江信彦の例を紹介しよう。堀江は北条のほかにも『すすめ!!パイレーツ』（江口寿史）や『北斗の拳』（武論尊作・原哲夫画）を担当する。このうち『すすめ!!パイレーツ』の制作にあたって，堀江は，江口と「2人でアイデアを考え，アンケートなどの反応を見ながら読者にウケるコツを徐々に発見していった」という。また，江口が遅筆であったため，「締め切り前の3日は毎週完全徹夜。僕が見張っていないと寝てしまったり，いなくなってしまう」と振り返っている（『日経産業新聞』2004年2月19日）。

また，『キン肉マン』の作者・ゆでたまごを発掘した西村繁男の証言によると，高校卒業の思い出にと応募してきた彼らの作品は，ストーリーも画も幼稚だったが，それゆえに小学校低学年にウケると思い，強引に連載をスタートさせたという。西村は「どこに目をつけて石の中から玉を拾い上げるか，理屈では説明できない。ただ，新人の原稿だから編集者が介入してどこを直したらいいか助言することは不可欠」と述べている（『日経産業新聞』1995年1月1日）。

鳥山明については『Dr.スランプ』の連載までに担当編集者の鳥嶋和彦から500枚を超える原稿をボツにされたというエピソードが有名だし，あの尾田栄一郎ですら，『WANTED！』で第44回「手塚賞」に準入選した後，大学を1年で中退してプロを目指してから22歳のときに『ONE PIECE』で初連載を果たすまで「ボツの山だった」のである[3]（『読売新聞』2007年7月25日）。担当編集者は，自らも他の編集者と競い合いながら厳しい眼で新人のマンガをチェック

- [3] 尾田はその間，甲斐谷忍のアシスタントをしたり，徳弘正也や和月伸宏の手伝いをしたりした（『朝日新聞』1999年11月26日）。

していたといえる。

　次いで，アンケート結果が，読切りから連載に"昇格"させる際の選抜基準として，あるいは連載継続のフィルターとして機能した点は，『ジャンプ』の"神話"化プロセスでも変わりない。1980年代後半において，毎号5万～10万通も送られてくるはがきのうち，1000通を無作為抽出して読者データを蓄積していた。その内容は，新連載に関しては「よかったコマ」(圏点：引用者)にまで及び，また，アンケートで子どもの好きな食べ物が代わったことが明らかになれば，担当編集者がマンガ家にハンバーグからステーキへの書直しを指示するほどの徹底ぶりであった。アンケートで人気が落ちれば10週を目途に打ち切り，その結果年間で約10本の新旧交替が起こって，1作品の寿命は最高でも3年程度にとどまったといわれる。これが『ジャンプ』の"鮮度"を保ち，対象読者層を一定の年代に抑えることにつながったのである。この点は，後の議論との関連からもきわめて重要なので記憶にとどめておいてもらいたい(『日経産業新聞』1986年2月5日，『日本経済新聞』1986年9月14日，『日経流通新聞』1988年3月15日，『朝日新聞』1988年6月26日)。

　アンケート重視に関しては，読者とのコミュニケーションも注目される。『キン肉マン』の原作者・嶋田隆司(ゆでたまご)は，週に1度，読者が自ら考案した"オリジナル超人"を描いて送ってくるはがきを1日かけて読み，ファンレターの返事の代わりに作品に登場させた。連載当初は数通にとどまった投稿も，同作品の人気の高まりとともに増えて数千通に達し，クリーニング屋の2階にあった嶋田の住む部屋の床が抜けるほどだったが，連載終了まで，投稿のすべてに目を通したという(『読売新聞』2009年7月30日)。現在でも，『NARUTO』は読者の考えたオリジナルの忍者を募集しており，優秀な作品は，岸本斉史が自らキャラクターに仕上げて(複製を)プレゼントしている。子どもにとっては夢のあるファン・サービスである。大人でも嬉しい。このような双方向コミュニケーションもまた，読者の固定化を促す装置として機能したと思われる。

(3) "少年層"へのこだわりとキャラクター
　　　――『DRAGON BALL』と『SLAM DUNK』

　『ジャンプ』が，小中学生という既存のマーケットにこだわった点にも注目

すべきである。その"理念"「友情，努力，勝利」とのかかわりで，後藤広喜編集長（4代目，1986～93年）は同誌の顧客ターゲットを次のように捉えていた。

「人権は平等だが，能力は平等ではないことを子どもは知っている。10人子どもがいれば，そのうち1人は勉強，スポーツ両面のエリート。もう1人は全くどちらにも無関心。そして残り8人は勉強，スポーツともにできるようになりたい，という向上心を持っている。ジャンプはそういう子どもたちを読者にしている。3つの言葉は読者の健全で前向きな姿勢を示している」（『AERA』1990年6月12日号）。

80％の子どもは潜在的な顧客というわけである。同様に，『ジャンプ』の編集に携わった山路則隆（1971年入社）も，小学校低学年から社会人まで広い層の支持を受けたが，「ターゲットはあくまで12,3歳の小中学生が中心。この年代が面白いと思うものをやろうと，軸をぶらさなかった」と述べている（『宮崎日日新聞』2007年9月24日）。

このように，『マガジン』（や『サンデー』）と異なり，"少年層"にこだわった『ジャンプ』にとって，キャラクターの魅力はきわめて重要な意味を持った。「キャラクターが明確だと子どもはそのキャラクターを追求し自己同化して読み進み，円滑に物語の中に入っていける」（鳥嶋和彦）からである（『日本経済新聞』2002年6月18日）。

『マガジン』の編集長経験者の宮原照夫は，鳥山明の『Dr. スランプ』を「『マガジン』が営々と築いてきた漫画とは全く異質な漫画」であり，「『ジャンプ』の〈感性の漫画群団〉をリードする作品としては，うってつけの作品」であったと賞讃し，社長をはじめ講談社の経営幹部が出席する新年度方針大会議で話題に上るほどであったと回顧している（宮原［2005］344-346頁）。その最大の魅力が，則巻アラレを筆頭に数え上げれば切りのないキャラクターにあったことは疑えないだろう。もちろん，魅力的なキャラクターは簡単に生み出されたわけではない。『北斗の拳』の作画を担当した原哲夫は，武論尊の文字原稿をもとに，「飲まず食わずで机に向かい，1週間のうち，1日半だけ泥のように眠り，後は徹夜の生活」を続け，眉毛の形や太さなど細部にまでこだわり抜いてキャラクターを創り上げていった。まさに「死ぬ気で描いていた」ので

ある(『読売新聞』2009年7月30日)。

"ジャンプ・システム"が機能した1つの結果として創り上げられ,『ジャンプ』の飛躍を牽引したのが『DRAGON BALL』と『SLAM DUNK』であった。前者は,マンガをMANGAへと進化させる原動力となった鳥山明の"名作"であり,後者は,1994年から95年にかけて刊行された単行本の第21～23巻で発行部数250万部を達成し,最高記録を塗り替えた井上雄彦のこれまた"名作"である。『DRAGON BALL』は単行本で7カ国,アニメ放送は14カ国に及び,フランスではアニメ人気投票で1位を獲得するなど東南アジアと欧米の双方で人気を博した(『北海道新聞』1995年1月1日)。他方,東京都中学体育連盟による部活動加盟人数調査(1994年に実施)で明らかになった,中学生の運動部員の5人に1人がバスケ部所属という結果は,『SLAM DUNK』効果といわれた。つまり,社会現象を引き起こしたマンガなのである(『読売新聞』1995年9月27日,『日本経済新聞』2002年6月27日)。

また,『ダ・ヴィンチ』編集部がマンガ家・評論家・編集者などの識者60名,全国の書店員261名,同誌の読者487名の計808名に実施したアンケートの集計結果として2009年11月に発表された,「殿堂入りコミックランキング150」では1位に『SLAM DUNK』が,2位には『DRAGON BALL』がそれぞれ輝いた。両作品は「マンガ史50年が生んだ名作」中の名作であり,「『週刊少年ジャンプ』600万部時代の立役者」だったのである(ダ・ヴィンチ編集部[2009]4-5頁)。

4 "神話"の終焉と復活への軌跡

(1) "神話"の終焉

1994年末に653万部の記録を樹立した『ジャンプ』を待っていたのは,発行部数の急減に象徴される"神話"の終焉であった。その数値は1996年7月末に約500万部へと低下,97年11月,『ジャンプ』(4日発売号)の発行部数は407万部まで落ち込み,23年ぶりにトップの座を415万部の『マガジン』(5日発売号)に奪われた(『朝日新聞』1996年9月9日,『毎日新聞』1997年11月15日)。

注意を要するのは,この逆転劇が部数を伸ばす中で起きた現象ではなく,

『ジャンプ』の凋落に起因する部分が小さくなかった点である。たしかに、『マガジン』は五十嵐隆夫編集長（6代目、1986～87年）の就任から9年で150万部もの伸びを示したが、一方の『ジャンプ』はピークから250万部近くも数値を落とした。ゆえに、あえて問わなくてはならない。なぜ"神話"は終わりを告げたのか、と。その原因として、『DRAGON BALL』と『SLAM DUNK』の連載終了が大きな打撃になったとの指摘がよくなされる。"牽引作"がなくなったから失速したというわけである。実際、鳥嶋和彦編集長（1996～2001年）もこの2作品に『幽☆遊☆白書』（冨樫義博）を加えた3作品をあげて「面白いと思われている看板漫画が終わり、それに代わる新しい漫画が育っていない」点を部数減少の理由としていた（『創』1997年8月号）。

　ここでもそうした見立てを否定しない。ただ、より重視すべきは、人気作品の連載の長期化に伴って読者の年齢層が著しく上に広がった点にあると思われる。『DRAGON BALL』の連載開始は1984年（第51号）、終了は95年（第25号）なので約11年、『SLAM DUNK』の場合、90年（第42号）に始まり、96年（第27号）に終わったから約6年続いたことになる。小学4年生から読み始めてもそれぞれ大学生ないし高校1年生へと成長する。また、ある新聞は、『ジャンプ』の読者を「全国の小学生から社会人まで約1300万人にのぼる」と報じていた（『佐賀新聞』1995年12月6日）。『ジャンプ』は顧客ターゲットとしてあくまでも低年齢層にこだわったから、成長した読者をつなぎとめておく作品を十分に用意できなかった。さらに、社会人までが読むようになると、顧客層が広がりすぎて、どの層にも満足を与えるレパートリーを揃えることは困難になった。子どもに訴求する作品に注力すれば、青年層を保持する上で阻害要因になりかねない。

　さらに、『ジャンプ』にとっては、低年齢層にこだわったにもかかわらず、子どもの読者が離れていったことがより深刻な問題だった。1998年4月に報じられたビデオ・リサーチの全国雑誌閲読調査において、『ジャンプ』は、34歳以下のサラリーマンの読む雑誌の2位につけ、その閲読率は30.5％で1位の『マガジン』をわずか0.3％下回ったにすぎない。この結果は、『ジャンプ』の顧客層が"大人"の雑誌に舵を切っていた『マガジン』と変わらなかったことを意味する。そして、子どもたちの支持を集めたのは、ポケモン・ブームの追い風に乗った『コロコロコミック』（小学館。『コロコロ』）であった。別のビ

デオ・リサーチの調査によれば，1990年代初頭は40％以上の男子（3〜12歳）が『ジャンプ』を読んでいたのに対し，97年10月はわずか14.2％にまで落ち込んだ。対照的に，『コロコロ』は41.1％まで数値を伸ばした。『ジャンプ』の読者は，『コロコロ』にも喰われたのである（『読売新聞』1998年4月18日）。

(2) 『ジャンプ』の逆襲

　日本雑誌協会の調査によると，2001年の発行部数は，『マガジン』の364万部に対して『ジャンプ』は350万部で肉薄し，この2誌に大きく遅れて『サンデー』が153万部で続くといった結果であり（『北海道新聞』2003年7月5日），時期は下るが06年2月ごろにはそれぞれ237万部と295万部で再び『ジャンプ』がトップに立っていた（『創』2006年2月号）。これは『ジャンプ』の逆襲が成功しつつあったことを示している。

　その要因として，鳥嶋編集長・高橋俊昌副編集長の2トップのもとで進められた「『少年ジャンプ』改造計画」の実行をあげられる。それは，新人の積極的な発掘と新陳代謝の促進であり，その実現のために「安定した柱を作った上で，他を入れ替える」方法を採った。すなわち，『こち亀』や『るろうに剣心──明治剣客浪漫譚』（和月伸宏）はアニメ化などを通じて人気の安定化を図る一方，アンケート結果による掲載マンガの決定をベースに長期連載作品と新人マンガ作品を入れ替えていった。この時期，発売日の月曜日の夕方に200〜300票のアンケートはがきを回収して「速報」が打たれ，金曜日に正式な3000票の集計結果が報告されていた。

　新陳代謝に際しては，「手塚賞」と「赤塚賞」の入選・佳作に入らない新人の作品も積極的に誌面に登場させ，増刊号で月1本，「本誌で毎週のように新人をデビューさせる戦略」を採り，とくに低年齢層に焦点を合わせた新人マンガ家の作品の採用に努めて誌面の強化を図った。その結果，『ONE PIECE』や『遊☆戯☆王』（高橋和希）といったヒット作を創出することに成功したのである。佐々木尚編集長（9代目，2008〜11年）も「『週刊ジャンプ』は，新人の連載の場です。連載作品の新陳代謝が上手く機能し始めているのではないでしょうか」と分析している（『創』2002年3月号；2006年2月号；2009年2月号，『日本経済新聞』2000年11月6日）。

　コミック誌離れという編集部を取り巻く経営環境は，2000年代に入っても

変わっていない。その背景として，ごく一部のヒットメーカーに対する人気の集中をあげられる。となれば，好きな作品のみをコンビニで立読みしたり，単行本を買ったりすればよく，"いらない"マンガが多数掲載されているコミック誌を買うことはない（『日本経済新聞』2008年4月14日）。もう1つ，作品の複雑化により週1回の短い連載で読むというスタイルが適さないという点も指摘される。ある編集者は，浦沢直樹の『MONSTER』や『PLUTO』の例を出して，「長大で複雑な話を漫画誌で細切れに読んでも話が見えず，面白味が伝わりにくい」との声を上げる（『産経新聞』2005年4月25日）。同時に，連載の長期化は，新たな顧客（読者）の獲得を難しくする。10年も続く"大河ドラマ"のストーリーを途中から的確に把握することは難しい。しかし，低迷するコミック誌の看板である人気作品の連載を打ち切って，新作を投入することも容易ではない。編集部（出版社）は，ジレンマを抱えている。

　この点に関して，佐々木編集長は「マンガ文化はやはり雑誌文化なのだと思っています。コミックス派の人たちが，そのとき読んでいるコミックスを読み終わったら，マンガから離れてしまう。（略）雑誌あってこそマンガが続いていくと思うんですね」と述べる（『創』2009年2月号）。尾田栄一郎も，「僕は，"少年マンガ"の読者は大人になって出ていくものだと思っているから，常に今入ってきた少年たちが喜べるかどうかを考えている」「大体5年周期くらいで読者は入れ替わる気がしますね」との考え方を示す（門倉［2010］254頁）。5年周期でも長いと思うが，創り手が新たな顧客を意識することが新規の読者を呼び込む第一歩にはなるだろう。『ジャンプ』の復活は道半ばなのである。

このケースの解説

　『ジャンプ』編集部は40年を超える歴史の中で，天国も地獄も経験した。その経験から浮かび上がってくることは何だろうか。それは，継続的なイノベーション（革新）の重要性にほかならない。

　第1のイノベーションは，創刊時の"ジャンプ・システム"の構築と運用であり，アンケートを通じた顧客ニーズ（情報）の収集と"商品"への積極的な活用，それまでの業界の常識を打ち破る「専属」契約制度の導入などであった。『ジャンプ』の場合，その担い手は新人マンガ家と担当編集者だったが，後発

であるがゆえの苦肉の策として起用された前者と，創り手の経験が少なかったがゆえに相対的に大きな役割を与えられた後者の結合が，このイノベーションを引き起こしたと考えられる。

　しかしながら，掲載マンガの人気が高まり，しかもそれが1, 2本にとどまらずに，6本，7本にも及ぶようになって発行部数が驚異的な伸びを示すと，まるで風船が限界に達して"パン"と割れてしまうように，一転，部数の急落に見舞われた。この現象は，"ジャンプ・システム"が有効に機能したことで，かえってイノベーションが停滞するというパラドックスということもできる。

　こうした事態に直面して，『ジャンプ』編集部は改革に乗り出す。そのポイントは，原点回帰しながら新陳代謝を推進したことにある。つまり，創刊時の積極的な新人の起用という原点に立ち返りつつ，長期連載作品を新人の新作に切り替えていく。この戦略が，第2のイノベーションを引き起こし，"神話"レベルに戻ることは容易でないが，『ジャンプ』の復活を牽引しつつある。コミック誌市場の伸びが期待できない中で，連載の長期化を回避することは難しい。「なぜかといえば長い作品はそれだけ支持が強いですから。それを打ち破る新連載っていうのは相当のパワーがないと……」（鳥嶋）その役割を果たせないからである（『創』1998年12月号）。

　その意味で，現在『ジャンプ』は第3のイノベーションの時を迎えている。第2のイノベーションの成果である『ONE PIECE』も『NARUTO』も10年を超え，『DRAGON BALL』以上の長期連載となっている。「新陳代謝」の対象になってもおかしくはない。集英社の取締役となった鳥嶋は「大御所」の新連載では意味がないという。「新連載が始まっても，中身が変わらなければ，新鮮味はない」からである。尾田栄一郎と『ONE PIECE』に代わって『ジャンプ』の看板を背負える新しいマンガ家とその新連載，想像すらできない。しかし，コミック誌なくして，マンガの進化はないのだから，継続的なイノベーションを起こして新人を発掘し，彼・彼女たちの作品を育成しなくてはならない。『ジャンプ』編集部とマンガ家たちの挑戦は続く。

●思考と議論のトレーニング●

1. 電機産業で日本企業が韓国のサムスン電子やLG電子，アメリカのアップル等を相手に苦戦を強いられている状況下で，クール・ジャパンと呼ばれる日本のコンテンツ（マンガ，アニメなど）が注目を集めている。これらを世界に売り込むために，誰がどのような役割を果たすべきだろうか。
2. 『ジャンプ』の人気マンガは，アニメ化され，ゲームになり，その登場人物（キャラクター）たちはお菓子のパッケージやおまけに使われたり，子ども服にプリントされたり，CMに起用されたりしている。こうしたキャラクター・ビジネスは，いかなる仕組みで展開されているのだろうか。

●参考文献●

大野茂［2009］『サンデーとマガジン――創刊と死闘の15年』光文社（光文社新書）。
門倉紫麻［2010］『マンガ脳の鍛えかた――ジャンプ人気マンガ家37名，総計15万字激白インタビュー集』集英社。
社史編纂室編［1997］『集英社70年の歴史』集英社。
ダ・ヴィンチ編集部編［2009］『ダ・ヴィンチ殿堂入りコミックランキング150――マンガ史50年が生んだ名作はこれだ！』メディアファクトリー。
立花隆［1969］「『少年マガジン』は現代最高の総合雑誌か」『諸君』1969年9月号。
西村繁男［1994］『さらばわが青春の「少年ジャンプ」』飛鳥新社。
毎日新聞社編［1977］『読書世論調査30年――戦後日本人の心の軌跡』毎日新聞社。
宮原照夫［2005］『実録！少年マガジン名作漫画編集奮闘記』講談社。

＊参考文献からの引用に際し，漢数字をアラビア数字に改めた箇所がある。

［加藤健太］

Case 15 オリエンタルランド

● ディズニーだけが知っている

このケースで考えること

　「聖地」「文化装置」「夢と魔法の王国」。東京ディズニーランドは，じつにさまざまなコトバで形容される。2001年9月には，隣に海をテーマにした新しいテーマパークとして東京ディズニーシーがオープンしたことで，このエリアは「テーマパーク」から，複合的なリゾート施設を備えた「テーマリゾート」へ進化した。1983年のオープンから現在に至るまで，感動を与え続けている東京ディズニーランドや東京ディズニーリゾートに関しては，多数の書物が出版されている。ディズニーに関するさまざまな情報が紹介され，建物の特徴やテーマに仕かけられた思想が読み解かれ，ウォルト・ディズニーの精神が語られ，アメリカ文化やディズニー文化という観点から東京ディズニーランドの持つ魅力が紹介される（粟田・高成田［1984］，能登路［1990］）。

　また，東京ディズニーランドの広いパーク内では，ミッキーをはじめとするキャラクターによるクオリティの高いイベントが提供され，そこでは「キャスト」と呼ばれるスタッフによって，安全性（Safety）・礼儀正しさ（Courtesy）・ショー（Show）・効率（Efficiency）の4つのキーワードを重視した運営がなされていることはよく知られている。

　なぜ東京ディズニーリゾートがこれほど人気なのかについては，ディズニーのブランド力，夢と魔法を意識した非日常的世界の巧みな演出，東京に近い立地のよさ，あるいは徹底した社内教育に基づくハイレベルなサービスの提供な

どが，高いリピーター率につながっているといわれる。しかし，テーマパークの経営という観点から見たとき東京ディズニーランドには，いったいどのような特徴があるのか，そもそもどのようにして東京ディズニーランドが日本にできたのかなどについては，あまり知られていない。

本ケースでは，東京ディズニーランドを対象に，ディズニーランドを日本に誘致するプロセスから完成までの過程，そしてテーマパーク経営の特徴について見ていく。建設過程に注目するのは，どのようにしてあれほどまでに豪華で完成度の高いテーマパークが作られるに至ったのかを見るためである。東京ディズニーランドに訪れた人が誰しも経験する夢と魔法について，経営の観点からアプローチすることで，これまでとは違ったディズニーランドの姿を明らかにしていこう。

1 ディズニーランド誘致合戦

(1) オリエンタルランドの設立

東京ディズニーリゾートを経営するのはオリエンタルランドという会社である。1950年代後半，工場排水によって海が汚染されて漁業が行えなくなった浦安周辺の海を埋め立て，その土地を開発して住宅地・商業地・レジャー施設などの造成を行う計画が，千葉県によって進められた。その土地開発・造成工事を担う企業として，京成電鉄・三井不動産・朝日土地興業の3社によって，1960年に設立されたのがオリエンタルランドである。当初，ゴルフ場やスポーツクラブなどの娯楽施設と並んで，テーマパーク型の遊園地「プレイランド」の建設が計画されていたが，欧米のレジャー施設の視察がきっかけとなり，ディズニーランドを誘致することとなった。

1974年2月，オリエンタルランドは三井物産を通じて，ディズニーランドの日本誘致とそれに向けた交渉のため，ウォルト・ディズニー・プロダクションズ（以下，ディズニー社）の経営首脳の来日を要請する。フロリダの「ディズニーワールド」のオープニングが一段落し，ディズニーランドの海外進出の有力な候補地に日本が含まれていたため，同年12月，ディズニー社の首脳陣一行が要請に応えて来日した（馬場［2007］8頁）。

1973年「浦安町総合開発計画書」における将来の構想図（出典：浦安町総合開発計画書）

(2) ネックとなった富士山

　しかし，ディズニー社の視察先はオリエンタルランドが提案した浦安（舞浜）地域だけではなく，以前からディズニーランドの日本誘致について働きかけを行っていた三菱地所が提案する富士山麓地域との2カ所であった。しかも，先に富士山麓を視察し，その後に浦安を視察するというスケジュールであった。知名度の高い富士山近郊と工場排水による埋立てエリアとの対決となったのである。オリエンタルランドは，劣勢を挽回しようと，都心からの近さをアピールするため移動手段としてヘリコプターを使った案内を行うなど，工夫を凝らしたプレゼンテーションを行った。両エリアの視察を終えたディズニー社は，富士山の圧倒的な存在感が，夢と魔法を演出するディズニーランドのイメージを損なう恐れがあると判断し，進出先として浦安を選んだ。

　こうして1974年12月，オリエンタルランドによるディズニーランドの誘致が決まったのだが，その後，主にロイヤリティの料率をめぐって激しい交渉が繰り広げられることとなる。契約期間90年，ロイヤリティは収入に対して10％というのがディズニー社の出した最初の提案だったが，度重なる交渉によってオリエンタルランドは，契約期間の45年への短縮，料率は変えない代わりに対象を縮小するなど，いくつかの譲歩を引き出した（上澤［2003］39頁，加賀見［2003］52頁）。そして1978年11月には業務提携に関する基本合意がなされ，翌年4月にようやく最終契約が締結されることとなる。

　またこの間，1975年1月から市場評価，経済・財務評価，技術評価などを行う第1フェーズ作業が開始され，翌76年7月からは「マスタープラン」を

策定する第2フェーズへと進むなど、少しずつディズニーランド建設に向けた作業が進展していく。この過程で、「オリエンタル・ディズニーランド」という名称は、「オリエンタル」だとどこにあるのかわかりにくいということで、「東京ディズニーランド」に変更される。それまで事業遂行に協力してきた千葉県としては、東京という名称に複雑な思いを抱いたようだが、最終的には理解を示している。また、開業は1983年の春ということで確定する。

2　東京ディズニーランドのつくり方

(1) 未知の領域への挑戦

「リゾート都市づくり」　東京ディズニーランドの建設が確定してから、長い構想段階を経て、ようやく具体的に実現していくプロセスへ移ると今度は、いかにスケジュール通りに建設し、開業日として設定された1983年春までに完成させるのかが課題となる。東京ディズニーランドは通常の遊園地ではなく、建築の常識や経験がまったく通用しない未知のプロジェクトである。このことは、設立に携わったオリエンタルランドの関係者の多くが持っていた共通認識であった。

まず規模が違う。ディズニーランドの誘致からこの事業にかかわった上澤昇は、「それまで、わが国ではせいぜい200億円もかければ立派な遊園地ができていた時代である。遊園地に1000億円も1500億円もかける常識など、全く無かった時代である（略）今日でこそ分かってもらえるが、ディズニーランドは遊園地ではなく、エンターテインメントをテーマとした1つのリゾート都市づくり」（上澤［2003］40-41頁）だったと、当時の状況を振り返る。また、建設部門の責任者として現場で指揮をとった長谷川芳郎はもう少し正確に、「東京ディズニーランドの建設にあたったわれわれは、東京ディズニーランドを、8万人の非定住人口をもつ街づくりであると考えていた」（長谷川［1984］16頁）と述べる。

単なる遊園地を作るのではなく、新しい「街」ないしは「都市」を創る。これはプロジェクトのスケールの大きさを比喩的に表現したものであろうが、実際に、東京ディズニーランドの建設に伴って周辺の交通インフラ網が整備され

ていったことも事実である。建設中の湾岸一般道・高速道が接続されたのをはじめ，東西線浦安駅の大規模な改良工事，貨物専用線だった京葉線の旅客化と「舞浜駅」の新設など，周辺の交通網は一気に充実していった。また，自動車やバスでの来園を見越した都市道路網の整備も行われるなど，東京ディズニーランドの建設を契機として，浦安へとつながる道路や鉄道などの交通インフラが整備されていったのである。

"芸術作品"の創造　東京ディズニーランドを建設する場合，物理的には設計図に従えばよいのであるが，ディズニー社の抱くイメージを再現しなければならない点で，通常の建築作業とは大きく性格を異にしていた。東京ディズニーランドの建設はライセンスに基づくから，ディズニー社から供与された基準や仕様に従い，それらを忠実に反映する義務がオリエンタルランドには課される。しかし，提供されるものの実態はディズニーランドとディズニーワールドの「建設の経験」であり，通常の産業界における技術提携による生産とはまったく異なるものであった。提供されるのは客観性に乏しい経験や考え方といったものであったため，それは「個人差を持つノウハウ供与や技術指導」といえた。しかも，ライセンス生産である以上，指示に従わなければならなかった建設現場では，意見が食い違い，衝突が生じることもあった（長谷川［1984］112-113頁）。現場で度重なる交渉が行われた結果，工事はなかなか進捗せず，ディズニー社は当初の予定通りの開業はとうてい困難であると判断するようになっていった。

　工程の遅延は建設コストにも影響を及ぼす。通常の建築は，標準的な仕様とそれに必要なコストがある程度は規格化されているため，事前に建設コストの見積りが立てられるが，東京ディズニーランドの場合，それまでの建築の常識は通用しなかった。それは，ディズニーランドの建築の進め方が，「虚像と実像をない交ぜながら1つ1つの形を手づくりで造りあげていく」という職人的な「アート制作志向」であったことによる。当然，建設にあたっての予算の上限はあるため，オリエンタルランドはコスト削減の提案を何度も試みた。ディズニー社はオリエンタルランドの厳しい財政状況を認識しつつも，あらゆるアトラクションがデザイン優先に作られている以上，「妥協を排してディズニーのイメージを損なわないものを造る」ことが追求され，工事やデザインはいっさい妥協しない方針を貫いた（リップ［1994］165頁）。

細部にこだわり，忠実に再現することが契約によるライセンス生産の意義でもあり，またそれが「職人たちのやり甲斐」の源泉でもあったため，ディズニー社に従うほかなかった。その結果，建設コストは上昇し，1977年に策定された「マスタープラン」での予備的な概算では650億円だった建築コストは，すぐに950億円に変更されたのである（上澤［2003］80-86頁）。

(2) 1983年春の開業を厳守する！

コントロールできるのは何か

ライセンス生産による東京ディズニーランドの建設は，当初の計画から数百億円単位での予算超過がもはや不可避の状況となった。それに加えて，工事の遅れが問題をさらに深刻にした。そして，このことが，オリエンタルランドにプロジェクト遂行のための独自の対策を生み出させる。

オリエンタルランドは，現在直面している状況を正確に理解し，とるべき対応策を検討するため，自社に制御可能な要素を見つけるべく，いったん問題を整理することとした。具体的には，モノ，カネ，ヒト，時間という4つの要素において，何がコントロール可能かを考えたのである。

まず，建設する対象である「モノ」については，ディズニーランドの持つ質的な水準の維持がプロジェクトの要件であることをディズニー社が主張して譲らない以上，オリエンタルランドに自由度はなかった。つまり，「モノ」についてオリエンタルランドが動かすことは困難であった。次に「カネ」であるが，この種のプロジェクトにとって予算は最初に決める条件であり，契約書にも目標とする建設投資額が明記されていた。しかし，この数字はあくまでも「目標」額にすぎなかった。「モノ」の条件が動かしがたい与件とされたことで，コストに関する条件との間で矛盾が生じざるをえない状況に陥っていた。オリエンタルランドは，「率直にいって，なぜ，これだけの規模を維持し，金をかけねばならぬのか，理解に苦しんだ」が，ライセンス生産という契約上，ディズニー社の意向に従うほかなく，したがって「目標投資額は，大幅に上方修正を行わざるをえない」ということになる（長谷川［1984］120頁）。

一方，「時間」に関しては，1983年春の開業が決定しているにもかかわらず，「モノ」と「カネ」をめぐる問題を解決しようとしてきた結果，すでに工期には遅れが生じていた。そして最後の「ヒト」についても，「モノ」「カネ」「時

間」がバラバラに動いている状況では，どのようにコントロールすればよいのか，当時の現場に有効なアイディアはなかった。つまり検討の結果，4つの要素のどれもが，オリエンタルランドには制御不可能であるかのように思われた。

しかし，すでに多額の資金を投じてプロジェクトがここまで進展している以上，直面している問題を打開するためには何か対策を立てなければならない。そこで4つの解を同時に解くことはあきらめ，ポイントを絞って攻めるという決断に至る。責任者・長谷川は，「カネ」と「時間」にターゲットを絞った上で，「戦略として最悪のケースは，二兎を追って一兎もえられぬ手である。『金』（予算）の超過と，『時間』（工期）の超過という2つの限界効率を比較すると，工費の超過の方がむしろマイナスは少ない」（長谷川［1984］122頁）と判断した。というのも，予定されている春の開業を逃すと，次の候補は夏のピークシーズンを避ける必要から，少なくとも6カ月間の延期が必要となるからである。このような判断から，オリエンタルランドは，ターゲットを「時間」に絞る。「『金』と異なって，『時間』はわれわれでも生み出せる」という理由もあった。

「時間」との戦い　　山積する問題に対する有効な手がない状況にまで追い込まれたことで，最終的には消去法によって問題を「時間」のコントロール1つに絞ることになった。そこで新たに行われた試みが，複雑で多様な作業工程を管理できる組織を構築し，マネジメントの力によって「時間」に関する創意工夫を生み出し，チーム全員で当初の予定通りに開業することを目標とするための体制づくりであった。問題を限定したことで，プロジェクト遂行における関心事は，要するにこのままいくと工期は予定通りに間に合うのか間に合わないのかという1点に絞られた。

そして，この問題を解くために生み出されたツールが，「工程天気予報」と呼ばれる，最終的に工程が間に合うかどうかを確率で予測する「総合工程達成確率」という工程管理法であった。「所与の目的を最適な形で実現」するために全体のプロジェクト・マネジメントを行わざるをえない状況に追い込まれたことによって考え出された，全体の作業工程の進行を確率的に予測するという新しいプロジェクト管理法は，東京ディズニーランド建設がもたらした大きな産物であった（長谷川［1984］126-127頁）。

「モノ」を与件とし，「時間」を最優先させる戦略をとった結果，当然，「カ

1983年の浦安市の様子（出典：浦安市史「まちづくり編」）

ネ」は犠牲にせざるをえない。その結果，予算は大幅に超過したものの，厳密な工程管理が功を奏し，ディズニー社の望む質を維持しつつ，予定通り1983年春の開業を実現することが可能となったのである。

オリエンタルランドによる「時間」のコントロールについては，少し違った角度からではあるが，ディズニー社側からも驚異の目で見られていた。当時，ディズニー社の人事担当として東京ディズニーランド建設に携わったダグラス・リップも，工事の遅延状況から，当初設定した1983年春のオープンは不可能であると見ていた。ところが最終的には予定通りの期日に完成した。その理由として彼が高く評価したのは，日本の建築会社の能力，とりわけ下請会社の見事な働きであった。

この点に関して彼は「これだけ仕事を分割して発注して，全体で統率がとれ，かつ品質をチェックすることができるのだろうかと誰もが思ったのである。しかし，すべては予定の日までに完了した。どれひとつとして遅れることはなく，かつほとんどが素晴らしいできばえだった」と述べ，「日本の業者の神秘的な点。これは彼らサブコントラクターの動員力とそうしたサブコントラクターの持つ潜在力に尽きる」と分析している（リップ［1994］197-199頁）。ここで指摘されている，仕事を細分化し，多数の下請会社を統制する際に行われた手法こそ，先に述べた作業現場で生み出された新しい工程管理法であった。

「魔法の王国」に参加してもらう

紆余曲折を経たものの，最終的にはディズニー社の望む水準をほぼ満たした状態で完成した東京ディズニーランドは，予定通り1983年4月に開業する。高い完成度を追求した結果，計画段階と比べてはるかに膨れ上がってしまった建設資金について，ここでその調達方法を見ておこう。

もともと企業規模も大きくなく，また当時は事業の成否も未知数であり，非

表15-1　参加企業一覧（1984年時点）

企業名	提供施設
上島珈琲	センターストリート・コーヒーハウス
講談社	ミッキーマウス・レビュー
そごう	イッツ・ア・スモールワールド
服部セイコー	ニューセンチュリー・クロックショップ
ユーハイム	ペイストリーパレス
キッコーマン	プラザ・レストラン，ポリネシアンテラス・レストラン
キリンビール	カリブの海賊，ロイヤルストリート・ベランダ
サンキスト・グロワーズ	シトラスハウス
トミー	ウエスタンリバー鉄道，トイキングダム
日本航空	スタージェット
日本コカ・コーラ	スペース・マウンテン，リフレッシュメントコーナー，トゥモローランド・テラス
日本水産	蒸気船マークトウェイン号
日本石油	メインストリート・ハウス
ハウス食品	カントリーベア・ジャンボリー，ハングリーベア・レストラン，マイルロングバー
富士写真フイルム	マジックカーペット世界一周サークルビジョン360°，ファンタジーランド・カメラショップ
ブリヂストン	グランドサーキット・レースウェイ
プリマハム	ダイヤモンドホースシュー・レビュー，プラザパビリオン・レストラン
松下電器産業	ミート・ザ・ワールド
明治乳業	ベビーセンター，クリスタルパレス・レストラン，アイスクリーム・ファンタジー
山崎製パン	イーストサイド・カフェ

（出所）　粟田・高成田［1984］103頁。

　上場で知名度も高いとはいえなかったオリエンタルランドにとって，頼れるのは親会社（京成電鉄と三井不動産）と金融機関からの支援だったが，いずれも資金提供に積極的ではなかった。代わりに支援を申し出たのが日本興業銀行だった。融資実現のためにさまざまな方法でバックアップを行った千葉県の協力もあり，最終的に同行主導で協調融資団が結成され，資金面からプロジェクト遂行を支えていくこととなった（上澤［2003］49-54頁，堀［1992］88-90頁）。
　もう1つの資金調達ルートとしてディズニー社が提案したのが，他の日本企業にアトラクションやディズニーランド内のレストランなど商業施設のスポン

サーとなってもらうことによって建設資金を捻出するというものであった。これには、複数の日本企業が間接的にプロジェクトに参加することで、オリエンタルランドおよび東京ディズニーランドの価値を高め、融資に消極的な金融機関の信用を高めるという重要なねらいもあった。この目的を達成するためにも、そしてディズニーのイメージを損なってはならないという絶対的な条件からも、スポンサーは一定の基準を満たす優良企業である必要があった。スポンサーとなった企業に対しては、アトラクションに企業の名称を付ける権利と、日本国内での広告活動や販売活動に際して東京ディズニーランドの風景やシンボルマークを使用することができる広告宣伝権を与えることなどが、主な特典となった。交渉は難航したものの、松下電器産業、キリンビール、日本コカ・コーラなどがスポンサーとなり、アトラクションの建設資金を提供することとなった（表15-1）。

　このような仕組みで資金調達を行う「参加企業制度」という独自の仕組みを設けることによって、膨れ上がった建設資金をまかなうことができたのである。そしてこの仕組みは、開業後に追加されていくアトラクションの建設にも適用されていくこととなる。

3　夢と魔法の秘密

(1) 精確な予測を立て緻密に計画を練る

パーク・オペレーティング・カレンダー

　表15-2からもわかるように、1983年の開業以来、東京ディズニーランドは毎年1000万人以上の入場者数を誇る日本最大のテーマパークであり続けている。じつはこの年間1000万人の入場者数という数字には意味がある。というのも、これは東京ディズニーランドを建設するにあたって、当初から計画されていた数字だからである。表15-3は、1979年9月に作成された東京ディズニーランドの事業計画を示したものであるが、この段階ですでに年間入場者数1000万人という数字が入っているのである。ほかの事業計画、たとえば東京ディズニーランドの収益予想である損益計画はもちろん、必要となる飲食施設や駐車場、運営に必要となる人件費などの試算も、すべて年間入場者数1000

表 15-2　東京ディズニーリゾート入場者数の推移

(単位：千人)

年度	1983	84	85	86	87	88	89	90	91
	9,933	10,013	10,675	10,665	11,975	13,382	14,752	15,876	16,139
年度	92	93	94	95	96	97	98	99	2000
	15,815	16,030	15,509	16,986	17,368	16,686	17,459	16,507	17,300
年度	01	02	03	04	05	06	07	08	09
	22,047	24,820	25,473	25,021	24,766	25,816	25,424	27,221	25,818

(出所)　オリエンタルランド・ホームページ。

表 15-3　東京ディズニーランド営業収益予測（1979 年 9 月作成）

	入場者数 (万人)	入場料・ライド単価 (円/人)	飲食・商品 (円/人)	消費単価 (円/人)
1983 年	1000	2200	1680	3880
84	1000	2310	1764	4074
85	1000	2426	1852	4278
86	1000	2547	1945	4492
87	1000	2674	2042	4716

(出所)　株式会社オリエンタルランド［1979］。

万人という数字に基づいて計画が作成されている。つまり東京ディズニーランドは，当初から「年間 1,000 万人の来園者を基準とする施設の規模」（渡辺［1984］49 頁）として設計されたテーマパークだったのである。

　年間入場者数を想定して，それに沿った事業計画を立てるというのは，このようなプロジェクトの場合，当然行われる基本的な作業であるようにも思える。しかし東京ディズニーランドの場合，この数字が，より厳密に，より細かく割り振られていく。その際，年間入場者予定数を 365 日で割って，1 日当たりの平均入場者数を算出するような計算は行わない。平日・土日・祝日といった曜日情報，GW や夏休みといった大型連休，クリスマスやお正月といったイベント，東京ディズニーランドのアトラクションの稼働状況や園内イベントの状況など，入場者数に影響する基礎的なデータを変数として考慮した上で，1 日ごとの予想入場者数を推定する。つまり，1 月 1 日から 12 月 31 日まで 365 日分

の，曜日やイベントの開催状況などを加味した年間日別入場者数が推計されるのである。これが「パーク・オペレーティング・カレンダー」と呼ばれる営業カレンダーであり，数値の推計に際しては，近郊都市の市政記念日や，新聞広告の発表日，さらにはガソリン価格といった情報まで加味される。

　こうして，事業年度始めに1年分の営業カレンダーが作成された後，今度は，週単位，日単位で見直しが行われていく。この段階で，天気予報を踏まえた天候情報がファクターとして加味され数値が修正される。野外型テーマパークにとって，天候は入場者数を左右する大きな要因の1つとなるからである。そして営業日の前日に，最終的な予測数が確定され，この推計値をもとに毎日の要員計画や運営方式といった詳細が決定されることとなる。さらにパーク・オペレーティング・カレンダーの予測精度を高めていくため，実績値と推計値にズレが生じた際には，考えられる原因について記録を行うことが日々の業務として課されている。こうした情報を加味することで，今後の予測精度の向上に役立てるのである（渡辺［1984］49-52頁）。

> **1000万人のゲストを迎えるために**

　一方，東京ディズニーランドの来場者数は，見方によっては，毎日の推定入場者数を累積した結果，年間の入場者数が1000万人に達するように考えられた計画であるという解釈も可能となる。その上で，暦の関係上少なめの来園者が予想される日については，イベントを開催する，あるいは団体客に対する営業を行うなどの販売促進活動を通じて来場者数の引上げを試みたり，反対に，キャパシティに対して多めの来園者が予想される場合には，チケットの予約発売を通常よりも早めに切り上げるなどの対応を行う。安定的な来園者数を実現するため，予測値を踏まえた調整を行いながら，可能な限り数値のコントロールを図っていくのである。東京ディズニーランドにおける年間入場者数1000万人という数字は，以上のような根拠と調整によって算出されており，その意味で計画された数字であるということもできるのである。

　このような緻密なオペレーションに関するノウハウは，ディズニー社によってもたらされたものであることはいうまでもない。エンターテインメント・ビジネス，しかも東京ディズニーランドのような屋外型パークは，暦次第・天候次第といった不確実性の高いビジネスである。東京ディズニーランドが行っているオペレーション・システムは，そうした状況から可能な限り脱却すること

が，安定的な経営にとって不可欠な条件であるとして，ディズニー社によって生み出された技術である。「キャストの数・食材の仕入量・商品の取扱量・釣銭量等々運営の諸要素」の適正な配分を行うことで，効率的な経営を目指すできるだけ精度の高い推計を行うノウハウや情報を獲得すること，暦や天候といった影響をいかに制御できるかに，このビジネスの成否がかかっているといっても過言ではないのである（渡辺［1984］51頁）。

コントロールという魔法

このような運営上のノウハウは，ほかにいくつもあり，たとえば各アトラクションにどれだけのキャストを配置するのかという要員計画についても，適正な数を決定するにあたってディズニー社独自の計算がなされる。ゲストに対するサービスの必要性という要素はもちろん，各アトラクションにおける時間当たり収容力の理論値，ここに時間帯によって変動するゲスト数のパターンを加味して，適正人数が決定されるのである。ほかにも，「サービスコントロール」と呼ばれる，アトラクションに到着したゲストの待ち時間とサービス時間を最小にするための乗り物の発車時間・台数などのコントロールが行われている。

さらに，「ゲストコントロール」と呼ばれる，混雑の分散策もある。これは，隣接する地区のアトラクション間で待ち時間にばらつきがある場合などに，待ち時間の長いアトラクション地区への人の流れを遮断し分散させるため，ミッキーマウスやドナルドダックを使って，ゲストに気づかれないように誘導を行うというものである（渡辺［1984］53頁）。

東京ディズニーランドは，計画の段階で年間入場者数1000万人，ピーク時における1日の収容数8万人を想定して設計された，きわめて人口密度の高いテーマパークである。そのため，パーク内のゲストを効率的に流す方法は，上述のように最初から解決すべき重要な課題として設定されていたのである。これは，設計時点から考慮されている点であり，東京ディズニーランドはパーク内の中心にあるプラザにハブとしての機能を持たせ，各エリアが放射状に広がっている。パーク内に人が滞留せず絶えず移動していくように，各ランドが次から次へと人の目を引きつけていくように意図的に配置されたものであり，安全かつ効率的な人の流れが考慮された設計となっている（株式会社オリエンタルランド［1983］16-17頁）。そして，空間配置の工夫にとどまらず，実際の運用においても，ゲストの時間帯別の動向に関する詳細な推計データが作成され，

表15-4　年間におけるピーク時の時間帯別入退場者比率および滞留者比率

(単位：％)

	8時~	9時~	10時~	11時~	12時~	13時~	14時~	15時~	16時~	17時~	18時~	19時~	20時~	21時~
入場者比率	7.6	11.1	13.8	15.5	13.6	10.9	8.6	6.6	5.9	5.9	0.5	0	0	0
退場者比率	0	0	0	1.0	3.6	6.1	9.8	14.7	20.7	17.5	5.0	4.6	7.2	9.8
滞留者比率	7.6	18.7	32.5	47.0	57.0	61.8	60.6	52.5	37.7	26.1	21.6	17.6	9.8	0

(出所)　日本地域開発センター［1980］32頁より作成。

それを踏まえて，どのような要員配置を行うのかなどを決定している。表15-4は，ピーク時における1時間ごとの入退場者，およびパーク内の滞留者比率の推計値であるが，このようなきめ細かいデータに基づいて日々の運営が行われているのである。

マニュアルとマネジメント能力

それまでの日本の遊園地とは規模の異なる広大な敷地に，いっさい妥協のない高い水準でアトラクションや施設を建設することによって潜在的な集客力を高める。その上で，蓄積された経験に裏打ちされた緻密な設計と膨大なデータ，そこに最新情報を踏まえたデータ処理を加味することで精度の高い予測を行い，それをもとに効率的なパーク運営を試みる。こうして屋外型エンターテインメント特有の集客数のばらつきを制御し，それにより経営資源の効率的な利用を図る。日々の運営に際しては，ディズニー社から提供されたさまざまなノウハウを駆使して，来場者数に応じた人員配置，ゲストの効率的な流れをつくり出す。このように，集客力の高い魅力的なインフラを前提としながら，来場者数をできる限り予測し，それを踏まえた効率的な運営を実現するための経営手法が確立されているのである。

そして，実際の運営にあたって，ディズニー社による徹底された人材教育と，オープニングにあたって日本側に渡されたという350冊もの英文マニュアル（上澤［2003］96頁）が効果を発揮することとなる。それらは，これまで説明してきた運営システムを実行に移す際の方法にすぎない。もちろんシステムは機能してこそ意味を持つため，教育トレーニングを前提とした質の高いサービスはきわめて重視される。しかしそのことを鑑みてもなお，ディズニー社のノウ

ハウが伝授され，システムとして確立された優れたマネジメント能力にこそ，東京ディズニーランドにおける経営上の特徴を見出すことができるのである。

(2) テーマパークからテーマリゾートへ

> 「ディズニーランドは永遠に完成しない」

東京ディズニーランドが年間1000万人の入場者数を前提に計画されたプロジェクトであることはすでに述べたが，これは日本の人口を考えたとき，約10年で1回転することを意味する。つまり，東京ディズニーランドの経営において，いかにしてリピーターを確保するかという問題は，構想段階から重要な経営課題となっていたのである。東京ディズニーランドが継続的な繁栄を続けるためには，「続けて入場者数1000万人前後という高水準を維持する戦略」が不可欠だという認識である（長谷川［1984］86頁）。

そこで，開業後のリピーター確保のための戦略に関して，いくつかのプランが検討される。最初に決定された戦略は，段階的なアトラクション建設であった。1979年9月に作成された「オリエンタルランド事業計画」には，追加的な施設投資として，開園から3年目と6年目に3施設78億5000万円という計画が盛り込まれていた。

「ディズニーランドは永遠に完成しない。この世界に想像力が残っている限り，成長し続ける」というウォルト・ディズニーの思想にふさわしく，計画的にアトラクションを追加していくことで東京ディズニーランドに変化を与え，それによってリピーターを確保することを狙ったのである。実際に，開業3年目に「キャプテンEO」，4年目に「ビッグサンダー・マウンテン」，そして6年目に「スター・ツアーズ」，9年目に「スプラッシュ・マウンテン」というように，当初の計画は多少変更されたものの，定期的にアトラクションを追加することでリピーター確保に努めるという基本方針は貫かれている。

> 1つの"街"となる

しかし何といっても，最も大規模なリピーター確保策は，第2パークの建設であった。そしてこの戦略も，開業の時点ですでに検討されている。運用責任者の長谷川は1984年の段階で，「新たな飛躍のための3つの方向」の1つとして，「相互に関連をもつ近接した第2のテーマパークの開発」を掲げている。この実行のためには資金的な裏づけが必要であることも付け加えているが，長期的展望なしには成長は

ありえないことを明確に意識しており,「戦略構想こそが継続的繁栄の条件」であると位置づけている（長谷川［1984］88-90頁）。

オリエンタルランドは,隣に第2パークを建設するという構想を東京ディズニーランドの開業当初から温めていたが,そのプランが動き出したのは1987年にディズニー社から7つのテーマを持つ「ディズニーシティ」の提案がなされたのがきっかけだった。これを受けて,東京ディズニーランド開業5周年の記者会見で,第2パーク構想が明らかにされる。一時は,映画スタジオをベースとした「ディズニー・ハリウッド・マジック」の建設でまとまりかけるものの,最終的にオリエンタルランド側が企画に難色を示したことでこの計画は棚上げされた。

その後1992年2月に,「7つの海」というテーマで再提案がなされる。海を埋め立てた土地の上に海をテーマとした施設を創るという奇妙な提案だったが,「だからこそ海に対する憧れを醸成するパークを創造できる」という,わかったようでよくわからない理由が付けられ,第2パークは「東京ディズニーシー」で確定した。2001年9月にオープンした東京ディズニーシーは大成功を収め,直営ホテルや商業施設「イクスピアリ」の開業によって,東京ディズニーランドは東京ディズニーリゾートへと進化を遂げたのである（東京ディズニーシーの構想や建設の経緯については,開業に携わった加賀見俊夫社長自らが記した加賀見［2003］に詳しい）。

このケースの解説

オリエンタルランドは,東京ディズニーランドの開業以来進めてきたリピーター確保のための戦略が功を奏し,今では2つのパークで年間2500万人を超える入場者数を数えるほどの大成功を収めたプロジェクトとなった。ここまでの成功を誰が予想できただろうか。

ところが,ディズニー社はすでに計画の段階で,このような展開になることを予想していたのである。1975年,まだプロジェクトの名称が「オリエンタル・ディズニーランド構想」であったころ,ディズニー社は,日本における「ディズニー型テーマパーク」に関する市場調査に基づくプレゼンテーションの中で,次のような見解を示した。

日本のディズニーランドに対する潜在需要は非常に大きく，その数字を前提とするとディズニーワールドがオープンしたときのアトラクションの2倍の規模が適当である。ただ，初期段階としてはアトラクション数20から30の規模を推薦しており，実際の開業時のアトラクション数は32であったから，ほぼこのときの提案が実行に移されたことになる。面白いのは続きの部分で，この規模で開業した場合，年間1200万から1300万人が収容可能となるが，最終的には2100万人の入場者を楽しませることができると予想しているのである（堀［1992］67-68頁）。つまりディズニー社は，日本のディズニーランドに対する潜在的な需要について，将来的には年間2100万人になるが，当面は1200万から1300万を目途に始めることを提案したのである。

　ここで注目したいのは，当時の潜在需要を年間1200万人から1300万人としている点，しかもそれは本来の需要からすれば半分程度にすぎないという指摘である。この数字を前提とすると，実際にオリエンタルランドが決定した年間1000万人という目標は，ディズニー社の予測からすれば，控えめな数字であったと見なすことができる。たしかにオリエンタルランドは，営業開始にあたって，1日の最大入場数を8万人と設定した上で，「定員制を厳守するという方針」（渡辺［1984］49頁）を掲げていた。そのためチケットの予約制度を導入し，定員のコントロールを積極的に行った。開業前に年間の日別入場者数を推計した結果，「日容量80,000人を超える日が26日間あることとなったので，営業政策上，これらの日に対しては，事前にTV等のマスコミによって入場日の分散を図る」（日本地域開発センター［1980］32頁）とされた。パークのキャパシティを超える日が約1カ月分あるため，入場者を抑制するための分散策が検討されているのである。

　つまり東京ディズニーランドは，ディズニー社が予測する能力的に可能な数よりも控えめな計画を立て，1000万人の確実な達成を目指した運営を行っていたのである。潜在的マーケット規模の半分程度で出発し，その後徐々に増加させていくという開発スケジュールをディズニー社は提案し，オリエンタルランドはその通り実行した。本論で説明したように，ディズニーランドの経営の特徴は，過去に蓄積された膨大なデータとそれを駆使した徹底的なデータ分析を踏まえたマネジメントであった。そうした体系的なシステムを考えたとき，ディズニー社が行った日本の市場調査と潜在需要予測についても，偶然近い数

字になったものとは思われない。「データのみが真実を語るのであって，過去の正確なそれなくしては，将来計画の立案などおぼつかない」という確固たる信念を持つ東京ディズニーランドのオペレーション担当者によれば，ディズニー社には1955年のディズニーランドの開園時からのデータが蓄積されているという。具体的には，設備投資・営業成績・要員・経理・財務など経営活動のあらゆる部門にわたるデータが，単なる数値だけでなく，数値の背景や状況説明も含めて記録されており，しかもそれらは必要なときにいつでも活用できるシステムとして組み込まれ，運用されているのだという（渡辺［1984］55-56頁）。

夢と魔法には，膨大な情報とそれらを生かすための多彩な舞台装置が隠されているのである。

思考と議論のトレーニング

1. 段階的なアトラクションの導入と第2パークである東京ディズニーシーの完成によって，オリエンタルランドは当初計画していた主要なリピーター確保戦略を使い果たしたように思われる。それでは現在，リピーター確保のために，オリエンタルランドはどのような戦略を採っているのだろうか。

2. ディズニーリゾートは，魅力あるイベント空間を設計して人々を惹き付け，そこでさまざまな消費活動をしてもらい，次もその体験をしたいと思わせることに成功しているビジネスと理解できる。こうしたエンターテインメント・ビジネスとしては，ほかにどのような事例があるだろうか。たとえば，国内外の観光ビジネス，ショッピング・モールやアウトレット，サッカーや野球などのスポーツ・イベントなどを，ディズニーリゾートのビジネス・モデルと比較すると，それぞれどのような特徴が見出せるだろうか。また，共通点はどこにあるだろうか。

参考文献

粟田房穂・高成田享［1984］『ディズニーランドの経済学』朝日新聞社。
加賀見俊夫［2003］『海を超える想像力――東京ディズニーリゾート誕生の物語』講談社。
株式会社オリエンタルランド［1979］「(株) オリエンタルランド事業計画」。
株式会社オリエンタルランド企画・発行［1983］『東京ディズニーランド体験学習ガイド――学校の先生方のために』オリエンタルランド東京ディズニーランド営業部。
上澤昇［2003］「ディズニー・テーマパークの魅力――『魔法の王国』設立・運営の30年」実践女子大学生活文化研究室。
財団法人日本地域開発センター［1980］「東京ディズニーランド開発に伴う交通影響予測と対策に関する調査報告書」。

能登路雅子［1990］『ディズニーランドという聖地』岩波書店。
長谷川芳郎［1984］『「魔法の国」のデザイン――東京ディズニーランドが拓く新時代』日本経済新聞社。
馬場康夫［2007］『「エンタメ」の夜明け――ディズニーランドが日本に来た！』講談社。
堀貞一郎［1992］『"感動"が人を動かす――東京ディズニーランドの成功を支えた名脇役たち』竹井出版。
リップ，ダグラス（賀川洋訳）［1994］『TDL（東京ディズニーランド）大成功の真相――ディズニーランド日本上陸記』NTT出版。
渡辺哲也［1984］「東京ディズニーランドとオペレーションズ・リサーチ」『オペレーションズ・リサーチ』第29巻第1号。

＊ 参考文献からの引用に際し，漢数字をアラビア数字に改めた箇所がある。

［大石直樹］

Case 16
任 天 堂

● 新しい遊びの創造

このケースで考えること

　1983年の夏休み直前，任天堂は「ファミリーコンピュータ」を発売する。後に"ファミコン"の愛称で親しまれることになるこのテレビゲーム機の登場は，それまでの子どもの遊び方を大きく変えることになる。この遊びの変革は，日本にとどまらずアメリカを中心に世界的な規模で同様の現象が巻き起こった。販売台数では海外が日本を上回り，京都の中堅玩具メーカーであった任天堂は，世界に通用する数少ない日本発のエンターテインメント企業 Nintendo となった。その後も携帯型ゲーム機の「ゲームボーイ」，ファミコンの後継機「スーパーファミコン」など，立て続けにヒット作を飛ばしたことによって，セガやNECをはじめとするライバル企業の追随をかわし，テレビゲーム市場に占めるシェアを圧倒的なものにしていく。

　しかし，ゲーム市場での任天堂の地位は決して安定的ではなく，すぐに新たな挑戦を受けることとなった。ファミコン発売から11年後の1994年12月，ソニー・コンピュータエンタテインメント（以下，SCE，またはソニー）から発売された「プレイステーション」（以下，プレステ）の登場によって，任天堂の主導的な地位は揺らぎを見せ始める。ゲームセンターで絶大な人気を誇っていた格闘ゲーム『バーチャファイター』をはじめとする魅力的なタイトルを揃えた「セガサターン」（1994年発売）も新たに競争に加わったことで，1990年代半ば以降，家庭用テレビゲーム市場における任天堂のシェアは急速に低下して

いく。

　任天堂は,「バーチャルボーイ」(95年発売),「NINTENDO 64」(96年発売)などで対抗を試みるものの,一度変わってしまった新たな流れを止めることはできなかった。それどころかソフトの規格を CD-ROM から DVD-ROM に変更したことで DVD 再生機としても使用可能となった「プレイステーション 2」(2000年発売)の登場によって,ゲーム市場の主役の座を完全にプレステに奪われた。ゲームの性能をめぐり繰り広げられた次世代ゲーム機の争いに,任天堂は敗れたのである。

　プレステの躍進を受けて,セガが家庭用ゲーム機市場からの撤退を決める一方で,任天堂は再起を図るためソフト媒体に光ディスクを使った「ニンテンドーゲームキューブ」(2001年発売)を発売する。同機はプレステ人気に押され苦戦するも,カラー表示になった携帯型ゲーム機「ゲームボーイアドバンス」(2001年発売)は,改めてゲーム機市場における任天堂の強みを示した。そして社長が山内溥から岩田聡に代わる 2002 年ごろから任天堂の本格的な巻き返しが始まる。その中で生まれたのが,タッチペンで遊べる「ニンテンドー DS」(2004年発売)やコントローラがリモコンになった「Wii」(06年発売)といった,それまでとは違うスタイルのゲーム機であった。

　プレステに一度奪われたゲーム機市場において任天堂はどのようにして復活したのか。これを解くためにはそれまでの歴史を振り返る必要がある。任天堂が作り出すゲームの特徴や,ゲームに対する任天堂の考え方などについて知るためである。そこで本ケースでは,ファミコンから Wii に至るまでの任天堂のテレビゲームに関する歴史を振り返ることで,任天堂の経営上の特徴について考えていくことにする。

1　テレビゲームへの着眼

(1)　花札・かるた・トランプから「ゲーム&ウオッチ」へ

　「家庭用レジャー機器の製造・販売」。任天堂の公式の事業内容は,現在このように規定されている。花札製造を行う会社として 1889 年に創設された任天堂は,家族みんなで遊ぶための商品を製造・販売するビジネスを展開してきた。

時代の変化に伴い，遊びの手段は変わったとはいえ，任天堂は100年以上にわたって家庭用レジャーを対象とした事業を続けている。1980年に発売した「ゲーム＆ウオッチ」のヒットによりビデオゲームという分野での存在感を示した任天堂は，その後83年に発売されたファミリーコンピュータによって，日本はもとより世界中でブームを巻き起こすこととなる。以下では，花札やトランプといった伝統的なカードゲームから，コンピュータを使ったテレビゲームへと事業を転換していくまでのプロセスを簡単に振り返っておきたい。

　戦後もしばらくの間，任天堂の主力製品は花札やトランプだった。1959年に発売したディズニー・キャラクターをあしらったトランプのヒットにより，任天堂は大阪と京都の証券取引所への上場を果たす。しかし，高度成長期後半になるとカードゲームの需要が急速に減速していく。そこで任天堂は，「光線銃」や「ウルトラハンド」といったおもちゃを開発したり，ブームが去りつつあったボーリング場を利用した「レーザークレー射撃システム」という業務用室内ゲームなどを手がける。これらは短期的にはかなりの人気を博したものの，中核事業にまで成長することはなかった。その後も任天堂は，遊びの多様化という経営環境の変化に対して，新しい遊びを提供するための試行錯誤を繰り返していく。こうした模索の中から，ファミコン誕生につながる道にたどりつくこととなる。

　きっかけは，遊びとは無縁の電卓開発であった。今日では考えにくいことだが，当時の人々にとって電卓は夢の計算機であり，そこにビジネス・チャンスを見出した任天堂も参入を計画した。しかし，電卓事業は多くの企業との競合が不可避であることが明らかとなったため，製品化を断念する。このときの電卓開発チームが次のビジネスとして注目したのが家庭用テレビゲームであった。

　ちょうどそのころ，取引先の三菱電機からLSIを搭載したゲーム機の製品化について任天堂に打診がなされた。あるアメリカ企業向けにカラー表示可能なテレビゲーム専用のLSIを開発したが，その会社が倒産したため，新たな販売先として玩具メーカーである任天堂に企画が持ち込まれたのである。テレビゲームへの進出を企図していた任天堂は，この提案を受け入れ，1977年，「カラーテレビゲーム6」と「カラーテレビゲーム15」という商品を発売する。そして1980年に発売した携帯型ゲーム機・ゲーム＆ウオッチの大ヒットによって，任天堂はテレビゲームの将来性を確信する。偶然的要素を含みながらも，

任天堂は本格的に家庭用ゲーム機開発へと進んでいくこととなったのである。

(2) ファミコン登場！

　任天堂はこの時期，後の成功にとって欠かすことのできない，あるモノを生み出している。『ドンキーコング』というソフトである。技術とコスト両面の制約から，テレビ画面上に限られた色と数のドット（点）でキャラクターを表現せざるをえなかった当時の環境では，精緻なデザインは困難であった。とくに人間を描く場合，それがヒトであることを認知させるための工夫が必要となった。「人の顔ということをわからせるために，顔は大きいほうがいい，鼻はでかいほうがいい，必然的に体は小さくなってくる。走っている時に腕を振ると，走っているように見える。ならばオーバーオールのような服を着せて，袖と胴の色を変えよう」というように，『ドンキーコング』に登場するキャラクターの特徴が決まっていった。最終的に，派手な顔立ちのイタリア系大工という奇妙な設定に落ち着いた（東京都写真美術館［2003］51頁）。

　またゲームの内容は，飼っていたペットのゴリラ（ドンキーコング）が大工の恋人をさらって工事現場に逃げ込み，彼女の救出のために大工がゴリラの攻撃をかわしながら追いかけるという斬新な設定のものに仕上がった。もともとこのゲームは，アメリカでアーケードゲーム事業を展開していたアメリカ任天堂が抱えた大量の在庫を処理するため，日本で急遽開発されたものであった。1981年に発表された『ドンキーコング』は，アメリカで大ヒットし，ゲーム＆ウオッチに移植された日本でも大人気ソフトとなる。しかし，このソフトが任天堂にもたらした最大の成果は，ゲームの中でドンキーコングを追いかけるイタリア系大工を生み出したことである。任天堂のキャラクター「マリオ」は，こうして誕生したのである。

　1982年の春，任天堂は，コード名GAMECOM（後のファミコン）の開発に踏み切る。すでに複数のメーカーがテレビゲーム機を発売していたため，何か特徴を打ち出す必要があった。任天堂は，おもちゃであることを意識して，低価格を追求することにした。そのため，「コンピュータ」という名称ではあったものの先行メーカーが採用していたパソコン機能はいっさい残さずゲーム専用機として開発された。また，生産工程で加工しやすいこと，ゲーム上最低限必要となる音声を選択することなど，コスト重視で基本設計が決定されていく。

ファミコン（PANA 提供）

赤白2色のシンプルな本体デザイン，ゲーム＆ウオッチと同じ十字ボタン，特有のピコピコ音といったファミコンの特徴は，いずれもコスト削減の結果としてもたらされたのである。ゲーム機の心臓部CPUもコスト削減の例外ではない。CPU製造元のリコーは，価格引下げに難色を示したが，2年間で300万個という大量発注を保証することによって，最終的に任天堂が望む低価格での契約を実現する。

　ファミコンは，初年度の販売数が300万台を超えるという空前の大ヒット・ゲーム機となり，翌年に『スーパーマリオブラザーズ』が発売されると人気は一段と高まりを見せ，『ドラゴンクエスト』（『ドラクエ』）が発売された1986年には，ファミコン・ブームはもはや社会現象になっていた。

2　ゲームの支配

(1) ハードとソフト

　ファミコン・ブームに続き，携帯型ゲーム・ゲームボーイ（1989年），ファミコンの後継機・スーパーファミコン（90年）も立て続けにヒットしたことによって，任天堂はテレビゲーム市場で圧倒的な地位を占める。以下では，ビジネスのあり方に注目しながら，任天堂がどのようにテレビゲーム・ビジネスという“ゲーム”を支配したのかを見ていきたい。

　任天堂は，ファミコンのビジネス・モデルについて独自の方法を構築していくが，その際，玩具メーカーとしての経験を踏まえて取引のルールを設計していった。任天堂の初期のテレビゲームであるカラーテレビゲームやゲーム＆ウオッチのように，あらかじめソフトがインストールされているゲーム機と異なり，ハードとソフトが分離している場合，ビジネスのあり方には何種類かのバリエーションがありうる。任天堂は当初，ソフトについて単独で開発・販売したが，ファミコン発売の翌年には方針を変更して，外部のソフト・メーカー

（サード・パーティ）に開発を許可する。本体の売上げを伸ばすには何よりも面白いソフトが必要となるため，外部メーカーにソフト開発を促す方針に変更したのである。

　ここで，ゲームにおけるハードとソフトの関係について整理しておく。任天堂は，自らを「ソフト体質」の会社，他のゲーム会社（かつてのセガ，SCE，マイクロソフトなど）は「ハード体質」であると位置づけている。「ユーザーがゲーム機に求めているのは独創的な楽しさやおもしろさなんです。それはソフトなんです。だからユーザーはハードを仕方なく買うんであって，ハードが欲しいからハードを買うんじゃないんです」（相田・大墻［1997］265頁）という山内社長の説明は，ソフト体質を自認する任天堂の特徴を端的に示している。

　とはいえ，両者の関係はもう少し複雑である。たとえば，現在では同一タイトルのソフトが複数のハードから発売されるマルチプラットフォームも行われているが，当時のソフトは特定のハード向けにのみ発売されたから，ユーザーが欲しいソフトを選ぶということは，同時にハードを選択することでもあった。そうであれば，ソフト・メーカーがなぜそのハードを選択したのかという点がポイントとなり，ハードの重要性についても議論せざるをえなくなる。両者は単純に切り離せる関係ではないのである。そのため，別のインタビューで山内は，「ゲーム・ソフトの出来・不出来，よし悪しと，ハードの売上げは，つねに密着しているんです。したがってソフトで売ろうと思うと，まずゲーム・ソフトをつくり出すソフトの技術者に評価してもらえるハードウェアを開発しなければならない。だから任天堂は，有能なソフト技術者が，このハードなら腕がふるえる，ひじょうにおもしろいゲーム・ソフトを走らせることができるぞと考えてくれる，そんなハードウェアの開発を最初から目指していたんです」（高橋［1986］194頁）と，ハードの重要性についても強調している。

　この発言は，任天堂がソフト体質であるという認識とは矛盾しない。テレビゲーム・ビジネスでは，面白いソフトの存在が何より重要であるからこそ，ソフトの開発を刺激し，またそれを可能とするようなハードを提供することが不可欠であるということが述べられているのである。つまり，ソフトが鍵を握るからこそ，ハードを選択するソフト側の論理を考えておくことがポイントになるというわけである。ゲーム市場のハードとソフトの関係においては，両者をいかにして有機的に結びつけることができるか，ハードの普及がソフト開発を

促し，また面白いソフトがハードの普及を促すといった好循環をいかに生み出していくことができるかが，重要になってくるのである。

以上を踏まえると，ファミコンの成功要因は，魅力的なソフトの存在と性能に対してハードが低価格であったこと，そしてソフト・メーカーにとっても開発しやすいハードであったこと，ハードが広く普及していたことでファミコン向けソフトの開発に対する誘因が生まれたというところにあったと考えることができる。任天堂が，ハードの設計の段階からソフトとの関係を意識した開発を計画的に行っていたことが成功の鍵であった。

(2) ビジネス・モデルの確立

ルールを設定する

次に，ハード・メーカーとソフト・メーカーの関係について，企業経営の観点から捉えてみよう。両者のビジネス上の力関係について考えると，ファミコンを販売する任天堂に有利なルールが設定されていたということが，ポイントになってくる。たとえていえば，任天堂が主催したイベントにソフト・メーカーが参加し，任天堂が決めたルールに基づいて展示を行っているとイメージすればよいだろう。主催者である任天堂は，ソフト・メーカーから参加料を徴収し，イベントに関するさまざまな条件を設定することで，ビジネスのルールを決定する。また，主催者自ら『スーパーマリオブラザーズ』などを出品することでイベントの価値を高め，それによってさらに多くの参加者をイベントへ誘う役割も果たしていたのである。

もちろん任天堂は，このイベントにおけるルールの持つ意味の重要性について明確に認識していた。だからこそ，ゲーム市場が拡大していく中でも安定的に利益を獲得しうる仕組みを事前に準備することができたのである。設定されたルールには，ファミコン用ソフト生産に際してソフトごとに商標使用料としてロイヤリティが課されたり，ソフトの製造は生産費を支払った上で委託して行わなければならないといったものがあった。これによって，任天堂はソフト・メーカーから安定的に収入を確保しえた。

また，ソフトの販売は「初心会」という任天堂と取引口座を持つ玩具問屋によって構成される卸売組織を経由することが義務づけられた。ソフトの流通についても，実質的に任天堂の管理下に置かれていたのである。ソフト開発自体，

サード・パーティが自由に行えたわけではなく、ゲームの内容、年間開発数、そして販売時期まで、基本的に任天堂に決定権があった。このように、ソフトの開発・生産・販売の各部門において主導権を握ることで、任天堂はファミコン・ビジネス全体を自らのコントロール下に置くビジネス・モデルを設計したのである。

ルールを遵守させる

さらに、任天堂が設定したルールに従わず、勝手に行動するソフト・メーカーや、いわゆる海賊版などを抑制する方法も準備されていた。対策の1つは「商標」を用いることであり、任天堂の許可を得ずにファミコン・ソフトの製造・販売を行うことに対しては法的規制が課された。また、ハードのバージョンを一定期間で変更していくことで、任天堂と正式にライセンス契約をしていないメーカーが作ったソフトは作動しないような工夫が施されていた。「商標による不正競争防止法、そしてバージョン変更、これだけを盾に、我々はファミコン市場を守って行こうと考えた」（中田［1990］22頁）と、当時ファミコンに関するルールを作成した担当者が振り返っているように、これらは意識的に行われた秩序維持策であった。

再び比喩を使えば、任天堂が主催したイベントへの不正参加を防止するため、商標という目に見える規制と、外からは見えない技術による規制を駆使することによって監視し、イベントの規模が拡大しても任天堂の主導権を確保し、正式に契約を結び、参加料を支払ったメンバーでなければイベントに参加できない仕組みを確立したのである。

こうした措置は、新たにテレビゲーム市場を創設し、またそれが拡大していく過程において重要な役割を果たすことになる。任天堂に後の展開をも見据えた対応を可能にした背景には、ちょうどファミコンが発売された当時、アメリカで起こったテレビゲーム・メーカーのアタリ社によるゲーム・ソフトの品質管理の失敗による市場の混乱があった。任天堂は「アタリの失敗を目の当りにしてソフトの出来、不出来がこの市場の成否を決するということを学んだ」のである（東京都写真美術館［2003］6頁）。アメリカで生じた市場の混乱によるテレビゲーム・ブームの衰退という現象を踏まえて、戦略的な市場維持策を打ち出すことができたといえる。

(3) ビジネス・モデルの変容

事前管理から市場による淘汰へ

1980年代半ば以降ファミコンがブーム化し，サード・パーティの新規参入が急増すると，任天堂によるソフトの管理方法も変化していく。またその過程で最低出荷数や年間開発数などの制限も緩和されていった。ファミコンが普及するまでは，ソフトの厳格な管理が重要な経営課題となりえたが，国内出荷数が680万本を超えた『スーパーマリオブラザーズ』（任天堂）のほかにも，『ファミリースタジアム』（ナムコ），『ドラゴンクエスト』（エニックス），『ファイナルファンタジー』（スクエア）など次々にヒット作が登場するようになると，ソフトを規制するメリットは薄れていく。質の悪いソフトの氾濫がハードの評価に直結するというのが，任天堂が「アタリ・ショック」から学んだ教訓であったが，ミリオン・セラーを記録するタイトルが次々と登場し，それらがシリーズ化されることで安定的に人気ソフトが供給される体制が整った時点で，駄作ソフトがハードの価値を引き下げる可能性はもはや想定しにくくなっていた。

当時のインタビューで山内も，駄目なソフトもたくさん出ているという認識を示した上で，現在は情報も多く，ユーザーと流通業者の判断も正確になってきたと述べている（中谷［1993］164頁）。そこで任天堂は，事前にソフトをチェックするのではなく，ユーザーなどの事後的な評価をバロメーターとして利用するようになっていった。このような変化が生じた背景としては，仮に駄作ソフトを供給した場合，それによって評価が下がるのはファミコンではなく，ソフトを作成したメーカーであるという判断があり，そうであるからこそ，任天堂によるソフトの事前管理から，ユーザーや流通業者による，いわば市場による淘汰へとシフトしたのである。

ソフトの二極化とタイトルのシリーズ化

変化は，ソフトの供給パターンにも現れるようになった。サード・パーティが急増した1980年代後半以降，ほとんど売れないソフトがある一方で，予約して発売日に店頭に並ばなければ買えない人気ソフトが存在する状況になったのである。量販店に長蛇の列ができ，それがテレビで大きく報道された『ドラクエⅢ』（1988年）などはその典型である。先のインタビューで山内は，任天堂と契約しているソフト・メーカー約140社のうち，流通やユーザーの信頼

を得ているものはごく一部で，任天堂を筆頭とする数社が市場を支えているという認識を示している。つまり，少数の人気タイトルがファミコン・ブームを牽引しており，ソフトは爆発的にヒットするものとすぐに市場から消えていくものとに二極化してきているというのである。買取方式のためにソフトの返品ができない販売店は，売れないソフトを在庫として抱えるリスクを避けて，ヒットが確実に期待できるソフトの取扱いを優先するようになる。こうした販売サイドからの圧力も，ソフトの二極化を助長していった。

　そして，変化はソフト・メーカーの開発のあり方にまで及ぶことになる。新規の企画よりも既存タイトルのシリーズ化が主流となり，その結果，前作を超えることを目指す大作化の傾向が生じた。ソフトの大作化は，ソフト開発に多額のコストと時間を要することとなり，中小ソフト・メーカーの活躍の余地が次第に限られていくことになった。ソフト開発における構造的な変化が，その後のプレイステーション参入の重要な要因となってくるのである。

　発売以来，ファミコン・ブームは10年近くにわたって継続し，この間，専門雑誌やグッズといった関連ビジネスも生まれ，任天堂がつくり上げたテレビゲーム産業は大きく成長していった。ハード本体の性能と低い価格設定，魅力的なソフトの提供というゲーム本来の要因に加え，商標による徹底的なブランド管理と契約を通じたロイヤリティの発生，委託生産による収入といった新しいビジネス・モデルを確立することによって，ファミコン・ビジネスから安定的な利益を生み出す仕組みがつくり上げられたのである。ファミコンの成功でテレビゲーム市場での地位を築いた任天堂は，後継機のスーパーファミコンでも圧倒的なシェアを獲得する。さらに携帯型ゲーム機・ゲームボーイではファミコン以上の販売台数を記録し，それまで家族を単位としていた市場の裾野を，一気に個人レベルにまで広げることにも成功した。こうして任天堂はゲームの支配者として君臨するに至ったのである。

3 ゲームの進化

(1) ソニーの逆襲

共同プロジェクトの発足と解消

1994年12月のプレイステーションの登場は，テレビゲーム市場の勢力分布を一変させた。圧倒的なシェアを占めていた任天堂の座は，あっけなくソニーに奪われたからである。プレステ成功の要因は，リアルな映像表現を可能とした画像処理技術とCD-ROM方式採用に伴うソフトの低価格化といった説明だけでも十分なように思える。しかし，この一連の流れの背景には，もう少し複雑な歴史的経緯が絡んでいるのである。そこで以下では，プレステ登場のプロセスと，プレステの市場投入に際しての戦略について説明していく。このことは同時に，前節で見た任天堂による「ゲームの支配」が崩れていく過程を見ていくことでもある。

ソニーのプレステ開発構想は，スーパーファミコンが発売される前にまで遡る。業務用コンピュータをワークステーションと呼ぶことから，遊ぶためのコンピュータならばプレイステーションだとして命名されたこのプロジェクトは1989年に始まった。家庭にコンピュータを導入する布石とすることがねらいであり，ゲームの世界とデジタル・オーディオの世界をドッキングさせる新たなフレームワークをつくり出すという，音響に関するビジネスを得意とするソニーらしい構想であった。

注目すべきは，ソニーがプレイステーション・プロジェクトを遂行するためのマシンとして想定していたのが，任天堂のスーパーファミコンであったことである。ソニーは任天堂とのコラボレーションによってプレステ・プロジェクトを遂行する計画だったのである（麻倉［1998］45頁）。当時，開発中だった任天堂のスーパーファミコンの音源に関する技術供与をソニーが行っていたことから，技術協力の延長線上に，スーパーファミコンをベースとした，それでいてゲームにとどまらない，遊びのネットワーク・システムを構築するというソニーの情報インフラ構想が，プレイステーション・プロジェクトの全容であった。

しかし，この共同プロジェクトは，任天堂によって途中で打ち切られる。その理由について社長の山内は後に，ソニーの提案するCD-ROM方式はゲーム・ビジネスにおいて一番重要なコピー防止という側面で問題を抱えており，この点がゲーム・ビジネスの致命傷になるリスクがあると判断したと語っている（1999年5月，松下電器との提携発表会での記者会見）。しかし任天堂は，ソニーとの契約解消後，オランダのフィリップス社とCD-ROMに関する提携を発表しているから，これが本当の理由であったとは考えにくい。ここでは，こうした技術的な見解の相違ではなく，その後の任天堂とソニーのゲーム開発のあり方から明らかになってくるゲーム機に対する両社の考え方の違いに注目したい。以下では，プレステ投入の戦略的側面を見ていきながら，両社のゲーム機開発における相違点について考えていこう。

ソニーの単独開発と差別化

任天堂との共同開発が解消されたことで，ソニーのプレイステーション構想も終了する選択もあったが，プロジェクトに携わったメンバーの強い要望を受けて，ソニーは単独での開発を決定する（厳密には，ソニーとソニー・ミュージックエンタテインメントの共同出資でSCEを設立）。そして，この新しいゲーム機に，もう一度「プレイステーション」という名称を与える。ソニーがゲーム機ビジネスに新規参入するということは，必然的に任天堂にどう対抗していくかが最大の課題となるが，その際，任天堂とは異なる戦略をとった。

たとえば，ソニーはソフト媒体として価格面で有利なCD-ROMを選択したが，これは任天堂の採用するマスクROMが短期間での製造が難しいのに対し，数日で量産が可能なため，見込み発注ではなくソフトがヒットすればスムーズな増産が可能になるということを見越しての選択でもあった。すでに見たように，売れないソフトが増加したことに伴う在庫リスクの高まりに直面していた小売部門にとって大きな意味を持った。ソフトの流通に関しては，任天堂が問屋組織・初心会を利用したのに対して，ソニーはソフト・メーカーから直接ソフトを買い取ることで自ら卸問屋機能を兼務し，いわゆる流通の中抜きを行った。これらは，ソニー・ミュージックでのソフト・ビジネスに関する経験やノウハウがゲーム事業に応用されたものであり，こうした流通に関するソニーの戦略は，テレビゲームの流通革命と呼ばれ，プレステ成功のポイントの1つであったといわれる。

しかし，とくに注目したい点は，ソフト・サイドの視点に立った開発を打ち出したという，ゲーム・ビジネスにとって，より本質的な開発に関する戦略についてである。この点に関してSCE副社長の徳中暉久は，ハードとソフトを一体で進めることがゲーム・ビジネスの本質であるという。より多くの企業に参加してもらうのがソフト・ビジネスの基本となるため，ソフト開発になるべく多様な人がチャレンジできる環境をつくらなくてはならないとして，開発環境の整備を重視した。開発コストが高いとリスクも高まり，多くの人が参加できないとして，ソフト開発に必要となる開発ツールの価格を，他社に比べて10分の1という圧倒的な低価格で提供したのである。肝心のクリエイターの育成については，過去のソニー・ミュージックの経験を踏まえ，とにかく自由に作ってもらい，ユーザーに評価してもらうという方針をとった。

つまり，ソフトについてプラットフォームのホルダーや流通サイドが善し悪しを決めることはしないという判断に基づき，ソニーの役目は新しいことにチャレンジしようとする人が興味を持てる環境をいかに作れるかどうかであるとしたのである。プレステという先進技術を詰め込んだ新しい道具を使って，どこまでクリエイターが新しいことに挑戦できるかどうかに，ゲーム事業の成否がかかっていると考えた。そのため，ソフト開発に際しての技術支援をはじめとして，全面的なバックアップ体制を敷いたのである（コンピュータ局開発［1995］11, 85頁，『朝日新聞』1997年6月27日）。

ソフト開発者の裾野を広げ，できるだけ多くの人材を取り込む環境整備を重視するというソニーの戦略は，ライバルの任天堂が目指していた方向性とは対極にあった。任天堂の山内は，独創性があって面白いソフトはごくわずかという認識から，ソフトは能力のある人がチームをつくって時間をかけて作るべきと考えていた（『エコノミスト』1992年1月7日号）。また，取締役の今西紘史も，ソフト・ビジネスにおいて，参入する企業やタイトル数に比例してよいソフトが増えるということはありえず，むしろ反対に粗悪ソフトの増加によって市場が悪化しかねないとして，ソニーの戦略を批判した。そのため任天堂はソフト・メーカーの絞込みを行い，少数精鋭での開発方針を打ち出した。こうした任天堂の開発路線についてSCE副社長の丸山茂雄は，安全パイばかりになって新しいタイトル，ヒットが出てこないとして批判的であった（コンピュータ局開発［1995］87頁）。

(2) ソニーの完勝——ソフト・メーカーはプレステを選んだ

　このように両社のソフト開発に対する考え方は真っ向から対立するものであった。その後，実際に何が起こったかといえば，クリエイターは新しい媒体によるソフト開発を選択した。新しいゲームは，もっぱらプレステを舞台に登場することになったのである。もちろん，この過程で任天堂が危惧していたように多数の駄作ソフトも市場に溢れたが，ソニーが敷いた新しい流通戦略によって，テレビゲーム市場が崩壊するような事態には至らず，駄作も含めて低価格で次々に新しいソフトが登場したことがプレステ人気の原動力となった。

　反対に，任天堂は徹底的に作り込んだゲームを発表したため，圧倒的にソフトの本数が少なかった。当時の主力ハードのNINTENDO 64の場合，発売時に3本のタイトルしかなく，その後も数カ月間，新作ソフトが発売されないという極端なソフト不足に直面した。当然ハードの売行きは芳しくなく，その結果，既存ソフト・メーカーのプレステへの乗換えという事態が起こる。中でも，『ドラクエ』や『ファイナルファンタジー』といった主要タイトルのソニーへの移籍は，ゲーム機の世代交代を象徴するできごとであった。『ドラクエ』の移籍について発売元のエニックスは，プレステは次世代機の中では国内で最も普及しているゲーム機であり，将来的にさらに普及すると判断したとの見方を示した。『ドラクエ』を1人でも多くの人に遊んでもらうためにプレステへの鞍替えを選択したと説明した（『週刊アエラ』1997年1月27日号，『朝日新聞』1997年6月27日）。

　もちろんこうしたプレステ優位の流れをつくったのはユーザーの選択であり，多くの人は，面白いソフトが期待できるハードを選択したのである。そしてこの変化は，それまで任天堂を支えてきた仕組みにも影響していき，任天堂の流通機構を支えていた初心会が1997年2月をもって解散する。任天堂は，ユーザーだけでなく，有力なソフト・メーカー，そして流通組織をも失わざるをえない状況に追い込まれたのである。この流れはプレステの次世代機・プレイステーション2の登場によって決定的なものとなり，任天堂は据置き型ゲーム機において，主役の座をプレステに奪われるだけでなく，国内出荷数ではセガサターンにも及ばないという惨状に直面することとなった。

(3) 任天堂の原点回帰——新しい遊びの創造

突きつけられた問題　任天堂のゲームはなぜ売れなくなったのか。2002年、新たに社長に就任した岩田聡は、その原因を探した。その過程で明らかになったのは、日本のゲーム産業のソフトウェアの出荷額が1997年以降下がり続けているという事実であった。どの角度から見ても日本のゲーム人口は減っていることが判明したのである（『日経ビジネス』2006年11月27日号）。これは少子化の進展という要因やパソコンや携帯など、遊びの多様化の結果とも解釈できたが、岩田はそれまでテレビゲームをやっていた人が次第に離れていっているのだと考えた。ゲーム業界にとって、より深刻な問題が生じつつあると判断したことになる。

ファミコン登場から20年あまりを経て、ハードの高性能化に伴いゲームの内容はより複雑になり、ソフト開発も従来と比べて多くの人材と作業を要し、開発期間が長期化している以上、最終的なコストも膨れ上がらざるをえない。発売当初、プレステがソフト開発費用を抑えたことが成功要因の1つとなったことについては先に説明したが、プレステ2になってソフト開発費用は大幅に上昇していた。

これはゲームの発展過程において避けられないプロセスであると見なすことも可能であるが、問題は、開発が高度化・高コスト化したにもかかわらず、市場規模が縮小しているという点だった。これはもはや任天堂のみの問題ではなく、ゲーム業界が直面している構造的な問題である。そのため岩田は、このまま過去の延長線上で仕事を続ける限り、ゆっくり死ぬのを待つことになるという結論に達する（『プレジデント』2007年3月5日号）。ビジネスが成り立たなくなりつつある危機感をはっきり抱いた任天堂は、より豪華で複雑に、という従来の路線から外れて、違う方向を目指すことを決断する。まったく新しいゲーム機を生み出すという決意を込めて、開発コードは「レボリューション」と名づけられた。

「ゲーム人口の拡大」という答え　この時点で任天堂が克服すべきと認識していた問題は、いかに面白いゲームを開発するかといったものにとどまらず、国内ゲーム市場の縮小とゲーム開発の高コスト化といった、ゲーム産業が直面するトレンドにいかに挑むかという、

それまでとは次元の異なる課題であったことになる。岩田はこれを，リアリティと複雑さを追い求める路線が飽和し，ゲーム産業のこれまでの成功体験が通用しなくなっていると問題を整理した上で，任天堂は「新しい遊びの創造」に取り組むと宣言した（『任天堂アニュアルリポート』2004年）。

このような問題意識により，任天堂は新しい道を模索していった。国内ゲーム市場の縮小に対しては，「ゲーム人口の拡大」というテーマを内外に示し，そのための具体的な方策を考えていく。その過程で，「5歳から95歳まで」「お母さんを敵に回さない」「リビングにあっても邪魔にならない」といったキーワードが次々に生み出され，それまでゲームをしていなかった層をいかにすれば取り込むことができるのかという課題に挑戦していく。これは別の観点から見れば，ゲーム機に触ることを阻害している要因を取り除くことでもあった（『日経ビジネス』2007年12月17日号）。

模索の中からたどりついた方向性が，ゲームをやったことがない人でも簡単に理解でき，すぐに遊べる直感的な仕掛けを準備するというものである。試行錯誤を経て具体的なアイディアが形になったものが，ペンで画面をタッチして遊ぶというニンテンドーDSの「タッチペン」であり，リモコン型のコントローラ「Wiiリモコン」であった。どちらもユーザーと機械の間の距離をいかにして縮めるかという共通のコンセプトから生まれた。直感的な操作が可能で，従来のようなボタンの多いコントローラと違い，リビングに出しっぱなしにしていても邪魔者扱いされにくいという特徴を持っていた。

「枯れた技術の水平思考」という答え

もう1つの大きな課題である，ゲーム開発の高コスト化に対しては，どのように対応したのだろうか。じつは，この問題に対する答えはすでに準備されていた。「枯れた技術の水平思考」という，任天堂に継承されてきたアイデンティティがそれである。これはゲーム＆ウオッチやゲームボーイを開発した横井軍平の発想であるといわれる。大容量・高速大量といった高性能を追求することは，必ずしもゲームの楽しさ・面白さとは関係せず，手段にすぎない技術は，「枯れた技術」で十分だという発想である。そして，技術ではなくアイディアで勝負するという任天堂の伝統への回帰こそが，ソフト開発の高コスト化というゲーム産業が構造的に抱える問題に対する処方箋となりうることを「発見」したのである。

つまり「枯れた技術」を活用することで，ハード自体の開発・製造コストを削減でき，販売価格を低く設定できるという経営戦略上のメリットに加えて，数百万円かかっていたソフト会社に提供する開発キットも価格を抑えることができる。たとえばWiiの場合，開発キットの価格はわずか20万円程度であり，これによって任天堂のソフト開発者の負担は大幅に削減された。これにより第2の問題に対処することにも成功したのである（2006年9月14日のWiiプレビュー後の記者会見での質疑応答）。

「ゲーム人口の拡大」という大きな課題に対する試行錯誤の過程で生み出されたニンテンドーDSとWiiは，ゲームに興味を持っていなかった新規のユーザーをも取り込むことに成功し，日本だけでなく世界的な大ヒット商品となる。その結果，任天堂は再び，ゲーム市場において返り咲くことになったのである。

このケースの解説

任天堂の歴史から私たちは何を学ぶことができるだろうか。1つあげるとすれば，新しいことを行うとはどういうことなのか，ということである。以下は，任天堂社長・岩田へのインタビューからの抜粋である。

「『ファミリーコンピュータ』の時代も，実は1人でゲームをしているわけではなかった。周りには常にギャラリーがいて，失敗すると『次は僕』とコントローラーを取り合っていました。あれがビデオゲームの最も幸せな時代だったとすると，ゲームが難しくなり，コントローラーを渡すとみんなが尻込みしてしまうような状況は進歩ではなく，むしろ後退。『何が失われていて，なぜみんながゲームに触らないのか』という禅問答のような議論を宮本（茂。ドンキーコングやマリオなどのキャラクターの生みの親：引用者）とすごくしました。その結果をDSやWiiに反映できたという手応えはあります」（『日経ビジネス』2007年12月17日）。

「禅問答」という発言があるように，なぜみんなゲームをやらなくなったのかという問題は難しい問題だが，本論で説明したように，任天堂はこれを経営課題として掲げ，そして考え抜いた結果，DSやWiiという新しい遊びを生み

出した。どちらも幅広い人々に支持され、目標として掲げた「ゲーム人口の拡大」に成功した。この点について岩田は、「この状況を狙って作りましたなんて言ってるようでは、われわれの先は知れている」と指摘している（『週刊東洋経済』2006 年 7 月 15 日）。これはどういうことだろうか。

これまでにない新しい遊びの創造に挑戦してきた任天堂であるが、何が面白いかについて測定する方法もなければ理論もない以上、仮説を立て、それに基づいて行動するしかない（『週刊東洋経済』2009 年 4 月 25 日）。結果がどうなるかはやってみないとわからないという意味で、成功するかどうかは結果論でしかなく、そのことを絶えず自覚すべきというのが先の発言の真意であろう。新しいことをやる以上、狙ってつくり出せるような状況は定義的にありえないのだから、そういうことになる。

この点に関連して、任天堂はマーケティングが嫌いなことも明言している。山内は「市場調査？　そんなことしてどうするんですか」と一蹴する。任天堂が市場を創り出すのだから、調査する意味はないというのである（高橋［1986］131 頁）。また岩田は、初心者、上級者、シニア、女性などと、遊び手をえり分け、ゲームの対象を狭めていったことが市場縮小の原因であるとさえいっている（『朝日新聞』2004 年 6 月 19 日）。新しい遊びを創り出すことによって、将来の人々の行動を変えるのであるから、現在手に入るデータを分析しても参考にならないという認識である。参考になるものは何もない状況で、とにかく自分の頭で考え、仮説を立て、そしてやってみるということなのである。

●**思考と議論のトレーニング**●

1　スマート・フォンやタブレットを使ったゲーム・アプリやオンライン・ゲームの普及によって、子どもから大人まで多くの人が簡単にゲームを行えるようになった一方、任天堂が進めてきたゲーム専用機を使ったビジネスは苦戦を強いられている。「ゲーム人口の拡大」の先導的な役割を果たしてきた任天堂は、こうした厳しい経営環境下において、どのような経営戦略を立てるべきであろうか。

2　任天堂は、自社工場を持たずに他のメーカーに自社製品の製造を委託している、いわゆる「ファブレス」企業であり、ファーストリテイリング、アップル、ナイキなども同様の方法でビジネスを展開している。自社工場を持たないことの経営上のメリットとデメリットを整理した上で、ファブレス企業の経営戦略では、何が重要なポイントとなるか考えてみよう。

参考文献

相田洋・大墻敦［1997］『ビデオゲーム・巨富の攻防』（新・電子立国 4）日本放送出版協会。
麻倉怜士［1998］『ソニーの革命児たち——世界制覇を仕掛けた男たちの発想と行動』IDG コミュニケーションズ。
コンピュータ局開発編［1995］『新世代ゲームビジネス』日経 BP 社。
高橋健二［1986］『任天堂商法の秘密——いかにして"子ども心"を摑んだか』祥伝社。
高橋健二［1991］『スーパーファミコン 任天堂の陰謀——ソニー・松下を越えた世界企業の光と影』光文社。
東京都写真美術館企画・監修［2003］『ファミリーコンピュータ 1983-1994』太田出版。
中田宏之［1990］『任天堂大戦略——半導体世代のサクセス神話』JICC 出版局。
中谷巌［1993］『日本企業 復活の条件』東洋経済新報社。

　　　　　　　　　　　　　　　　　　　　　　　　　　　　　　　　　　［大石直樹］

Case 17
ソフトバンク

● "時間を買う"

このケースで考えること

　ソフトバンクは現在，3兆2024億円の売上高と4兆8997億円の総資産を誇り，2万2710名の従業員，133社の連結子会社と74社の持分法適用関連会社を擁する巨大な企業グループを形成している（ソフトバンク「有価証券報告書」〔「有報」〕2012年3月期）。同社は『日本経済新聞』が2012年9月11日に発表した売上高ランキングで28位に位置し，ブリヂストン（33位）やJR東日本（39位）など各業界の代表的企業を上回り，通信業界でもNTT（6位），NTTドコモ（22位），KDDI（25位）に次ぐ位置にある。ここでは，ソフトバンクの設立が1981年9月と相対的に新しい点に注目したい。たとえば，ブリヂストンの設立は1931年3月だから，80年以上の歴史を持つが，ソフトバンクはこの規模を創業からおよそ30年で上回ったわけである。

　では，何がこのようなソフトバンクの短期間での成長を可能にしたのか。これが本ケースで考えるべき問いとなる。ここであらかじめ，その際にキーワードとなるM&Aについて説明しておく。M&Aは，Mergers and Acquisitionsの頭文字をとった用語で，一般的に合併・買収と訳される。合併は，2つ以上の企業が契約によって1つの企業になることで，会社法では吸収合併と新設合併という形態に分けられている。吸収合併は，1つの企業が存続，他の企業は解散して吸収される形態であり，新設合併はすべての参加企業が解散すると同時に，新会社を設立する形態である。ただ，後者は手続きが煩雑でコストがかか

るので，ほとんどの場合，吸収合併が選択される。買収は，企業の全部または一部を取得することを指し，営業譲渡と株式取得に大別できる。さらにいうと，後者には相対取引や第三者割当増資，株式公開買付け（TOB）など，株式を取得する方法がいくつかある。

ソフトバンクのケースにおいて，合併は例外的であり，ほとんどが株式取得による買収の形をとった。モノと同様に，企業（株式会社）もおカネを出して買うことができる。通常，企業を買う目的はそれを経営することにあると考えてよい。株式会社の意思決定は，基本的に多数決の原理に則っているから，過半数の株式を買えば経営権を掌握できる。ただ，残り（50％未満）の株主の意向も無視できないので，完全にコントロールしたければ，やはりすべての株式を買うことが望ましい。

以上の点を念頭に置いて，ソフトバンクが何を狙って積極的な M&A 戦略を展開したのかを考えていこう。

1　いち早くパソコンに目をつける

(1)　創業とパソコン・ソフトの卸売業

ソフトバンクといえば，携帯電話，インターネット接続，ポータルサイトなど日常生活に欠かせないサービスを提供する IT 企業のトップランナーというイメージが強い。しかし，設立当初の姿はそのイメージとはかなり隔たりがある。さて，同社はどのような事業を手がけていたのだろうか。

日本ソフトバンクは 1981 年 9 月，パソコン用パッケージソフトの流通を目的に資本金 1000 万円をもって設立された。24 歳の孫正義社長は，メーカーからソフトを仕入れ，全国のパソコン・ショップをはじめとする小売業者に卸すビジネスに，情報化社会のインフラストラクチャー（社会的基盤，インフラ）としての役割を見出し，社名に「バンク」という言葉を入れたのだという。もち

•1　孫正義と「株式会社経営総合研究所」の共同出資（50％ずつ）という形態であった。正確な時期は不明だが，出版事業への進出を機に，後者の株式を買い取り孫の単独出資になったとされる（霧生［1997］71-72 頁）。なお，社名がソフトバンク株式会社に改められるのは 1990 年 7 月であるが，本ケースではソフトバンクに統一した。

ろん，パソコンそのものが普及していない時代だから，仕入先のソフト・メーカー，販売先の小売店ともに取引先を開拓することは容易ではなかったが，設立後3カ月くらい経ったころ，孫は1つのアイディアを思いつく。それは，国内のソフトを集めて展示会に出展し，ユーザーや小売店にアピールするというもので，その展示会は，大阪で開催されたコンシューマー・エレクトロニクス・ショーであった。

ソフトバンクは，800万円もの巨費を投じてこの家電の見本市でスペースを確保（展示ブースを設置）するとともに，出展費用を自社で負担する代わりに，小売業者にソフトのプレゼンテーションを行わせるという方法で出展者の獲得に成功する。このイベントへの出展を契機に，同社は，ソフト小売大手の上新電機やソフト開発の有力企業であったハドソンと独占販売契約を締結し，ソフトの卸売業者としての足場を固めた。当時，孫は「ソフトのダイエーをやる」と発言していたとされる。そして実際，ソフトバンクは創業後1年強の間に，日本初のパソコン専門店「J&P」やラオックス系の「ザ・コンピュータ館」をはじめ，全国2800店の小売店と独占販売契約を結び，2年後にはその数を4600店まで伸ばしたのである（霧生［1997］54, 57-64頁，児玉［2005］72頁）。

(2) M&Aという手段で海外に打って出る

孫正義の留学体験とコンピュータとITの先進地という事情が重なり合って，ソフトバンクの"眼"は常にアメリカに向いていた。そのことは，表17-1に掲げたM&A関連年表からも読み取れる。この表によると，同社は1990年代，とくに店頭公開を果たして巨額の資金を調達した94年7月以降，アメリカ現地法人のソフトバンク・ホールディングス（SBH, 94年3月設立）を通じて，アメリカ企業を中心にM&Aを積極化している。その狙いはいったいどこにあったのだろうか。

1994年12月のジフ・デービス・コミュニケーション（ZDC）と96年2月のジフ・デービス・パブリッシング（ZDP）は，社名から想像できる通り，密接に関連した買収案件である。ところで，ソフトバンクは創業してから1年も経たない1982年5月に出版事業へ進出し，『Oh! PC』と『Oh! MZ』という2つの月刊誌を創刊した。前者はNECのパソコン「PCシリーズ」，後者はシャープの「MZシリーズ」に対応しており，それぞれのハードとソフトの最新情報

表 17-1 ● ソフトバンクの M&A

年	月		M&A の主体
1981	9	日本ソフトバンク設立。	
91	1	日本データネットを吸収合併。	
	3	ノベル（アメリカ）に資本参加（持株率 20.5 %）。	
94	9	フェニックス（アメリカ）のパッケージド・プロダクツ部門を買収。	SBH
	12	ジフ・デービス・コミュニケーション（アメリカ）の展示会部門を買収。	SBH
		パソナオーエーの株式取得（持株率 51 %）。	
		パソナパーソネルの株式取得（持株率 52 %）。	
95	4	インターフェイス・グループ（アメリカ）の展示会部門を買収。	ソフトバンク・コムデックス
96	2	ジフ・デービス・パブリッシング（アメリカ）を買収。	SBH
	4	ヤフーの株式取得（筆頭株主へ）。	SBH
	9	キングストン・テクノロジーの 80 % 持分を取得。	ソフトバンク・キングストン
98	7	イー・トレード・グループの株式を取得。	SBH
	12	有限会社エムエーシーを吸収合併。	
99	10	ジフ・デービスのマーケット・インテリジェンス部門を売却。	
	11	オムロン・マイコンシステムズを吸収合併。	
2000	4	ジフ・デービスの出版部門を売却。	
	9	日本債券信用銀行（現，あおぞら銀行）の株式を取得。	
	12	日本アリバの第三者割当増資の引受け。	
04	7	日本テレコムの株式を取得。	
05	1	福岡ダイエーホークスの株式取得，子会社化。	
	2	ケーブル・アンド・ワイヤレス IDC の株式取得，子会社化。	
06	4	ボーダフォンの株式を公開買付けなどにより取得，子会社化。	

（注） 1) ノベル社は，コンピュータ・ネットワークの基本ソフト（OS）である「NetWare」を開発したアメリカ企業である。
　　　 2) キングストン・テクノロジーの株式は 1999 年 11 月に売却した。
　　　 3) あおぞら銀行の株式は 2003 年 9 月に売却した。
（出所） ソフトバンク株式会社「有報」各期。

を掲載した機種別雑誌であった。当該事業への参入に関して，ソフトバンク社内では反対意見が強かったという。しかし，孫は「パソコンのソフト，ハードの先端技術，新製品の開発動向やパソコンの利用技術・ノウハウ（ユースウェア）などに関する専門的な情報を発信・提供する本格的な専門メディア（雑誌）

を自ら製作し,販売すれば,パソコンの本格的な普及に役立つ」として断行したのである（霧生［1997］65-66頁）。

ZDPは『PCマガジン』や『コンピュータ・ショッパー』『PCコンピューティング』といった雑誌を計6000万部も発行して,アメリカ国内で50％のシェアを誇るとともに,ソフトバンクを含む世界100カ国もの出版社と雑誌記事の提供に関するライセンス契約を結ぶコンピュータ関連の最大手出版社であった。ソフトバンクは1994年9月ごろ,出版事業の強化を目的にZDPの買収に乗り出したが,アメリカの投資会社フォーストマン・リトルとの熾烈な買収合戦に敗れて取り逃してしまう[2]。そこで,同社は標的をZDPと同じグループで,国際的な情報ネットワーク展示会「インターロップ」の運営を手がけるZDCの展示会部門に替え,1994年11月に約200億円で手中に収めた。

さらにソフトバンクは1995年4月,世界最大のコンピュータ展示会「コムデックス」を運営するインターフェイス・グループの展示会部門を約800億円で買収した。「コムデックス」は春と秋の年2回ラスベガスで開催され,世界中から2000社以上のコンピュータ関連企業が新製品を出展,20万人強の業界関係者が集うイベントである。重要なのは,こうした展示会が単に新製品のお披露目（ひろめ）の場にとどまらず,最先端の技術情報と業界の有力者が集まるため,大手企業間の提携交渉など世界のコンピュータ関連ビジネスの方向性を決するほどの影響力を持っていた点である。したがって,ソフトバンクによるこのM&Aは展示会の持つ影響力の獲得を狙ったものと考えてよい（霧生［1997］65-67, 134-138頁,児玉［2005］176-184, 192-194頁）。このように,同社はアメリカ企業の相次ぐM&Aを通して,情報化社会のインフラ提供者として成長を遂げつつあった。

注意すべきは,ソフトバンクがこれらの株式ないし一部の事業をその後手放したことである。たとえば,1999年10月にジフ・デービスのマーケット・インテリジェンス部門を,2000年4月にはその出版部門をそれぞれ売却している（表17-1）。これにより同社は,通信事業を軸とするIT企業への"純化"を試みたと解釈できるが,この点は節を改めて詳しく論じたい。

---

[2] その後1995年11月に,ソフトバンクはフォーストマン・リトルとの間でZDPの買収契約を結び,96年2月,SBHを通じてジフ一族の保有分を合わせた全株式を2268億円で取得した。

2　IT企業への進化
「Yahoo! BB」のビジネス・モデル

(1)　ADSLに目をつける

　ソフトバンクの名を一躍有名にし，かつIT企業へと進化させる原動力となったのは，1999年に試験サービス，2000年末に商用サービスを開始したADSL（非対称デジタル加入者線）というブロードバンド（インターネット接続）事業である。ADSLは利用者から電話局への上り回線と電話局から利用者への下り回線の伝達スピードが異なる。それは，ウェブサイトの閲覧やソフトのダウンロードをする際に使う下り回線のスピードに反映される。これまでと同じ銅線（メタリック・ケーブル）を用いながら，ISDN（総合サービスデジタル電信網）の10倍近い伝達速度でサービスを提供できるのである。さらに，ADSLは音声に従来の周波数帯を使う一方，データ通信には専用の高周波数帯を利用することで，高速・常時接続データ通信を可能にし，1本の電話回線で電話とインターネットを同時利用できるというメリットもある（富士通総研ほか［2001］103-104頁）。

　ADSLや光ファイバーなどを使った高速インターネット接続サービスを指すブロードバンド事業の成功によって，ソフトバンクはIT企業へと進化を遂げる。同社は2001年6月19日にADSLサービス「Yahoo! BB」を発表し，その累積接続回線数を04年3月に400万，06年3月には500万規模まで伸ばし，国内通信事業者別，プロバイダ（ISP）別ともにADSLサービスでトップランナーとして走り続けたのである（ソフトバンク「有報」各期）。

(2)　「Yahoo! BB」が成功した理由

　「Yahoo! BB」はなぜ急成長を遂げることができたのか。その要因としては第1に，圧倒的な低価格戦略を採った点をあげられる。2001年当時，ADSLインターネットの月額料金は6000円前後が一般的であった。これに対し，ソフトバンクはADSL接続料金990円，ISPサービス料金1290円の計2280円という半額以下の格安料金でサービスを提供したのである。疑問視された採算性に関して，孫正義は，200万〜300万人レベルの利用者を獲得できれば事業と

して成り立つと公言していた。2001年5月時点で、ADSL利用者数は全国で18万人にすぎなかったから、ソフトバンクのねらいは価格の引下げによって潜在需要を掘り起こすことにあった（コンピューターテレフォニー［2005］17頁）。しかし、その読みが外れたことは後述する通りである。

「Yahoo! BB」モデムの無料お試しを通行人に勧める販売員（共同通信社提供）

第2に、通信速度もそれまでのレベルを凌駕していた。NTTなど他社のサービスが1.5メガビット/秒だったところに、ソフトバンクは8メガビット/秒で提供とするとした。技術的には他の事業者もこの速度を実現できたのだが、ADSLにはNTTの電話局から離れると速度が落ちるという欠点があったためにそのメリットを享受できるユーザーは限られると考えられていた。また、一般家庭でそこまで高速の需要はないとの思い込みもあり、誰も手をつけなかったのである。孫は、平均で2～4メガビット/秒、電話局から2.5km以内であれば「かなりの速度」を実現できると自信を見せていた。

第3に、ソフトバンクがユーザー獲得を目的に、「パラソル部隊」と呼ばれる独自の販売促進活動を展開したことに目を向けたい。全国各地の駅前や街角にパラソルを立て、ADSLのモデムを入れた赤い紙袋を並べて道行く人の足を止める。そして、販売員は期間限定の「無料キャンペーン」とモデムを無料で持ち帰れる点を強調して加入を勧める。これが「パラソル部隊」の仕事である。モデムをもらえて、しかも数カ月間インターネットの利用が無料となれば契約を結んでみようという人も出てくる。その実績が上記の累積接続回線数として現れたのである（日経コミュニケーション［2003］11-13, 28頁）。

しかし、そうした販売促進活動は大きな問題をはらんでいた。この点をソフトバンクのパフォーマンスから確認しておきたい。表17-2によれば、「Yahoo! BB」が快進撃を続け、知名度を急速に高めた2000年代前半に、同社が時に1000億円を超える巨額の赤字を計上していたことがわかる。その理由は、顧客獲得費用を短期間の利用料でまかないきれなかったからである。顧客獲得費用が平均3万7000円に達したのに対し、「Yahoo! BB」ユーザーの支払

表17-2 ● ソフトバンクのパフォーマンス

(単位：百万円)

年度	総資産	売上高	営業利益	経常利益	当期純利益	総資産営業利益率 (a)	売上高経常利益率 (b)
1994	98,639	96,807	5,028	4,590	2,051	5.1 %	4.7 %
95	598,856	171,101	14,217	14,389	5,794	2.4	8.4
96	1,070,645	359,742	30,581	27,877	9,092	2.9	7.7
97	1,140,251	513,364	27,893	24,271	10,303	2.4	4.7
98	952,578	528,159	12,129	−15,447	37,538	1.3	−2.9
99	1,168,308	423,220	8,377	−51,932	8,446	0.7	−12.3
2000	1,146,083	397,104	16,431	20,065	36,631	1.4	5.1
01	1,163,678	405,314	−23,901	−33,302	−88,755	−2.1	−8.2
02	946,331	406,891	−91,997	−109,808	−99,989	−9.7	−27.0
03	1,421,206	517,393	−54,893	−71,901	−107,094	−3.9	−13.9
04	1,704,853	837,018	−25,359	−45,248	−59,871	−1.5	−5.4
05	1,808,398	1,108,665	62,299	27,492	57,550	3.4	2.5
06	4,310,852	2,544,219	271,065	153,423	28,815	6.3	6.0
07	4,558,901	2,776,168	324,287	258,614	108,624	7.1	9.3
08	4,386,672	2,673,035	359,121	225,661	43,172	8.2	8.4
09	4,462,875	2,763,406	465,871	340,997	96,716	10.4	12.3

(出所) ソフトバンク株式会社「有報」各期より作成。

う利用料は月平均4000円程度にとどまっていた。つまり，ごく単純に考えても，10カ月経たないと獲得に要したコストを回収できない。しかも，競合他社との激しい競争により，代理店やプロバイダに支払う「インセンティブ」(販売報奨金)は5000〜1万円もかかり，加えて期間限定のはずの「無料キャンペーン」を期限切れ直前に延期するといった"足止め"策を繰り返していたとされる（日経コミュニケーション［2003］28-29頁）。これでは，採算がとれるはずもない。IT業界は技術進歩のスピードが速く，ADSLの後ろからはNTTの東西地域会社が普及を目論む光ファイバーの定額・常時接続サービス「フレッツ光」の足音が聞こえてくる。それゆえ，ソフトバンクは立ち止まることなく，次の一手をいつも考えていなくてはならなかった。

3 強大なライバルに立ち向かう

　表17-2 からは，ソフトバンクの企業規模が顕著に伸びたポイントを知ることができる。具体的には，2002年度から04年度と05年度から06年度の2期間であり，同社が日本テレコムとボーダフォン日本法人という2つの大型買収を成功させた時期と一致する。本節では，これらの買収の動機に焦点を合わせて検討していく。

(1) 日本テレコムの事例—— NTT の牙城に挑む

買収のねらい　ソフトバンクは2004年7月29日，国内固定通信部門でNTTとKDDIに次ぐ3位に位置する日本テレコムを翌日付で買収すると発表した。当初（同年5月27日時点で）は11月16日を予定していたから，これは大幅な前倒しを意味した。買収価格は約3400億円，リップルウッド・ホールディングスをはじめ海外投資会社6社から全株式を買い取り，完全子会社化するという内容であった（『日経産業新聞』2004年5月28日：7月30日）。

　買収のねらいとしては第1に，日本テレコムの持つ法人向け170万回線を含む640万回線，換言すれば，600万超の顧客基盤の獲得があげられる。孫は，「Yahoo! BB」を合わせて1000万に及ぶ顧客ベースについて，「クリティカルマス（臨界量）はそろった。それだけの面を取れば，いろいろな付加サービスを乗せられる。（略）固定電話が落ちる一方だったから，JT（日本テレコム：引用者）は明るい未来を描きにくかった。われわれと一緒になってシナジーを出せば，1足す1が10くらいになる。通信業界の人でも想像できないような，法人も，個人も，大企業も中小企業も含めた戦略を考えている」と，"企業秘密"を理由に具体的な計画に触れずに大風呂敷を広げた（『週刊東洋経済』2004年6月12日号）。

　ここでは，2004年5月27日の記者発表の席上，孫が「時間を買った」と発言した点に注目したい。これは，ソフトバンクのブロードバンド（ADSL）事業の損益分岐点をクリアするにあたり，日本テレコムの抱える158万件の個人会員が重要な役割を果たすという趣旨である。2004年5月時点で「Yahoo!

BB」の会員数は 418 万件であったが，先述の通り，顧客獲得費用が跳ね上がり，同年 3 月期の ADSL 事業の営業損益は 875 億円もの赤字に陥っていた。ただ，同社は，会員数が 600 万件に達すれば 1000 億円程度の営業利益を計上できるとしており，日本テレコムの買収によってこの数値にぐっと近づくことになる。仮に，個人会員全員がそっくり「Yahoo! BB」に加入すれば，であるが。これらを自前で獲得しようとした場合，1000 億円以上のコストと 2 年以上の歳月を要すると報じられた。したがって，この買収のねらいは，"時間を買う"ことにあったといえる（『週刊エコノミスト』2004 年 7 月 13 日号）。

新しいサービスの提供

日本テレコムは，買収直後の 2004 年 12 月に「おとくライン」というサービスを開始する。これは，基本料金を NTT より 100 円安く設定し，各種割引キャンペーンを打って，IP（インターネット・プロトコル）電話以上の価格破壊を推し進めようした新サービスである。このサービスでは，日本テレコムが利用者宅と NTT 局舎を結ぶ加入者線を NTT の東西地域会社から貸与する制度（ドライカッパー）を利用する。その上で，利用者の回線を自前の交換機に直接収容（直収）し，そこから先も自社の通信網で伝送する。つまり，日本テレコムは，NTT の回線や交換機に依存することなく，直接利用者と加入者線契約を結べるようになる。

その最大のメリットは，従来のサービスでは NTT に入っていた基本料を自社で徴収できる点にある。当時，NTT の月額基本料は，一般家庭向け 1750 円，法人向け 2600 円，法人用 ISDN で 3630 円であった。NTT の東西地域会社からの賃借料は月額 1400 円で固定されているため，仮に 100 円値下げしても十分な差益を獲得できる（『週刊東洋経済』2004 年 9 月 11 日号）。ここに，ソフトバンクが，日本テレコムを介して NTT に価格競争を挑む"カラクリ"を見出せるのである。

日本テレコムの「おとくライン」の価格体系は，競合相手の価格戦略に小さくないインパクトを与えた。NTT グループの NTT コミュニケーションズは 2004 年 12 月，格安固定電話サービス「プラチナ・ライン」を，KDDI も直収電話サービス「メタル・プラス」をそれぞれ開始し，固定電話 6000 万回線をめぐる値下げ競争が勃発したのである。しかし，ソフトバンクの将来像は，"格安通信会社"ではない。孫の言葉を使えば，それは「いつでも，どこでも，あらゆる情報のやり取りができるユビキタスなブロードバンド社会のインフラ

提供者になる」ことにある。この場合,「インフラ提供者」は,「パイプ屋」にとどまった従来の通信事業者とは異なる。なぜなら,光ファイバー,ADSL,無線あるいは固定電話といった「パイプ」は「単なる方法論」にすぎず,「パイプ」に流す「知恵と知識,つまりコンテンツとサービス」を「トータルでどう提供していくかが価値の差」を決めるからである(『週刊東洋経済』2005年4月30日号)。ここでいうコンテンツないしサービスはヤフーやプロ野球の福岡ソフトバンクホークスであり,キイとなる「パイプ」が携帯電話にあたる。そこで,次に携帯電話の事例を詳しく取り上げることにする。

(2) ボーダフォン日本法人の事例——通信業界に旋風を巻き起こす

　今日,ソフトバンクという社名を聞いて,すぐに思い浮かぶのは「犬のお父さん」のCMでお馴染の携帯電話かもしれない。グループの中で,携帯電話サービスの提供や端末の販売を手がけるソフトバンクモバイルの前身は,イギリスの通信企業であるボーダフォンの日本法人(以下,単に「ボーダフォン」と表記した場合はその日本法人を指す)で,そのさらに前はJ-フォンだった。要するに,ソフトバンクは,携帯電話事業もM&Aを通じて手に入れたわけである。

なぜ移動体通信(携帯電話)事業に進出するのか

　ソフトバンクが,いつの時点で携帯電話事業への参入を構想したのかは,よくわからない。一説では1998〜99年ごろともいわれるが,具体的に動き出すのは2003年初頭であり,04年2月12日の第3四半期決算発表会見では,孫が「日本の携帯電話料金は世界一高い。消費者はもっと安く,もっと楽しいサービスを望んでいる。われわれはいつか,どんな方法を使ってでも必ず無線サービスに進出する」と宣言している。実際,グループ企業で「Yahoo! BB」を手がけるソフトバンクBB内に移動体通信企画本部を設置し,携帯各社からヘッドハントした社員を中心に100名近い「開発部隊」を組織,日本テレコムの技術者との交流を始めるなど体制強化に乗り出していた(日経コミュニケーション[2005] 4-5頁,『週刊東洋経済』2004年8月21日号,『週刊エコノミスト』2004年8月24日号)。

　なぜ携帯電話なのか。その理由としてはまず,ソフトバンク・グループの中核をなすブロードバンド事業の成長力の鈍化と,携帯電話事業の収益性の高さが考えられる。固定系のブロードバンド市場は過当競争に突入し,とくに

ADSLは大幅な価格下落に見舞われていた。他方、2004年度の営業利益を見ると、NTT東日本と同西日本の合計1578億円に対し、NTTドコモは5倍以上の7841億円で、営業利益率は16％に達し、同じくauの営業利益は2395億円で利益率は13％に上っていた（『週刊ダイヤモンド』2005年9月10日号）。

次に、ソフトバンクの持つ他の事業とのシナジー効果を期待できた点をあげられる。たとえば、2003年末のパケット定額制の導入とその普及に伴い、携帯サイトとしての地位を高めたヤフーの場合、約70のサービスの中で、オークション、ネット通販、あるいはウェブ・メールなど、半数近いサービスが携帯電話でも利用可能であった。また、2004年12月、ヤフーはディズニー社との間で、キャラクターを使った待受画面や着メロなどの携帯電話向け配信に関する契約を結び、コンテンツの拡充を図っていた（『日刊工業新聞』2005年2月10日）。

移動体通信事業に参入する方法

電気通信事業はいろいろな規制に取り囲まれており、とくに携帯電話はその傾向が強い。そもそも電波（使用周波数）の割当てを受けないとサービスを提供できないのだが、この割当ては所管官庁である総務省の許認可事項になっていて、"新参者"が簡単に手に入れられる代物ではない。ここで押さえておくべきは、①電波は有限であること、②携帯に向く電波と向かない電波があることの2点である。①は認可を受けられる企業が限られることを、②はどの電波を割り当てられるのかがサービスの質に直結することを意味する。

①について、携帯電話やテレビ放送といった無線を使うサービスは一般的に、ADSLや光ファイバーなどの有線サービスと異なり、利用する周波数帯が決められている。無線通信を水泳競技にたとえると、周波数帯はプールを区切ったコースにあたる。各選手が勝手に泳ぐと衝突してしまうように、無線通信も勝手に電波を使うと混線したりして安定的なサービスを提供できない。総務省は、そうした混乱を防ぐために利用可能な周波数帯を割り振る役割を担う。つまり、許認可権を握っている。他方、②に関しては、周波数帯が低いほど、障害物等による音声の途切れが少なく、電波の伝搬性能が高いので、携帯電話に適した周波数帯といわれる。とくに800メガヘルツ（MHz）帯は「携帯電話にとって理想の周波数帯」とされ、2ギガヘルツ（GHz）に比べて電波の到達範囲が広く、無線基地局の設置数も少なくて済むから、その分の投資コストを抑制できる。

ちなみに，2 GHz は NTT ドコモの第3世代携帯電話サービス「FOMA」などで利用された周波数帯である。

　ソフトバンクが，携帯電話事業に参入するにあたって，当初のTDD（時間多重分割）方式を採用した 2 GHz 帯から 800 MHz 帯に方針を転換したのは，上記の事情に基づく。しかし，ソフトバンクの強い抗議にもかかわらず，総務省は 2005 年 2 月 8 日，正式に 800 MHz 帯を新規参入者に割り当てない方針を決め，翌 9 日，電波監理審議会が同社の無線基地局の免許申請（04 年 12 月）を却下した（日経コミュニケーション［2005］6, 28, 40 頁，『日刊工業新聞』2004 年 9 月 7 日）。

　こうした事態を受けて，ソフトバンクは，すでに申請済みの 1.7 GHz 帯での参入に舵を切る。具体的には，NTT ドコモやボーダフォンと同じく，周波数を広域帯で使えるように CDMA を改良した W-CDMA 方式を採用し，無線 LAN とカード型のデータ通信端末を提供するプランを立てた。2005 年 5 月 30 日に，グループ企業のモバイル BB は，W-CDMA の実験基地局の免許取得を発表している。しかし，これは携帯電話ではない。5 MHz 幅の周波数しか割り当てられないために，音声通話はできず，パソコンなどのデータ通信にしか利用できないのである。

　他方，NTT ドコモと au は第 3 世代携帯電話用の周波数幅として，15 MHz 以上を確保していた。周波数幅には規模の経済性が効くから，広くなればそれだけ効率的に周波数を利用できるといわれる。だから当然，ソフトバンクはさらなる割当てを総務省に求めた。そこで，同省は，携帯電話の利用者数が 250 万人を超えた時点で追加の 5 MHz 幅を割り当てるとし，ソフトバンクに利用者の拡大による音声通信サービスの提供という道を残したのである。とはいっても，同社は，商用サービスの開始を 2007 年 4 月 1 日に設定しており，そこから利用者を増やすとなると，携帯電話としてサービスを提供できるのはかなり先の話になる（日経コミュニケーション［2005］46-48 頁，富士通総研ほか［2001］108-111 頁，『週刊東洋経済』2005 年 7 月 23 日号，『日刊工業新聞』2005 年 6 月 2 日）。このような不完全な参入形態が，M&A という手段をクローズアップさせたで

●3　従来のアナログ方式が「与えられた周波数帯を細かく分割して各ユーザーが使う」仕組みだったのとは異なり，CDMA は「与えられた周波数帯全部を複数のユーザーが同時に使える」仕組みであり，音声から動画までデータの大小を問わず一緒に送信できるため，マルチメディア通信向けの方式とされる。

あろうことは想像に難くない。

ボーダフォン日本法人の買収とそのねらい

2004年に入って、メディアはソフトバンクによるボーダフォン買収の可能性をしきりに報じるようになった。ただ、孫はインタビューの中で「相手があることだから、勝手にどうこう考えることはできない。むしろ、行政からライセンスを得て独力で始めるのが本来の姿だ」と述べ、買収に慎重な姿勢を見せていた。ただ、2005年9月には、ソフトバンクがボーダフォンの買収に動いたものの、買収価格で4000億円以上の開きがあったために合意に至らなかったとの報道がなされた。さらに2006年に入ると、社内で買収の具体的な検討を重ね、3月にイギリス・ボーダフォンとの間で日本法人の買収にかかわる交渉を経て、大筋合意に達したと報じられた（『週刊エコノミスト』2004年8月24日号、『週刊ダイヤモンド』2005年9月10日号、『週刊東洋経済』2006年4月15日号、『日経産業新聞』2006年3月6日）。

そして、2006年4月4日、ソフトバンクは価格を1株31万3456円、総額1兆7014億円、期間を24日までの21日間に設定した上で、ボーダフォン株式の公開買付（TOB）手続きを開始した。27日時点で、TOBで確保した97.6％と、イギリス・ボーダフォン傘下の市場調査会社保有の1.9％の株式（約320億円）を取得し、持株率を99.5％まで高めた（『日刊工業新聞』2006年4月4日、『日経産業新聞』2006年4月28日）。

ボーダフォン買収の直接的な動機は、周波数と顧客基盤と端末供給先の獲得に求められる。まず、ボーダフォンの保有する周波数は約60 MHzで、ドコモの約100 MHzには及ばないものの、auと同じであり、高速・大容量のデータ通信サービスの提供が可能なレベルであった。また、顧客数は約1500万人に上っていた。加えて、国内メーカーから端末を確実に供給してもらえる点にもメリットがあった。というのも、サービスで大きな差をつけにくい携帯電話ビジネスでは、デザイン・機能ともに優れた端末を揃えることが競争上きわめて重要な意味を持つからである。NTTドコモやauにしてみれば当然、同じ技術を使ってソフトバンクの端末を開発されることは望ましくない。それゆえ、先発2社と付合いの深い国内の端末（電機）メーカーが未知数のソフトバンクに対して端末を供給することに消極的との報道もあったのである。ボーダフォンの買収は、そうしたリスクの回避にもつながったと考えられる（『日経ビジネス』

2006年3月13日号)。

時間を買って「通信と放送の融合」を目指す

この買収の根幹に「通信と放送の融合」というソフトバンクの長期的な事業計画がある点にも触れておかなければならない。それは，ボーダフォンを媒体に，グループの持つ多様な情報（コンテンツ）を携帯電話向け放送サービスとして提供しようという構想である。具体例としては，「ワンセグ」放送があげられる。「ワンセグ」は，地上波デジタル放送を携帯電話に配信するサービスだから，独自性を発揮する余地は小さい。そこで，ソフトバンクはコンテンツの企画・製作を含めたビジネスを展望している。そのためには，5 MHz では足りず，10 MHz でも足りず，ボーダフォンの持つ周波数が欠かせなかった（『日経ビジネス』2006年3月27日号)。

ここで重要なのは，"時間を買う"という発想である。先述のように，ソフトバンクは事業計画書の中でサービス開始を2007年4月と設定していた。しかし，この日程だと2006年11月の番号ポータビリティ制度の導入に間に合わないという問題が生じる。なぜならば，番号を変えずに携帯電話会社を変更できるこの制度について，同社は導入直後が「最も大きなビジネスチャンス」と捉えていたからである。また，独自参入だとNTTドコモとauに追いつくまでに5年は必要との認識も示していた。この点に関連して，ソフトバンクBBの常務で，ボーダフォンの専務執行役員（技術本部長）を兼務する宮川庸一は「買収のほうが経営的に安全だった」と発言した。

ソフトバンクでは，2006年2月の1カ月間，携帯電話事業の経営の健全性について，シミュレーションを行いながら，独自参入と既存企業の買収を比較検討していた。その際，ボーダフォンだけでなく，auも買収対象として議論の俎上に上ったという。この結論が上記の発言だったのである（『日経ビジネス』2006年3月13日号，『週刊東洋経済』2006年4月15日号，『日経産業新聞』2006年4月24日）。したがって，ソフトバンクは，携帯電話事業への参入にあたり，M&Aという手段を用いることで，5年という"時間を買った"と考えられよう。

このケースの解説

ソフトバンクのパフォーマンスは，ボーダフォンの買収後に目覚ましい改善

を見せた。具体的な数値を確認しておけば，総資産営業利益率（**表 17-2**(a)列）で 2005 年度の 3.4％から 09 年度には 10.4％，売上高経常利益率（同(b)列）でも同期間に 2.5％から 12.3％へと大幅に上昇している。そこにはさまざまな要因が作用していようが，とりあえずは，収益性の高い携帯電話事業の買収は"成功"したと評価してよさそうである。

　最後に，これまで強調してきた M&A の持つ"時間を買う"効果について，経済学者のエディス・ペンローズの研究を手がかりにして，解説を加えておきたい。

　ペンローズは，「不朽の名作」といわれる『企業成長の理論』の中で，新たな設備投資（工場建設）による成長と M&A を通じたそれを比較しつつ，次のような議論を展開している。すなわち，企業が新分野への進出を計画するとき，それに要するコストは，工場の新設と機械の購入だけでなく，新たな顧客や流通チャネルの獲得にもかかるし，原材料や部品を供給する業者と取引関係を結び，有利な条件を引き出すためにもかかるだろう。仮に，その分野を事業領域とする適当な他社が存在するとしたら，企業はそれを買収することで，工場や機械といった設備のみならず，「顧客，のれん，販売チャネル，供給業者とのコネクション，時には受け入れられたブランド名や特に優れた経験豊かな人材をも，一挙に手に入れることができるかもしれない。これらをゼロからつくっていくには相当のコストと時間がかかる可能性があり，かつ，この新規事業の不確実性は大きくなる」（圏点：引用者，ペンローズ［2010］235-236 頁）。

　この議論の多くは，本ケースにもあてはまるように思われる。携帯電話事業を例にとれば，ソフトバンクは参入にあたり，電波の割当てや顧客の獲得，端末メーカーとの取引関係の構築などに要する時間とコストを大幅に節約できたといえる。成長戦略としての M&A の有効性は，おそらく，技術進歩のスピードの速い IT 業界でとくに明確に現れるだろう。

　●思考と議論のトレーニング●

　1　アメリカでは，日本と比べものにならないくらい M&A が活発に行われている。それは，エクソンモービルやソロモン・スミスバーニーなど巨大な企業を誕生させた。しかし，タイムワーナーと AOL，ダイムラーベンツとクライスラーのケースのように，すべてが成功しているわけではない。では，M&A の成功と失敗

を分ける要因は何だろうか。
② 現在，移動体通信の主役は，ケータイからスマート・フォン（スマホ）へと急速に交替しつつある。そこでは，アップルのiPhone（iOS）とGoogleが買収したAndroidを主なプラットフォームに採用する機種を1つの武器にして，NTTドコモ，ソフトバンク，そしてauが熾烈な競争を展開している。果たして，日本市場を制覇するのは，どの企業だろうか。

参考文献

霧生廣［1997］『孫正義——ソフトバンク王国の挑戦』日本能率協会マネジメントセンター。
児玉博［2005］『幻想曲——孫正義とソフトバンクの過去・今・未来』日経BP社。
コンピューターテレフォニー編（鈴木信之・大谷聖治共著）［2005］『「Yahoo! BB」マイナスからの挑戦——顧客満足度復活への軌跡』リックテレコム。
日経コミュニケーション編集［2003］『知られざる通信戦争の真実——NTT，ソフトバンクの暗闘』日経BP社。
日経コミュニケーション編集［2005］『風雲児たちが巻き起こす携帯電話崩壊の序曲——知られざる通信戦争の真実』日経BP社。
富士通総研=エディ・ワン編著［2001］『手にとるようにIT用語がわかる本』かんき出版。
ペンローズ，エディス（日高千景訳）［2010］『企業成長の理論』原著第3版，ダイヤモンド社。

［加藤健太］

もう1つの ソフトバンク　Another Perspective on Case 17

　本文はM&Aという視点からソフトバンクを論じており，とくに"時間"を買うことのメリットが強調されている。たしかにそれはM&Aのメリットの1つであり，とりわけソフトバンクが，当初想定していた独力での携帯電話ビジネスへの参入構想から，一転してボーダフォンへの買収を仕かけることによって参入を果たしたプロセスとそのねらいについての説明としては説得的な議論である。

　しかし，もう一歩踏み込んでこのプロセスについて考えようとすると，よくわからない点もある。真っ先に思い浮かぶのは，総額1兆7500億円ともいわれるボーダフォンの買収資金をソフトバンクはいったいどのようにして準備したのか，言い換えれば，なぜソフトバンクはこのような超大型の買収を実行できたのかという疑問である。また，ボーダフォン買収後，ソフトバンクがどのようにして携帯電話事業の経営を行ったのかという，ソフトバンクの経営戦略も気になるところである。当時，ボーダフォンの携帯電話を使っていた筆者の記憶では，業界でのボーダフォンの勢いはあまりなく，ソフトバンクが買収したところでライバルであるドコモやauに対抗できるとは到底思えなかった。ソフトバンクの買収価格は高すぎるというのが当時の多くの論調だった。

　まず，買収後どのような経営戦略をとったのかという点に関しては，本文で見た「Yahoo! BB」のときと同様，低価格戦略を展開したことが特徴の1つとして指摘できるだろう。「ホワイトプラン」や「ただ友」といった独自の料金設定が，その代表的なものである。それ以外にも，日本でのiPhoneやiPadといったアップル社製品の独占販売権（発売当時）を獲得したことはソフトバンクにとって画期的なできごとであった。また，初期にはキャメロン・ディアスやブラッド・ピット，最近ではSMAPや「白戸家」などを起用したインパクトのあるCMも，ソフトバンクのブランド構築の戦略の一環として指摘できるだろう。

　もう1つの，ソフトバンクがどのようにして大型買収を実施しえたのかという点に関しては，LBO（レバレッジド・バイ・アウト）という，梃を効かせた買収方法が使われたことを指摘できる。買収時にソフトバンクが発表したプレスリリースによると，ソフトバンク本体は子会社を通じて2000億円を出資するにとどまり（ほかにヤフーが1200億円），買収金額のうち1兆2800億円を，ドイツ銀行，みずほコーポレート銀行，シティバンク，ゴールドマン・サックス証券など7金融機関による共同融資という形で調達している。つまり，ソフトバンクは大半の買収資金を金融機関から借り入れてTOBを実施したのである。しかし，そうであれば今度は，なぜソフトバンクに対してこのよ

うな大型融資が実行されたのかという，さらなる疑問を生むことになる。これに関しては，融資を行うにあたってソフトバンクに対する金融機関の評価がかなり高かったこと，あるいは買収後の携帯電話ビジネスに対して資金の出し手がソフトバンクの経営能力に高い評価を与えていたことが，ポイントとなってくるだろう。

　このように，本文の このケースで考えること で示された，ソフトバンクはなぜ短期間に成長しえたのかという課題について，ソフトバンクのM&Aに即して，より踏み込んで考察しようとすれば，なぜソフトバンクは次々にM&Aが実施できたのか，またM&A後の経営はどのように行ったのかという，経営戦略や経営能力に注目する必要が出てくるのである。そして，ソフトバンクの経営戦略について考えるときにキーワードとなってくるのが，本文の中でも紹介されているソフトバンクが掲げる長期的な事業計画である「通信と放送の融合」であろう。しかし，改めてその内容について検討しようとするとわからないことが多い。そもそも，通信と放送という伝統的なビジネス同士が「融合」するとはどういうことか。ソフトバンクはこの看板を掲げることで，具体的に何を目指しているのか，また，それがソフトバンクの展開する携帯電話ビジネスといかなる関係にあるのかなどについても，踏み込んで議論する必要がありそうである。その場合，「Yahoo! JAPAN」やプロ野球球団「福岡ソフトバンクホークス」など，ソフトバンクが展開する他のビジネスとのつながりについて考慮する必要も出てくる。

　また，ソフトバンクの経営戦略を知るという意味では，本文ではほとんど触れられていないが，創業者であり，この間一貫して同社の経営に携わって経営戦略を立案していると考えられる孫正義を分析対象とすることも，1つの手がかりとなるだろう。

参考文献

ソフトバンク株式会社ホームページ（http://www.softbank.co.jp/）。

[大石直樹]

Case 18
ファーストリテイリング
● 安くて高品質で"オシャレ"なユニクロはどう作られるのか

このケースで考えること

　本ケースでは，ファーストリテイリングの展開するユニクロの各種商品が，どのような仕組みで開発・生産・販売されてきたのかという点を考えていく。

　基本的な問題意識は，ファーストリテイリングが，いかにして安価で，高品質，そして時に"オシャレ"な商品を顧客に提供してきたのかという点にある。この問いに向き合う場合，ポイントは，①品質と価格の間にあるトレードオフ（二律背反）の関係と，②同社の業態変化の2点に置かれる。

　一般的に，品質を高めようとすれば，価格は上がりがちであり，逆に，価格を下げようとすれば，品質は低下しがちである。これが，①の品質と価格のトレードオフの関係である。たとえば，品質の向上には，厳選を重ねた原材料の調達や現場に立ち入った厳格な生産管理などが必要となるから，コストが高くなる傾向が強い。一方，安価な商品を作るためには，原材料や加工費，人件費などを抑えなければならないので，品質を向上させることが難しい。それゆえ，安価で高品質な商品の提供には，さまざまな工夫が要求されるのである。本ケースでは，ファーストリテイリングの品質管理に焦点の1つを合わせる。

　②については，ファーストリテイリング（小郡商事）が，創業からしばらくの間は小売機能だけを担っていたことが重要である。第1節で詳しく述べる通り，同社の初期の特徴は，ナショナル・ブランド品をディスカウントして販売する点にあった。それが，高品質・低価格の商品を提供するために，自主企画

商品を手がけ，自ら生産段階にまで踏み込むようになるのである。このような同社の進化に2つ目の焦点を合わせたい。

1 ユニクロの誕生と成長

(1) 小郡商事からファーストリテイリングへの変身

カジュアル・ウェアへの着眼

ファーストリテイリングは，柳井正の父（柳井等）が1949年3月に山口県宇部市で創業した個人営業のメンズショップ小郡商事（小郡商事）を前身とする。

柳井等は，宇部市の市街地にスーツなどの重衣料を中心とするメンズショップOSを出店，その後，山口県の小野田市や下関市などで店舗を徐々に増やし，1963年5月に小郡商事株式会社を設立する（繊研新聞社［2000］19頁）。そして，1972年，後にファーストリテイリングの社長となる柳井正が，ジャスコを辞めて小郡商事に入社し，翌73年専務に就任した。

父親から経営を全面的に任された柳井は入社後，小郡商事の事業内容を大きく変化させていく。具体的には紳士服からカジュアル・ウェアへの転換だが，そこには2つの要因があった。1つは，紳士服販売というビジネスの「限界」である。紳士服は，技術を持った販売員による採寸などの接客を必要とする。また，スーツは，相対的に高価格で利益率が高い反面，商品の回転率がとても低い（1年間に2, 3回転）。2つ目は，海外の小売業，とくにアメリカの大学生協の視察とそこから得たヒントである。柳井は年に1回，アメリカやヨーロッパの小売業，たとえばギャップ，リミテッド，ネクスト，ベネトン，エスプリといったチェーン店を訪れていた。あるとき柳井は，アメリカの大学生協で，買う側の立場で店作りがなされたセルフサービスを目の当たりにする。そして，「本屋やレコード店と同じようにすーっと入れて，欲しいものが見つからなかったら気楽に出て行ける。こんな形でカジュアル・ウェアの販売をやったらおもしろいのではないか」と思いつく（横田［2011］154-155頁，柳井［2006］32-35頁）。こうして，小郡商事はカジュアル・ウェアへの転換に乗り出すのである。

1980年代の日本では，DC（デザイナーズ＆キャラクター）ブランドがブーム

ユニクロ1号店（ファーストリテイリング提供）

を巻き起こしていた。DCブランドは，デザイナーの個性を前面に出したイメージを強烈に訴求した点，『non-no』『JJ』『Can Cam』といったファッション雑誌を積極的に活用した点で，それまでのアパレル・メーカーとは異なる新規性を備えていた。代表的なブランドとして，BIGIやVIVA YOU，NICOLE，MELROSEなどをあげられるが，いずれも丸井やPARCOといった百貨店ないしはファッション専門店のコーナー売り場や直営店で相対的に高価格帯の商品を展開していた。DCブランドは，一時は店舗の周辺に行列ができるほどのブームとなったのである。

ユニクロの誕生

このような経営環境の中で，柳井は，高価なDCブランドに手が出ない10代の子どもを対象にして，低価格のカジュアル・ウェアをセルフサービスで提供する店のイメージを創り上げていく。1983年ごろの話である。こうして，「週刊誌みたいにカジュアル・ウェアを買える店」というストア・コンセプトを持つ「ユニーク・クロージング・ウェアハウス」，いわゆるユニクロが誕生した。

ユニクロ1号店は1984年6月2日，広島市中区本通商店街の裏通りにある袋町にオープンした。売り場面積はマンションの1階と2階を併せて100坪，商品は1000円と1900円の2プライスを価格帯の中心に据えた。経営上の特徴は，朝6時から夜12時の営業時間にあった。そんな朝早くから客が来るのかと心配する社員も少なくなかったが，開店初日から入場制限をするほどの盛況であった。当日は，来店者の中から選ばれた人にパンと牛乳をプレゼントするなどの変わったサービスも行われた。また，1週間以上も前から店舗の近隣にある中学校や高校の周辺，駅前，商店街でチラシを配布したり，ラジオやテレビを使った広告を展開したりしたことも効果を発揮しただろう（柳井［2006］36-37頁，安本［1999］106-107頁）。同年9月，ユニクロの実績を認められて，柳井正が社長に就任した。

店舗を増やして，社名も変更する

小郡商事は1号店の成功を受けて，1985年6月に山口県下関市のロードサイドにユニクロ2号店を出店し，これが郊外型店舗の展開の端緒となる。その

表18-1　ファーストリテイリングの業績と店舗展開

	売上高 (百万円)	経常利益 (百万円)	利益率 (%)	店舗数 (店)
1984年	1,410	−31	−2.2	7
85	1,526	30	2.0	8
86	2,103	22	1.0	11
87	2,237	65	2.9	13
88	2,719	42	1.5	15
89	4,164	48	1.2	22
90	5,157	100	1.9	25
91	7,179	358	5.0	29
92	14,339	926	6.5	62
93	25,037	2,113	8.4	90
94	33,336	2,742	8.2	118
95	48,692	4,530	9.3	176
96	59,959	4,570	7.6	229
97	75,021	5,511	7.3	276
98	83,121	6,320	7.6	336
99	111,082	14,166	12.8	368
2000	228,986	60,480	26.4	433
01	418,561	103,217	24.7	519
02	344,170	51,110	14.9	585
03	309,789	41,569	13.4	621
04	339,999	64,183	18.9	646
05	383,973	58,607	15.3	693
06	448,819	73,138	16.3	750
07	525,203	64,604	12.3	787
08	586,458	85,698	14.6	813

(注)　1)　毎年8月期の数値。
　　　2)　2001年8月期以降の売上高と経常利益は連結の数値である。
　　　3)　店舗数は、ユニクロのみの数値である。
(出所)　～1992年：繊研新聞社［2000］33頁，93年～：ファーストリテイリング株式会社「有価証券報告書」各期。

後，1985年10月に岡山店（岡山県岡山市），86年10月に山口市のマエダ商事と組んでフランチャイズ（FC）店第1号となる山口店（山口県山口市）を相次いでオープンした。FCの採用は，資金不足を補うことが目的であった。ユニクロの店舗数は，1984年の7店から86年に11店，88年15店，そして90年には25店まで増えた（**表18-1**）。なお，1990年8月にはFCの募集を取り止め，直営店に一本化する方針を決めている（繊研新聞社［2000］27-28頁）。

1991年9月，小郡商事は社名をファーストリテイリングへと変更し，新たな一歩を踏み出した。ここで小郡商事時代のビジネスの特徴として，次の3点

を確認しておきたい。第1に，同社の機能が小売にほぼ限定されていたことである。1987年からユニクロのオリジナル商品の開発に着手するものの，メーカーや商社から完成品を仕入れて販売することが基本的な事業内容となっていた。とくに，「チャンピオン」や「リーボック」といった有名なナショナル・ブランドの商品を破格の安値で売る点は，小郡商事の特色の1つであったといえる。[*2] 加えて，「バッドボーイ」や「ビジョン」「エルヴィス・プレスリー」などの独占ライセンス・ブランドの商品もあり，ユニクロ以外の複数のブランド品が店頭に並んでいた。

第2に，ユニクロ以外の小売業を手がけていたことである。創業以来のメンズショップOSをはじめ，「スピリット」という名称の紳士向け郊外型ブティックを経営していた（繊研新聞社 [2000] 33, 49-50頁）。

第3に，完全買取りを実施していたことである（横田 [2011] 149頁）。当時の衣料品小売業は一般的に，委託販売方式をとることが多かった。この方式は，売残り商品を返品できるため，小売業者にとってはリスクの回避という利点がある反面，仕入原価が割高になり，粗利益を圧縮するという欠点もあった。それとは異なり，完全買取方式の場合，売残りのリスクを小売業者が引き受けることによって，仕入原価の引下げが可能であった。小郡商事は，低価格販売の実現を狙って，完全買取方式を採用したのである。

以上の3つのうち，前の2つが後に変化するのに対して，3つ目の点は引き継がれていく。

(2) オリジナル商品への挑戦

商品コンセプトを立てる

ファーストリテイリングが，ユニクロというブランドで自主企画商品を開発するにあたっては，そのコンセプトの明確化が欠かせない。これこそが，同社が切り開くべき道を示したからである。

柳井は「衣料は特別な商品でも何でもない。我々は顧客をセグメントせずに，

- [1] ただし，FCの店舗がなくなったわけではなく，2008年でも19店を数えた（ファーストリテイリング株式会社「有価証券報告書」2008年8月期。以下，「有報」）。
- [2] 売上高に占めるナショナル・ブランド品の割合は，1995年8月期に17.6％に達したが，2000年8月期にはゼロとなった（「有報」1995年8月期；2000年8月期）。

あらゆる人，あらゆるブランドに合う商品を作る。その意味で汎用性の高い『部品』を提供する企業です」と語る（『週刊東洋経済』2000年7月15日号）。ノンエイジ，ユニセックスのあらゆる顧客を対象とするベーシックなカジュアル・ウェア，これがユニクロの商品に流れるコンセプトである。当初はファッション性を追求せず，デザインはシンプル，ゆえに他社との差別化は価格と品質で図ることになった。

　今日のユニクロの店舗は，ほぼすべてを自社製品で固めているが，それまでの道のりは決して平坦ではなかった。ファーストリテイリングが，自主企画商品の開発に着手したのは1987年のことである。その背景としては，①メーカーや商社から商品を仕入れて販売するという形態では，商品の価格，品質，および品揃えがコントロールできないこと，②店舗数が増えていたこと，③香港視察で刺激を受けたことがあげられる。

　③について，少し詳しく説明しておこう。1986年，柳井は香港視察の際に，ジョルダーノ社のポロシャツを手にとり，その低価格と高品質に驚かされる。ジョルダーノ社は，ユニセックスのカジュアル・ウェアを展開する香港最大のカジュアル・ブランドであり，アメリカの衣料品専門店・リミテッド社のセーター生産も担当していた。この体験を1つのきっかけにして，柳井は自主企画商品の開発を決意する。

自主企画商品の開発に乗り出す

　もちろん，小売業者のファーストリテイリングにとって，自ら生産に乗り出すことは簡単ではない。そこで，自主企画商品をメーカーに生産委託する方式，いわゆる「別注」方式を採用することにした。ただし，海外メーカーに委託する場合，ある程度の発注量を確保しないと引き受けてもらえず，また，メーカーへの返品ができないので完全買取りにして，売残りリスクを引き受けなくてはならない。つまり，この方式は，売れない商品を開発することを許さないのである。

　しかし，自社で商品を企画することは容易ではなかった。そもそも，社内にデザイナーやパタンナー（デザイナーが考えたイメージ〔画〕を型紙にまとめ，使う素材を選んだり，ファースト・パターンを作成したりして，サンプルを作る人）がいないから，仕様書も「手書きでいいかげんなもの」になってしまう。生産管理もできない。その結果，商品は完成したものの，メーカーの商品に対抗できず，

値下げ販売を余儀なくされた（柳井［2006］43-45頁）。こうした事態に対して，ファーストリテイリングは1989年2月，素材段階からの自主企画商品の開発体制を拡充すべく，大阪市吹田市に商品部大阪事務所を開設した。だが，納得のいくオリジナル商品の開発には，もう少し時間を要することになる。

時期は下って，1994年12月，ファーストリテイリングはアメリカ・ニューヨークに，100％子会社のデザイン・チーム「インプレス・ニューヨーク」を設立した。柳井は「普段着にデザイナーの個性や感性は不必要。ただ流行遅れでは商品にならない。世界の若者のライフスタイルは均一化しており，その流れはニューヨークに集まる」と考え，この地にデザインの拠点を置いたのである（『日本経済新聞』1995年9月9日）。しかし，この組織は，日本市場や販売現場（店頭）の実態に関する理解が十分でなく，円滑なコミュニケーションもとれなかったために期待された役割を果たせず，再検討を迫られるようになる。

商品の生産にも乗り出してみる　自主企画商品の開発を進めていたファーストリテイリングは，その商品をどのように生産するかという課題にも直面していた。先に触れた通り，答えは生産委託方式なのだが，これもまた簡単には自らの希望する水準を約束するものではなかった。

1992, 93年ごろのユニクロの商品は，90％以上が輸入品で，そのほとんどが中国製であった。同社は自分で原価計算と仕様書の作成を行って，アパレル・メーカーに発注する。ポイントは，仕入価格を引き下げるために，完全買取りを実施したことであり，厳密な契約主義を採ったことである。契約書には，契約不履行については双方にペナルティを課すこと，仮に，商品の未引取りといった事態が生じた場合には，ファーストリテイリングが取引先工場の損害を補填する条項を盛り込んだという。ただ，当時の同社の活動はいまだ商品企画の段階にとどまり，生産管理は商社などに依存していたから，その意味で生産に対するコントロールは不十分なものであった（繊研新聞社［2000］186-189頁）。

ファーストリテイリングは1994年，ジャスコなどと合弁で，アウター製造を担う上海伏尼克服装綿針織を設立，96年にはニチメンなどと合弁で靴下を製造する山東宏利綿針織を設立して，生産体制の整備を進めた。とはいえ，同社が出資したケースはこの2社くらいで，ほとんどの取引先企業とは資本関係を持っていなかった。それゆえ，生産のコントロールにあたっては他の方法を

模索しなければならなかった。

2　フリース・ブームの到来

(1)　ファッションのメッカ・原宿に乗り込む

原宿店のオープン

　これまで述べてきたように，ファーストリテイリングは，単なる小売業からの脱皮を図るべく，自ら商品企画に乗り出し，生産部門への進出も視野に入れていた。しかし，店舗こそ急速に増えていたものの，ユニクロ・ブランドは，全国的に見れば知名度を高めたとはいえなかった。そうした状況を一変させたのが，1998年から始まるフリース・ブームである。

　1998年11月28日午前10時，ユニクロ原宿店がオープンした。東京・原宿の神宮前交差点近くには，高校生や大学生，家族連れなどが長蛇の列をつくった。原宿店は，それまでの店舗とは異なる特徴を持っていた。たとえば，什器の高さを従来に比べて低く，壁面の高い棚にはトレーナーなどを色別に並べた。店内の見通しをよくし，実際よりも商品アイテム数が多く見えるよう陳列方法を工夫したわけである。原宿店は，閉店の午後8時まで入場制限が行われるほどの盛況の中で初日を終えた（『日経流通新聞』1998年12月15日）。原宿店は，新庄正明管理部長が「それまでは安さのイメージばかりが先行していたが，原宿出店以後は品質の良さをアピールでき，消費者の認知度が高まった」（『朝日新聞』1999年10月9日）と語ったように，企業イメージの向上にもつながったのである。

スポットライトを浴びたフリース

　原宿店には，なぜ入場制限をするほど客が押し寄せたのか。答えを先取りすれば，フリースを対象にしたフォーカス戦略が成功したから，となる。

　ファーストリテイリングは原宿出店以前から，アメリカのモーデンミルズというメーカーに別注する形で自社企画のフリースを取り扱っていた。価格帯は5900円と4900円の2種類であったが，同社はこの価格に満足せず，もっと安価で良質のフリースの製作を考えるようになる。中国の委託工場とファーストリテイリングの生産管理担当者が，試行錯誤を重ねた結果，最終的に化学繊維

フリース・ブームのころの新聞全面広告（左）と店頭の様子（右）
（左：『朝日新聞』2000年10月18日，右：読売新聞社提供）

メーカーの東レから原料を調達し，インドネシアで精紡した後，中国で織って染色・縫製するという分業体制のもとで作ることに決まった。当初は光沢や保温性，保湿性といった点に問題を抱えていたが，改良を続けて品質を向上させていった。さらに，顧客が楽しんで買えるようにカラー・バリエーションを豊富に揃えた。ファーストリテイリングは原宿出店に際し，このフリースを前面に押し出す作戦に出る。店内の最も目立つところを，色とりどりのフリースで埋め尽くし，原宿周辺には「フリースに自信あり」というきわめてシンプルなフレーズのポスターを貼った（柳井［2006］115-116頁，溝上［2000］151頁）。

ファーストリテイリングは1998年秋冬にフリース200万枚を売り切り，ブームに火が付く。一般的に，衣料品業界は10万枚でヒット，50万枚で大ヒットといわれる世界だから，この数値は驚異的ですらあった。しかも，翌年に850万枚，そして2000年にはなんと2600万枚という空前の販売数を達成したのである。

このように，フリースは，特定の商品に絞って消費者に訴えるフォーカス戦略が成功した事例と解釈できる。それまでのファーストリテイリングは，店舗として何を売りたいのかを消費者に訴えられず，似たような種類の商品を漠然と並べるだけであったとされる。それに対して，フォーカス戦略の場合，アピールする商品の種類を絞り込むことで，さまざまな色やサイズを揃え，品切れによる機会損失を小さくすることが可能になる。加えて，特定の単品の売上げが伸びれば，原材料の調達コストや生産コストの削減だけでなく，品質向上も可能になる（『日経ビジネス』2000年1月17日）。もちろん，そうした図式に完全

にあてはまるわけではないが，フリースは1つの成功事例だったと考えられる。

(2) そのとき，商品はどのように作られていたか

　ファーストリテイリングは，企画開発体制の一本化を狙って，1998年2月に東京・大阪両事務所を統合して，東京・渋谷に新しく東京事務所を開設する一方，同年7月にインプレス・ニューヨークを閉鎖した。このデザイン・チームの再編とほぼ同時に，中国における委託生産工場の集約化に着手する。目的は，1工場当たりの発注量の増加による計画的な工場の稼働，品質の向上と納期管理の徹底にあり，130～140を数えた工場を半年間で約40にまで絞り込むとした。選択基準として，工場経営者のものづくりに対する姿勢，年産1000万点以上の生産能力，そして生産改善の実現可能性を掲げた。実際には，2000年時点の「提携工場」は約70とされるから，計画通りに集約化が進んだわけではないが，それでも半数近くまで減らしたことにはなる（繊研新聞社［2000］41, 53, 56-57頁，『週刊東洋経済』2000年7月15日号）。

　このように優秀工場に生産を集中するだけでなく，ファーストリテイリングは，生産現場へ踏み込んでいく。具体的には，現地工場の生産管理体制の拡充を図るために，1999年4月と9月に上海事務所と広州事務所をそれぞれ設置して担当者を常住させたことがあげられる。それまでは，担当者が中国に出張して工場を視察するという形をとっていた。しかし，このペースでは，十分な生産管理はできない。もちろん，中国の各工場にも生産管理担当者はいるが，「たまに現地へ行って視察する程度では，工場側がその場を取り繕って実態は何ひとつ見えてこない」し，「他人任せでやっていては，問題が起こったときに原因がつかめず，素早く改善できない」。そこで，同社は，現地に常駐するスタッフが，工場に出向くことで生産管理を徹底させようと考えたのである（繊研新聞社［2000］57-58頁，柳井［2006］96-97頁，『日経流通新聞』1999年4月29日）。

　上海事務所のスタッフは発足当初，日本から派遣された所長と現地スタッフの計5名にすぎなかったが，2000年には28名，同じく広州事務所も24名の合計52名まで増員した。このうち日本人は上海に2名，広州には1名しかおらず，ほとんどを現地スタッフが占めた。1企業（複数の工場を持つケースが多い）に1名のスタッフが月曜日から木曜日まで張り付いて直接管理を行う。現

地工場は衣服に対する意識が高くないため，スタッフは「必ず商品を着用して，お客の視点でチェックする」方法を採り，50以上のチェック項目の並ぶ管理マニュアルも携えた。そして，ファーストリテイリングは2000年ごろ，品番別から色・サイズごとの単品レベルの生産体制への転換に着手したのである（『週刊東洋経済』2000年7月15日号）。

3 "ユニクロ・モデル"の進化

(1) ブームは終わった

　ファーストリテイリングは，2002年8月期決算で対前年比17.8％もの大幅な売上減少となり，経常利益も前年度からほぼ半減，売上高経常利益率は14.9％まで落ち込んだ。減収減益は2003年度も続く。この間，店舗数は100店以上も増えていたから，既存店の販売不振はきわめて深刻なものであったと想像できる（表18-1）。その要因として，フリース・ブームに引っ張られる形で，それ以外の商品の売行きも好調であったために，欠品の削減が最重要目標となってしまい，フリースに続く新商品の開発に手が回らなかったことがあげられる。

　『日経ビジネス』が2002年1月末に実施したアンケートによれば，「ユニクロの店舗で買い物をする頻度が減ったのはどうしてですか？」という質問に対して，「魅力的な新商品がないから」という回答が62.2％で最も多かった。そして，この結果は，消費者がユニクロに飽きたと捉えられたのである（『日経ビジネス』2002年2月18日号）。若者の間で「ユニバレ」という言葉（ユニクロを着ていることがばれるという意味）が生まれるほどにブランド価値も低下した（『激流』2002年4月号）。売上高は2003年8月期以降，再び右肩上がりの成長を続けたものの，一時20％を超えた利益率は10％台で推移するようになる（表18-1）。ブームは終わったのである。

　そうした状況の中で，ファーストリテイリングは2度の社長交代を経験する。1度目は，2002年11月に柳井が会長兼CEOに退き，新たに玉塚元一が副社長から社長に昇格したときであり，2度目は，そのわずか3年後の05年11月，柳井が，玉塚を実質的には更迭する形で社長に復帰したときである。とはいえ，

玉塚社長時代にファーストリテイリングが停滞していたわけではない。以下では，この社長交代を念頭に置きつつ，「ものづくり」に焦点を合わせて同社の取組みを検討する。

(2) さらなる高品質への挑戦

　ファーストリテイリングは2000年4月，「匠プロジェクト」を立ち上げた。このプロジェクトには，中国の現地工場に対して専門的な技術指導を行い，生産技術の向上を図るために，編み・織布・染色・縫製といった工程ごとに，主に30年以上の経験を有する熟練技術者が集められた。「匠」と呼ばれたメンバーの多くは繊維産業で活躍していた人たちであった。彼らの一部は工場に常駐し，他は1カ月程度の出張という形で指導にあたった。内容としては，たとえば，縫い目が波打って想定通りのデザインやシルエットに仕上がっていないという問題が生じたとする。そうした場合には，ミシンの糸の張り具合や針の番手といった複数の原因を想定できる。ここで「匠」チームの役割は，その主因を特定した上で具体的な解決策を工場の従業員に教えることにある。加えて，機械の保守や調整・整備なども教示する項目に入っていた。

　「匠」チームは当初，生産技術を中心に指導していたが，2002年後半からは，ラインの配置や人員の張付け方などの工場運営と生産管理へと重点を移行していった。そのために，ファーストリテイリングは，マネジメント能力の高い工場経営者や工場長経験者を「匠」チームに加えるようになった（柳井［2006］96-97頁，川嶋［2008］85-86頁，『日経流通新聞』2001年4月5日，『日経MJ』2003年1月18日）。

(3) "オシャレ"への挑戦

世界に広がる商品開発に向けた取組み

　フリース・ブームが過ぎ去った2002年，柳井は「あくまで生活に密着したベーシックなカジュアルウェアを売るという業態である」ことと「シーズンごとに新鮮味を出してい」くこととの間のバランスを考えながら，「少しファッションの方に振りたい」と語った。つまり，ベーシックの中にも，シーズンごとのデザインを強調していこうという方針である。ファッション性の高い商品を提供しなくても，「絶対的な競争優位」を持つ商品であればマンネリ化し

ない。ただ，「生活必需品にもトレンドがあり，そのシーズンごとに求められる機能とか，雰囲気とかがある」と考えて，"オシャレ"の要素を商品に採り入れようとしたのである（『日経ビジネス』2002年2月18日号）。

こうした認識に基づいて，ファーストリテイリングは2002年1月，マーチャンダイジング部に属していたデザイン部門を独立させて，ユニクロデザイン研究室を設置し，イッセイミヤケの元社長・多田裕を室長に起用した。同年4月には，この研究室をファッション先進地の東京・青山に開設し，デザインの洗練と優秀なデザイナーの確保を図った。さらに，ベーシックからファッションへの商品政策の転換（商品開発力の強化）を進めるため，アメリカでUNIQLO Design Studio, New York, Inc. を発足させ，2005年9月にこれをR&Dセンターとして拡充した。

そして，ニューヨークのR&Dセンターを中心に，東京，パリ，ミラノといった流行発信地にもセンターを設置，136名のデザイナーを配属して「グローバル商品開発体制」を本格的に稼働させた。これは，ユニクロの国内店舗のみならず，海外の店舗，グループ企業，取引先などを含めて，世界のトレンドや顧客ニーズ，ライフスタイル，素材に関する最新の情報を収集し，それに基づいてクリエイティブ・ディレクター，各商品事業部，マーケティング部をメンバーとする会議で，シーズンのコンセプトを決定する。そして，このコンセプトに従って各拠点でデザインを起こし，各国のマーケットに適合した商品を開発するという体制であった（『日経MJ』2002年4月4日，柳井［2009］51-52頁，『週刊ダイヤモンド』2006年10月28日号）。

このR&Dセンターで，デザイナーは新たな課題を与えられた。1つは，現場を知ることであり，もう1つは，現場の声を"形"にすることである。正確な時期は不明だが，前者について，デザイナーは月1回，店舗に行って，販売スタッフから自分のデザインした商品の売行きなどを聞き，その報告内容から現場で起きていることを把握するようになった。そこには，柳井を筆頭に経営幹部や社員も出席し，販売スタッフからは「このデザインは，お客様が手に取って試着もしてくれる。けれども，全然売れないですねえ」といった厳しい意見も出されたという。後者については，販売スタッフの意見を"形"にするため，1人毎週1つのアイディアを提出することをデザイナーに義務づけた。デザイナーが110名とすれば，1年間で5000件超のアイディアが出ることにな

る（『日経ビジネス』2009年3月2日号）。この膨大なアイディアの中から，ヒット商品が生み出されるのである。

異業種コラボ　"オシャレ"感を追求するために，ファーストリテイリングは，異業種企業とのコラボレーションを試みた。2004年2月，集英社の人気ファッション誌『non-no』と連動して女性向けジーンズを開発し，ユニクロ全店とネット通販で販売を開始した。それまでも，同社は地域や販路を限定しながら，雑誌と組んでTシャツやバッグを生み出していたが，全国展開は，はじめてであった。開発プロセスにおいては，ファーストリテイリングのデザイナーやパタンナーと『non-no』の読者，スタイリストの間で意見が交換され，読者のアイディアのうち，太もも部分の太さやコインポケットのデザインなどが採用されたという（『日経MJ』2004年2月10日）。

続いてファーストリテイリングは，2004年6月，同じく集英社の女性誌『LEE』と連動して，5種類の女性向けカットソーを開発・販売した。ここでも，「手ごろな価格で大人の女性がほっそり見えるカットソーを」「顔周りがすっきりするように胸元の開きを深く」といった読者モデルやスタイリストの注文・意見を取り入れている。また，このときには，開発過程を『LEE』の紙面で紹介するといった工夫もなされた（『日経MJ』2004年6月8日）。

さらにファーストリテイリングは，これも同じく集英社の若い女性向けファッション誌『PINKY』と共同で，パンツやジャケットを開発し，2005年9月に発売した。このコラボ商品は，「ユニクロらしくない」という点で評判になったとされる。たとえば，パンツの股上は17cmでユニクロの通常のものより2〜4cm短く，また，アメリカで流行していたカギ編みのストールもはじめて取り揃えた。そうした挑戦は，『PINKY』の専属モデルやライター，読者などのアイディアから出発していた（『日経MJ』2005年10月3日）。

ファッション性を高める試みの1つの"成果"が，2008年9月6日に開かれた第7回東京ガールズコレクション（TGC）への初参加だろう。TGCは2005年夏から「日本のリアル・クローズを世界に」というテーマで年2回開催され，10〜20代の女性から圧倒的な支持を得ているファッション・イベントである。ファーストリテイリングは第7回TGCに出品し，そこでは『CanCam』専属モデルの山田優が，ユニクロとTGCがコラボレーションしたワン

ピースを着こなしていた。同社はこれ以降も出品を継続、第8回（2009年3月7日）は佐々木希、第9回（同年9月5日）は松山ケンイチがそれぞれTGCとコラボした衣装をまとってランウェイを歩いている。また、2009年春から、20代前半の女性をターゲットにして、同じコラボレーション・アイテムの販売を開始した。同社は2009年2月27日、新宿マルイカレンに「ガールズコンセプトショップ」をはじめて出店したが、その週末は一時的に入場制限をするほど盛況だったとされる（ファーストリテイリング株式会社「プレスリリース」2008年8月19日「ユニクロが"東京ガールズコレクション（TGC）"に初参加！」、山田［2011］15-21頁、『日本繊維新聞』2009年3月3日）。

　これらの事例からは、ファーストリテイリングが、自分たちだけでは生み出せない発想や"オシャレ"感を、異業種企業との共同作業を通じて獲得しようとしていたことが読み取れよう。

このケースの解説

　ファーストリテイリングの成長と進化を考える上で、キーワードとなるのがSPA (Specialty Store Retailer of Private Label Apparel) である。通常「製造小売業」と訳される。ここではさしあたり、素材調達、商品企画、生産、物流、販売、店舗運営などのすべての"工程"を一貫してマネジメントするビジネス・モデルと考えておく。本ケースとの関連では、小売業者が商品企画や生産といった"工程"にコミットする理由を明確にすることが重要である。

　一般的に、SPAを利用するメリットとして、①安価な商品調達、②品質・納期のコントロールが指摘される。①について、SPAは、従来のようにアパレル・メーカーや商社を介在させないので、彼らに支払うマージンを節約できる。また、ファーストリテイリングは、早い時期から完全買取制を実施しており、委託販売で商品の仕入コストに織り込まれる売残りリスクの分だけ安く調達できた。②に関して、SPAでは、サプライ・チェーン（供給連鎖）の管理によって、小売業者が商品の品質や納期をコントロールできる（新田［2008］）。サプライ・チェーンは、原材料の調達から生産、物流、販売を経て最終消費者に至るまでの製品・サービスの供給にかかわる企業活動の流れを意味し、SPAというビジネス・モデルと密接な関係を有する。それをファーストリテイリングに

あてはめれば，次のように説明できる。すなわち，従来の衣料品小売業者が，サプライ・チェーンの管理をメーカーや商社に委ねていたのに対し，同社は，自ら商品企画，工場における技術指導や生産管理，物流センターの建設，そして店舗運営というチェーンのあらゆる局面に強く関与していた。このような取組みを通じて，価格の引下げと品質の向上，さらには"オシャレ"感の演出をも実現していったのである。

より注目したいのは，柳井のSPAに対する理解のほうである。SPAのメリットは「『金の鉱脈』の発見」にあると，柳井は考える。すなわち，「『この商品よりも，こういう企画の方がもっと受けるのではないか』というのは，実際に売ってみるまでわからない。だが，SPAでは，圧倒的な『売れ筋商品』を発見するまで何度でも何度でもそのサイクルを自社で回せる。つまり実験＝試行錯誤できることこそが，SPAの本当の強みであろう」というのである。通常，メーカーと卸売業者と小売業者は，機能の違いによって分化している。だから，商品の売行きや消費者のリアルな反応，商品の「売れる能力」など「金の鉱脈のような重要情報」も切断されており，「小売業者は（重要情報を：引用者）ドブに捨てていることになる」。それとは対照的に，「我々のようなSPAであればその情報を活かすことができる。SPAであれば原価がダウンするから儲かるという単純なことではない」と強調する。

一方で，柳井は，「顧客ニーズを本当につかんで自分自身で企画し，商品開発を行い，タイムリーなマーケティングとともにお客様に商品の良さを伝えて，自分自身の手で売っていく。SPAであれば，このワンサイクルを回しているなかで，商品の背景を立体的にお客様に説明することができる」とも述べている（柳井［2009］87, 123-124頁）。

以上のように，柳井は，サプライ・チェーンのあらゆる段階で生み出される情報を商品開発に利用しながら，トライ＆エラーを繰り返し，その中から顧客ニーズに適合した商品を提供できる点，そして顧客にその商品の情報を正確に発信できる点にSPAのメリットを見出したのである。

●思考と議論のトレーニング●

[1] 一口にSPAといっても，ファーストリテイリングとインディテックス（ZARA）やヘネス・アンド・マウリッツ（H&M）といった海外ブランドとでは，製品コ

ンセプトや仕組みが大きく異なっている。では，それぞれの企業（ブランド）はいかなる特徴を備え，どこに優位性を持っているのだろうか。

② ファーストリテイリングの柳井正社長は 2011 年 9 月 14 日，2020 年に売上高 5 兆円という目標を発表した。同社は 2013 年 8 月期に売上高 1 兆円超を見通しているとはいえ，5 兆円にはまだ 4 兆円の開きがある。では，ファーストリテイリングがこの目標を達成するにはどのような戦略を採るべきだろうか。

参考文献

川嶋幸太郎［2008］『なぜユニクロだけが売れるのか——世界を制するプロモーション戦略と店舗オペレーション』ぱる出版。
繊研新聞社編著［2000］『ユニクロ 異端からの出発』繊研新聞社。
新田都志子［2008］「SPA のビジネスシステム革新 II ——ユニクロと ZARA を事例として」『経営論集』（文京学院大学）第 18 巻第 1 号。
溝上幸伸［2000］『無印良品 VS ユニクロ——小売りを塗り替える SPA 戦略のすべて』ぱる出版。
安本隆晴［1999］『「ユニクロ」！ 監査役実録——知られざる増収増益の幕開け』ダイヤモンド社。
柳井正［2006］『一勝九敗』新潮社（新潮文庫）。
柳井正［2009］『成功は一日で捨て去れ』新潮社。
山田桂子［2011］『東京ガールズコレクションの経済学』中央公論新社（中公新書ラクレ）。
横田増生［2011］『ユニクロ帝国の光と影』文藝春秋。

［加藤健太］

巻末付録 1
読書案内

1 企業小説

山崎豊子『華麗なる一族』（上中下，新潮文庫，1980 年）

　万俵　鉄平はなぜ，あのような選択をしなければならなかったのか。この問いに対する答えを手に入れたとき，読者は日本企業と人間への理解を深めているに違いない。

　本書は，銀行と企業，そして政府の関係を題材にした小説である。その中で，日本型企業システムを構成するメインバンク・システム，護送船団方式と呼ばれる大蔵省の規制政策，銀行間競争と金融業界の再編成，企業の設備投資と資金調達などの，重要なトピックが取り上げられている。これだけ聞くと，とっつきにくそうな本に思えるが，山崎豊子の創り出す奥行きのある登場人物が，読者を物語に引き付けて離さない。

　ストーリーは，阪神銀行頭取・万俵大介とその一族を軸に綴られていく。長男で阪神特殊鋼専務の鉄平，父親と同じ阪神銀行で本店営業部貸付課長の職にある銀平，長女一子の夫で大蔵省主計局次長の美馬中。万俵一族を取り巻く面々にも，大同銀行の三雲頭取や鉄平の岳父で元通産大臣の大川一郎など，魅力的な人物が枚挙に暇がない。経済合理性だけでは説明しえない彼・彼女らの信念，欲望，情熱，愛憎，思惑が交差しながら，企業組織を動かす原動力となっていく。

　以上の紹介からも明らかな通り，本書はいわゆる「企業小説」にくくることのできない「人間ドラマ」である。同時に，そこに描かれるのは，どこまでも緻密かつリアルな企業の世界なのである。

◀はまった人への追加推薦本……**山崎豊子『白い巨塔』**（全 5 巻，新潮文庫，2002 年），**山崎豊子『不毛地帯』**（全 5 巻，新潮文庫，2009 年）。

黒木亮『トップ・レフト──ウォール街の鷲を撃て』（角川文庫，2005 年）

　よく練られた小説は，「人間ドラマ」といったミクロの世界を深く掘り下げるだけでなく，ヒトや企業を取り巻く環境といったマクロの世界をも見事に描いている。

『華麗なる一族』がどこまでもリアルなのは、時代状況や経営環境が物語の背景としてきちんと設定されているからであり、その意味で優れた企業小説はケース・スタディのお手本といえる。以下ではそうした作品としてもう1冊、筆者2人がイチオシの作家・黒木亮による"衝撃の"デビュー作を紹介したい。

本作品は、1990年代のロンドンの金融街"シティ"を舞台に、国際協調融資の主幹事（トップ・レフト）をめぐって繰り広げられる、邦銀エリート銀行マン・今西と外資系投資銀行のマネジャー・龍花（たつはな）の2人を主人公とした、国際経済小説である。日本企業のため、日本社会に役立ちたいという思いを胸に、日本の金融機関の活躍の場が狭まりつつある1990年代のロンドンで奮闘する今西と、徹底的な利己主義をモットーとするアメリカ系投資銀行に属し、ひたすらデカい取引と自己の利益を目指して邁進する龍花。保守的な組織体質に嫌気が差して外資系投資銀行に転職し、イギリス国籍を取得した龍花は、日本のために働くという今西に向かって、「お前、あんな阿呆みたいな国の国籍を持っていて何が嬉しい？」と挑発する。日本を愛する今西も、責任はとらずに業績を自分のモノにする無能な上司や、邦銀の官僚的な組織体質に不満を抱き、外資系の給与体系とのあまりのギャップに葛藤を抱きながらも、何とか踏みとどまって前を目指す。

そして2人は、日系自動車メーカーのイラン工場建設資金の巨額融資をめぐってライバルとなり、さまざまなプレーヤーを巻き込みつつ、物語は壮絶なバトルへ発展していく。敵対的買収や為替相場の暴落、空売りを使った株価による攻撃など、最後まで目が離せない緊迫した展開が続く。

「闘う前に相手の強みと弱みを徹底的に分析し、最も効果的な闘い方をする」。これが龍花の属する外資系投資銀行の基本戦術であり、対する今西も、「知らない奴だけが馬鹿を見る。これが市場の掟」と言い切る。あらゆるルートを駆使して情報を集め、事態を正確に分析し、周到な戦略を立て、最後は大きな決断と迅速な行動をとる。世界の金融市場で勝ち抜くためには、そうした能力すべてが要求される。

こうしたシビアな国際金融の世界を、わかりやすい解説によって補いつつ、圧倒的なディテールと、疾走感あるストーリー展開で描き切ったのが本書である。世界を舞台とした企業の資金調達の現場や、国際協調融資がどのようなプロセスや方法で行われているのかを学べるだけでなく、1990年代の世界の金融市場の雰囲気を知る上でも、格好な材料を提供してくれる傑作である。

◀はまった人への追加推薦本……**黒木亮**『アジアの隼』（講談社文庫、2008年）、**黒木亮**『巨大投資銀行（バルジブラケット）』（上下、角川文庫、2008年）、**黒木亮**『シルクロードの滑走路』（角川文庫、2009年）。

2　専門書

山倉健嗣『組織間関係——企業間ネットワークの変革に向けて』
(有斐閣, 1993 年)

　この後の巻末付録2「レポートの書き方」の第3節（**結論を導き出す**）には，結論に"一味プラス"する手段として，「発見された事実を理論的なフレームワークを通して解釈する道」が示してある。この理論的なフレームワークとは何か。厳密な定義は容易でないから，さしあたり，個々の具体的な企業活動から抽象化して取り出した"経営のあり方"を学術的に整理したモノと考えておこう。

　本書はその1つの例にすぎないわけだが，ここでお薦めするにはそれなりの理由がある。第1に，組織間関係について，それを捉える基本視点，および組織間の力関係（パワー）やコミュニケーション，調整，構造，文化，変動，そして経営戦略とのかかわりなど，多角的かつ広範な研究が取り上げられている点をあげることができる。たとえば，調整メカニズムに関しては，組織が，いかにして他組織への依存を回避し，自らの影響力を拡大するのかといった問いへ考察が加えられる。したがって，組織間関係を考える手がかりを豊富かつ具体的に与えてくれるのである。

　第2に，ケースをさらに深く考える上で，有用と思われる点も重要である。この本で取り上げた中でも，たとえば，三菱合資と分系会社，三井物産と東レ，ホンダとフォード，ANAとJAL，吉野家と西武流通グループ，オリエンタルランドとアメリカのウォルト・ディズニー・プロダクション，どれも組織間関係そのものといって過言ではない。ホンダはなぜフォードと提携したのか，ANAとJALの関係はなぜ／どのように変化したのか，その変化はいかに評価できるか。こうした問いをさらに発展させて説得的な解釈を示す上で，組織間関係論は役に立つ。

　もちろん，経営理論は組織間関係論に限られるわけではないから，興味の赴くままに，他の専門書を手にとってみるとよい。

岡崎哲二・奥野正寛編『シリーズ現代経済研究6　現代日本経済システムの源流』(日本経済新聞社, 1993 年)

　長期雇用，年功序列賃金，企業別労働組合，企業統治における弱い株主と強い金融機関，政府企業間の協調とその関係を支える業界団体……。こうした日本特有の経済システムの存在こそが戦後日本企業の競争力の源泉であるといわれ，これら欧米の企

業とは異なる特徴を総称し，「日本的経営」と呼ばれた。今でも，日本的経営の成否については，企業の現場で模索され，学問の世界でも活発な議論が行われている。

これを歴史的な視点から見たときに問題となるのが，この「日本的」なるものが，いかなる意味で「日本的」なのかという点である。日本という国で，日本人が企業を経営すると，日本的経営の傾向が生じるのだろうか。何をいっているのかわからないかもしれないから，本書の核となる記述を引用して説明しよう。そこには次のように記されている。日本的経営を含む現代日本の経済システムの最大の特徴（なお，ここでいう「現代」とは，本書が刊行された1990年代の状況を指す）は，「1930年代から40年代前半にかけての日本経済の重化学工業化と戦時経済化の過程で生まれた」という。言い換えれば，1930年までの日本経済は，「基本的に欧米諸国と異ならないオーソドックスな資本主義的市場経済システムであった」（2頁）と。戦前の日本企業は，「従業員の企業間異動は普通だったし，企業資金の多くも株式や社債の発行によって調達され，経営にあたっては株主の意向が強く反映された。銀行も含めて倒産は日常的だったし，政府の経済計画や詳細な規制は存在しなかった」（ii–iii頁）という。つまり戦前の日本企業は「日本的」ではなかったというのだ。

筆者の1人（大石）は，大学生のときにこの本を読んだが，そのときの"衝撃"は今でも忘れられない。労使対立ではなく労使協調，官対民ではなく官民協調，能力主義ではなく年功尊重の平等主義と，協調と平等を重視する日本的経営は，日本文化とも，"和をもって尊しとなす"といった日本人の行動パターンとも直接的には関係なく，戦時期から復興期にかけて人為的に作られた，まったく「新しい」仕組みなのだと，この本は主張していたからである。しかも，戦時という暗く悲しい「ネガ」の時代に，後に花開く高度成長という「ポジ」の基礎が，当事者の意図しない形でロックインされていた。この予定調和ではないストーリー展開にわくわくし，またデータに基づく大胆な論理展開に酔いしれた。そして歴史とは，論理であり，現代を考える手段なのだということを知った。

日本的経営を含め，戦後の高度成長をもたらしたとされる日本の経済システムの特徴の多くが，戦時統制という当時の時代環境の中で人為的に導入された結果もたらされた，という大胆な仮説は，本書のタイトルから"戦時源流説"と呼ばれ，その後，多くの議論を巻き起こした。通説に対する「論争の書」でもある本書は，刊行から20年経った今もなお，その輝きを失っていない。ぜひ手にとって，本書が描く日本的経営と日本経済システム誕生のプロセス，およびその主張の妥当性について，自らのアタマで検証してもらいたい。そして1人でも多くの人に，日本企業と日本経済に対する歴史的視点の重要性を体感してもらえればと思う。

3　論証・ノウハウ

立花隆『ロッキード裁判批判を斬る』（全3巻，朝日文庫，1994年）

　実り多い議論をするために必要なことは何か。タイトルからもわかるように，この本は，経済・経営とは異なる法律分野，それも主に刑法と刑事訴訟法にかかわる論争の書である。具体的には，一国の首相の犯罪として歴史に刻まれたロッキード事件をめぐる裁判を取り上げている。1983年10月12日，田中角栄に「懲役4年，追徴金5億円」の一審有罪判決が下ると，その裁判に対してさまざまな批判が繰り広げられるようになった。

　著者は，それらの批判に1つ1つ反駁していく。重要なのは，この過程で"居酒屋トーク"とは次元の違う討論の作法を教示している点である。紙幅の都合上，1つだけ具体例を紹介しておきたい。**巻末付録2「レポートの書き方」**でも強調している引用に関して，立花は以下のように述べる。

　　「引用によって何かを論証しようとするときには，次の条件が守られねばならない。（1）引用の仕方において正しい引用であること。（2）引用された内容が客観的に正しいこと。（3）その引用が論理的に正しく論証の一部を構成していること」。

　（1）は，引用に際して勝手に手を加えたり，文脈を無視して一部だけを抜き取ったりしてはいけないということであり，（3）は，論証に関係ない引用は，事実であっても意味をなさないということである（立花［1994］第1巻42-43頁）。たとえば，あるお笑い芸人がイケメンであることを論じた文章をどれほど引用しようとも，彼がオモシロいことの論証には役立たない。こうした条件は，レポートの作成や論文の執筆にも当然あてはまる。著者自身が述べた通り，本書は「単なるロッキード裁判批判反批判の書でなく，法と司法制度の原理論を考えていく書であり，また同時に，論理学と論争術の実践的教科書」なのである（立花［1994］第3巻438頁）。

◀より楽しむための追加推薦本……**立花隆『田中角栄研究全記録』**（上下，講談社文庫，1982年），**立花隆『田中角栄新金脈研究』**（朝日文庫，1985年），**立花隆『ロッキード裁判とその時代』**（全4巻，朝日文庫，1994年）。

4 新書

橘川武郎『電力改革――エネルギー政策の歴史的大転換』（講談社現代新書，2012年）

　最近のトピックを知りたいと思い立ったとき，有用な手段は何か。お手軽なのはインターネット，速報性ならニュースや新聞，もう少し詳細な情報は雑誌。ここまでたどり着ければ，"居酒屋トーク"には十分な情報を得ているだろう。しかし，そこで満足せず，さらに思考を深めるために，やはり本を手にとったほうがよい。そのときにお薦めしたいのが新書である。

　新書は，じつにたくさんのメリットを持つ。ホットなイシューを積極的に取り上げる。文系・理系を問わず，それどころかサブカルチャーもスポーツも趣味の世界も分け隔てなく，ありとあらゆるテーマを取り揃えている。一般向けなので，わかりやすく書かれている。比較的値段が安いから財布にやさしい。執筆者がいろいろな意味で著名（芸能人を含む），比較的小さく薄いから持ち運びに便利，などなど。

　本書の題材は，2011年3月11日の東日本大震災発生以来，国民，政府，メディアの注目を集め続ける電力（原子力発電）改革である。その特徴は，歴史を重視した点に求められる。深刻な問題に対して，「歴史的文脈（コンテクスト）」を無視した解決策を講じても効果は上げられず，また，問題解決に要する「多大な活力」を生み出すためには，ある企業ないし産業の長期かつ濃密な観察を通じて析出される「発展のダイナミズム」を根拠にしなければならない，と著者が考えるからである（9頁）。だから著者は，1883年2月の東京電灯（現，東京電力）の設立から叙述を始める。つまり，本書からは電力改革の方向性だけでなく，最近，急速に身近になった電力企業ないし電力産業の歴史を知ることもできる。

　もう1つ，電力（原子力）改革のように，意見の対立が見られるテーマの場合，ぜひ複数の新書を読み比べてほしい。世の中には多様な考え方があり，それぞれ何らかの根拠ないし理由を持っている。そして今日，新書は大手出版社のほとんどが手がけているから，話題になっているテーマならば必ず複数の新書が刊行されている。何も知らないのであれば，あちこちの意見に耳を傾けても損はない。

［加藤健太・大石直樹］

巻末付録 2
レポートの書き方

はじめに

　ゼミや講義の課題として，レポートを書かなければならない場面は少なくない。それは，大学の学びが高校の勉強とは異なり，暗記ではなく，思考を求めているからにほかならない。つまり，ゼミ活動に取り組んだり，講義を受けたりする際，何をどのように考えるかは，きわめて重要な事柄なのである。

　では，レポートはどのように書けばよいのだろうか。その答えは 1 つではないし，正しい解があるのかもわからない。したがって，ここで論じるのは，数多ある方法の 1 つにすぎないわけだが，対象を企業のケース・スタディに絞り，実践的な内容にすることを心がけたいと思う。

　本論に先立ち，"書きたいことが書けるわけではない"ということを強調しておく。というのも，情報が見つからず，何もわからなければ何も書けないし，情報は偏って存在するからである。通常，われわれは企業の内部情報にアクセスできないから，どうしても情報は公開されているものしか使えない。つまり，マス・メディアを通して入手するしかない。となれば，当然，メディアで頻繁に取り上げられる企業の情報は集めやすいが，そうでない企業の情報は手に入れにくくなる。情報収集力を高めることで，選択肢は広がるものの，やはり企業によってレポートの書きやすさはかなり異なる。だから，日頃からアンテナを張って，面白そうな企業を物色し，レポートの対象となる範囲を広げておくことをお薦めしたい。

1 課題を設定する
　　　　　　　　　　　　　　　何を明らかにするのか

(1) 課題を定める

　レポートを書くうえで，問題意識を持って課題を設定することはとても重要である。課題の設定は，そのレポートを通して何を明らかにするのか，換言すれば，何を言いたいのかを宣言することを意味する。課題が明確でないと，読むほうは，何を言いたくて著者がツラツラ文章を綴っているのかをつかみにくい。"で？"とか"だから？"

といった疑問をぬぐえないのである。具体例を使って，もう少し実践的な話をしよう。

本書の *Case 18* はファーストリテイリングを対象にしている。表現は異なるものの，そこで **このケースで考えること** として述べられた部分，すなわち「ファーストリテイリングの展開するユニクロの各種商品が，どのような仕組みで開発，生産，販売されてきたのか」という点を明らかにすることが，課題にあたる。ほんの一例だが，課題は疑問の形で設定されることが少なくない。同社を例に続ければ，①なぜ／どのように急成長を遂げたのか，②フリースやヒートテックといったヒット商品はどのように生み出されるのか，③フリース・ブームの後，なぜ業績悪化に見舞われたのか，など，いろいろな課題を設定できる。

ここで大切なことは，課題はある程度事実関係を知らないと浮かんでこないという点である。上記の例だと，②はヒット商品の存在を，③は業績不振を知らなければ生じない問いであって，ファーストリテイリングのことを何となく知っているレベルだと①くらいしか出てこないかもしれない。だから，具体的な課題はある程度調査を進めてからでないと設定できないのである。

(2) 問題意識を持つ

もう1つ，課題の設定にあたり，問題意識を持つことも大切である。レポートの著者は，なぜそのような課題を設定するのかという点を説明できたほうがよい。ファーストリテイリングの事例の場合，問題意識は，品質と価格の間にあるトレードオフの関係と，業態変化の，2点にあった。詳しくは本文を読んでもらいたいが，このほかにも，日本企業の進むべき道という問題意識から，長期不況というマクロ経済状況下で好業績を上げている同社を取り上げたという説明もできる。ホントは，ちょくちょく利用するユニクロが気になっていただけだとしても，やはり学問的な理由づけがほしい。"なんとなく"ではなく，"なぜならば……"を説明することで，レポートの存在意義を高められるし，問題意識を持つトレーニングにもなるからである。

ただ，問題意識の持ち方を教えることは，きわめて難しい。それは，自分の中に芽生えるもので，人から与えられるものではない。とはいえ，ヒントくらいはある。まず，問題意識は漠然としていても構わない。たとえば，①少子高齢化が急速に進む日本において，国内市場は縮小するといわれる。だとしたら，日本企業はどこに活路を見出すのだろうか。②環境保全は国際的な課題である。日本企業はこの課題にどのように取り組んでいるのだろうか。このくらい漠然とした問題意識から，特定の企業を分析対象に選び，より具体的な課題を設定できる。①に即せば，ファーストリテイリングは，新興市場に向けていかなる製品をどのようなマーケティング戦略を駆使して

販売しているのか，また②であれば，同社は CSR 活動の一環として環境問題に対しどのようにアプローチしているのかといった課題が思い浮かぶ。

　ある企業の，ある側面を切り取ってレポートを書く場合，そこに焦点を合わせる理由を説明したほうがよい。そして，問題意識は常日頃から企業に関心を向けることから生じるので，やはりアンテナはしっかり張っておきたい。

2　実証する
いかなる事実を発見したのか

(1) 調 べ る

① 記述資料を使う

　企業の事例研究（ケース・スタディ）のレポートを書く場合，まずはいかなる事実を発見したのかという点が重要になる。

　最近は，何かを調べるときには，まずパソコンに向かい，グーグルなどの検索エンジンにかけるという人が多いと思うが，レポートの作成に使う情報は各種文献から入手すべきと考える。精度と濃度の点で，インターネットの情報はいまだ活字にかなわないからである。具体的には，新聞や雑誌といったマス・メディア，そして本を使う。たとえば Case 18 のファーストリテイリングの本文中には，『週刊ダイヤモンド』や『週刊東洋経済』等の経済雑誌，『日本経済新聞』や『朝日新聞』等の全国紙，『日経流通新聞』や『日経産業新聞』といった経済紙の名前を見つけることができるだろう。また，書籍も複数利用しており，ケース末の参考文献欄に列挙されている。これらは，大きくは，ジャーナリストの書いたものと，柳井正の手によるものに分けられる。前者が外部から取材・調査活動を行った結果であるのに対して，後者は経営者の思想・考え方や体験の直接的な表現だから，当然その意味するところは異なってくる。

　とはいっても，今日，新聞や雑誌の情報はすべてでないものの，インターネットを利用して入手可能な状態にある。新聞社や出版社は「ウェブ版」の新聞・雑誌を一部無料で提供しているし，有料サービスであればかなりの情報を手に入れられる。大学によっては，充実した電子ジャーナルを備えているところもあるから，マス・メディアの情報はインターネットを使って容易に集められるようになった。今後は書籍も同様の方向に進むことが予想される。だから，インターネットの利用も使い方次第という面はもちろんある。

　しかし，やはり図書館や書店に足を運び，実物を手にとってもらいたい。そうした行為は異なる意味を持つからである。図書館や書店は当然，書籍を分野ないしテーマ

ごとに並べている。それゆえ、目的の本を探すとき、普通は近くの本の背表紙が目に入る。そのとき、手を伸ばしてみたら、目的の本よりも有用な内容だったということも起こりうる。本棚を眺めるだけで、意外な掘り出し物が見つかることもある。雑誌の場合も同じである。パラパラめくってみれば、目的の記事よりも面白そうな記事を目にするかもしれない。ファーストリテイリングの記事をコピーするために『週刊ダイヤモンド』（2010年5月29日号）をめくったら、メガ・バンクのみずほ銀行の話に興味が湧いた、とか。たしかに、ネットは情報収集の効率性を高める利点を持つ。だけど、新しい出会いや予期しない発見の確率は、図書館や書店を訪ねてこそ高まることを強調しておきたい。

　さて、ここで注意を要するのは、本を利用する場合、それを要約しただけではレポートにならないという点である。本はある構想のもとに計画ないし構成を立てて執筆されるから、大抵1つのストーリーとして成立している。したがって、それをそのままなぞれば、たしかに1つのストーリーにはなる。しかし、そこからオリジナリティは生まれない。ストーリーは他人のものをなぞるのではなく、みずから紡ぎ出さなければならないのである。そこで、本書では経済雑誌の利用を薦めたい。複数の記事を読みあさり、どの記事のどの部分を使うと、どのような内容のレポートが書けそうなのかをじっくり考えてみる。その内容が、ある本を読んだだけではわからない、そのレポートでなければ読むことのできないストーリーだとすれば、それこそがオリジナリティになる。発見された事実は、ストーリーの中にはめ込まれることで、レポートを形づくっていくのである。

　さて、この段階に至ると、当初思い描いていた課題は、ⓐ詳しいものへと進化しているか、逆に、ⓑ大きな変更を余儀なくされている。ⓐの場合には、ファーストリテイリングはなぜ急成長を遂げることができたのかという漠然とした問いから、「ユニクロの各種商品が、どのような仕組みで開発、生産、販売されてきたのか」へとより具体化される。他方、雑誌記事が見当たらない場合は、テーマを変更したり、対象企業そのものを変えたりしなければならない。わからないことは書けないからである。同社のことを調べてみても、商品開発の現場でデザイナーがどのような提案をし、それがなぜボツにされたのか、あるいは採用されたのか、その基準がどこに設定されていたのかといった点は詳（つまび）らかにならない。マス・メディアで頻繁に取り上げられる企業でも、見えてこない部分は当然ある。そこに固執していてもレポートは進まないから、どこかで切り替えなければならない。

　ちなみに、雑誌記事のある／なしは、国立国会図書館 NDL-OPAC の雑誌記事索引検索や国立情報学研究所の CiNii などを利用すれば、かなりの程度判断できる。

② データを使う

　企業を研究する際に，数値を使うことも大切である。ある企業が成長しているとか，儲かっているとか，競争力があるとか，そうした状態を客観的に示したいとき，データが有力な武器になる。その情報源として代表的なものが，企業が発表する財務データであり，「有価証券報告書」（「有報」）などに記載されている。今日，「有報」は多くの場合，各社ホームページからダウンロードできるから，非常にアクセスしやすい資料といえる。

　紙幅の都合からごく簡単な説明にとどまるが，ファーストリテイリングを題材にして，「有報」（2010 年 8 月期）に掲載されているデータを紹介しておこう。

　「有報」の柱は，ⓐ貸借対照表とⓑ損益計算書という 2 つの財務諸表である。一般に，財務データと呼ばれるものは，これらを指す。ⓐは期末のストックを表すデータで，大きくは資産勘定と負債・純資産（資本）勘定に区分される。企業は，メーカーであれば工場や機械設備，原材料など，小売業であれば店舗や在庫といった資産を持っている。それらの購入のために発行した株式（資本金）や留保した利益は純資産（資本）に分類される。もし，銀行から借りた資金や社債を発行して調達した資金で購入した場合，それらは負債に分類される。負債は利息を払わなければならないし，いずれ返さなくてはならないから，この部分の比重があまりに大きいことは望ましくない。たとえば，2010 年 8 月期の同社（連結）の総資産は 5073 億円，うち負債は 2193 億円，純資産は 2880 億円だから，半分以上を自己資本でまかなっていることになる。一般的に，健全な財務状態といってよい。

　ⓑの損益計算書は一定期間（通常，四半期と 1 年間）のフロー，すなわち，3 カ月ないし 1 年間にいくらの売上げがあり，いくらのコストがかかって，いくらの利益を上げたのかを示す。再びファーストリテイリング（連結）を例にとると，売上高は 8148 億円，営業利益は 1324 億円に上る。ここで重要なのは比率である。つまり，売上高のうち利益がどのくらいの割合を占めたのかという点に目を向けなくてはならない。というのも，同じ 1 億円の利益を上げても，100 億円の売上高の企業と 10 億円のそれとでは，意味が大きく異なるからである。経営効率という視点から見ると，1 億円の利益を稼ぐために，100 億円を売り上げなければならない企業よりも，10 億円で済む企業のほうが優秀なのである。損益計算書に記載された売上高と営業利益の数値を使うと，売上高営業利益率という経営指標を手に入れることができる。同社にあてはめると，それは 16.2 ％ = 1324 億円 ÷ 8148 億円 × 100 となる。これは，損益計算書を使った分析の，ほんの一例である。

　ここでは，財務データを使うと，時系列な変化を追跡したり，他社と比較したりす

ることが可能になる点を強調したい。ファーストリテイリングの数値についても，過去や他社と比べることで，より的確な評価が下せる。じつは，日本企業の中で16.2％という利益率は非常に高い。試みに，トヨタ自動車の数値（2011年3月期，連結）を示せば，売上高は18兆9937億円，営業利益は4683億円と桁違いに大きいが，売上高営業利益率はわずか2.5％にすぎない。もちろん，両社は違う業界に属するから直接比較することは適当でない。しかし，"世界のトヨタ"と比べることで，当該企業の収益性の高さを浮彫りにできる。これが，財務データの1つの使い方なのである。

「有報」は，ほかにも企業の実態を知るうえで有用な情報をたくさん提供してくれる。ファーストリテイリングのそれを使って，いくつか紹介しておこう。たとえば，「沿革」。これは企業の設立以降の簡単な歴史を振り返った項目であり，その企業にとって重要なイベントがいつ起きたのかを知ることができる。また，「販売及び仕入の状況」の「部門別売上状況」にはメンズ／ウィメンズ／キッズ・ベビー／グッズ・その他というカテゴリー別の売上高が，「地域別売上状況」には都道府県別の売上高と期末店舗数が掲載されている。これ以外にも，「有報」からは株価，従業員数と平均年間給与などの情報も入手可能である。

新聞や雑誌記事に，「有報」のデータを加味することで，レポートに"奥行き"を持たせることができる。どの企業でもよいから1度は確認してもらいたい。

(2) 書　く

① 計画と構成

雑誌記事等を読み，いろいろ情報を集める過程で頭にストーリーが浮かんできたとしても，いきなりパソコンに向かって1行目から執筆し始めることを，本書では薦めない。一度，"計画と構成"レジュメを作成するのである。このレジュメは，目次に簡単な解説を加え，利用する資料を列挙したものであり，自分がどのようなレポートを書こうとしているのかを具体化したものと考えればよい。

その記載事項は，ⓐタイトル，ⓑ課題，ⓒ目次，ⓓ目次に対応した簡単な説明文（1～2行くらい），ⓔ結語といった感じになる。この段階で，ⓔに書くことは当然，ない。たとえば，筆者の作成したファーストリテイリングの"計画と構成"レジュメの場合，ⓐは「ファーストリテイリング──安くて"オシャレな"ユニクロはどう作られる？（仮）」，ⓑは「対象期間：1984年～2000年代初頭（フリースのヒット）」となっている。つまり，原稿を作成する段階まで，課題はⓐの副題レベルしか決まっていなかったわけである。ⓒについても，一部紹介すると，「(3)オリジナル商品の開

発／コンセプト／・定番，ベーシック，『衣料は特別な商品でも何でもない』という考え方／商品企画体制の構築／・デザインチーム『インプレスニューヨーク』の設立（1994 年 12 月）と閉鎖（1998 年 7 月）／・企画機能の統合；新東京事務所の開設（1998 年 2 月）」（／は改行を意味する）というメモ書きがなされている。情報を集めていく過程で，初期の商品開発に関してはこれくらいのイメージが湧いていたことになる。

ここまでくると，あとはどの記事（資料）やデータをどの部分に利用するかが決まれば，レポートの作成を始めても問題ないだろう。

② 執　筆

レポートを作成するうえで，最も重要なのはルールを守るという点である。作法と言い換えてもよい。それは，ⓐどこまでが雑誌や新聞，本に書いてあったことで，どこからが著者の見解なのかを明確に区分するためのルールであり，同時に，ⓑ他者による再検証を可能にするためのルールでもある。いずれも引用にかかわっているのだが，この点はとても大切なので，詳しく説明したい。

ⓐについてはまず，ある部分をどの記事あるいはどの本の何頁を参照して書いたのかということを明記しなければならない。本書の *Case 18* には，文章の後ろの（　）内に，『週刊東洋経済』2000 年 7 月 15 日号，『日経流通新聞』1998 年 12 月 15 日，柳井［2006］36-37 頁といった記載がなされている箇所がある。柳井［2006］36-37 頁は，柳井正［2006］『一勝九敗』新潮社（新潮文庫）の 36 頁から 37 頁を意味する。そして，これらの表記は，その部分の文章が上記の資料を使って書かれたことを示している。すなわち，その部分は著者の見解ではなく，これらの記事ないし本から明らかになる事実を記述したということを意味しているのである。

この点に関連して，仮に，ある記事や本の一部をそのまま抜き出した場合，それがわかるように「　」（カギカッコ）でくくるというルールを忘れてはならない。そのまま抜き出してカッコでくくることを「直接引用」と呼ぶ。もちろん，このルール（カギカッコでくくる）さえ守れば，長々と直接引用を続けてよいわけではなく，その分量は"常識の範囲内"にとどめる必要はある。しかし，最初のうちは，雑誌記事や本に書いてある文章を自分の言葉で要約したり，言い換えたりすることは簡単でないと思う。文章は読まないと書けず，書かないと上手く書けるようにならない。だから，自分の言葉でレポートを書けるようになるためには，よい文章をたくさん読み，たまには何か文章を書いてみることが有用である。

ところで，中学や高校の定期試験とは異なり，レポートは一夜漬けを許さない。情報（資料）収集の時間を除いても，課題を設定し，情報を取捨選択し，構成を練り，

といったプロセスを繰り返していれば時間は過ぎる。そして，文章を上手く書けるようになるまでにも短くない時間を費やさなくてはならない。と書くと，「この**レポートの書き方**はまったく実践的じゃない」という批判を受けそうだから，一言付け加えておこう。それは，直接引用を上手く使うという"技"である。課題の設定や結論は，自分で考えるべき部分だから，当然自分の言葉で綴らなければならない。また，上述のデータ分析も表にした数値を検討するわけだから，文章は自分の言葉になる。だから，"自分の言葉化"は記述資料の部分に限られるのである。最初のうちは，この部分に自分の言葉が少なくて，相対的に直接引用が多くなるのも仕方がない。ただし，その場合，きちんと前記のルールを守ることが大切で，見栄を張らずにカギカッコでくくらないといけない。

おそらく，最初に書いたレポートは，直接引用が多く，読む側がどこからどこまでがカギカッコにくくられているのかを探ることになるかもしれない。そうしたら，もう1度読み返して，どこか自分の言葉で説明できるところがないか探してもらいたい。その繰返しが，文章を上達させるからである。"レポートは一夜漬けを許さない"と書いた理由はここにもある。

3 結論を導き出す
何が明らかにされたのか

レポートは，「それで結局何を明らかにできたの？」という疑問に簡潔に答えることでフィナーレを迎える。通常それは，「結語」「結び」といった名称の節になる。

端的にいって，この部分は分析結果を簡潔にまとめればよい。それまで述べてきたことと関係のない話をいきなり始めるようなことは避けるべきで，単なる感想に陥らないためにも，最初に示した課題に即して，しっかりまとめておくことをお薦めする。そして，ダラダラ書き連ねてはいけない。結果が2つ以上であれば，第1に……第2に……，あるいは，まず……次に……と列挙するのがよい。

これだけだと，物足りないと感じる読者もいるだろう。じつは，筆者も，物足りないと感じる。では，結論に何を足せばよいのか。そこには，少なくとも2つの道がある。1つは，発見された事実を理論的なフレームワークを通して解釈する道である。たとえば，ファーストリテイリングは，価格と品質のトレードオフ問題を解決し，かつマーケットの変化にいち早く対応するために事業のあり方を転換した。この事実をSPAというビジネス・モデルから解釈することで，同社の事例はどこまで一般化ないし普遍化でき，どこに独自性があったのかを知ることが可能になる。これは，プラス

αと呼ぶに値する。

　いま1つは，未来を展望するという道である。レポートは過去の事実を積み上げた実証であって，未来を予測することに目的があるわけではない。しかし，得られた知見を使って，対象となった企業の今後を"占う"ことは一定の意義を持つ。たとえば，*Case 18* ではファーストリテイリングが「ノンエイジ，ユニセックス」のシンプル・デザイン路線からファッション性を意識した"オシャレ"路線へと幅を広げた様子を描いた。だが，その先に思いをめぐらせたら，どうなっただろうか。ユニクロの"オシャレ"路線は上手くいくのか。この路線に経営の軸足を移すべきか。それとも従来のシンプル・デザイン路線に回帰すべきか。ヒートテックのように機能性を追求すべきか。もちろん，正解はない。だからこそ，自分の見解を述べる余地があるともいえる。事実を積み上げた後に，理由や根拠を提示しながら，頭を柔軟にして対象企業の未来を考えてみるのも楽しい作業である。

おわりに

　これを読むと，レポートが書けるのか。その答えを筆者は知らない。読者に実践してもらうだけである。

　最後に，課題の設定と実証の往復運動という点を，改めて強調しておきたい。レポートを書く場合，何を明らかにしたいのかをはっきりさせないと，どこから手を付ければよいか，何を調べればよいかもわからず，前に進むことができない。しかし，現実には，情報（資料）がなければ，レポートを書けないし，調べてみなければ，情報の有無は正確にわからない。結局のところ，具体的な課題は，どういうことならわかるのか（資料があるのか）という点が明確になってようやく設定できるのである。

　だから，トコトン調べてみて，それでも明らかにならない場合には，課題ないし分析対象のほうを変更したほうがよい。その意味で，課題は柔軟なものといえる。ただし，あくまで「トコトン調べてみて」という条件は維持しなければならない。この点を守らないと，次から次へと課題（と対象）を変えることになり，レポートの完成はまったく近づいてこないからである。

　あれこれ試行錯誤をして，いろいろ考えて作成する。それがレポートである。エネルギーを注いだだけ，頭脳と時間，情熱，そして少しばかりの資金を使っただけ，レポートは面白いものとなる。筆者はそう信じている。

［加藤健太］

巻末付録 3
企業博物館利用のススメ

はじめに

　「百聞は一見にしかず」といわれるが，企業について何かを知ろうとする場合も，このことはあてはまる。文献調査や財務分析によらず，企業を直接的に知る方法の1つに，工場見学がある。一昔前まで工場見学といえば小学生の社会見学というイメージがあったが，最近では企業のPR活動や社会貢献活動をかねて，積極的に工場を一般公開する例も多くなった。書店に行けば，工場見学を特集した雑誌が数多く並んでおり，それらを利用すればさまざまなジャンルの工場を簡単に見学できる。中にはガイド役の担当者が同行して解説をしてくれたり，こちらからの質問に答えてくれる場合もあり，工場見学を通じて，企業に関する知見を得ることも期待できる。

　しかし，実際に目で見て感じることによって企業を知るという点からいえば，企業博物館のほうが利用価値は高いといえる。それは展示物をはじめとする情報量が圧倒的に多いということもあるが，企業博物館では，資料や展示物が一般の人に見せることを前提として体系的に設計・配置されており，博物館全体を通じて，企業のコンセプトや歴史，あるいは経営戦略について伝えることが企図されているからである。実際の商品や設備，写真や経営資料，映像などを直接目にすることができ，社史や書籍などではわからない情報が得られる点もメリットとしてあげられる。

　ところが，企業博物館については日外アソシエーツ編集部編『新訂 企業博物館事典』（日外アソシエーツ，2003年）といったもの以外はほとんど出版されていない。そこで以下では，企業博物館の利用方法について紹介していこう。ただし，具体的な内容に入る前に，企業博物館を利用する際の心構えから述べていくこととする。

1 下調べをする

　企業博物館を，企業について知る手段として有効に活用するためには，準備作業が不可欠である。少なくともホームページを事前にしっかり確認しておくことは必須条件であるといえる。ホームページを開設している企業博物館では，企業に関する基本的な情報や博物館の概要，主要な展示品に関する情報を載せているのが普通である。

博物館内は，時代別あるいはテーマ別に，いくつかのスペースに区切って展示がなされており，ホームページに館内マップが掲載されている場合，館内全体がどのような構成であるのか，どういうルートで配置されているのかを確認して，あらかじめ館内をイメージしておくと，当日，効率よく見て回ることができる。

　また実際の展示品には，通常，キャプションが付けられている。展示されているのが，いったいどういうモノであるのかを説明した文章のことである。こうした情報についても，事前にホームページでチェックしておくことを強く薦めたい。というのも，企業博物館で最も重要な情報は，解説文ではなく，展示されている資料やモノだからである。多くの人は，最初に紹介文をしっかり読んで，時代背景や展示内容を文章によって理解した上で，展示物を確認することになる。真面目な人ほど，気合いを入れてキャプションを全部読もうとしてしまい，展示ルートのかなり早い段階で疲れ果ててしまうことになりかねない。とくに懇切丁寧な紹介文がある場合，それはそれでたしかに貴重な情報であるし，きちんと読んで内容を理解すれば知識も増えるが，わざわざ企業博物館に来て，解説文を読むことに時間と労力を割かれてしまうのは，非常にもったいない。筆者の経験上，どんなに強い興味関心を持って真剣に立ち止まって観察していても，集中力はそんなに持続しない。キャプションを次々に読んでいくうちに体力を消耗し，文章を読む集中力が減退するのとほぼ並行して，展示されているモノに対する興味関心も薄れていく。途中からは，ただただ事務的に確認して出口を目指すということがしばしば起こる。もちろん個人差はあるが，立ったままの状態で文章を読み続け，展示物を確認するという往復作業は，想像以上に疲労のペースが早いのである。

　展示ルートの最初のほうだけ一生懸命集中して，途中から「流す」という事態を回避するためには，ある程度の予習をして，基本的な知識については頭に入れておくことが有効である。現場のキャプションを見て，事前に確認してある既知の事実については読み飛ばしながら，そこでしか手に入らない新たな情報だけをチェックしていこう。繰り返すが，企業博物館で大切なのは，展示されている資料やモノであり，そこでしか見ることのできない当時の写真や映像である。それらに関心を集中させるためにも，企業の成立ちなどを当日現地ではじめて知ることなどないよう，基本的な情報については，ホームページや社史などを利用することで，可能な限り前もって頭に入れておきたい。

2 興味の対象を見つける

　企業博物館を有効に利用するために，次のポイントとなるのは，何を見たいのか，あらかじめ対象を絞っておくということである。これは，自分がいったい何に興味があるのかを明確にしておくためにも必要な準備作業である。漠然と企業博物館を訪れるのではなく，しっかりと問題意識を持っておくということである。1つ目の心構えとも関連するが，いくら小さな企業博物館であっても，最初から最後まで同じ時間をかけて見ることはかなり難しいということを自覚する必要がある。できるだけ早く自分が知りたいテーマの展示スペースにたどり着くためにも，事前に展示の配置を把握した上で，自分が目標とするターゲットを決めておくとよい。極論をいえば，設定された順路は無視して，まずは一番知りたいと思う展示コーナーをじっくり見て，余った時間で残りを見るぐらいのワリキリが必要である。

　すでに何らかの興味関心があって問題意識のある人なら，この点に問題はないだろうが，企業博物館訪問の目的が，講義で課されたレポート作成のためであったり，あるいはゼミ活動の一環として決まるという場合もあるだろう。しかし，行くことが決まった以上，無理矢理にでも，とにかく興味を持つことが最善の策である。そのための有効な方法として，なぜ自分はこの企業博物館を訪れるのかに対する説明を準備しておくということが考えられる。ちなみに，筆者が講義などで企業博物館の調査レポートを課題として出す場合，なぜその企業博物館を選んだのかについて，最初の1頁を使って必ず書いてもらうことにしている。そうすると，さすがに「家の近所にあったから」と書くわけにいかないし，それでは1行で終わってしまうから，強引にでも，何々について知りたいから，という理由づけを行うことになる。そうして問題意識を絞り出そうとあれこれ考えているうちに，意外と興味は湧いてくるものである。そして，せっかく行くんだったらこれだけは絶対に見て帰るぞ，という"目玉"を自分の中に設定することができれば事前の準備としては十分で，企業博物館を訪れる際のテンションも違っている。

3 企業博物館に行く
日本郵船歴史博物館の事例

　以下では具体的な事例によって，企業博物館の利用法について説明しよう。ここで取り上げるのは，日本郵船株式会社（以下，日本郵船）が横浜市に設立した企業博物

館「日本郵船歴史博物館」(NYK MARITIME MUSEUM)である。

(1) 事前調査

まずはホームページを閲覧しよう。検索エンジンで調べれば，同博物館のサイトはすぐに見つかる（http://www.nyk.com/rekishi/index.htm）。館内の概要は，ホームページの「展示・イベント」のタグから見ることができる。「歴史博物館 常設展」には，以下のような説明文が掲載されている。

日本郵船歴史博物館（同館提供）

「常設展では，近代日本海運の黎明期から今日に至るまでを，日本郵船の社史を通してご紹介しています。分かりやすくまとめられた映像を中心に，歴史の分岐点を捉えた貴重な写真，豪華な客船パンフレット，美しい絵葉書，迫力あるモデルシップ，そして詳細な各種の資料を立体的に展示し，近代日本の海運史を多角的にご覧いただけるようになっています」。

また，「館内ガイドツアー」として，館内のマップと各エリアの構成も紹介されている。これによると，常設展示スペースは8つのコーナーに分かれており，このほかに「企画展コーナー」「NYKコーナー」があることがわかる。そこで常設展示を確認すると，以下のような構成になっている。

1　日本をひらく
2　日本郵船誕生秘話
3　世界にひらく
4　豪華客船時代の到来
5　戦争と壊滅
6　復興への道
7　総合海運会社への変革
8　安定成長への対応

ホームページでは，それぞれのコーナーに簡単な説明があるが，ここでは「3　世界にひらく」を見てみよう。するとそこには，

> 「整備の進む鉄道網と地方船主の進出により厳しい競争にさらされた日本郵船は，日本初の遠洋定期航路を開設し，海外に活路を見い出す。日本郵船はさまざまな時代の追い風に乗り『世界の船会社』としての地位を築いて行く...」。

とある。その下には白黒の船の写真があり，「欧州航路第一船 土佐丸（明治29年）」と記されている。ここから，日本郵船が日本ではじめて「遠洋定期航路」を開設した会社であること，しかしそれは日本郵船が直面した厳しい経営環境を打開する方策として選択されたものであったことなどがわかる。もちろんこの短い説明だけではよくわからない点もある。なぜ船会社が鉄道と競争するのか，海外の航路はどこに開設し何を運んだのか，「世界の船会社」になれた「追い風」とは何か，などがとりあえずは気になってくる。これらについて社史などを使って調べてもよいが，とにかく事前準備の段階では，何が展示してあるのかの概要を知った上で，何らかの関心を持つことを最低限心がけたい。

とはいえ，そもそもよく知らないものに対して「何か特定の問題意識を持て」といわれても，最初は難しくて何も思いつかないかもしれない。しかしこれは，意識的に考える習慣をつけることで，誰にでも簡単にできるようになる。そこで，次の「4 豪華客船時代の到来」を使って練習してみよう。そこには，

> 「昭和初期の豪華客船時代。日本郵船は豪華客船にふさわしいサービスと人員を投入していった。『太平洋の女王』浅間丸の豪華を極めた室内装飾，食通をも唸らせる最高の料理，有名著名な乗客は，まさに太平洋を航海する夢の船であった」。

とある。豪華客船時代とは「昭和初期」のことであり，「浅間丸」という船が「太平洋の女王」と呼ばれ，乗客には有名人がおり，食事をはじめ最高のサービスが施されたという。昭和初期，つまり1930年前後の日本が「豪華客船」の時代だったというが本当だろうか，その時代に日本郵船に乗船した著名人とはいったいどのような人たちか，何を根拠に「夢の船」などと大げさな表現をしているのか，といったことであれば，誰でも簡単に思いつくだろう。人によっては，船内サービスの具体的な内容に関心があるかもしれないし，また「太平洋の女王」の船体構造に興味を抱くかもしれない。とにかく，何でもよいから自分が気になる点を発見することが大切である。そうすることで，当日のテンションが大きく違ってくる。ぜひとも事前に見たいモノ，知りたいことを抱えた状態で現地に乗り込もう。

(2) 訪問する

　日本郵船歴史博物館は，横浜市中区の海岸通りに位置し，もともと日本郵船の横浜支店として使われていた16本のコリント式の柱とアメリカの古典主義様式の荘厳な概観を持つ建物である。すでに事前調査をして明確な問題意識を持って訪問しているわけだから，ノートと筆記用具は必須アイテムである（また，デジタル・カメラも持っていくとよい。日本郵船歴史博物館では，館内の写真撮影はできないが，撮影を許可している施設ではデジタル・カメラが便利である。撮影の可否は，受付で必ず確認しよう）。

　チケットを購入して展示室内に入るとすぐに，こげ茶色の大きな樽のようなものが見える。これが「天水桶」と呼ばれるものであること，桶の表面に三菱のマークが記されているのは日本郵船が三菱の創業者・岩崎弥太郎が経営していた船会社を継承して誕生したためであることは，事前の予習によって確認済みのはずだ（*Case 2* も参照）。順路に従い展示コーナーを進み，事前調査の時点で気になっていた「3　世界にひらく」のコーナーをじっくりと見よう。すると，ホームページにはなかった次のような解説文がある。

> 「1893（明治26）年，日本初の遠洋定期航路であるボンベイ航路を開設。輸出産業である紡績業界の発展と共に，日本郵船は欧米の船会社との運賃競争を乗り越えて，日本の輸出入の拡大に貢献していった」。

　つまり，日本初の海外定期航路とはボンベイ航路であり，それは日本の紡績業と深いかかわりがあり，海外貿易において，日本郵船が大きな役割を果たしたというのである。さらに設置されてあるモニターに上映される映像を見ると，ボンベイ航路の開設がインドのタタ商会との間で結ばれた綿花取引のためであったことがわかる。19世紀の時点ですでに，日本はインドとの間で貿易を行っていたのである。

　また，同展示コーナーには巨大な世界地図が貼られており，日本と世界の主要都市が線で結ばれている。これには「三大定期航路の開設」というタイトルが付けられ，1896年に日本郵船が，豪州線（横浜―アデレード間），欧州線（横浜―アントワープ間），シアトル線（神戸―シアトル間）に定期航路を開設した様子が示されている。映像では当時の様子が放映されている。ホームページにあった「世界の船会社」という表現は，日本郵船がアメリカ，ヨーロッパ，オーストラリアの定期航路を開設したことを指していたのである。

続いて，隣の「4　豪華客船時代の到来」コーナーに進もう。すると，巨大な客船の模型が目に飛び込んでくるが，それが「太平洋の女王」と呼ばれた浅間丸であろうことは想像がつく。たしかにかなり立派な客船である。展示スペースの中央には，実物大のテーブルに豪華な食事が再現されている。これが「食通を唸らせた」という船内での食事であることもすぐにわかる。パネルに書かれたキャプションによれば，それはフランス料理のフルコースであり，当時は「帝国ホテル式」か「郵船式」か，と並び称されるほど評判だったという。また，船内施設としてプールにテニス・コートまで備えていたとある。これで，「夢の船」と呼ばれた理由がわかってくる。

　正面のパネルには，船のデッキで撮影された数多くの人物の写真が貼られており，そこには吉田茂，嘉納治五郎，尾崎行雄といった日本人以外にも，ヘレン・ケラー，チャールズ・チャップリン，アルバート・アインシュタインなど錚々（そうそう）たる顔ぶれが並んでいるが，これら世界的な有名人も日本郵船の顧客だったのである。

(3)　理解を深める

　純粋に「楽しむ」ために博物館を訪れるのと違い，何かを「知る」ため，何かを「発見する」ために来ているのであるから，適宜メモをとることを強く推奨したい。それは，現場で得た情報を記録にとどめ，情報を整理するためでもあるが，同時に，解説文を読んだり展示物を見るうちに興味を持ったこと，あるいは疑問に思ったこと，理解できなかったこと，帰ってから調べることなど，自分の感じたことを記録するためでもある。見ているうちに面白いアイディアが思い浮かぶことがあるかもしれない。そのとき，すぐにメモをとれる準備をしておこう。メモを意識的にとることを薦める理由は，何か情報を得るのだという動機の維持を図るためでもある。出口でノートが真っ白だと，そのまま帰るわけにはいかなくなる。

　何かを「知る」という点では，企業博物館のライブラリーを利用することも薦めたい。日本郵船歴史博物館の館内にもしっかりした図書閲覧室が設置されている。そこには，日本郵船の歴史を記した何冊かの社史のほか，船や海運に関するさまざまな文献が整備され，自由に閲覧することができる。日本郵船発行の図書や資料であれば，手続きの上，複写も可能である。つまり，ここに来れば日本郵船についてはもちろん，日本や世界の海運ビジネスに関して効率よく調査・研究を行うことができるのである。のみならず，他の図書館には所蔵されていない日本郵船の社内報（『ゆうせん』『YUSEN』）が創刊号から最新号まで揃っているなど，ここに来ないと見ることのできない資料もある。すべての企業博物館にこうしたライブラリー施設があるわけではないし，また利用に対して制限が課されている場合もあるが，貴重な資料が所蔵され

ていることも少なくないので，企業博物館を訪れる際にはぜひとも確認しておきたい。

おわりに

　企業博物館に行くと，必ず何か新たな発見がある。文字通り「百聞は一見にしかず」である。しかし大切なのは，そこで何を発見するのかだと筆者は考える。「訪れる前よりも知識が増えた」ということでも十分意味はあると思うが，せっかくなら，次につながる面白い発見をしてもらいたいと思う。そのためには，ここで触れたような事前の準備を行い，興味のアンテナを張った状態で訪問することが有効だと考える。

　また，企業博物館は立地されている場所に意味がある場合も多い。当該企業にまったく関係ない場所に企業博物館を建てることは考えにくいからである。そのため，企業博物館を通じてその地域の歴史を知ることが可能となる。日本郵船歴史博物館は，先述のようにもともと同社の横浜支店の建物であり，日本郵船と横浜は歴史的に深い関係がある。近くには，近代以降の横浜の歴史に関する資料を展示した「横浜開港資料館」や，重要文化財にも指定されている，かつての横浜正金銀行の本店を利用した「神奈川県立歴史博物館」をはじめとする，多数の博物館や資料館が点在している。こうした企業と地域のつながりについて考えるということも，企業博物館を訪れる醍醐味の1つである。

［大石直樹］

あとがき
Postscript

　2009年5月27日（水）から6月2日（火）にかけて，新宿髙島屋は11階催会場で「ZARD 坂井泉水展」を開いた。2007年5月27日に急逝した坂井泉水さんの軌跡を振り返り，追悼しようという趣旨のイベントである。われわれは5月31日に訪れ，想い出の時間に浸るとともに，その帰りに立ち寄ったKirin Cityで好きな曲や一推しのアルバムなどZARDについて語り合った。そして，本書の企画が生まれた場がまさにこのKirin Cityだったのである。

　発端は，経営史の講義をどのように進めているかという話題であった。アルコールが入っているから，経営史学会でもたびたび取り上げられる経済・経営系学部の学生の歴史離れとその要因に話が飛んだり，研究の話が交ったり，ZARDの話に戻ったりしたけれど，講義で使えそうなテキストへと話は収斂していった。そして，お互い「納得のいくテキストがない」という共通理解に達し，学生の関心をいかに引き付けるかを論じ，「面白い経営史のテキストは作れる」という結論に落ち着いた。

　第1弾の企画書の作成日は2009年6月1日になっているから，翌日には一応形にしたことになる。その後，同月6日，23日，7月6日の計3回の練直しを経て，8月1日に「日本経営史テキスト企画案」（企画案）を完成させ，取り上げるケースの再検討などをした上で，10月16日，有斐閣の柴田守さんと得地道代さんとはじめての会合を行った。ゴングが鳴った，のである。なお，正確を期すれば，2人に対する初"プレゼン"は，6月20日に明治大学で開催された経営史学会関東部会（橘川武郎・島田昌和編［2008］『進化の経営史』有斐閣，の合評会）の懇親会のときにすでに実施していた。お酒の席であるにもかかわらず，真摯に耳を傾けてくれる2人の姿に手応えを感じ，われわれは企画のブラッシュアップを進めたのである。

　上記の企画案には，次の3つのポイントが示されている。

① ケースで構成された経営史
　　→時系列・編年体で歴史を語るのではなく，具体的なケースをもとに

　　　　歴史を語る。
②　学生のニーズを踏まえたケース選択
　　　　→ケースの選択の基準として，学生のニーズに十分応えられるような企業を取り入れる。
③　歴史と理論のリンク
　　　　→経営学・経済学の視点を取り込むことによって，理論と歴史の橋渡しを試み，学習効果を高める。

　このうち，③は掛け声倒れに終わった感が否めないものの，①と②は強調できたと思う。②に関しては，日本経営史の講義に対する学生のニーズを探るため，互いに講義の時間を利用してアンケートを実施した。著者の1人（加藤）の場合，2009年6月4日（木）に講義時間の一部を使って，「戦後日本経営史の講義で取り上げてもらいたい企業を3つ挙げてください」という内容で行った。その結果は，トヨタ自動車（1位），ソニー（2位），任天堂（3位），ソフトバンク（4位），ファーストリテイリング（6位）といった具合に，本書の構成にかなり反映されている（（　）内はアンケートでの順位）。
　もちろん，学生迎合的な選択のみをしたわけではない。大阪紡績や三井物産の例を引くまでもなく，日本企業の歴史を考える上で有用な題材になりうるという基準も，併せて採用している。なお，企画段階で名前があがりながら，結局断念した企業も少なくない。たとえば，山一證券や東京地下鉄道，中島飛行機，日本航空（JAL），電通，フジテレビ，ヤマダ電機などである。やり残したことはたくさんある。
　原稿執筆の過程では，互いに厳しい指摘をしたし，柴田さんと得地さんをハラハラさせるくらい激しいやりとりもあった。ムッとしたこともカチンときたことも多々あった。でも，的確な批判こそ耳に痛いというし，そこで出された意見は原稿のブラッシュアップに際して，かなりの程度活かされたと思う。加えて，学習院大学の石井晋さんからは，とても興味深く有益なコメントをいただいた。なので，ここに「ありがとうございました」の一言を記しておきたい。石井さんのコメントに関しては，すべてではないけれども，はしがきの内容を含めて可能な限り反映させることを心がけた。
　ああすればよかった，こうすればよかったと思うことは数限りない。言い出

すとキリがないからもうお仕舞いにする。柴田さんと得地さんへの感謝の気持ちは言葉に尽くせない。これに懲りずに，第2弾（があったら）でもお付き合いいただければ幸いである。

 2013年2月

加藤健太・大石直樹

索 引

事項索引

アルファベット

ADSL　322
BSE 問題　258
DC ブランド　337
FC　→フランチャイズ
IT　222, 318, 322, 332
LBO〔レバレッジド・バイ・アウト〕　334
MADE IN JAPAN　181
M&A〔合併・買収〕　317, 319, 327, 329
　　──の効果〔メリット〕　332, 334
NB　→ナショナル・ブランド
OEM　136
PB　→プライベート・ブランド
PR　191
QC〔品質管理〕　157
R&D センター　348
SPA〔製造小売業〕　350
　　──のメリット　351
TOB　→公開買付
TQC〔総合的品質管理〕　157, 158

あ 行

熱海会談　111, 134
アタリ・ショック　306
後工程引取り　159
アパレル産業　105
アフターサービス　112, 117, 121, 136
アメリカ進出〔展開〕　178, 181
アンケート　267, 271
安定成長　220
委託生産　307
　　──工場の集約化　345
委託取引　101
委託販売方式　340
1 億総中流社会　104

一手販売権　84
イノベーション　276
イメージ・キャンペーン　236
イメージ戦略　230
イメージ調査　265
衣料品業界　344
インサイダー　30
インセンティブ〔販売報奨金〕　324
インフラストラクチャー〔インフラ〕　12, 318, 321, 327
売上高ランキング　317
売残りリスク　340, 341
運賃競争　217
運搬の合理化　159
エアライン　202, 217
営業カレンダー　290
営業譲渡　318
駅ビル　62
エリアの開発　233
エンターテーメント・ビジネス　290
横断的な組織　201
屋外型パーク　290
オープン・プライス　139
オペレーション・システム　290
オルガナイザー機能　84, 93, 94
卸売業者　125
卸売段階の系列化　110
オンライン・コントロール・システム　151

か 行

海運業　34
海外拠点〔支店〕のネットワーク　90, 101
海外進出　165
海外旅行　222
外交販売　120
外国人技術者　96

会社更生法　217, 242, 249, 256
外食産業　221
　──のチェーン化　244
開発費用　312
外部資金　40
価格競争　109, 112, 127, 217, 326
価格決定権　125, 139
価格政策〔価格戦略〕　82, 124, 165
価格凍結宣言　138
価格破壊　132, 134, 222
核家族　105
加工化　104
カジュアル・ウェア　337, 338
華族　19
合併　207, 216, 317
家庭用テレビゲーム　300
家庭用レジャー　299
家電　105, 112
　──メーカー　107
　──量販店〔大型──量販店〕　107, 121, 139
ガバナンス　→コーポレート・ガバナンス
株式会社　16
　──の意思決定　318
株式会社化　42, 39
　──の目的　41
株式会社制度　38
　──の定着　30
　──のメリット　40
株式公開　41, 44, 45
　分系会社の──　43, 44
　本社の──　43, 44
株式取得　318
株式所有　45
株式投資　92
株主重視の経営　27, 30
株主募集　20
カラー・テレビ　136
カルテル　13
官営紡績　16
環境規制　173
環境変化　→経営環境の変化
観光地　54
管財人　250, 256
管事　36

幹線　204, 208, 212, 214
完全買取（方式）　340, 342
関東大震災　14
かんばん　156
官民協調方式　168
企業　16, 29
　──と政府の関係　164
　──のイメージ　66
　──の再建　249
　──の持続的成長　30
　──の集中・合併・専門化　167
　──の消滅　242
企業家　179
企業間関係　158
企業規模　325
企業グループ　33, 317
技術　181, 196, 291, 313
　──による規制　305
　──の導入　96
技術開発力　198
技術供与　177
技術指導　283, 347
技術提携　283
技術力　179
希少価値の創出　268
規制　328
　──緩和　216
　技術による──　305
　公害問題に関する政府──　164
　法的──　305
既製服化　104
機能分化　351
希望小売価格　139
規模の過小性　18
規模の経済　228, 329
キャッシュ・レジスター　129
キャラクター　272
吸収合併　317
牛丼　243
　──チェーン店　258
牛肉の輸入自由化　247
共益券　112
業際　201
競争環境　259
競争関係　215, 216

事項索引　381

協調関係　206, 208, 216
協調融資団　287
共同融資　334
許認可権　328
近代化
　　生活の――　106
　　日本の――　7, 12
金融システム　51
空間配置　291
空間プロデュース・ビジネス　230
空冷エンジン　173
口コミ　66
クリエイターの選択　311
グループ化構想　168
グループ経営〔グループ・マネジメント〕
　　33
　　株式所有を通じた――　45
グローバル商品開発体制　348
経営環境　5, 216, 275
　　――の変化〔環境変化〕　237, 300
経営危機　145, 226, 248, 258
経営権　318
経営合理化　208, 226
経営資源　99, 246
経営陣の刷新　256
経営戦略　334, 335
経営統合　215
経済成長率　104
経済の民主化　32
軽自動車　170
携帯音楽プレーヤー　182
携帯型カセット・プレーヤー　195
携帯電話事業　327, 334
携帯電話向け放送サービス　331
契約主義　342
系列化〔流通系列化〕　107, 109, 110, 114,
　　119, 121, 134
　　卸売段階の――　110
　　小売段階の――　108, 112
系列小売店〔系列店〕　107, 121
　　――改革　122
　　――の機能　121
　　――の経営安定化　120
　　――の助成策　116
化粧品（事業）　66, 67, 69

ゲストコントロール　291
ゲーム　→テレビゲーム
減価償却　30
現金問屋　125
原作・作画分離方式　262
建設コスト　283
郊　外　49, 52, 338
公開買付〔TOB〕　330, 334
公害問題　164, 172
高価格　67
高級路線　69
工業化　13
公共交通機関　217
航空企業フィーバー　204
航空機製造事業　203
航空行政　216
航空輸送ビジネス　203, 217
広告制作　70
広告・宣伝活動〔宣伝広告〕　66, 70, 78, 82,
　　151, 211
広告宣伝権　288
広告代理店　67
広告デザイン　68
広告媒体　66, 72, 75
合資会社　38
工場運営　347
工場の計画的な稼働　345
工場立地　23
更生管財人　252, 254, 256
更生計画案　254
更生手続き開始　251
工程管理法　285
高度（経済）成長　104, 172, 209
　　――期以降の日本経済　224
高付加価値商品　66
後方統合　133
公募採用　225
合名会社　38
小売（業）　104, 221, 227, 336, 340
　　――による製造業への参入　234
　　マーケット・オリエンテッドな――　237
小売業者〔小売店〕　109, 350
小売段階の（流通）系列化　108, 112
効率性アプローチ　47
高齢化　121

小型化　195
顧客獲得費用　323
顧客ターゲット　272, 274
国際化　240
国際競争力　167
国際線　204, 214, 215
国際電信・郵便　99
国内航空ネットワーク　207
国内線　204, 214
　──ジェット化　209
　──の旅客数　209, 212
国民車構想　145
個人化　221
コスト削減　124, 163, 302
固定客　120, 132
固定資本コスト　28
コーポレート・ガバナンス〔ガバナンス，企業統治〕　41, 47
コミック誌離れ　275
コミッション・ビジネス　88, 89, 92, 97
コラボレーション　349
コンテンツ　327, 331
コンビニエンスストア　221
混　綿　101

さ　行

再建型整理　242
債権者の取立て　256
在庫リスク　309
財　閥　13, 32, 38, 47
座席利用率　210, 212, 214
雑誌広告　75
サード・パーティ　303
サービス　327
　──経済化　221
　──コントロール　291
　──支出　222
　──・レベル　215
　モノから──へのシフト　222
サプライ・チェーン　350
差別化（戦略）　117, 217, 262, 264, 341
参加企業制度　288
産業再編成　167
三国間貿易　90
3C　105

三種の神器　105, 106, 221
参入〔新規参入〕　192, 327, 334
　──の許可制　168
　独自──　331
　2段階の市場──　184
事業計画　288
　長期的な──　335
事業転換　300
事業投資　93, 98
事業部（門）　201
　──間のコーディネート　201
　──の自立化　39
　──別のマネジメント　36
資金調達　19, 38, 40, 206, 286
仕事の細分化　286
自主企画商品　340
市場開拓　97, 150
市場経済のルール　12
市場調査　295
市場テスト　190
市場による淘汰　306
市場の教育　183, 185, 191
市場の創出〔市場の創り出，マーケット・クリエーション〕　185, 191, 315
次世代機開発　192
事前管理　306
下請会社　286
室内プール　55, 57
実用品　147
自動車（産業）　5, 105, 144, 166
シナジー効果　328
品揃え　131
渋谷出店〔進出〕　227, 232
資本金　19
資本市場　51
資本蓄積　28
資本提携　177
社会現象　273
奢侈品　147
ジャスト・イン・タイム　155
ジャスト・カセット・サイズ　194
社内管理体制　158
ジャンプ・システム　269, 276
収益性の向上　252
重化学工業　13, 42, 105

週刊化　262, 264
従業員　30
　　――のモチベーションの（保持・）向上
　　253, 256
住宅経営　52
集団就職　105
周波数帯　328
出荷停止　135
出版事業　319
需要の創造〔開拓，喚起，創出〕　57, 120,
　　185, 233
主力銀行　248
使用資本利益率　28
商　社　84, 102
商社マン　84, 85, 98
商店街　104, 108
少年コミック誌　260
　　――市場　261
少年少女雑誌　261
少年層へのこだわり　272
消費社会　234, 236
消費者主権　139, 235
消費者心理　150
消費者の自立　235
消費者の多様性　234
消費の多様化　221
商　標　305
商　品　185
商品化　197
商品開発〔製品開発〕　82, 252, 351
　　――力の強化　348
　　新技術を利用した――　165
　　人間の論理に基づく――　235
商品企画プロセス　201
商品コンセプト　190
商品発表会　190
情　報　99, 101, 351
情報収集活動　99
情報収集拠点　122
情報通信機器　221
情報伝達システム　99
乗用車　142, 144, 171
　　国産――　141
省力化　124
初期販社　110

職業野球団　61
職制改革　37
食　堂　64
女性消費者　231
食券前売制度　64
職工〔工女〕　27
ショップ店制度　113
ショッピングセンター　222
ショートプレート　247
所有と経営の閉鎖性　39
人員整理　256
新機材導入　209
新規参入　→参入
新規出店　253
人件費　28
人口移動　105
新興企業グループ　13
人材教育　292
人事改革　225
紳士服販売　337
新設合併　317
人的ネットワーク〔属人的なネットワーク〕
　　21, 29, 51
新　聞　66, 72
新聞広告　72
新流通体制　111
水冷エンジン　173
据置き型ゲーム機　311
スカウト人事　225
ストア・ブランド　136
スーパーマーケット〔スーパー〕　104, 124,
　　128, 129, 156, 221
　　――のチェーン展開　228
スペシャリスト　36
スポンサー　287
生活総合産業　236
生活の近代化　106
正価販売〔正価維持〕　114, 117, 119, 121,
　　134
生産委託（方式）　341, 342
清算型整理　242
生産管理　342, 345, 347
生産技術　347
生産計画　154, 156
生産システム　156

384

生産性の上昇　158
生産体制　155
生産の平準化　156
政　商　34
製造能力　198
成長市場　213
成長戦略　332
西南戦争　17
製　品　185
　　——デザイン　70
　　——の高度化・複雑化　121
製品開発　→商品開発
石油ショック　138
セグメント化　75
世帯数　105
ゼネラリスト　36
セルフサービス（方式）　124, 129, 337, 338
繊維業　101
全国高等学校野球選手権大会　61
全国統一価格　165
全国販社　111
潜在需要　323
　　——予測　295
専属契約制度　268
選択的消費　220
宣伝広告　→広告・宣伝活動
宣伝手法　231
宣伝飛行　205
宣伝力　198
専売化　114, 117, 119
専売店契約　111
専門経営者　30
専門量販店　222
戦略とニーズのギャップ　147
総合工程達成確率　285
総合商社　84
　　——の機能　99, 101
　　——の構成要素　84, 91-93
総合スーパー〔GMS〕　130
総合連盟店制度　112
相　場　87, 102
訴求ポイント　147
属人的なネットワーク　→人的ネットワーク
組織化　107
組織改革　158, 175

組織管理　45
　　——の分権化　38
組織設計　200
組織的なリスク・マネジメント能力　102
組織能力　175
組織の活性化　226
組織の効率性　47
ソーダ・ファウンテン　128
ソフト　303, 319
　　——開発　310, 313
　　——・ビジネス　309
　　——・メーカーとハード・メーカーの関係
　　　　304
損益分岐点　127

た　行

第一次世界大戦　12
ダイエー憲法　126
大気汚染　172
耐久消費財　105, 106, 220
大衆相手〔大衆本位〕　60, 62, 64
大衆雑誌　75
大衆車〔大衆乗用車〕　144, 146, 149, 171
　　——の量販　154
大衆消費社会　14, 104, 223, 227
　　——の変容　235
大正ロマン　72
第2次産業　105
第2パーク　293
大量出店　247
大量輸送　216
多角化〔多角的な事業展開〕　35, 236
多角的事業経営　61
多種少量生産　155
縦割り組織　201
多店舗展開　130, 244
ダブル・トラッキング　216
ターボプロップ　209
ターミナルデパート　60, 227
団地族　106
担当編集者　266, 270
単品　130
　　——経営　243, 258
端末　330
地域重視　229, 235

事項索引　385

チェーン化　130
　　外食産業の——　244
チェーン・ストア　80
秩禄処分　19
長期不況　220
通信速度　323
通信と放送の融合　331, 335
低価格　147, 301, 338
　　——政策〔戦略〕　132, 322, 334
定期航空事業　205
定価販売　82
提　携　94, 177, 215
低公害車　173
ディスカウンター　221
出稼ぎ　105
適性利潤　119, 121
デザイナー　200
デザイン　192, 200, 347
デジタル家電　221
手数料〔口銭〕収入　88, 89
データ　295
鉄道経営　54, 62
鉄道事業　61
テナント・ビジネス　230
デフレ　221
テープ・レコーダー　183
テーマパーク　279
テーマリゾート　279
デミング賞　157
テリトリー制　111, 117
テレビゲーム〔ゲーム〕　300
　　——市場　298
　　——の流通革命　309
　　——・ビジネス　302
電気通信事業　328
展示会　321
伝票制度　64
統計的品質管理　157
倒　産　242, 249, 255
同族経営　47
読　者
　　——とのコミュニケーション　271
　　——の意見〔反応〕重視　267
独　占　46
独占アプローチ　47

独占禁止法違反　135
特定産業振興時措置法〔特振法〕　164, 167, 168
独立採算方式　37
都市化　13, 52
都市型ショッピングセンター　230
都市の遠心力　58, 61
都市の求心力　58, 61
特許・ノウハウ〔技術情報〕の公開　176
トップ・マネジメント　36
　　——の役割分担　165
トヨタ生産システム〔方式〕　143, 155, 159
トラック　142
ドラッグストア　128
トランジスタ　184
取引先との関係　158
取引仲介ビジネス　101
トレードオフ　336

な　行

内部留保　30
流れの合理化　159
ナショナル・ブランド〔NB〕　137, 138, 340
ナショナル連盟店制度　112
ナチュラル・テイスト　241
ニクソン・ショック　137
24時間営業　251
ニーズ　149
　　——の開拓　184
　　戦略と——のギャップ　147
日本航空株式会社法　204
日本版マスキー法　176
日本プロ野球　61
二輪車　165
農家預託　133
納期管理　345
ノウハウ供与　283
能率「二倍化」論　28

は　行

バイイング・パワー　130
排ガス規制　172
買　収　318, 325, 330-332
配当率　28
パーク・オペレーティング・カレンダー

290
薄利多売　62
破　綻　248
発行部数　262, 264, 269, 273
発　明　197
ハード　303
　　——・メーカーとソフト・メーカーの関係
　　　304
バブル　220, 223, 236
払込資本金利益率　28
範囲の経済　130
販　社　110, 121
販促的価格設定　124
販売管理　113
販売情報の把握　112
販売戦略　107, 154
販売促進〔プロモーション〕活動　82, 323
販売提携　178
販売網〔販売ネットワーク〕　107, 144, 147,
　　　153
販売力　198
非関連多角化　61
ビジネス・モデル　233, 350
　　ファミコンの——　302, 305
必需的消費　220
筆頭株主　215
百貨店（業）　60, 62, 104, 124, 228
標準化　228, 233
標準作業　156
品質管理　336
品質の向上　157, 158, 250, 345
品質の劣化　247
ファッション・イベント　349
ファッション性　234, 347, 349
ファミコン・ブーム　302, 307
フィードロット方式　133
フォーカス戦略　343
不採算店　251
婦人・子供服小売業　105
婦人雑誌広告　75
物価値上がり阻止運動　137
不動産業　52, 230
プライベート・ブランド〔PB〕　137, 138,
　　　234, 240
プラザ合意　220

フラッグ・キャリア　203, 214
フランチャイザー　246
フランチャイジー　246
フランチャイズ〔FC〕　244, 246, 339
ブランド　137, 139, 194, 259
　　——確立〔構築〕　192, 334
　　——価値　346
　　——管理　307
　　——への投資　82
ブランド・イメージ　241
　　——の確立　185
ブランド間競争　109, 112, 117
　　——の排除　111
ブランド内競争　109, 117
フリーズ・ドライ　247
フリース・ブーム　343, 346
プレイステーション・プロジェクト　308
ブローカー　87
プロジェクト・マネジメント　285
ブロードバンド事業　322
プロモーション活動　→販売促進活動
文化事業　229
分割払込制度　19, 43
分割ローン販売　53
分系会社　39
　　——の株式公開　43, 44
　　本社と——のルール　42
別注方式　341
ヘッドホン　189
　　——・ステレオ　194
ベルトコンベア　159, 162
貿　易　101
　　——と資本自由化　157
貿易・為替自由化根本方針　167
紡績（業）　15, 87
　　——工場の規模　18
法的規制　305
法的整理　242
保護政策　167
保全管財人　250, 256
ポータブル・ラジオ　184
ホールディング・カンパニー　33
本　社
　　——と分系会社のルール　42
　　——の株式公開　43, 44

事項索引　387

——のチェック機能　37
——のマネジメントの合理化　41
本部集中仕入れ　130

ま　行

マイカー　105
マーケター　200
マーケット・クリエーション　→市場の創造
マーケティング（活動）　82, 183, 315
　　ニッチなターゲットに絞った——　184
マスキー法　172, 176
マス・メディア　66, 72
まちづくり　229, 233
街の電器屋さん　107, 121
松下電器5ヶ年計画　113
松下ヤミ再販事件　135
マテリアル・ハンドリング〔マテハン，運搬管理〕　162
マニュアル　292
マネキン　80
マネジメント　35
　　——能力　293
　　事業部門別の——　36
　　本社の——の合理化　41
　　持株会社を通じた傘下事業の——　46
マルチプラットフォーム　303
マンガ　262
マンガ家　265
漫画専門誌　265
見込商売　87, 89, 92
ミス・シセイドウ　81
無線通信　328
メイクアップ化粧品　67, 81
メインバンク　248
綿花　87
綿糸　15
モータリゼーション　105, 143, 170
持株会社　32, 41, 45, 99
　　——的性格　84, 92, 94
モノからサービスへのシフト　222
モノ支出　222
模範的郊外生活　53

や　行

夜業　27

安売り　124
誘因〔インセンティブ〕と責任　38
遊園地　282
有限責任制　16
有線サービス　328
ユーザーの選択　311
輸出（製品）　101, 165
輸送ビジネス　61
要員計画　291
洋食（化）　64, 104
洋風化　104
予測精度の向上　290

ら・わ　行

ライセンス生産　283, 284
ライフスタイルの多様化　222
ラジカセ　188
ランニング・コスト　196
乱売　109, 119, 128
リゾート都市づくり　282
リピーター　293
流通　221, 223
　　——の中抜き　309
流通革命　104, 125, 233
　　——論　139
　　テレビゲームの——　309
流通業者　139
流通系列化　→系列化
流通経路　82, 113
量産体制　157
量販　146
量販店　228
　　家電——〔大型家電——〕　107, 121, 139
　　専門——　222
良品廉価　240
レーヨン　94
ロイヤリティ　246, 281, 307
労働力　28
ローカル線　204, 211, 212, 214
66年規制　172
ロー・コスト・キャリア〔LCC〕　217
ロスリーダー〔目玉商品〕　124, 134
ローンチ・カスタマー　202
ワンストップ・ショッピング　108
ワンセグ　331

企業名・商品名等索引

（正確な読みが不明の項目には＊を付した。）

数字・アルファベット

179A →カローラ
ANA →全日本空輸
au　　328-331, 334
『CanCam』　349
CVCC　176-179
　——エンジン　175
DC-3〔ダグラス DC-3〕　206, 207
DC-4　208-210
DC-6　210
『DRAGON BALL』　273, 274
『Dr. スランプ』　272
EPA →環境保護庁（アメリカ）
FOMA　329
F 型カブ　165
GHQ〔連合国軍最高司令官総司令部〕　32, 203
GM　5, 164, 176, 178
Google　46
G 型テープコーダー　183
H1300　171, 173
H-AIR　189
iPod　182
JAL →日本航空
J&P　319
JR　62
JR 東日本　317
J-フォン　327
KDDI　317, 325, 326
『LEE』　349
MAST〔マーケット・オリエンテッド・エース・ショップ・チーム〕　122
N360　170
『National Shop』　116
NEC　298, 319
NINTENDO 64　311
『non-no』　349
NTT　317, 323-326
NTT グループ　326
NTT コミュニケーションズ　326
NTT ドコモ〔ドコモ〕　317, 328-331, 334
NTT 西日本　328
NTT 東日本　328
『ONE PIECE』　260, 277
PARCO　230-233, 236-238, 338
PARCO 出版　236
『PINKY』　349
PP センター（ソニー）　188, 192, 200, 201
S360　169
SCE →ソニー・コンピュータエンタテインメント
『SLAM DUNK』　273, 274
T360　169
TPS-L2　189, 195
UNIQLO Design Studio, New York, Inc.　348
USA 吉野家〔YOSHINOYA & Co. (USA) Inc.〕　247, 251
Wii　299, 313, 314
WM-2　193-195
WM-20　195
WM-101　196
Yahoo! BB　322, 323, 325-327, 334
Yahoo! JAPAN　335
YOSHINOYA & Co. (USA) Inc. →USA 吉野家
ZDC →ジフ・デービス・コミュニケーション
ZDP →ジフ・デービス・パブリッシング

あ　行

アイシン精機　158
愛知紡績所　23
藍屋　221
アオキ　222
青木航空　204
青山　222
旭絹織　96
『朝日新聞』　66, 72
朝日土地興業　280
味の素　13, 134
アタリ　305
アップル　182, 334
アメリカ任天堂　301

アメリカ・ホンダ　165
有馬温泉　56
飯野海運　203
イクスピアリ　294
伊勢丹　62, 225
イタリアナ・デラ・ビスコーザ　96
市　田　225
イッセイミヤケ　348
伊藤忠商事　207
イトキン　225
イトーヨーカ堂　221
岩崎家　38, 40, 44, 45
インターフェイス・グループ　321
インターロップ　321
インプレス・ニューヨーク　342, 345
ウェスチングハウス　42
ウエテル　133
ウォークマン　181, 182, 186-198, 200
ウォルト・ディズニー・プロダクションズ　→
　　ディズニー
うどんの吉野家　255
梅田阪神食堂　64
運輸省　172, 204, 207, 216
運輸審議会　207
運輸政策審議会　216
エニックス　311
エフ・アンド・エス　252
大倉組（商会）　17, 20, 88
大蔵省　168
大阪朝日新聞社　61
大阪コピーライターズクラブ　152
大阪商船　19, 203
大阪製銅　18
大阪電気軌道〔近鉄〕　62
大阪ハトヤ　129
大阪紡績　2, 15, 16, 19-21, 23, 27, 28, 30, 90
　　――三軒家工場　24, 27, 29
大塚食品　104
大戸屋　221
大林組　96
沖縄ミート　133
小郡商事　336-340
オスカー・コーホン　95, 96
小田急　62
おとくライン　326

『男一匹ガキ大将』　267
『おもしろブック』　261
オリエンタルランド　280-286, 288, 294, 295

か 行

鹿児島紡績所　17
樫　山　225
片倉製糸　92
鐘淵紡績　12
神谷商事　144
カレー亭ターバン　255
カローラ〔179A〕　143, 149-155, 157, 158, 170
カローラ店　153
環境保護庁（アメリカ）〔EPA〕　176, 177
関西汽船　204
関東自動車工業　158
菊名生協　129
技術研　→本田技術研究所
北浜銀行　49, 50
紀ノ國屋　129
箕有電車　→箕面有馬電気軌道
共同運輸会社　34
極東航空　204, 205, 207, 208
麒麟麦酒　86
『キング』　264
クライスラー　164
クラウン（音響メーカー）　136, 137
クラウン〔トヨペット・クラウン〕　141, 147, 152
桑原紡績所　28
グンゼ　134
京成電鉄　280, 287
京　阪　62
京阪薬局　127
京葉線　283
ゲーム＆ウオッチ　300, 313
ゲームボーイ　307, 313
ゲームボーイアドバンス　299
ケンタッキーフライドチキン　221
工業技術協議会　172
航空審議会　204, 207
公正取引委員会〔公取委〕　112, 135
講談社　261, 272
高知ナショナル製品販売　110

興民社　205
コジマ　222
コソノバ電器店　114
寿屋洋酒店　13
コートールズ　94
小林電機店　119
コムデックス　321
コールドクリーム　69
『コロコロコミック』〔『コロコロ』〕　274, 275
コロナ　152
コンシューマー・エレクトロニクス・ショー　319
コンベア 440　208, 209
コンベア 880　215

さ　行

サイゼリヤ　221
サカエ薬品　125, 126
サカエ薬局　125
ザ・コンピューター館　319
サニー　105, 151, 152, 170
産業構造審議会公害部会自動車公害対策小委員会　172
産業合理化審議会産業資金部会　168
三精社　67
『サンデー』　→『週刊少年サンデー』
山東宏利綿針織　342
三洋電機　135, 183
塩野義製薬　126
資源局（アメリカ）　176
資生堂　66-70, 72, 74-76, 78-80, 82
　——意匠部　70, 72, 74, 75, 78-81
　——化粧部　69
資生堂特性粉白粉　69
資生堂特性水白粉　69
シビック　175, 176, 178
ジフ・デービス・コミュニケーション〔ZDC〕　319, 321
ジフ・デービス・パブリッシング〔ZDP〕　319, 321
渋谷 PARCO　232
渋谷 PARCO PART II　232
渋谷 PARCO PART III　232
自民党　168
社会党　168

ジャスコ　337, 342
ジャーディン・マセソン商会　88
シャープ　319
上海伏尼克服装綿針織　342
集英社　261, 263, 349
『週刊少年サンデー』〔『サンデー』〕　261-264, 272, 275
『週刊少年ジャンプ』〔『ジャンプ』〕　260-269, 271-277
『週刊少年マガジン』〔『マガジン』〕　261-265, 268, 272-275
『主婦之友』　75
小学館　261, 264, 274
抄紙会社　17
上新電機　319
松竹キネマ蒲田撮影所　79
『少年ブック』　261, 263-265, 267
初心会　304, 309, 311
ジョルダーノ　341
白木屋　60
新宿マルイカレン　350
すかいらーく　221
すき家　258
スギ薬局　222
鈴木商店　13, 94, 99, 102
スターアライアンス　202
スーパーカブ　165
スーパーファミコン　307, 308
スバル 360　105
スピリット　340
スポーツ・800　149
住友（財閥）　12, 33, 38
西武（鉄道）　62, 224, 227, 232, 236
西武化学工業　236
西武クレジット　236
西武ストアー　226, 228
西武百貨店　224-230, 232, 233, 236, 237, 254
西武流通グループ　224, 228-230, 235, 236, 251
西友ストアー〔西友〕　221, 228, 229, 233-235, 237, 240, 252, 254
セ　ガ　298, 299
セガサターン　298, 311
セゾングループ　223, 224, 229, 236-238
セブン-イレブン　221

企業名・商品名等索引　391

ゼンショー　258
セントラル・パッキング　247
全日本空輸〔ANA, 全日空〕　202, 203, 206-217
総務省　328, 329
ソニー　136, 181, 183-186, 188, 189, 191, 192, 194-198, 200
　――意匠部　200
　――技術研究所　189
　――・デザイン室　193
ソニー・コンピュータエンタテインメント〔SCE, ソニー〕　298, 308-311
ソニー商事　189
ソニー・ミュージック　309, 310
ソフトバンク　317, 318, 320-323, 325, 327-332, 334, 335
ソフトバンクBB　327, 331
ソフトバンク・グループ　327
ソフトバンク・ホールディングス〔SBH〕　319
ソフトバンクモバイル　327

た 行

第一勧業銀行　249
第一国立銀行　16, 17, 21, 24, 29
ダイエー　124-139, 221, 233, 234, 248, 249, 319
　――セントラル牧場　133
ダイエー薬局　126
大栄薬品工業　126
大気水質汚染防止小委員会（アメリカ上院）　178
第十五国立銀行　20
大正海上火災保険　92
大　友*　129
ダイハツ工業　2, 146
第百三十国立銀行　18
大　丸　13, 62
ダイヤシャツ　134
『ダ・ヴィンチ』編集部　273
髙島屋〔タカシマヤ〕　13, 60, 62, 64
髙島屋ホール　81
髙田商会　88
宝塚運動協会　61
宝塚歌劇　57

宝塚唱歌隊　56
宝塚少女歌劇養成会　56
宝塚新温泉　55-57, 60, 61, 64
ダグラスDC-3　→DC-3
武田薬品　126
竹屋電気　120
谷崎ラジオ店　118
チキンラーメン　104
畜産振興事業団　247
中央公害対策審議会　176
朝鮮生糸　92
蝶　理　97
通商産業省〔通産省〕　145, 166-169, 172, 178, 179
　――産業構造研究会　166
つかしん　229
帝国銀行　3
帝国人造絹糸〔帝人〕　94, 96
ディズニー〔ウォルト・ディズニー・プロダクションズ〕　279-281, 283, 284, 286-288, 290-292, 294-296, 328
ディズニーランド　280, 283, 296
ディズニーワールド　280, 283, 295
鉄道組合　19, 20
デニーズ　221
デ・ハビランド　205
デ・ハビランド・ダブ　205
デ・ハビランド・ヘロン　205, 206
デュポン　95
田園調布　13
店　会　→ナショナル店会
でんかのヤマグチ　121
電波管理審議会　329
東亜航空　216
東海銀行　3, 248, 249
東海道新幹線　214
東急電鉄〔東急〕　62, 227
東急ハンズ　232
東急百貨店　227
東京海上保険　20
東京ガールズコレクション〔TGC〕　349
東京芝浦電気〔東芝〕　112, 135
東京商法会議所　17
東京宝塚劇場　57
東京宝塚配給社〔東宝〕　57

東京地方裁判所〔東京地裁〕　250, 251, 254
東京通信工業　181
東京ディズニーシー　279, 294
東京ディズニーランド　279, 280, 282-286, 288-291, 293-296
東京ディズニーリゾート　279, 280, 294
東京電灯　20
東京都中学体育連盟　273
『東京日日新聞』　66
東京発動機　165
東京マネキン倶楽部　80
東京丸物　230
東西線　283
同文舘　75
東洋工業　177
東洋バブコック製造　93
東洋紡績〔東洋紡〕　12, 15, 134
東洋棉花　92
東洋レーヨン〔東レ〕　93, 94, 96-98, 344
ドコモ　→ NTT ドコモ
特許庁（アメリカ）　176
ドトールコーヒー　221
戸畑鋳物　144
豊田工機　158
トヨタ自動車〔トヨタ，トヨタ自工〕　2-4, 6, 105, 141-146, 148, 149, 151-159, 162, 164, 170, 172, 175
　——挙母工場　163
　——高岡工場　151
トヨタ自動車販売〔トヨタ自販〕　145, 149, 151, 153, 158
豊田自動織機製作所　5, 92, 144, 158
トヨタ車体　158
豊中運動場　61
トヨペット・クラウン　→クラウン
『ドラゴンクエスト』〔『ドラクエ』〕　311
トランジスタ・ラジオ　184
ドリーム号 E 型　165
『ドンキーコング』　301

な 行

なか卯　258
長崎造船所　8
中島飛行機　159
ナショナル店会〔店会〕　112, 122

ナショナル・パナソニックの会　122
灘循環鉄道　57, 58
七色粉白粉　69
南　海　62
西田商店　94, 97
ニチメン　342
日産自動車〔日産〕　6, 105, 142, 144, 151, 153, 164, 170, 173, 175
日清食品　104
新田ラジオ店　120
日ペリ航空　→日本ヘリコプター輸送
日本 GM　144
日本銀行　145, 206
　——名古屋支店　3
日本興業銀行　287
日本航空〔JAL〕　203-211, 213-217
日本航空輸送研究所　204
日本国内航空　216
日本雑誌協会　275
日本職業野球連盟　61
日本生産性本部　162
日本製粉　93
日本ソフトバンク　318
日本テレコム　325-327
日本電装　158
日本ナショナル金銭登録機〔日本 NCR〕　129
日本フランチャイズ・チェーン協会　246
日本ヘリコプター輸送〔日ペリ航空〕　204-207
日本野球機構　61
日本郵船会社　34
日本リテイリングセンター　244
ニンテンドー DS　299, 313, 314
ニンテンドーゲームキューブ　299
任天堂　298-315
ノースウエスト航空　203

は 行

バイカウント　209, 211
ハーグリーブス　24
ハドソン　319
パナソニック　140
バブコック・アンド・ウィルコックス　93
パブリカ　105, 146-151, 153

パブリカ朝日　148
パブリカ・スポーツ　149
パブリカ・デラックス　148
バーミヤン　221
早川電機　184
『ハレンチ学園』　267
バロー・アンド・ウエルカム　68
阪急〔阪神急行電鉄，阪急電鉄〕　58-62, 64
阪急食堂　65
阪急百貨店　60, 62, 64, 80, 225
阪急マーケット　60
阪神甲子園球場　61
阪神電鉄　58
ハンドレページ・マラソン　207
ヒグチ　127
日立製作所　112, 136
ビックカメラ　107
ビデオ・リサーチ　274
日野自動車　2
ビブレ　237
ビーム・ライン　211
ヒューマンエレクトロニクス研究所　122
『ファイナルファンタジー』　311
ファーストリテイリング　3, 336, 337, 339-350
　──商品部大阪事務所　342
ファミリーコンピュータ〔ファミコン〕　298, 302, 312
ファミリーマート　221, 235
フィット　143
フィリップス　309
フォーストマン・リトル　321
フォード　5, 164, 176-178
　──・リバー・ルージュ工場　162
福岡ソフトバンクホークス　327, 335
福永ラジオ商会　119
富士瓦斯紡績　88
富士重工業　105, 146
藤田組　18
不二家　252
撫順炭販売　92
『婦女界』　75
『婦人画報』　75
『婦人倶楽部』　75
『婦人公論』　75

『婦人世界』　75
ブブ（・カラーテレビ）　136, 139
プラチナ・ライン　326
プラット　22, 24, 26
ブリヂストン　317
プリマハム　133
古河電気商店*　114
ブルーバード　142
プレイステーション〔プレステ〕　298, 307, 308, 311, 312
プレイステーション2〔プレステ2〕　299, 311, 312
プレスマン　188, 192
フレッツ光　324
フレンドシップ　209, 211
ペガサスクラブ　132
ボーイング　202
ボーイング747〔ジャンボ〕　216
ボーイング787〔ドリームライナー〕　202
貿易為替自由化促進閣僚会議　167
『北斗の拳』　272
ボーダフォン（イギリス）　330
ボーダフォン日本法人〔ボーダフォン〕　325, 327, 329-331, 334
ボンカレー　104
ホンダ・インターナショナル・セールス　178
本田技研工業〔ホンダ〕　5, 6, 143, 164-166, 168-171, 173-179
本田技術研究所〔技術研〕　165, 168, 169, 173-175, 179
ホンダスポーツ500〔S500〕　169
本舗中山太陽堂　70

ま 行

マイカル　129
マイクロソフト　46
『毎日新聞』　72
毎日新聞社　267
マエダ商事　339
『マガジン』　→『週刊少年マガジン』
マクドナルド　221
松下電器産業〔松下電器〕　107-122, 134-136, 139, 183, 184, 196
マツモトキヨシ　222

松屋　258
丸井〔マルイ〕　237, 338
丸菱百貨店　80
丸ビル　13, 14
丸　和　128
ミスタードーナツ　221
三井〔三井合名，三井財閥，三井本店〕　12, 33, 38, 85, 95
三井銀行　49, 88
三井鉱山　86, 96
三井呉服店　13
三井物産　12, 20-22, 24, 26, 49, 50, 84-99, 101, 102, 144, 280
三井不動産　280, 287
三　越　13, 56, 60, 64, 104, 138, 225
三菱〔三菱合資，三菱財閥〕　2, 12, 33-39, 41-45
三菱銀行　40
三菱航空機　42
三菱地所　39, 281
三菱重工業　42, 43, 159
三菱造船　39, 42
三菱電機　42, 112, 135, 300
緑屋　236
箕面有馬電気軌道〔箕有電車〕　50, 53, 54, 56-59, 61
箕面動物園　54, 55, 60, 61
無印良品　234, 235, 240, 241
メタル・プラス　326
メンズショップOS　337, 340
メンズショップ小郡商事　337
モスバーガー　221

モーデンミルズ　343
モバイルBB　329
森小路薬局　127
森永製菓　14

や　行

八幡製鉄所　88
ヤフー　327, 328, 334
ヤマダ電機　107, 222
友愛薬局　125
ユニクロ　3, 336, 338-343, 346, 349
　　──デザイン研究室　348
　　──原宿店　343
『横浜毎日新聞』　66
吉野家　3, 236, 242-259
吉野家ウエスト　255
『読売新聞』　66, 72, 132

ら・わ　行

ラオックス　319
ラチンゲル　96
ラフォーレ　237
リコー　302
リップルウッド・ホールディングス　325
リミテッド　341
良品計画　240, 241
レストラン西武　251
レナウン商事　225
ローソン　221
ロールスロイス　211, 212
若松築港　92
わけや　129

人名索引

(正確な読みが不明の項目には * を付した。)

あ 行

アイアコッカ，リー　176
青木泰助　70, 79
赤塚不二夫　267
渥美俊一　132, 244
阿部（丸和常務）　128
有賀馨　240
飯田義一　49, 86
井生春夫　125
五十嵐隆夫　274
池沢さとし　266
石河正龍　23
石田礼助　85
石森章太郎　267
伊藤博文　16
伊藤与三郎　85, 88
井上雄彦　273
井上長一　204
井深微　79
井深大　181, 188, 197
今井健雄　250, 252, 256
今西紘史　310
伊与田光男　81
入交昭一郎　177
岩倉具視　19
岩崎小弥太　35, 39, 42-44
岩崎久弥　35
岩崎弥太郎　33-35, 38, 45
岩崎弥之助　34, 35
岩下清周　49, 50
岩田聡　299, 312-315
ウィリアムソン，オリバー　47
上田照雄　133
内田勝　263
浦沢直樹　276
江口寿史　270
大川英太郎　24
大倉喜八郎　17, 20
大野耐一　156, 159
大橋千代子　80

か 行

岡崎哲二　47
岡田雅敏　241
岡村勝正　24-26, 28
尾田栄一郎　260, 270, 276, 277
乙部孝　70
小野金六　50

柿沼谷蔵　18, 19
カーティス，マイケル　128
加藤恭之助　136
門田顕敏*　24
上澤昇　282
神谷正太郎　144, 145
亀井茲明　21
辛島淺彦　96
川島理一郎　68, 72
河東汀　79
河原林樫一郎　96
神田好武　205
岸本斉史　266, 271
ギャラガー，ウィリアム　68
国木田独歩　75
熊谷辰太郎　18
栗島すみ子　79
黒木靖夫　188, 191, 200, 201
ケラー　95
小菅丹治（2代目）　225
小蕎弘　114, 119
後藤広喜　272
小西湧之助　263
小林一三　49, 50, 52-54, 56, 60-62, 64, 65
小林かつゑ　119
駒井玲子　80, 81
小村雪岱　70
ゴルデンダス，ダモダール　87
今純三　70
近藤秀子　81

さ 行

斎藤尚一　162

さいとう・たかを　263, 267
佐々木豊吉　24
佐々木希　350
佐々木尚　275, 276
佐々木勇之助　24
笹瀬元明　21, 22
佐竹作太郎　50
薩摩治兵衛　18, 19
佐羽太三郎*　96
佐橋滋　167
椎名誠　187
渋沢栄一　16-21, 23, 24, 29, 30
渋谷修　254
嶋田隆司　→ゆでたまご
清水格亮　21
清水雅　225
荘田平五郎　35
正力松太郎　72
ジョブズ，スティーブ　182
新庄正明　343
スカリー，ジョン　182
杉浦英男　173
杉村甚兵衛　19
杉森義郎　70
鈴木与三郎　252, 254
スターレー　95
諏訪兼紀　70
瀬古孝之助　94-96
孫正義　318-320, 322, 323, 325-327, 330, 335

た 行

高木長葉　70, 79, 81
高橋俊昌　275
竹内敏雄　251
武満徹　232
田代茂樹　85, 88, 99
多田裕　348
立花隆　265
田中一光　240
田中文蔵　86
谷崎秀雄　118
玉塚元一　346, 347
塅水尾道雄　262
田村実　92

ダール　94
対馬恭三　120
津田束　21, 29
堤清二　223-229, 234, 235, 237, 241, 251, 254
堤康次郎　224, 226-228
堤義明　224
ディズニー，ウォルト　279, 293
手塚治虫　263, 265
トウェイン，マーク　261
徳中暉久　310
豊田英二　150, 151, 157, 162
豊田喜一郎　4, 5, 141, 143, 144
豊田佐吉　144
豊田章一郎　158
鳥嶋和彦　270, 274, 275, 277
鳥山明　270, 272, 273

な 行

永井豪　264, 266-268
中内㓛　124-134, 136, 138-140
中内力　128
中内秀雄　125
中内博　126
中川不器男　157
中谷善三郎*　70
長戸毅　129
中西洋　7, 8
中野勝義　205
長野規　263-265, 267, 268
七海兵吉*　86
新関八洲太郎　85, 97, 98
西村繁男　269, 270
新田次男　120
ニールド　26, 27
根津嘉一郎　50

は 行

長谷川商吉　70
長谷川龍雄　149-151, 153
長谷川昇　68
長谷川芳郎　282, 285, 293
蜂須賀茂韶　19, 20
原哲夫　272
平田篤次郎　96

福永多蔵　119, 120
福原有信　67-69
福原信三　68-70, 72, 79
藤沢武夫　165, 169, 170, 173-176
藤田嗣治　68
藤田伝三郎　18, 20, 21, 23
藤本文策　18
ブリッグス　22
古河健一*　114
ブレイン，ジェームズ・M.　68
武論尊　272
ペリー，マシュー・M.　12
ペンローズ，エディス　332
北条司　269, 270
星野芳郎　105
堀江信彦　269, 270
堀越角次郎　19
本田宗一郎　165, 168, 169, 171, 173-176, 179

ま　行

前田清則　67
前田利嗣　20
前田貢　70
牧野武朗　262
増岡章三　250-253, 256
マスキー，エドモンド　172
益田孝　20, 90
増田通二　230
松尾靜麿　215
松下幸之助　111, 113-115, 120, 121, 134, 135, 196
松下正治　111
松田栄吉　243
松田瑞穂　243, 244, 247, 249
松本重太郎　18, 20, 21, 23
松山ケンイチ　350
丸山茂雄　310
三須裕　70
水上達三　86
美土路昌一　204-207
南一介　85

ミネリー　96
宮川庸一　331
三宅一朗　70
宮原照夫　272
向井忠晴　85, 86
村上元吾　64
毛利元徳　20
本宮ひろ志　264, 266-268
モネ，クロード　68
盛田昭夫　182, 184, 185, 188, 189, 196-198, 200

や　行

矢島作郎　18, 20
安川雄之助　85-87, 92-94, 96
柳井正　337, 338, 340-342, 346-348, 351
柳井等　337
柳田誠二郎　207
矢野義徹　67
矢部季　70
山内溥　299, 303, 306, 309, 310, 315
山川惣治　261
山口勉　121
山路則隆　272
山田優　349
山辺丈夫　21-30
山本鼎　68
山本条太郎　90
山本武夫　70
ゆでたまご〔嶋田隆司〕　270, 271
横井軍平　313
吉田達夫　263

ら・わ　行

リップ，ダグラス　286
ルノワール，オーギュスト　68
若杉末雪　86
若林卯三郎　96
和田三造　68
和田豊治　88

ケースに学ぶ日本の企業
──ビジネス・ヒストリーへの招待
Japanese Business History: Studying through Cases

〈有斐閣ブックス〉

2013 年 4 月 20 日　初版第 1 刷発行
2023 年 7 月 30 日　初版第 5 刷発行

著　者	加藤　健太
	大石　直樹
発行者	江草　貞治
発行所	株式会社　有斐閣

〒101-0051
東京都千代田区神田神保町 2-17
https://www.yuhikaku.co.jp/

印刷　株式会社理想社／製本　大口製本印刷株式会社
文字情報処理・レイアウト　ティオ
© 2013, Kenta Kato, Naoki Oishi, Printed in Japan
落丁・乱丁本はお取替えいたします。
★定価はカバーに表示してあります。
ISBN 978-4-641-18408-4

[JCOPY] 本書の無断複写（コピー）は，著作権法上での例外を除き，禁じられています。複写される場合は，そのつど事前に（一社）出版者著作権管理機構（電話03-5244-5088，FAX03-5244-5089，e-mail:info@jcopy.or.jp）の許諾を得てください。